LES VILLES MORTES

DU

GOLFE DE LYON

ILLIBERRIS — RUSCINO — NARBON
AGDE — MAGUELONE — AIGUESMORTES — ARLES
LES SAINTES-MARIES

PAR

CHARLES LENTHÉRIC

Ingénieur des Ponts et Chaussées

___

OUVRAGE RENFERMANT QUINZE CARTES ET PLANS

Perierunt, haud ingloriæ.

PARIS

E. PLON ET Cⁱᵉ, IMPRIMEURS-ÉDITEURS

RUE GARANCIÈRE, 10

1876

Tous droits réservés.

LES VILLES MORTES

DU

GOLFE DE LYON

L'auteur et les éditeurs déclarent réserver leurs droits de reproduction et de traduction à l'étranger.

Ce volume a été déposé au ministère de l'intérieur (section de la librairie) en décembre 1875.

PARIS. TYPOGRAPHIE DE E. PLON ET Cie, RUE GARANCIÈRE, 8.

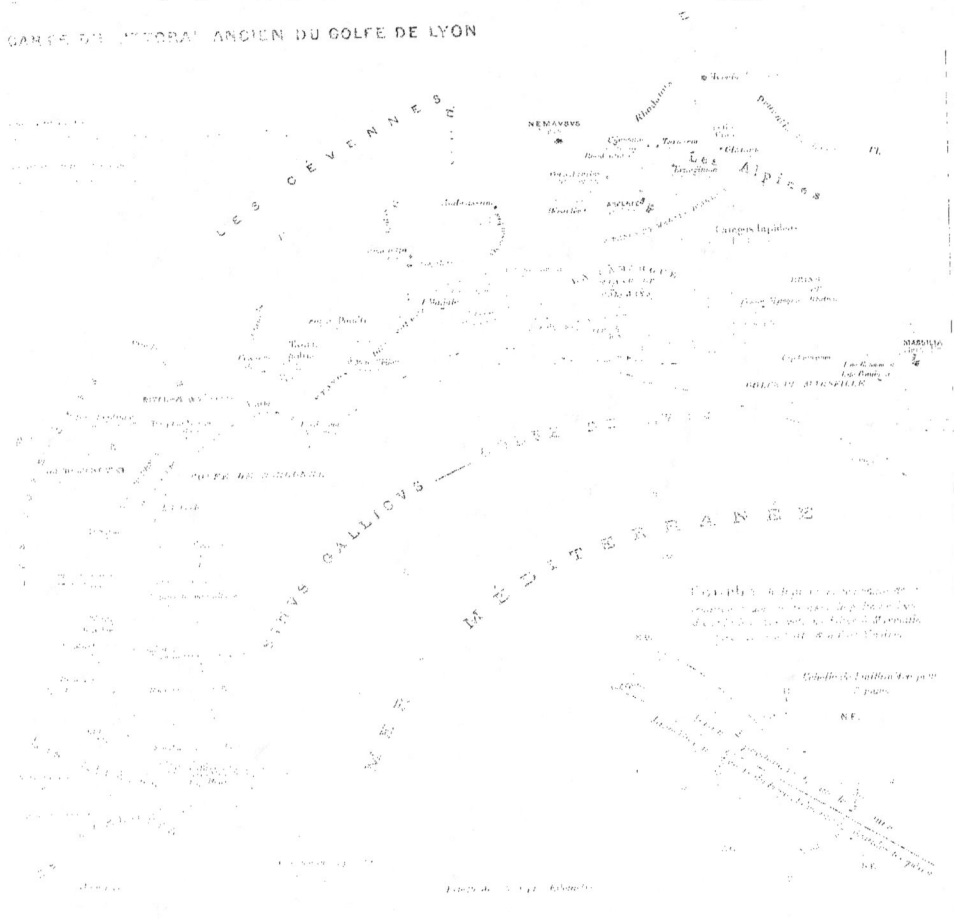

Je cherchais en vain le reste
De ces jours évanouis.

Je n'ai pas l'intention d'écrire l'histoire des villes qui ont vécu sur le littoral du golfe de Lyon; cette histoire est partout et il faudrait presque des volumes pour en faire une étude sommaire. Je veux seulement parler des variations successives de ce littoral depuis les époques historiques les plus éloignées jusqu'à nos jours.

La mer qui vient mourir sur cette plage a baigné et baigne encore tous les rivages fameux, l'Orient, l'Égypte, la Grèce, l'Italie, la France; et, sans sortir de notre territoire, les noms de Narbonne, d'Aiguesmortes, d'Arles et des Saintes-Maries réveillent d'illustres et touchants souvenirs.

Malgré ses alternatives de calme et de fureur, au milieu de ses tempêtes et de ses longs sommeils, cette mer éternelle est, depuis des centaines de siècles, restée toujours la même. Le littoral seul a changé; il était hier peuplé et couvert de végétation; aujourd'hui, à l'exception d'un seul point de la côte, qui a absorbé toute l'activité maritime de la région, il est aride et désert. J'ai cependant la confiance que la vie pourra renaître un jour sur ces rivages délaissés.

Comme les hommes et les peuples, les villes ont leurs vicissitudes, leur apogée et leur déclin; elles vieillissent et meurent. On en perd souvent le souvenir et on en retrouve quelquefois à peine les cendres. J'ai cherché à faire revivre ce passé déjà trop oublié.

Alors que la plupart des stations d'un autre littoral sont l'objet de la sollicitude de l'État, et que la spéculation industrielle ou mondaine les a transformées en centres d'affaires ou de plaisirs, ces tristes lagunes du golfe de Lyon, témoins des plus grands événements de notre histoire nationale et chrétienne, sont dans un délaissement voisin de la misère. Cet abandon, d'ailleurs, n'est pas sans charme; j'ai passé sur l'une de ces pauvres plages les meilleurs jours *de ma vie; et il faut avoir vécu quelque temps avec soi-même au milieu de ces vastes solitudes pour être saisi par le vague et l'étrangeté de cette nature morne, silencieuse, et qui semble garder avec recueillement la mémoire de son passé.*

Je ne sais ce que ce pays deviendra pour les générations futures; c'est peut-être un rivage plein d'espérances; — pour moi, c'est une terre de souvenirs.

Le Grau-du-Roi; près Aiguesmortes
Août 1875.

PREMIÈRE PARTIE

FORMATION
DES PLAGES ET DES DELTAS

LES VILLES MORTES

DU

GOLFE DE LYON

CHAPITRE PREMIER

CONSIDÉRATIONS GÉNÉRALES SUR LES VARIATIONS DES RIVAGES

Différences d'aspect que présentent les contours des rivages suivant la latitude. — État primitif de la terre. — Période glaciaire. — Hypothèse du réchauffement. — Relation entre la forme des côtes et l'éloignement de la période glaciaire.

I

Si l'on compare avec un peu d'attention deux cartes géographiques dressées à des intervalles de temps assez éloignés, on est à première vue frappé des grandes différences qui existent dans les contours des rivages de la plupart des mers et des océans.

Il est rigoureusement exact de dire que rien n'est absolument fixe à la surface du monde que nous habitons; le relief de l'écorce terrestre subit à chaque instant des variations imperceptibles en apparence, mais qu'un petit nombre de siècles finit par rendre parfaitement appréciables. Les actions atmosphériques entrent pour une très-large part dans ce remaniement continu de la surface de notre planète; et c'est le long des rivages des mers, principalement aux embouchures des grands fleuves, que ces variations sont le plus accentuées et qu'on peut le mieux observer l'effet de ces phénomènes; car quelques années suffisent quelquefois pour modifier d'une manière très-sensible les limites qui séparent la terre ferme du domaine maritime, et l'homme, même dans sa courte vie, peut très-bien constater les transformations importantes du littoral qu'il habite.

II

Les contours des rivages présentent en général les découpures les plus variées et qui semblent au premier abord n'avoir aucune relation avec la distribution des mers à la surface de la terre; mais une sorte de loi géographique préside à l'ensemble de ces dispositions en apparence si irrégulières.

Les plages sont basses, unies, sans accidents de terrain, et offrent de longs alignements droits ou très-faiblement ondulés dans toute la zone équatoriale. C'est ainsi que les vastes et monotones rivages de l'Afrique orientale et occidentale ont quelquefois un développement rectiligne de plusieurs centaines de kilomètres, sans que le navigateur y rencontre le moindre abri et la plus petite rade.

Dans la zone glaciaire, au contraire, toutes les côtes sont heurtées, présentent une foule d'angles saillants et rentrants et forment une succession de golfes étroits, de falaises abruptes, de déchirures et de dentelures profondes. Tels sont les *fiords* de la Scandinavie et en général de toutes les mers polaires.

Les plus gracieuses découpures et les courbures les plus variées semblent être le privilége des rivages de la zone tempérée. Les golfes si nombreux et d'un contour si élégant de la mer Méditerranée sont le type le plus saisissant de cette troisième catégorie.

Il est facile d'expliquer ces différences.

Après chacun des ébranlements qui ont donné naissance aux différentes périodes géologiques, les eaux ont brusquement envahi une certaine partie de la surface de la terre et ont, d'autre part, laissé à découvert d'autres régions jusque-là complétement immergées. Dans chacun de ces cataclysmes, l'inondation s'est arrêtée très-nettement devant les obstacles formés par les terrains nouvellement soulevés. Les rivages ont dû présenter tout d'abord des groupements de falaises plus ou moins escarpées et des baies étroites et rocheuses analogues aux *fiords*. Le choc des vagues a ruiné peu à peu le pied de ces anciens rochers et a constitué à leur base une sorte de plan incliné formé de blocs et de terrains éboulés qui, par l'action continue des eaux de la mer, a fini par se transformer en plage de galets ou de sable. Les apports des grands fleuves ont produit, à toutes les embouchures, des effets analogues; et tous ces dépôts, successivement remaniés et agités presque sur place pendant une longue période de siècles, ont comblé les golfes les plus étroits, fait disparaître les échancrures les plus profondes et adouci le contour général de toutes les côtes.

Un nouvel ébranlement, étant venu modifier le relief de l'écorce terrestre, a donné naissance à une nouvelle période géologique; les eaux ont envahi un autre domaine et les mêmes phénomènes se sont reproduits pendant les siècles de repos qui ont suivi cette dernière commotion.

Ainsi, à l'origine même de l'époque quaternaire dans laquelle nous vivons, on doit concevoir que notre littoral présentait, en général, des limites beaucoup plus nettes et plus heurtées que celles qu'il a de nos jours; et presque partout les flots venaient briser contre les falaises abruptes de l'époque géologique précédente.

Depuis lors, l'action séculaire des vagues et des brisants, combinée avec les apports de tous les cours d'eau, a adouci les aspérités de la plupart des côtes, et ce n'est que dans les régions polaires, où l'enveloppe du globe est protégée contre cette attaque permanente des eaux par un revêtement de glace éternelle, que le relief de l'écorce terrestre a conservé toutes ses dentelures et ses anfractuosités.

III

L'état actuel de nos connaissances scientifiques nous permet d'affirmer presque avec certitude que, dans le principe, la température de notre globe était considérablement élevée; la plupart des matières minérales dont il est formé étaient alors en fusion et constituaient une sorte de sphéroïde pâteux et incandescent entouré d'une épaisse atmosphère de gaz et de vapeur d'eau. La forme définitive de notre planète a été la conséquence de son mouvement de rotation et de l'état semifluide dans lequel se trouvaient toutes les matières minérales qui entraient dans sa composition.

Le refroidissement de cette masse a eu lieu trèslentement, mais d'une manière continue; les gaz et les vapeurs de cette lourde atmosphère se sont condensés en pluies et précipités violemment en déluges d'eau sur la surface brûlante du sol; il s'est formé tout d'abord un mince épiderme solide, puis une enveloppe plus épaisse qui, à plusieurs reprises et par suite du bouillonnement intérieur des matières en fusion et du rétrécissement du noyau central, a éprouvé des fractures, des dislocations et des convulsions correspondantes aux grandes époques géologiques.

Ce refroidissement a, depuis l'origine des temps,

suivi une marche régulière; il a atteint même, à l'époque glaciaire, une intensité effrayante et qui pouvait faire craindre que la vie organisée ne disparût à tout jamais de la surface de la terre (1).

On ignore et on ne saura probablement jamais la cause bienfaisante qui a arrêté ce refroidissement et provoqué le réchauffement de notre globe déjà presque entièrement glacé. On a souvent admis que, de même qu'un certain nombre d'étoiles dont la clarté subit des intermittences ou même des extinctions totales, le soleil avait pu, pendant une certaine période, perdre une partie de sa lumière et de sa chaleur, et reprendre ensuite son éclat primitif.

La période glaciaire correspondrait ainsi à une extinction temporaire et partielle du soleil; et il ne serait pas impossible, si cet astre n'a en effet qu'un éclat périodique et est par conséquent soumis à de pareilles variations de lumière et de chaleur, que l'on vît reparaître un jour une nouvelle période glaciaire.

Rien n'est moins rassurant, mais aussi rien n'est moins prouvé que cette hypothèse. Ce qui est certain, c'est que le refroidissement graduel

---

(1) Un vaste manteau de neige et de glace recouvrit les plaines, les vallées, les mers et les plateaux. Toutes les sources tarirent, tous les fleuves cessèrent de couler. Au mouvement d'une création nombreuse et agissante succéda un silence de mort. (AGASSIZ, *les Glaciers*, Neufchâtel, 1840.)

de la surface de la terre avait atteint un degré tel que les phénomènes glaciaires ont pu se manifester jusque sous les tropiques, et que, depuis lors, nous sommes réellement dans une période de réchauffement relatif. On ne saurait expliquer différemment la disparition presque complète des grands glaciers de l'Afrique et de l'Italie, et, sans sortir de notre territoire, de ceux qui descendaient jusqu'aux limites inférieures de la vallée du Rhône et venaient se terminer presque sur le rivage de la Méditerranée (1).

---

(1) Le phénomène de l'extension des glaciers a été, depuis quelques années, l'objet des recherches de la géologie moderne. Il est reconnu aujourd'hui que toutes les grandes vallées de l'Europe centrale ont été occupées par d'anciens glaciers. Dans l'Italie septentrionale, les glaciers de la *Doire* et de la *Doire-Baltée* s'étendaient autrefois jusqu'à Ivrée et Turin. Les lacs *Majeur*, de *Côme*, d'*Iseo* et de *Garde*, ne sont que les cuvettes des anciens glaciers du *Tessin*, de l'*Adda*, de l'*Oglio* et de l'*Adige*. Les plus riantes vallées des Alpes Autrichiennes et Bavaroises ont été, à l'époque de la période glaciaire, recouvertes d'un manteau de glace.

Indépendamment de ces glaciers de premier ordre, on a très-nettement constaté l'existence de glaciers d'une importance secondaire dans la plupart des vallées ou des cirques des Pyrénées (*Luchon*, *Baréges*, *Cauterets*, *Argelez*, etc.), dans le massif de la Lozère (glacier de *Palhières*) et dans la *Sierra-Nevada* du sud de l'Espagne. Les glaciers ont donc occupé autrefois une très-grande partie des régions montagneuses aujourd'hui complétement dégagées. Les Vosges, les Pyrénées, toutes les vallées de l'Italie, étaient alors ensevelies sous un revêtement de glace; et la vie organique n'a pu renaître dans ces régions aujourd'hui tempérées que par suite d'un réchauffement sensible de la surface du sol, jusqu'à présent inexpliqué.

C'est donc à partir de la fin de cette période glaciaire que les limites des rivages de la plupart de nos mers ont été débarrassées des glaces qui les protégeaient du choc des eaux et exposées à l'attaque continue des vagues; c'est depuis la débâcle qui a mis fin à l'existence de ces glaciers que les grands fleuves ont charrié à la mer cette masse énorme de blocs et de galets, et déposé à leurs embouchures ces bancs de sable et de limon qui ont formé les deltas et les étangs littoraux, dont les rivages mal définis se transforment sans cesse sous nos yeux.

Si donc on avait relevé très-exactement, de siècle en siècle, les contours de la plupart de nos côtes, chacune de ces cartes littorales accuserait des variations très-sensibles; et, en se reportant à une époque éloignée de nous de plusieurs siècles, on trouverait des modifications assez importantes pour expliquer d'une manière très-nette le dépérissement de certaines contrées qui devaient leur prospérité ancienne à la situation maritime de leur capitale, jadis baignée par les eaux de la mer, isolée au milieu des lagunes ou située dans l'estuaire même d'un fleuve, — aujourd'hui entourée de terres cultivées et éloignée du rivage de plusieurs kilomètres.

Cette sorte de chronologie des rivages pourrait faire l'objet d'un travail d'ensemble fort instructif. Nulle part ce travail ne présenterait plus d'intérêt que pour le littoral français de la Méditerranée; car aucune côte n'a été le théâtre d'événements plus remarquables et ne rappelle au monde civilisé et chrétien des souvenirs plus glorieux que ce double arc de cercle qui commence avant Port-Vendres au cap Cerbère, se termine au cap Couronne après le petit golfe de Fos et reprend ensuite, en tournant sa convexité vers le large, jusqu'à Menton, où les derniers contre-forts des Alpes Maritimes viennent plonger dans la mer.

C'est sur quelques points de ce merveilleux rivage et particulièrement sur le golfe de Lyon, dont les variations ont été si accentuées depuis les premières époques historiques, que portera surtout cette étude; et nous essayerons, en comparant la situation nautique de plusieurs parties de ce littoral autrefois si florissantes, aujourd'hui presque abandonnées, de nous rendre compte des transformations successives qui ont eu lieu jusqu'à présent et de prévoir celles qui ne manqueront pas de se produire à l'avenir.

IV

Entre le cap Cerbère, limite de la France et de l'Espagne, et le ruisseau de Saint-Louis, qui a été choisi, entre Menton et Vintimille, pour la frontière franco-italienne, le littoral de la Méditerranée présente une grande ligne à double courbure très-prononcée.

La courbe concave est plate et sablonneuse; c'est le golfe de Lyon. La courbe convexe se compose des massifs rocheux de Marseille et de la Ciotat, de la chaîne des Maures, de l'Estérel et des derniers contre-forts des Alpes Maritimes. Ce littoral comprend un développement total de plus de six cents kilomètres et peut se diviser en trois parties : les deux extrêmes rocheuses, et d'une date géologique antérieure à l'époque actuelle, encadrant entre elles une immense plaine de formation récente, composée d'alluvions, de sables et de dépôts diluviens.

Du cap Cerbère au petit port de Collioure, la côte est abrupte et la mer baigne le pied de la terrasse qui supporte les derniers étages de la chaîne des Pyrénées; le massif granitique présente, du côté de la mer, des anfractuosités sans nombre. Cette partie de la côte n'a guère qu'une vingtaine de kilomètres.

Vient ensuite une plage qui se dessine suivant un grand arc de cercle ou plutôt de parabole à peu près régulier, sauf certaines ondulations locales, et qui forme le contour de l'inhospitalier golfe de Lyon; le développement de cette immense plage, formée des apports sablonneux ou limoneux de tous les cours d'eau qui ont leurs embouchures dans le golfe, est d'environ deux cent cinquante kilomètres.

Enfin, la troisième partie, qui a son point de départ au port de Bouc, situé sur le côté Est du petit golfe de Fos, et se termine à la frontière franco-italienne, entre Menton et Vintimille, a un développement total de trois cent quarante à trois cent cinquante kilomètres, si l'on comprend dans cette évaluation toutes les dentelures de la côte, qui présente un nombre considérable de golfes, de baies, de criques, de promontoires, d'angles saillants et rentrants et même de rochers isolés en mer, dont l'aspect, le dessin et la couleur varient à l'infini, suivant la nature constitutive des roches.

Presque toute l'échelle géologique se trouve représentée le long de cette dernière partie de notre frontière maritime, depuis les alluvions les plus récentes, que l'on rencontre aux embouchures de quelques rivières ou au fond de quelques anses, jusqu'aux granits et aux porphyres rouges de l'époque primitive, qui forment la masse principale des montagnes des Maures et de l'Estérel; et cette succession de roches et de terrains, jointe à des conditions climatériques exceptionnelles, à une lumière souvent éblouissante et à une végétation semi-tropicale, donne à cette dernière zone du littoral méditerranéen un éclat et un caractère d'étrangeté tout à fait spécial.

CHAPITRE DEUXIÈME

DE L'ÉCOULEMENT DES EAUX A LA SURFACE DU GLOBE

De l'eau précipitée à la surface du globe. — Évaporation et circulation atmosphérique. — Le texte de l'Ecclésiaste. — L'Océan, la mer Méditerranée, la mer Rouge, la mer Baltique, la mer Noire. — Les mers fermées : la mer Caspienne, la mer Morte. — Loi de l'égalité mathématique entre la précipitation et l'évaporation.

Régime des fleuves. — Zones d'érosion, de compensation, de dépôt. — Le Rhône, l'Hérault. — Formation des embouchures. — Les estuaires et les deltas.

I

Avant d'entrer dans l'étude des variations du littoral du golfe de Lyon, il ne sera peut-être pas inutile d'indiquer sommairement les lois générales suivant lesquelles s'opèrent l'écoulement des eaux fluviales, les transformations des embouchures des rivières et la distribution des sables et des limons charriés par les fleuves le long des plages sur lesquelles ils viennent déboucher.

D'après M. de Humboldt, dans l'état actuel de notre planète, la superficie de la terre ferme est à celle de l'élément liquide dans le rapport de 1 à $2\frac{4}{5}$; ce qui revient à dire que la mer couvre environ les trois quarts de la surface du globe. Par suite du réchauffement produit par les rayons solaires, une évaporation active a lieu d'une manière continue sur toute la surface liquide, principalement dans les grandes mers équatoriales;

et, comme il est constant que le niveau moyen des eaux ne varie pas d'une manière sensible, on doit en conclure que la quantité d'eau enlevée par l'évaporation est intégralement rendue par les pluies et par l'apport des fleuves; c'est ce qu'on exprime en disant que l'évaporation est exactement égale à la précipitation. Cet équilibre parfait n'a lieu que si l'on considère dans leur ensemble la totalité des océans; car il est évident que, suivant les dispositions orographiques des bassins qui alimentent une mer et surtout suivant la latitude sous laquelle elle est située, l'évaporation peut dépasser de beaucoup la précipitation ou lui être notablement inférieure.

Ainsi, dans la mer Rouge, il ne tombe jamais une goutte d'eau : tout est évaporation; et celle-ci s'y opère d'une manière tellement active que, chaque année, une couche de 2^{m}40 d'épaisseur en est enlevée sous forme de vapeur. Il y aurait donc très-longtemps que cette mer serait complétement à sec et son lit tapissé d'une couche épaisse de sel cristallisé, si elle ne communiquait pas, par sa partie inférieure, au détroit de Bab-el-Mandeb, avec la mer des Indes et le grand Océan, qui pourvoient à son alimentation (1).

Le contraire a lieu pour la mer Baltique et la mer Noire, assez faiblement échauffées, surtout

---

(1) MAURY, *Instructions nautiques destinées à accompagner les cartes de vents et de courants.* 1859.

la première, par les rayons solaires; dans ces deux bassins, c'est l'eau des fleuves et la précipitation des pluies qui arrivent en excès; et cet excès s'écoule par le grand et le petit Belt et par le détroit des Dardanelles.

Dans les mers fermées et isolées, comme la mer Caspienne et la mer Morte, le niveau s'est abaissé pendant une série de siècles, et la surface d'évaporation a dû diminuer jusqu'à ce qu'il se soit établi un équilibre parfait entre la précipitation et l'évaporation; c'est ainsi que le niveau de la mer Caspienne est descendu à cent mètres environ au-dessous de celui de la mer Méditerranée, et que celui de la mer Morte, où l'évaporation est beaucoup plus active, se trouve actuellement à près de quatre cents mètres au-dessous du même plan. Les niveaux de ces deux mers intérieures sont aujourd'hui constants et ne varieront plus. L'équilibre existe définitivement, et ne sera pas rompu.

Dans la Méditerranée, qui nous occupe plus spécialement, l'évaporation surpasse d'un tiers environ l'apport des fleuves; mais cette mer, alimentée d'une part par le courant du détroit de Gibraltar, qui y introduit les eaux de l'Atlantique, et d'autre part par le courant des Dardanelles, qui y déverse le trop-plein de la mer Noire, conserve un niveau constant, qui est celui de l'Océan (1).

---

(1) Docteur Buist, *Transactions Bombay geographical Society*. Vol. IX, 1850.

II

L'égalité absolue et mathématique qui existe entre l'évaporation et la précipitation sur toute la surface de la terre est un des phénomènes les plus merveilleux que l'on puisse concevoir; et si l'un de ces deux effets venait à l'emporter sur l'autre, on verrait immédiatement la mer se retirer au large ou les eaux sortir partout de leur lit et envahir toutes les régions littorales.

On estime environ à 1^m5 la hauteur de la pluie qui tombe chaque année sur l'enveloppe de notre globe; c'est donc exactement la quantité d'eau qui est enlevée par l'évaporation à la surface de toutes les mers. Il serait peut-être possible d'évaluer la force mécanique nécessaire pour obtenir cette évaporation et cette précipitation; car l'effet à produire consiste à enlever annuellement de la surface de l'Océan, sous forme de vapeur, une quantité d'eau qui recouvrirait la terre d'une couche sphérique de 1^m5 d'épaisseur, à élever ensuite cette masse de vapeur aqueuse à la hauteur des nuages et à la transporter enfin jusque dans les régions froides et le long des chaînes des montagnes, où la condensation la fait descendre sur la terre sous forme de pluie et de neige, qui alimentent les sources, les fleuves et les glaciers.

Lorsqu'on considère dans leur ensemble ces courants atmosphériques dont on ne connaît exactement ni le nombre, ni l'étendue, ni l'intensité, ni la direction, et qui, échauffés et desséchés par leur passage sur de grandes étendues de terres arides, « viennent à la mer pour y boire, selon » l'expression saisissante de Maury, des myriades » de tonneaux d'eau », on peut comparer sans témérité la grande machine atmosphérique qui règle ce mouvement à une immense machine à vapeur dont l'Océan serait la chaudière évaporatoire et dont les régions froides de l'atmosphère ou les pics élevés de nos chaînes de montagnes seraient les condensateurs.

Et ce qu'il y a d'admirable dans cette transformation continue de l'eau de nos mers en vapeurs et en pluies, c'est que cette circulation atmosphérique est si harmonieusement équilibrée que, malgré les variations réelles ou apparentes des pluies et des orages dans les différentes parties du globe, on ne voit nulle part nos rivières se dessécher ou déborder, nos sources tarir ou augmenter leur débit, et le niveau général de nos mers s'abaisser ou s'élever d'une quantité appréciable.

La science moderne a souvent essayé de mettre en contradiction les textes des Livres Saints avec les grands phénomènes de la nature; et c'est peut-être un des caractères les plus tristes de notre époque que cette tendance générale de notre esprit à opposer sans cesse aux vérités traditionnelles des Écritures la lumière souvent trompeuse et toujours incertaine de notre apparente érudition.

Comment cependant n'être pas frappé de la parfaite concordance des textes sacrés avec ces grandes lois qui régissent les mouvements généraux de l'atmosphère? « Le vent souffle vers le Midi, dit » l'Ecclésiaste (1), et retourne vers le Nord; et, » après mille circuits, il revient aux lieux qu'il » avait parcourus. » N'est-ce pas là, sous une forme peut-être un peu obscure, le principe même de la grande circulation atmosphérique? Et lorsque le verset 7 du même livre porte : « Tous » les fleuves vont à la mer, et la mer ne déborde » pas; et ils reviennent aux lieux d'où ils sont » sortis, pour couler de nouveau; » peut-on concevoir un langage plus simple et plus net pour exprimer le phénomène immense de l'évaporation à la surface de nos océans; et ne voit-on pas qu'il s'agit de ces vapeurs aqueuses aspirées par la chaleur solaire, transportées ensuite par tous les courants de l'atmosphère jusque sur les flancs de nos montagnes, où elles se condensent pour alimenter nos glaciers et nos sources, et devenir ensuite les grands fleuves de nos continents, qui conduisent leurs eaux dans toutes les mers du globe (2)?

Les fleuves et la pluie ne font donc que restituer à la mer l'eau que celle-ci leur a livrée par l'évaporation; et, grâce à ce mécanisme d'une

---

(1) Eccl., 1, 6.
(2) Maury, *Instructions nautiques.*

régularité parfaite, la masse totale des eaux qui couvrent la terre n'augmente ni ne diminue.

Mais tandis que la mer alimente les sources de nos fleuves d'eau essentiellement pure, puisque elle est le résultat de la condensation de la vapeur enlevée à sa surface, ceux-ci apportent à la mer une eau chargée d'une quantité énorme de matières minérales qui proviennent de l'érosion produite sur toute l'étendue de leurs bassins.

III

Quels que soient les contrastes et les différences qui existent entre les fleuves des diverses contrées du globe au point de vue de leur développement, du volume de leurs eaux, de la nature des terrains qu'ils traversent, du nombre et de la variété de leurs îles et de leurs méandres, ils présentent tous, dans leur profil en long, depuis leur source jusqu'à la mer, une courbe parabolique d'une régularité presque parfaite. Le fleuve est à pentes rapides dans toute la partie supérieure de son cours, qui a été si exactement appelée *zone d'érosion* : tous les torrents tributaires du cours d'eau principal sillonnent en effet et corrodent les gorges qui leur servent de lit et précipitent avec leurs eaux des fragments de roches et des éboulis de toute nature, qui vont aboutir au thalweg de la vallée ; des masses énormes de rochers s'effondrent ainsi après chaque pluie et chaque orage, descendent d'étage en étage et sont entraînés dans le fleuve principal, qui les charrie à son tour en les brisant et en adoucissant leurs arêtes et leurs aspérités : tel est le mode de formation des galets et des graviers (1).

La pente du fleuve s'adoucit bientôt; le lit prend une largeur presque uniforme; le régime devient moins torrentiel et plus régulier, et le fleuve roule alors paisiblement vers la mer ces galets et ces graviers, résultat du broyage mécanique des blocs de la zone supérieure. Toutes ces matières ont une tendance à se déposer au fond du lit et à former des bancs de gravier; mais le courant est encore trop rapide pour les laisser en repos et s'oppose à toute formation stable; elles continuent donc leur marche descendante vers la mer et sont immédiatement remplacées par de nouveaux dépôts provenant des régions supérieures; sans quoi, le lit du fleuve s'approfondirait et s'élargirait indéfiniment. Cette seconde section du fleuve, analogue au couloir des torrents des grandes montagnes, a été très-heureusement désignée sous le nom de *zone de compensation*.

Mais à mesure que le fleuve descend vers la mer, sa pente diminue; à une certaine distance des embouchures, elle devient insensible; le lit

---

(1) Duponchel, *Hydraulique et Géologie agricoles*. Paris, 1868.

s'élargit et s'épanouit d'une manière démesurée ; la profondeur se réduit de plus en plus. Plus de galets. Le courant a fini par réduire toutes les matières charriées à l'état de sable et de vase, et sa vitesse est devenue trop faible pour les entraîner en totalité à la mer : de là une formation plus ou moins stable de bancs de sable et d'îlots sous-marins. C'est la *zone de dépôt*.

Ainsi le fleuve ne détruit que pour reconstruire ; il corrode le lit supérieur de sa vallée, ronge ses rives, sape des blocs de rochers sur les flancs des collines qu'il côtoie, les roule jusqu'à la mer et emploie ensuite tous les débris résultant de cette trituration sur plusieurs centaines de kilomètres à la formation de vastes atterrissements et de plaines d'alluvion qui empiètent sur le domaine maritime.

IV

Appliquons ces considérations générales au Rhône, le plus important cours d'eau, après le Nil, qui débouche dans la mer Méditerranée, et celui de l'Europe qui a la plus grande vitesse. Sa longueur totale est de huit cent quarante kilomètres environ. Il naît de plusieurs sources situées au pied du glacier de la Furca, dans le massif du Saint-Gothard. Il traverse le Valais et coule avec une extrême rapidité dans un lit sinueux, étroit et encombré de rochers provenant de tous les torrents latéraux qui se précipitent avec fracas dans le fond encaissé de sa vallée. Il jette une quantité énorme de sédiments de toute sorte à son entrée dans le lac de Genève, d'où il sort considérablement clarifié.

L'altitude de la source du Rhône est de 1760^m00; celle du lac Léman de 371^m291; il n'a fallu qu'un parcours de cent quatre-vingts kilomètres environ pour racheter cette différence de niveau de 1388^m709, ce qui correspond à une pente moyenne de 7^m4 par kilomètre.

A la sortie du lac de Genève, le Rhône continue à rouler des blocs et des rochers; et ce n'est qu'aux environs de Bellegarde que la trituration de ces matières est assez avancée pour qu'elles soient transformées en galets et en graviers; alors le fleuve devient flottable, car la pente s'est déjà sensiblement adoucie, et n'est plus en moyenne que de 1^m009 par kilomètre.

Le fleuve est navigable de Lyon à la mer; entre Lyon et Beaucaire, sa pente, sauf quelques *rapides*, varie entre 0^m500 et 0^m300 par kilomètre et sa vitesse entre 1^m50 et 2^m50 par seconde pendant les eaux moyennes; mais, en temps de crue, cette vitesse dépasse souvent 4^m00; dans toute cette partie, le fleuve roule des galets et des graviers qui diminuent progressivement de volume à mesure qu'ils descendent vers la mer.

C'est entre Beaucaire et Arles que la trituration est achevée, et que le gravier est entièrement réduit à l'état de sable et de limon, ce dernier élément provenant principalement des apports de la Durance, qui débouche sur la rive gauche du fleuve, un peu en aval d'Avignon.

La pente du fleuve entre Beaucaire et Arles n'est déjà plus que de 0^m123 par kilomètre. A Arles, le Rhône se divise en deux bras qui forment un immense delta couvert de marais, de steppes et de terrains en partie cultivés, en partie livrés à la vaine pâture. Le grand Rhône à gauche, le petit Rhône à droite, se divisent eux-mêmes, près de leurs embouchures, en d'autres bras secondaires presque complétement atterris; et l'île de la Camargue est ainsi sillonnée par d'anciens lits du fleuve qu'on désigne sous le nom de *Vieux-Rhône* et de *Rhônes-morts*, et qui témoignent des variations qu'a subies le cours du fleuve à diverses époques peu éloignées de nous.

La cote de l'étiage du Rhône à Arles est de 1^m03 au-dessus du zéro de la mer, et une distance de plus de cinquante kilomètres reste encore à parcourir jusqu'à la barre. La pente moyenne est insensible et presque partout inférieure à 0^m030 par kilomètre; la largeur du fleuve atteint sur certains points plusieurs kilomètres; la vitesse diminue progressivement; les alluvions commencent à se déposer; les hauts fonds se multiplient; les embouchures sont encombrées d'îlots sous-marins, désignés sous le nom de *theys*, que les vagues et les courants de la mer déplacent et remanient sans cesse et qui rendent souvent la passe impraticable. On est dans la zone de dépôt.

V

Les mêmes phénomènes se produisent pour tous les fleuves en général, et il est intéressant de constater qu'un cours d'eau d'un développement beaucoup moins considérable que le Rhône permet, sur une échelle très-limitée, de faire exactement les mêmes observations.

L'Hérault va nous fournir cet exemple.

La France, comme tout le monde le sait, est traversée du Nord-Est au Sud-Ouest par la grande ligne de partage des eaux de l'Europe; elle se trouve donc naturellement divisée en deux versants, l'un incliné vers le Nord, l'autre vers le Sud : le premier écoule ses eaux dans l'Océan, la Manche et la mer du Nord; le second, dans la mer Méditerranée. Ce dernier comprend un grand bassin, celui du Rhône, et plusieurs petits bassins côtiers, parmi lesquels celui de l'Hérault.

Cette ligne de partage des eaux, qui est, pour ainsi dire, l'épine dorsale de la France, la divise en deux parties fort inégales. Dans le département maritime du Gard, elle court d'abord parallèlement et à peu de distance de la côte même de la Méditerranée, et s'en éloigne ensuite d'une manière considérable en remontant brusquement vers le Nord. Il en résulte que la région supérieure de ce département verse ses eaux dans l'Océan, tandis que la majeure partie de ses rivières sont tributaires de la Méditerranée.

Plusieurs cours d'eau importants ; tels que la Dourbie, le Trévézel, qui se dirigent du côté de l'Océan, naissent sur les plateaux élevés d'une chaîne de montagnes assez voisine de notre mer intérieure, et, par contre, la Saône, qui finit par conduire ses eaux dans cette dernière mer, prend sa source dans la région Nord-Est de la France.

Ce contraste est assez remarquable; et, pour le rendre sensible sous une forme différente, il suffira de dire qu'un voyageur qui part de Nîmes (1), situé presque dans la région littorale, à une trentaine de kilomètres environ de la mer, et qui se dirige vers Paris, doit nécessairement franchir la ligne séparative des eaux de la France; deux voies ferrées presque parallèles lui sont offertes, l'une par les vallées du Rhône et de la Saône, l'autre par le plateau central; dans ce dernier cas, trois ou quatre heures lui suffisent pour passer du bassin de la Méditerranée dans celui de l'Océan, tandis qu'une journée entière lui est nécessaire pour dépasser Dijon et entrer dans le bassin de la Seine. Cette disposition singulière de la

---

(1) NMY (*Num. Celtib.*) — NEMAY (*Num. de la Gaule Narb.*) — COLonia NEMausus (*Méd. imp. col.*) — *Nimis*, 1090 — *Nemse*, 1168 — *Nimez*, *Nimes*, 1357. — On doit donc écrire *Nimes* et non *Nismes*, *Nîmes*.

ligne de partage des eaux, qui, de parallèle à la côte, finit par lui devenir presque perpendiculaire, mérite d'être notée; et la rivière de l'Hérault correspond précisément au point où cette ligne est le plus rapprochée du rivage de la Méditerranée.

Aussi, malgré les sinuosités de son cours, l'Hérault n'a-t-il qu'un développement total de cent trente-six kilomètres. Il prend sa source sur le flanc de la chaîne de l'Aigoual, un peu au-dessus du col de la Sereyrède et à une altitude de 1,413 mètres (1). Il descend ou plutôt se précipite jusqu'à Valleraugue, en suivant une pente des plus rapides, et franchit en quelques kilomètres une hauteur verticale de près de huit cents mètres; dans ce parcours, il roule dans son couloir étroit d'énormes blocs de rochers granitiques provenant de tous les ravins qui sillonnent les flancs dénudés de l'Aigoual. La trituration a lieu de Valleraugue jusqu'au confluent de l'Arre et de l'Hérault, et même jusqu'à Ganges. Tous ces blocs, transformés en galets, sont roulés ensuite de Ganges jusqu'à Gignac; au pont du chemin de fer de Paulhan, leur volume ne dépasse guère 0^{m}06 à 0^{m}07, et les graviers sont mélangés d'un limon argileux. De ce point à Agde, la majeure partie des atterrissements se compose de

---

(1) Carte géologique d'Émilien Dumas. — Carte de l'état-major, feuille n° 209.

limons mêlés à de rares cailloux et à des sables fins apportés par divers affluents. D'Agde à la mer, c'est la zone de dépôt; on retrouve, à gauche de la montagne d'Agde, les sables rouges qui dénotent la présence de l'ancien lit de l'Hérault; et toute cette plaine littorale n'est que le produit des apports récents du fleuve, au-dessus desquels émerge le massif volcanique que couronne le phare du mont Saint-Loup.

VI

Ainsi le phénomène est toujours le même. Toutes les rivières charrient à la mer les produits de l'érosion de leur zone supérieure; arrivées à un certain point de leur parcours, le travail de broyage des matériaux est assez avancé pour qu'il n'existe plus ni caillou ni galet : tout s'est transformé en sable et limon. Le lit s'élargit alors, la pente diminue, la vitesse d'écoulement s'amortit insensiblement, et les embouchures sont oblitérées par les dépôts, qui tantôt finissent par émerger au-dessus du niveau des eaux et empiètent sur le domaine maritime, tantôt, au contraire, disparaissent dans les profondeurs de la mer ou sont emportés par les courants littoraux.

VII

Il importe maintenant de donner une idée générale de la manière dont se comportent ces dépôts sous la double influence des courants du fleuve et des mouvements de la mer, et d'expliquer comment ils peuvent, dans certains cas, modifier la forme des embouchures.

Et tout d'abord, remarquons que les embouchures des fleuves se rattachent à deux types parfaitement distincts : dans certains cas, le lit s'élargit au point de devenir une petite baie et un véritable bras de mer; le fond ne s'exhausse pas, et la navigation n'éprouve aucune difficulté pour passer des eaux maritimes dans les eaux fluviales. La mer entre et circule librement dans ces vastes embouchures : ce sont les *fleuves à estuaire*. La Tamise, la Seine, la Gironde, l'Hudson, le Saint-Laurent nous offrent des exemples de ces conditions éminemment favorables au développement des grands établissements maritimes. Londres, Rouen et le Havre, Bordeaux, New-York, Québec, disposés ainsi dans l'estuaire même de leurs fleuves respectifs, communiquent à la fois avec la mer et l'intérieur des terres, et peuvent recevoir et échanger, de la manière la plus économique et la plus directe, toutes les marchandises soit d'importation, soit d'exportation. Quelquefois, au contraire, le fleuve se divise, avant d'arriver à la mer, en deux ou plusieurs branches, qui elles-mêmes se ramifient en plusieurs autres, en formant une vaste île triangulaire divisée souvent par de petits bras secondaires : ce sont les *fleuves à delta*. Chacune des embouchures est alors encombrée par les sables et les limons charriés par le courant; la profondeur est à peine suffisante pour y permettre le passage de quelques alléges. Point de port aux embouchures; ils en sont tous à une distance plus ou moins grande, dans quelque rade abritée ou derrière une lagune de la côte voisine. Tels sont le Pô, le Danube, le Nil, le Rhône, dont les embouchures sont à une distance assez considérable des ports correspondants, Venise et Trieste, Odessa, Alexandrie, Marseille. (Voir *Pièce justificative I.*)

VIII

C'est à l'action de la mer seule qu'il faut attribuer cette différence radicale entre les formes des embouchures. Les estuaires les plus profonds se trouvent sur les côtes où l'influence du flux et du reflux est le plus sensible; l'oblitération des embouchures n'a lieu, au contraire, que dans les mers sans marée.

On conçoit, en effet, que lorsque les limons et les sables de fond entraînés par le courant du fleuve rencontrent la masse des eaux tranquilles d'une mer intérieure, ils se déposent immédiatement et forment un bourrelet d'alluvions qui affecte la forme d'une courbe dont la convexité est naturellement tournée vers la mer. Ce dépôt est plus ou moins remanié par le mouvement des vagues; mais il finit par atteindre une certaine fixité, se développe et forme une île qui divise le courant du fleuve en deux : telle est l'origine du delta.

Lorsque, au contraire, de fortes marées, après avoir fait gonfler les eaux du fleuve sur une étendue considérable en amont, déterminent par la retraite des eaux une chasse puissante, ces dépôts sont balayés par ce courant énergique et, transportés ensuite par les courants littoraux, vont se perdre dans des parties profondes ou concourir au développement de bancs de sable, à une distance assez grande des embouchures : c'est ainsi que se conservent les estuaires.

IX

Mais cette division très-nette des embouchures en deux types parfaitement distincts ne doit pas être cependant trop absolue; et, si les deltas se produisent toujours dans les mers calmes et à niveau constant, tandis que les fortes marées entretiennent la profondeur des estuaires, le phénomène peut être mixte dans certains cas et participer à la fois des deux types extrêmes. C'est ainsi que, dans la mer du Nord, par exemple, où l'amplitude de la marée est très-faible, les embouchures du Rhin, de la Meuse et de l'Escaut sont masquées du côté de la mer par une ceinture d'îles, dont quelques-unes, comme le Walcheren, le Sud-Beveland, le Beyerland, sont de véritables petits continents. La formation de ces îles est analogue à celle de tous les deltas; mais, quoique faibles, le flux et le reflux entretiennent entre elles des passes naturelles assez profondes, véritables estuaires partiels qui permettent aux navires de remonter le cours des fleuves.

On peut faire des observations du même genre sur deux des plus grands fleuves du monde, le Mississipi et le Gange, dont les embouchures tiennent à la fois de l'estuaire et du delta; car ils débouchent, le premier dans le golfe du Mexique, le second dans le golfe du Bengale, sortes de mers intérieures où la marée est relativement peu sensible.

Le comblement d'un estuaire est donc un phénomène complexe, lorsque le fleuve débouche dans une mer à marée; si les sédiments tendent à obstruer la passe, le mouvement de la mer emporte à chaque instant ces dépôts, et la forme de l'embouchure est subordonnée à ces deux actions contraires.

Dans les mers sans marée, le phénomène est au contraire très-simple et partout identique; il suffit, en effet, de jeter les yeux sur la première carte de géographie pour être frappé de l'analogie qui existe entre les bouches du Danube et de la Vistule, qui s'ouvrent sur deux mers fermées, la mer Noire et la mer Baltique, et celles des trois grands fleuves de la Méditerranée, le Nil, le Pô et le Rhône. La formation de barres infranchissables qui oblitèrent les passes est encore un caractère commun à toutes ces embouchures.

L'étude comparative de ces fleuves et de leurs deltas serait pleine d'intérêt; mais elle élargirait trop le cadre que nous nous sommes tracé; et qui ne doit pas s'étendre au delà des limites de notre mer Méditerranée. Le delta du Rhône nous fournira d'ailleurs l'occasion de revenir sur ces analogies, tellement saisissantes que l'étude des embouchures de l'un des trois grands fleuves de la Méditerranée peut servir en quelque sorte de base à celle des deux autres, et qu'on retrouve partout la même succession de phénomènes dans des conditions à peu près identiques.

Pl. 2

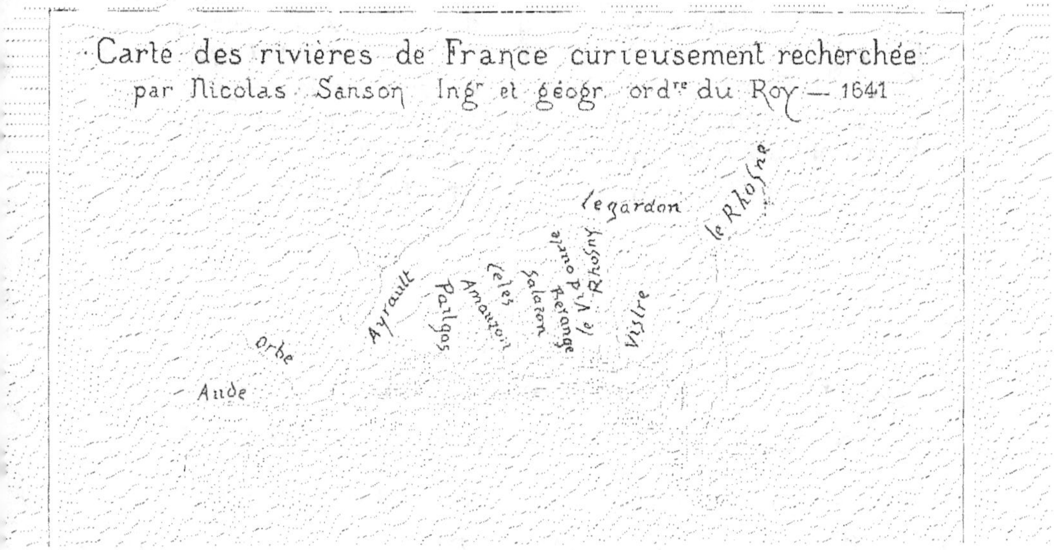

Carte des rivières de France curieusement recherchée
par Nicolas Sanson Ingr et géogr ordre du Roy — 1641

le gardon
le Rhosne
Ayrault
Peilgos
Celes
Amauroi
Salaton
Rerange
ajno p·v· le Rhosne
Vistre

orbe
Aude

CHAPITRE TROISIÈME.

ÉTUDE COMPARATIVE DES TROIS GRANDS DELTAS DE LA MÉDITERRANÉE.

Relation entre la nature géologique du rivage et la profondeur de la mer au large. — La grande plage du golfe de Lyon. — Formation des étangs littoraux. — Développement de l'appareil littoral. — Cordon littoral, *lido*. — Formation des dunes. — Mécanisme de la formation des deltas. — La barre et l'étang central. — Delta du Nil. — L'ancien lac Maréotis. — Le lac Bourlos. — Le lac Menzaleh. — La lagune de Venise. — La lagune de Comachio. — Comblement de l'estuaire du Rhône. — Le diluvium du Rhône et de la Durance. — La Crau et la Camargue. — Le déluge Scandinave et le déluge Asiatique. — Différentes hypothèses sur les causes des courants diluviens. — Variations des embouchures du Rhône. — Comblement graduel des étangs littoraux. — Lagunes mortes. — Lagunes vives. — Les fleuves travailleurs.

I

Les rivages de la mer peuvent présenter deux aspects très-différents et n'en présentent jamais d'autres; la côte peut être rocheuse et abrupte, ou bien elle est plate et sablonneuse; c'est un escarpement ou une plage. Nous avons vu que le littoral français de la Méditerranée se composait d'une immense plage circulaire s'étendant de Collioure au cap Couronne, encastrée entre deux développements de côtes rocheuses : le massif des Albères du côté de l'Espagne, et du côté de l'Italie les Maures, l'Estérel et les Alpes maritimes.

La profondeur de la mer dans le voisinage d'une côte dépend toujours d'une manière directe de la nature du rivage. A une côte plate correspond une mer peu profonde; tel est le golfe de Gascogne, qui baigne la vaste plaine des Landes; telle est encore la mer du Nord, qui envahirait la Hollande, dont l'existence est subordonnée à l'entretien de ses digues; tel est enfin le golfe de Lyon.

Une côte rocheuse est au contraire baignée par une mer profonde; car le fond de la mer n'est que la continuation, au-dessous du plan d'eau, des chaînes de montagnes qui la bordent et forment en quelque sorte sa ceinture; c'est ainsi que la sonde rencontre des profondeurs considérables le long des côtes de Bretagne et au pied des Pyrénées, des montagnes des Maures, de l'Estérel et de la chaîne des Alpes.

II

Cette grande variation de profondeur de la mer à la même distance de la côte est surtout très-sensible dans le golfe de Lyon; car les massifs des Albères, des Maures et de l'Estérel sont très-abruptes, et l'on trouve des profondeurs de cent et, sur quelques points, de deux cents mètres à une distance très-faible du pied de ces falaises; tandis qu'au-devant de la Nouvelle, à Cette, sur la plage d'Aiguesmortes et tout le long de la Camargue, un homme peut, sans perdre pied, s'avancer en mer de plusieurs centaines de mètres.

On voit sur la *carte du littoral ancien du golfe de Lyon*, placée au commencement de ce volume, que ce littoral présente dans son ensemble un contour arrondi qui mesure plus d'un quart de circonférence; si l'on trace dans l'intérieur du golfe les lignes de niveau aux profondeurs de cinquante, cent et deux cents mètres, on reconnaît que la profondeur de cinquante mètres existe presque dans les ports de Collioure et de Bouc, tandis qu'on ne la trouve qu'à dix ou quinze kilomètres en moyenne le long de la côte sablonneuse du golfe de Lyon. Les courbes des profondeurs de cent et deux cents mètres sont encore bien plus remarquables; car leur direction, sauf quelques infléchissements, est presque dans la ligne du cap de Creux au cap Couronne; de sorte que la profondeur de deux cents mètres, que la sonde rencontre à quelques encablures seulement de ces deux caps, n'existe qu'à une très-grande distance au large, à quatre-vingts ou cent kilomètres au droit de la Nouvelle, de Cette et du Grau-du-Roi.

Ce manque de profondeur, joint à l'orientation du golfe de Lyon, directement ouvert aux vents du large qui soufflent directement du Sud et du Sud-Est, fait de cette partie de la mer Méditerranée un des parages les plus dangereux pour la navigation. Pendant les gros temps, une mer énorme est accumulée dans le fond du golfe; les tempêtes s'y déclarent souvent d'une manière soudaine; la lame y est dure et courte, à cause du peu de profondeur, et les navires, souvent affalés à la côte, ne trouvent ni abri, ni relâche sur un développement de plus de deux cents kilomètres battus directement par les mers du large.

Cette grande plage sablonneuse a une inclinaison très-faible et presque régulière de 0^{m}01 par mètre. C'est sur ce plan incliné que les vagues viennent déferler, après avoir soulevé une partie des sables du fond. Ces sables, ainsi jetés à la plage par les coups de mer, forment une sorte de bourrelet que M. Élie de Beaumont a très-justement appelé le *cordon littoral;* c'est la ligne de démarcation entre la mer et la terre, clôture essentiellement fragile et que la mer tend à chaque instant à modifier par de nouveaux apports, et surtout à régulariser et à adoucir en fermant par des levées de sable toutes les baies et tous les enfoncements dans lesquels son mouvement ne peut se développer à l'aise. Telle est l'origine de la formation des étangs et des lagunes littorales, qui toutes ont été dans l'origine de petites baies peu profondes et ouvertes du côté de la mer, mais que le travail incessant des vagues et des courants a fini par retrancher du domaine maritime. Cette séparation a eu lieu au moyen d'une série de flèches de sable orientées suivant les courants parallèles à la côte, qui ont fermé peu à peu toutes les anses; et ces tronçons de cordons littoraux se soudant les uns aux autres ont fini par constituer le rivage actuel, et présentent aujourd'hui une ligne presque continue sur tout le développement du golfe.

III

Ce ne sont pas seulement les sables de la mer qui sont ainsi soulevés par les vagues et jetés à la côte de manière à constituer le cordon littoral; et on conçoit même que, si l'action des vagues se bornait à remanier indéfiniment les mêmes sables de la plage sous-marine, le cordon littoral une fois constitué ne subirait point de modification sensible.

Quelle que soit, en effet, l'agitation de la mer, le mouvement des vagues ne se fait pas sentir sur le fond à une très-grande distance de la côte. On est peu d'accord sur la détermination exacte de cette profondeur, limite au delà de laquelle le flot n'a plus assez de force pour soulever les sables; mais on admet généralement qu'au-dessous de quinze à vingt mètres, l'agitation de la surface ne se transmet pas sur les matières meubles qui constituent la plage sous-marine.

Dans le golfe de Lyon, dont le littoral a une pente transversale de 0^m01 par mètre, c'est, par conséquent, sur une bande d'une largeur de quinze cents à deux mille mètres environ que s'exerce l'action des vagues et des courants littoraux. Si donc ces vagues et ces courants n'avaient à remanier sans cesse que les sables de la plage, celle-ci, bien que dans un état d'équilibre instable, conserverait sensiblement la même courbure et le même contour; car ces sables, jetés à la côte par l'action des vagues, redescendraient ensuite le plan incliné sous l'action de la pesanteur; et il s'établirait ainsi un mouvement de va-et-vient dont le résultat serait de donner à la courbe de la plage un profil à peu près définitif, de telle sorte que la ligne de démarcation entre la terre et la mer serait nettement déterminée.

Mais les apports continus des fleuves mettent à chaque instant à la disposition de la mer de prodigieuses quantités de nouvelles matières dont les vagues s'emparent immédiatement, qu'elles soulèvent et tiennent en suspension, et que les courants transportent ensuite à de très-grandes distances; alors se forment des flèches de sable qui ferment les petites baies et constituent de nouvelles lagunes littorales. Et c'est pour cela qu'on rencontre souvent, le long de la côte, plusieurs étangs disposés en chapelet, séparés entre eux par des lignes de dunes parallèles au rivage et qui ne sont que d'anciens cordons littoraux, témoins irrécusables de la présence de la mer à des époques très-éloignées de nous, mais qui ne dépassent pas cependant notre période géologique actuelle.

L'ensemble de ces formations, dont l'origine remonte à peine à quelques milliers d'années, et qui se compose d'étangs, de dunes, de marais et d'alluvions tour à tour fluviales et maritimes, a reçu le nom caractéristique d'*appareil littoral*; c'est la véritable frontière maritime du continent, frontière essentiellement variable, si l'on observe que cette zone de terrains récents tantôt s'élargit, par suite de la formation de nouvelles lagunes empiétant sur le domaine de la mer et abritées par les dernières levées de sable qui barrent l'entrée de tous les petits enfoncements de la côte, tantôt au contraire est rongée et attaquée par les vagues et les courants littoraux; car le volume des eaux de la mer est toujours constant, et celle-ci doit nécessairement regagner d'un côté ce qu'elle perd d'un autre.

IV

Il est quelquefois assez difficile de reconnaître l'emplacement d'un ancien cordon littoral, surtout lorsque, par suite du retrait de la mer, cette ancienne frontière se trouve enfoncée au milieu des terres; mais cependant certains caractères généraux permettent de retrouver, sur plusieurs points, les limites des anciens rivages.

Un des phénomènes les mieux déterminés des cordons littoraux est la formation des dunes.

Le sable sec est par lui-même d'une extrême mobilité, et le vent le transporte facilement à de très-grandes distances avec une vitesse souvent considérable. Le long de toutes les plages sablonneuses, on peut observer sur une petite échelle les mêmes effets qu'au milieu des vastes solitudes de l'Afrique centrale. Il se forme de véritables collines mouvantes, qui se déplacent suivant la direction du vent dominant et qui, dans certains cas, ont recouvert des surfaces immenses et envahi des villages entiers, sans que l'homme ait pu s'opposer à la marche progressive de ce fléau. Tout le monde connaît la vaste formation des dunes de la Gascogne, qui auraient fini certainement par envahir la plaine entière des Landes, si l'ingénieur Brémontier n'avait réussi à fixer par la végétation cette mer de sable que rien jusqu'alors n'avait pu arrêter. Les mêmes phénomènes se présentent sur la côte Nord-Ouest de Cornouailles, sur différentes parties de la côte de la Bretagne et de la Vendée, dans la Belgique et sur tout le rivage de la Hollande, qui peut être considérée comme un pays artificiel, dont l'existence ne se maintient qu'à la faveur des dunes. Partout, en effet, où la côte est plate et sablonneuse, le vent chasse le sable du littoral, et il se forme une série de dunes mouvantes dont le volume, la hauteur, la vitesse de propagation et l'orientation dépendent de la direction et de l'intensité des vents dominants.

Le phénomène se développe surtout dans de très-grandes proportions, lorsque la mer découvre à marée basse une large zone sablonneuse ; le soleil dessèche en peu de temps la surface ainsi émergée; et si le vent de mer souffle avec violence, il pousse à la côte le sable de la plage devenu mobile; celle-ci s'élève alors rapidement, et finit par présenter, sur une certaine largeur, une série de monticules qui atteignent parfois cent et deux cents mètres d'élévation.

Les conditions les plus favorables à la formation des dunes littorales sont donc que la mer découvre périodiquement de vastes espaces de sable, et que le vent souffle ensuite du large pour transporter à la côte la couche supérieure de ce sable desséché pendant les basses mers. Ces conditions n'existent pas sur le littoral français de la Méditerranée; car, d'une part, cette mer n'a pas de marée, et son niveau, à peu près constant, n'accuse pas en général des variations supérieures à 0^m75 sous l'influence des agents atmosphériques, et, d'autre part, le vent dominant qui souffle du Nord et du Nord-Ouest jette au contraire les sables dans la mer; aussi les dunes qui se forment sur le cordon littoral du golfe de Lyon sont loin d'atteindre les proportions de celles des rivages de l'Océan, et ne dépassent pas ordinairement dix mètres de hauteur.

Cette formation est cependant parfaitement reconnaissable sur plusieurs points de l'appareil littoral, et notamment près d'Aiguesmortes, où quatre lignes de dunes, situées au milieu des étangs, se développent parallèlement au rivage de la mer, et marquent d'une manière très-nette les limites des anciens rivages, à différentes époques de notre période actuelle.

V

D'après ce que nous avons dit plus haut sur les apports des fleuves en général, et sur les dépôts qui se produisent aux embouchures lorsque les sables et les limons charriés par le courant rencontrent la masse des eaux tranquilles de la mer, il est aisé de concevoir que c'est dans la région des embouchures d'un grand fleuve que les variations de la zone littorale doivent être le plus sensibles.

Là, en effet, le littoral se développe et gagne sur la mer avec une rapidité telle qu'on peut suivre, pour ainsi dire, sa marche à vue d'œil, et noter, dans une période d'un très-petit nombre d'années, les empiétements des terrains nouvellement formés sur le domaine maritime et les érosions qui en sont la conséquence sur quelques points de la côte voisins de la zone de dépôt.

Lorsqu'un fleuve comme le Rhône débouche dans une mer sans marée, la formation de son delta a lieu suivant un mécanisme fort simple. Les sédiments tenus en suspens dans l'eau courante tombent au fond, dès qu'ils rencontrent la masse des eaux tranquilles de la mer; et ce dépôt sous-marin affecte tout d'abord la forme d'un cône à talus très-allongés, analogue aux cônes de déjection de tous les torrents (1).

Cette sorte de seuil, que l'on trouve à l'entrée de toutes les rivières, est ce que l'on nomme la *barre*; promptement balayée dans les mers à marée sous l'action des courants énergiques produits par le flux et le reflux, elle est, au contraire, incessamment rechargée dans les mers tranquilles par les apports continuels du fleuve, et finit par émerger au-dessus du niveau des eaux. Le courant du fleuve se divise alors en deux branches qui entourent cet îlot de création récente, et l'on peut dire qu'à ce moment le delta est formé. Les eaux des crues, très-chargées de sables et de limons, élargissent très-rapidement la surface de ce delta rudimentaire; elles déposent d'abord sur ses bords une quantité notable de troubles et se déversent ensuite dans l'intérieur du delta; de là, la formation de deux bourrelets latéraux, qui s'élèvent et s'épaississent après chaque période d'inondation. La forme triangulaire du delta s'accentue dès lors de plus en plus, et le terrain nouvellement créé présente dans son ensemble deux berges latérales au fleuve, dont la crête est à un niveau supérieur aux eaux moyennes et est submersible seulement par les eaux d'inondation. Ces deux berges, qui servent ainsi de déversoir aux eaux des grandes crues, ont un talus légèrement incliné

---

(1) Duponchel, *Hydraulique et Géologie agricoles*.

vers l'intérieur du delta, où il se forme naturellement une sorte de cuvette centrale ouverte du côté de la mer. Au bout d'un certain temps, lorsque les matières charriées par le fleuve et remaniées sans cesse par les courants littoraux ont constitué au-devant des embouchures une plage sous-marine d'une certaine étendue, l'action des vagues sur ces dépôts détermine, comme nous l'avons vu, un cordon littoral qui sert de clôture à la mer. Le delta est alors fermé. L'étang central est isolé du domaine maritime et ne communique plus avec lui que pendant les tempêtes, lorsque la force des vagues produit une rupture dans le cordon littoral, ou après une série de pluies abondantes lorsque, gonflé par les pluies, il est obligé, pour écouler le trop-plein de ses eaux, de s'ouvrir un passage provisoire à travers la frêle barrière qui le sépare de la mer.

VI

Ainsi s'explique la présence d'un étang ou de plusieurs lagunes intérieures au centre de tous les deltas ; ceux du Nil, du Pô et du Rhône vont nous fournir à cet égard des observations tout à fait identiques.

Le delta du Nil est le plus vaste des trois ; sa superficie, de près de vingt-trois mille kilomètres carrés (2,300,000 hectares), est presque égale à celle des quatre départements réunis de l'Aude, de l'Hérault, du Gard et des Bouches-du-Rhône, qui forment la ceinture de tout le golfe de Lyon ; elle est de trente fois environ la surface de la Camargue, qui n'atteint que soixante-quinze mille hectares. Les géographes anciens (1) donnaient sept bouches au fleuve ; mais il n'avait en réalité que trois bouches principales, la branche *Pélusiaque,* la plus orientale de toutes, la branche *Canopique,* la plus occidentale, et la bouche *Sebennytique,* qui occupait à peu près le milieu du delta et traversait le lac Bourlos. Ces trois

---

(1) Les anciennes branches du Nil, au nombre de sept, portaient, d'après de Rozière, *Constitution physique de l'Égypte,* les noms suivants :

1º La *branche Canopique,* la plus occidentale, qui se jetait à la mer près de l'ancienne ville de Canope (aujourd'hui près d'Aboukir), entre le lac El-Madieh et le lac Ed-Kou.

2º La *branche Bolbitine :* c'est de nos jours la plus considérable ; elle aboutit près de Rosette.

3º La *branche Sebennytique,* aujourd'hui presque atterrie, était, du temps de Ptolémée, la plus importante de toutes ; elle traverse le lac Bourlos.

4º La *branche Phatnitique, Bucolique* ou *Phohnétique,* aujourd'hui branche de Damiette.

5º La *branche Mendésienne,* qui tirait son nom de l'ancienne ville de Mendès, et dont la bouche paraît être aujourd'hui celle de Dybeh, qui traverse le cordon littoral du lac Menzaleh.

6º La *branche Tanitique* ou *Saïdienne,* dont l'embouchure porte aujourd'hui le nom d'Oum-Fareg, autre coupure du cordon littoral qui sépare le lac Menzaleh de la mer.

7º La *branche Pélusiaque* ou *Bubastique,* qui aboutissait près de Péluse, aujourd'hui branche de Tineh.

bouches sont aujourd'hui oblitérées; Canope est en ruine, Péluse est enfoui sous les sables, et la branche Sebennytique, que l'on croit avoir été autrefois la plus considérable, est très-difficile à reconnaître sous les sables et les limons déposés par les inondations périodiques du Nil.

Le delta ancien était donc compris entre les deux branches Canopique et Pélusiaque. Celui de nos jours n'occupe que la moitié environ de cette surface, et se trouve resserré entre les deux branches plus rapprochées de Rosette et de Damiette. Nous pouvons dès maintenant remarquer la même particularité pour le Rhône, dont le delta actuel, désigné sous le nom d'*île de la Camargue,* occupe une superficie beaucoup moins grande que celle de l'ancien delta, qui s'étendait jusque vers l'étang de Mauguio, du côté de Cette, alors que les bras atterris du fleuve appelés *Rhônes-Morts* jetaient leurs eaux dans la grande lagune littorale située au Sud de Montpellier.

Un autre caractère commun à ces deux deltas est l'invariabilité du point de diramation des branches du fleuve depuis la plus haute antiquité. Ce point de diramation s'est maintenu pour le Nil aux environs de la ville d'Héliopolis, située à quelques lieues au Nord du Caire, et qui correspond par conséquent assez exactement à la position d'Arles sur le Rhône.

Mais ce qu'il est surtout intéressant de remarquer, ce sont les dépressions de terrain qui existent entre les diverses branches de tous ces deltas, dépressions qui donnent naissance à une série d'étangs ou de lagunes séparées de la mer par le cordon littoral.

Tel est le lac Maréotis, situé à l'Ouest de la branche Canopique, et qui est isolé de la mer par une digue presque continue de rochers calcaires soudés les uns aux autres par des bancs de sable. C'est sur cette digue qu'est bâtie la ville d'Alexandrie, qui possédait autrefois deux ports, l'un sur la mer et l'autre sur le lac, et qui était redevable à cette situation privilégiée d'un climat très-salubre. Desséché en partie par l'évaporation, atterri par les limons du Nil, le lac Maréotis n'est plus aujourd'hui qu'un immense marécage, assez malsain et complétement perdu pour la navigation.

Deux autres lagunes, le lac El-Madieh et le lac Ed-Kou, sont situées entre la branche Canopique et la branche de Damiette; leur profondeur est supérieure à celle du lac Maréotis et est en moyenne de deux à trois mètres; ce sont de petites mers navigables pour les embarcations de pêche.

Les deux lagunes les plus remarquables du delta sont le lac Bourlos, situé entre la branche de Rosette et l'ancienne branche centrale dite Sebennytique, et le lac Menzaleh, qui s'étend de la branche de Damiette à la branche Pélusiaque (aujourd'hui branche de Tineh), et au milieu duquel débouchait l'ancienne branche Mendésienne. Ces vastes lagunes ont un développement de cinquante à soixante kilomètres parallèles au rivage; leurs eaux sont tantôt salées, tantôt saumâtres et même potables, suivant le régime du Nil qui les envahit aux époques d'inondation. Elles sont couvertes d'un nombre infini d'îles et d'îlots de toutes dimensions, et séparées de la mer par un mince cordon littoral, qui se réduit, en certains points, à une crête de sable au travers de laquelle s'établissent à chaque instant des communications entre la mer et la lagune; disposition qui présente la plus grande analogie avec la lagune de Venise et en général avec tous les étangs des deltas du Pô et du bas Rhône.

VII

Tandis que le lac Bourlos, situé au centre du delta du Nil, correspond assez bien à l'étang de Valcarès, qui forme la cuvette centrale de la Camargue, les lacs Maréotis et Menzaleh, placés extérieurement aux branches actuelles de Rosette et de Damiette, peuvent être comparés à la lagune de Comachio et à la lagune de Venise, qui sont toutes deux placées en dehors des embouchures actuelles du Pô et de l'Adige.

La lagune de Venise est, comme le lac Menzaleh, protégée du côté de la mer par une longue flèche de sable de quarante-cinq kilomètres de développement et dont la largeur moyenne n'est que de trois cent cinquante mètres; cette barrière, qu'on appelle *le littoral*, est coupée par cinq ouvertures naturelles qu'on désigne sous le nom de *ports* (*portus*, πόρος, *passage*), et qui ne sont que les passes plus ou moins navigables permettant aux navires d'arriver jusqu'à Venise. En descendant du Nord vers le Sud, ces passes sont les Trois-Ports, Saint-Érasme, le Lido, Malamocco et Chioggia; elles rappellent fidèlement les coupures ou bouches de Dibeh, de Gemileh, d'Oum-Fareg et de Tineh, qui traversent le cordon littoral du lac Menzaleh; et si l'on ajoute cette particularité, que la coupure de Port-Saïd et les deux môles avancés qui viennent d'y être enracinés pour permettre l'entrée des navires dans le canal de l'isthme de Suez sont des ouvrages de même nature et établis d'après les mêmes principes que les grandes digues de Malamocco, construites sous le premier empire par les ingénieurs français de Prony et Sganzin, on voit que l'analogie entre la lagune de Menzaleh et celle de Venise est des plus complètes.

La grande lagune de Comachio, dont la superficie est encore plus considérable que celle de Venise, se trouve aujourd'hui à l'extérieur du delta du Pô; mais elle était autrefois au centre même de l'ancien delta; car la branche la plus ancienne et même la plus importante du fleuve était le Pô di Primaro, qui coule aujourd'hui au

Sud du delta, et dont les alluvions ont comblé la lagune de Ravenne (1).

La position de la lagune de Comachio, par rapport aux anciens bras du Pô, peut donc aussi être comparée à celle du lac Bourlos, placé entre les branches de Rosette et de Damiette, et à celle de l'étang de Valcarès, entre le grand et le petit Rhône.

Nous pourrions multiplier ces analogies; car il n'y a aucune raison physique pour que les embouchures des trois grands fleuves de la Méditerranée ne présentent pas, sauf quelques variations locales, des configurations à peu près semblables. Nous ne nous étendrons pas plus longtemps sur ce sujet; mais nous renverrons le lecteur, curieux de voir jusqu'où peut aller l'identité des dispositions topographiques des deltas de la Méditerranée, à une note très-curieuse sur le déplacement de la partie du rivage de l'Italie occupée par les embouchures du Pô, extraite des savantes recherches de l'ingénieur de Prony sur le système hydraulique de l'Italie, et reproduite par Cuvier dans son discours sur les révolutions de la surface du globe (*Pièce justificative II*). Ces deux savants établissent de la manière la plus nette que l'ancien delta du Pô et de l'Adige, de for-

---

(1) La ville de Ravenne est aujourd'hui éloignée de la mer de plus de sept mille mètres.

mation toute récente, comprenait autrefois, entre les branches extrêmes, une série d'étangs et de lagunes, aujourd'hui atterries et tout à fait comparables aux lagunes de la région littorale du Nil.

VIII

Revenons au Rhône. Le sommet du delta se trouve un peu en amont d'Arles. Ce point de diramation des branches du fleuve ne paraît pas avoir sensiblement varié depuis les époques historiques. Dans l'état actuel, le delta du Rhône se compose d'une île triangulaire de soixante-quinze mille hectares, enserrée entre deux bras qu'on appelle le *grand-Rhône* et le *petit-Rhône*; le premier passe à Arles et débouche à huit kilomètres en aval de la tour Saint-Louis; le second passe à Saint-Gilles et débouche aux Saintes-Maries. A la base de ce triangle se trouve, comme nous l'avons déjà dit, un étang central, le Valcarès, dont la superficie est de douze mille hectares, et dont la profondeur varie de un mètre à deux mètres.

Tout autour de cet étang et le long de la plage, un nombre considérable de lagunes et de marais, de formes et de dimensions différentes et variables, occupent encore une surface de près de huit mille hectares. Cette région de la basse Camargue est à peine séparée du domaine maritime par une plage étroite, qui se réduit sur certains points à une mince crête de sable, et que les vagues franchiraient à chaque instant, si on n'avait récemment fortifié cette fragile clôture par une digue artificielle, qui met ainsi l'île à l'abri des coups de mer.

Telle est la Camargue aujourd'hui, bien différente de ce qu'elle était au commencement de notre ère et de ce qu'elle sera très-certainement dans quelques siècles. Le delta du Rhône ainsi considéré est, comme on le voit, assez restreint; mais, envisagé au point de vue géologique, il a des proportions bien autrement importantes. On n'a qu'à jeter les yeux sur la magnifique carte géologique de la France dressée par MM. Dufrénoy et Élie de Beaumont pour reconnaître que les apports du diluvium et les alluvions plus récentes du fleuve couvrent un vaste triangle, dont les trois sommets sont à peu près situés près de Cette, de Port-de-Bouc ou des Martigues et de Beaucaire.

Or, il est certain qu'à l'origine de la période quaternaire, l'estuaire du Rhône, tout comme celui du Nil et du Pô, au lieu de former en mer une protubérance marquée, débouchait au contraire dans l'intérieur d'un golfe, dont on peut reconnaître sur la carte le contour en suivant la limite des terrains de l'époque tertiaire ou secondaire.

La montagne de Beaucaire et le massif de la Montagnette situé au nord de Tarascon ont été les falaises anciennes du rivage, dans les premiers temps de notre époque. Depuis lors, le diluvium du Rhône et de la Durance a comblé ce golfe et répandu sur toute sa surface une immense couche de cailloux; et cette couche récente s'étend jusqu'à la mer et plonge à une certaine profondeur au-dessous des alluvions maritimes et fluviales de la Camargue, des plaines d'Aiguesmortes et de toute la région littorale qui s'étend le long de l'étang de Mauguio jusqu'à Cette.

L'un des bras de la Durance débouchait autrefois dans le golfe par le pertuis de Lamanon, gorge étroite située entre l'extrémité orientale de la chaîne des Alpines et les escarpements de la montagne du Défends, qui est le premier contrefort de la chaîne de la Trévaresse; c'est par ce défilé que le diluvium de la Durance s'est précipité dans la mer et a donné naissance à une partie de cette plaine de cailloux qui s'étend jusqu'au Rhône et qui porte le nom de *Crau*. Le diluvium du Rhône a, de son côté, pénétré dans le golfe entre Beaucaire et Tarascon et inondé de ses quartzites blancs et rosés toute la région qui se prolonge du côté de l'Ouest jusqu'à Montpellier et à Cette. La vaste plaine, qui a pour sommet Beaucaire et dont les limites extrêmes sont la plage de Cette et le golfe de Fos, est donc une véritable mer de cailloux, *campus lapideus,* ainsi que la désignaient les anciens géographes, provenant des diluviums du Rhône, de la Durance et de tous les cours d'eau tributaires de ces deux fleuves principaux et qui descendent des Alpes, des Cévennes ou du Vivarais.

Le courant principal du diluvium, qui a raviné profondément du Sud au Nord le couloir de la vallée du Rhône, a été brusquement dévié par le courant de la Durance, qui coule de l'Ouest à l'Est et qui est venu le heurter presque à angle droit à sa sortie du défilé de Lamanon; la résultante de ces deux courants a pris une direction oblique du Nord-Est au Sud-Ouest; et c'est ce qui explique pourquoi le grand delta du Rhône s'étend ainsi à l'Ouest d'une quantité aussi considérable. On retrouve en effet les apports diluviens jusqu'aux environs de l'étang de Mauguio, et il est fréquent de rencontrer au-dessous même d'Aiguesmortes, à une très-grande distance de la Durance, des cailloux très-caractéristiques de variolite, qui n'ont pu être transportés aussi loin que par le diluvium spécial de cette rivière éminemment torrentielle.

X

Les courants diluviens ont été, avec la période glaciaire, les deux grands cataclysmes qui ont révolutionné l'époque quaternaire.

Nous avons vu qu'on ne pouvait faire que des hypothèses plus ou moins plausibles sur les causes qui ont amené d'abord le refroidissement général de notre globe, puis son réchauffement, et ont mis heureusement fin à cette période critique, d'une durée difficile à déterminer et pendant laquelle la vie organisée, un moment arrêtée, a été sur le point de disparaître pour toujours de la surface de la terre.

On est réduit encore à de simples conjectures en ce qui concerne la cause des courants diluviens. L'opinion la plus généralement admise est qu'ils ont été la conséquence des soulèvements de nos chaînes de montagnes, qui auraient ainsi brusquement déplacé les eaux continentales et les auraient projetées dans les vallées avec une force d'impulsion dont nous ne pouvons avoir aucune idée par les courants actuels de nos fleuves ou de nos mers. C'est, d'après les géologues, le soulèvement des montagnes de la Norvége, qui a déterminé le *déluge scandinave,* dont le résultat a été de recouvrir d'un manteau de terres meubles toute la partie septentrionale de l'Europe. Le soulèvement des Alpes aurait de même provoqué le *second déluge d'Europe* et donné naissance à ces profondes vallées de l'Allemagne, de la France et de l'Italie, en un mot de toute l'Europe centrale dont le massif alpin semble être le pivot. Quant au *déluge asiatique,* il serait la conséquence du soulèvement d'une partie de la chaîne du Caucase.

Ce ne sont pas les seules explications qui ont été données à l'appui de ces phénomènes. On les a tour à tour attribués à l'affaissement subit d'une partie plus ou moins grande de l'écorce terrestre, ou au soulèvement imprévu de quelque chaîne de montagnes surgissant du fond de nos océans; car notre frêle enveloppe solide flotte, pour ainsi dire, au-dessus du noyau central de notre globe auquel elle n'adhère pas, et peut être soumise à chaque instant à des oscillations ou à des dépressions dont la conséquence doit être de bouleverser de fond en comble la surface de nos continents et de nos mers.

Une des hypothèses les plus ingénieuses, est que l'axe de rotation du globe aurait pu être brusquement dévié par le choc d'un autre corps planétaire. On conçoit facilement qu'une pareille secousse, suivant que la vitesse de rotation de la terre en serait accélérée ou ralentie, aurait pour effet de projeter violemment toutes les eaux des lacs, des mers et des océans soit dans le sens du mouvement de la terre, soit dans le sens inverse.

Quelle que soit l'hypothèse à laquelle on s'arrête (et il nous paraît bien difficile que la cause déterminante du cataclysme puisse être jamais parfaitement connue), il est certain que les courants actuels de nos fleuves, même les plus torrentiels et à l'époque de leurs plus grandes inondations, ne peuvent nullement être comparables à ce qu'ont été ces brusques déplacements de masses liquides; creusant sur leur passage de vastes sillons, dénudant les rochers, corrodant les flancs des vallées et charriant avec elles d'innombrables débris de matières meubles de toute nature. La traînée de cailloux roulés que ces déluges laissent sur leur route, les blocs erratiques qu'ils transportent à des distances souvent considérables ou qui, détachés des falaises riveraines de la vallée, émergent au milieu des alluvions comme de gigantesques témoins du cataclysme (1), les plaines immenses recouvertes d'une couche profonde de galets arrondis que la vitesse du transport n'a pas permis au torrent de réduire en sable et en limon peuvent à peine donner une idée de la puissance de ces phénomènes, qui ont eu nécessairement pour résultat de tout engloutir et détruire sur leur redoutable passage.

C'est surtout dans la région des embouchures et dans les zones des deltas que les dépôts du diluvium prennent une importance considérable. Les cailloux roulés se répandent alors suivant une nappe qui présente une pente presque continue jusqu'à la mer. C'est un terrain de cette nature, et de formation par conséquent toute récente, qui constitue le sol même de la Crau et le sous-sol de la Camargue, des plaines de Nîmes et d'Aigues-mortes et de toute la région littorale jusqu'à

---

(1) L'énorme monolithe de Pierrelatte (Drôme), isolé au milieu de la vallée du Rhône, dont la largeur est en ce point de huit kilomètres, n'est qu'un bloc erratique détaché par le courant diluvien des falaises riveraines du terrain crétacé de l'Ardèche ou de la Drôme.

l'étang de Mauguio. Le Rhône a coulé ensuite au-dessus de cette plaine caillouteuse, l'a recouverte de limons, de sorte que le plan incliné de la Crau se prolonge au-dessous de la Camargue, dont elle forme ce que les géologues appellent le *substratum*.

Dans toute cette région du bas Rhône, la sonde rencontre en effet une profondeur de cinq à six mètres de terre végétale, alluvion récente du fleuve, et pénètre ensuite dans la couche épaisse de cailloux roulés provenant du diluvium alpin et dont l'épaisseur varie de dix à quinze mètres.

Si maintenant nous rappelons ce que nous avons dit précédemment sur les inondations des fleuves, qui ont pour résultat de déposer la plus grande partie de leurs sédiments le long des berges, en les exhaussant ainsi au-dessus des terres voisines, de manière à former, à partir de ces berges, deux plans inclinés qui s'étendent à une distance plus ou moins grande de chaque rive, on s'explique alors très-bien la formation des étangs, non-seulement au centre des deltas, mais encore latéralement et extérieurement aux bras du fleuve; et on comprend que ces étangs doivent invariablement se trouver à l'extrémité des plans inclinés formés par le déversement des eaux limoneuses d'inondation, et à leur rencontre avec la pente en sens inverse de la plaine caillouteuse formée par les apports du diluvium. Telle est l'origine du Valcarès au centre de la

Camargue, et des marais d'Arles, du Plan-du-Bourg, d'Aiguesmortes et de Mauguio, échelonnés le long du fleuve, à l'extérieur de son delta, et adossés contre les apports du diluvium.

X

Il est curieux de remarquer que certains géographes ont attribué au Rhône, comme au Nil, sept embouchures. Strabon parle de la divergence des opinions de ses devanciers au sujet de la détermination du nombre de ces ouvertures ; mais lui-même, ordinairement si précis et si net, ne nous donne sur ce point important aucune appréciation personnelle. Il indique seulement le sentiment de Polybe, qui ne connaissait au fleuve que deux bouches, ce qui est aussi l'avis de Ptolémée ; il rappelle l'opinion d'Artémidore, adoptée depuis par Pline, qui en comptait trois, et celle de Timée, qui soutenait que le Rhône se rendait à la mer par cinq embouchures différentes ; il fait enfin entrevoir un quatrième sentiment d'après lequel le fleuve aurait eu sept bouches, mais sans entrer dans le moindre détail sur leur emplacement ni leur désignation.

Ce qu'il y a surtout de remarquable à constater, c'est que le régime du bas Rhône paraît avoir suivi, dans les temps anciens, les mêmes phases que le régime du bas Nil ; les deux fleuves ont subi les mêmes transformations; les deux deltas ont commencé par occuper une surface beaucoup plus grande que celle qu'ils ont de nos jours. Le point de diramation des branches du fleuve n'a pas plus varié pour le Rhône que pour le Nil; l'angle au sommet du delta a seulement diminué dans les deux cas; enfin les deux fleuves, qui semblent avoir eu tour à tour trois, cinq et peut-être sept embouchures, n'en ont plus aujourd'hui que deux. On voit qu'il est impossible de trouver une analogie plus saisissante.

XI

Les considérations qui précèdent permettent d'expliquer d'une manière générale le mode de formation du littoral maritime, et les diverses configurations que présente ce littoral, suivant que la mer déferle le long d'une côte rocheuse et escarpée, ou qu'elle vient baigner une plage basse et sablonneuse, en grande partie formée d'alluvions fluviales.

Dans le premier cas, le rivage ne subit pour ainsi dire aucune modification sensible; tout se réduit à l'éboulement de quelques falaises, à la réunion de quelques îlots entre eux ou à leur soudure au continent au moyen de flèches de sable, au comblement enfin de quelques baies peu importantes.

Les transformations du littoral sont au contraire très-appréciables et souvent très-rapides le long des plages sablonneuses. Dès l'origine de l'époque géologique actuelle, le premier travail de la mer a été de clore son domaine par un bourrelet de matières meubles que le mouvement des flots a poussées sur le rivage. « Derrière cette ligne, qui est le cordon littoral primitif et que la mer élève tout d'abord par l'action de ses vagues, de manière à s'en faire une enceinte, sont situés les lagunes et les marais, qui ne sont que des lagunes remplies de végétation (1). »

Tous les cours d'eau qui se rendent à la mer ont commencé par déboucher dans ces lagunes littorales; ils y ont apporté leurs sédiments; et ces matières se sont déposées immédiatement, dès que leur vitesse de transport a été amortie au contact des eaux tranquilles. Les deltas des fleuves ont dû par conséquent se former tout d'abord derrière le premier cordon littoral, et dans l'intérieur de ces lagunes primitives que la mer a séparées de son domaine, au commencement de la période actuelle.

Dans une foule de localités, ces bassins, d'une profondeur et d'une superficie assez considérable, ont jusqu'à présent suffi pour recevoir les dépôts de toutes les petites rivières qui y aboutissent, sans avoir pu encore les combler. Tels sont les

---

(1) Élie DE BEAUMONT, *Leçons de géologie pratique professées au Collége de France*, 1843-44. — Paris, 1845.

cours d'eau qui se jettent dans la grande lagune littorale qui commence à Aiguesmortes et finit à Cette et se compose d'une série de bassins soudés les uns aux autres . ce sont les étangs du Repausset, de Mauguio, de Pérols, de l'Arnel, de Vic, d'Ingril, des Eaux-Blanches et de Tau, dans lesquels débouchent le Vistre, le Vidourle, la Bérange, le Salaison, le Lez, etc. Mais ces réceptacles ont été ou seront bientôt comblés par les apports des grands fleuves; les lagunes ont été transformées en marais; les deltas continuent leur marche en avant et atteindront la limite du cordon littoral; ils finiront même par la dépasser et faire irruption dans la mer. « Les dépôts de tous les cours d'eau sont destinés, sans doute, à produire, dans le laps des siècles, des effets analogues; mais le temps écoulé depuis que la surface du globe a pris sa forme actuelle n'a pas été assez long pour que la plupart des cours d'eau aient pu accomplir, sous ce rapport, la première partie de leur tâche, qui est de remplir les lagunes littorales (1). » Quelques grands fleuves seuls ont jusqu'à présent dépassé ce terme et prolongé leurs berges dans la mer; mais tous n'ont pu encore franchir cette limite, et ceux qui l'ont atteinte ne l'ont fait que de manières fort inégales (2). Ainsi

---

(1) Élie de Beaumont, *Géol. prat.*
(2) Les fleuves des Pays-Bas néerlandais, l'Escaut, la Meuse, le Rhin, etc..., n'ont pas encore dépassé le cordon

le Rhône, après avoir commencé son delta dans la lagune primitive située en arrière du cordon littoral qui traverse la Camargue au Nord de l'étang du Valcarès, a dépassé depuis longtemps cette barrière et s'est avancé en mer de dix mille mètres environ.

Le delta du Nil n'a franchi cette limite qu'aux environs des bouches de Damiette et de Rosette; mais comme le fleuve, dépourvu de digues, dépose la plus grande partie de ses limons sur toute la surface de la basse Égypte, l'avancement en mer est peu considérable.

Le Pô, au contraire, endigué sur la plus grande partie de son cours, conduit tous ses sédiments dans l'Adriatique. Ses apports ont comblé une grande partie des étangs littoraux, et la ville d'Adria, qui était autrefois, comme Venise, sur les bords d'une lagune accessible aux navires, est aujourd'hui à plus de vingt-cinq mille mètres du rivage. On voit, du reste, sur les cartes quelle saillie considérable forment les alluvions du Pô, dont l'accroissement est une menace permanente pour la conservation des lagunes environnantes.

Toutes les lagunes sont donc destinées à être

---

littoral; ce qu'on peut attribuer, d'une part, à la grandeur des lagunes originaires qui ne sont pas encore entièrement comblées, et d'autre part, à l'action des marées, qui, pénétrant par de larges ouvertures, n'ont pas permis au régime des deltas de s'établir d'une manière complétement régulière.

comblées dans la suite des siècles; et tous les cours d'eau qui y aboutissent aujourd'hui finiront, comme les grands fleuves, par déboucher directement dans la mer et y créer des berges en saillie et des promontoires qui, remaniés par les courants, formeront, au bout d'une certaine période, de nouvelles flèches de sables et de nouveaux cordons littoraux. Ceux-ci sépareront à leur tour du domaine maritime d'autres lagunes, qui seront les réceptacles des sédiments des fleuves, jusqu'au moment où elles seront comblées par des alluvions de même nature que les premières. Le phénomène suivra donc une marche parfaitement régulière, et l'appareil littoral se développera de siècle en siècle, sorte de chronomètre naturel qui permet, en remontant le cours des âges, de reconstituer avec une certaine approximation l'état du littoral à une époque déterminée.

Les Vénitiens, dont la vie maritime et commerciale est subordonnée à la conservation de leurs lagunes, désignent sous le nom de *lagune morte* toutes les parties voisines de la terre ferme, qui se composent d'étangs peu profonds, servant à la petite pêche, et de terrains bas, alternativement au-dessus de l'eau ou submergés, suivant l'amplitude de la marée, qui est en moyenne de 0^m80 et s'élève fréquemment à 1^m40 (1). Par

---

(1) Les marées sont beaucoup plus considérables au fond

contre, ils appellent *lagune vive* celle dans laquelle le jeu des courants s'opère librement, dont la profondeur varie de un à deux mètres et au milieu de laquelle des passes navigables permettent aux navires d'arriver jusqu'aux quais de Venise. Ces dénominations sont parfaitement justes et devraient être appliquées à toutes les lagunes littorales de la mer Méditerranée, qui présentent exactement les mêmes caractères topographiques, le même aspect et les mêmes variations que les lagunes de Venise. Partout, en effet, le sol tend à s'exhausser d'une manière très-marquée par suite des atterrissements et des dépôts de toute nature; une dépression de quelques centimètres dans le niveau de la mer suffit pour découvrir des espaces considérables; partout la lagune vive diminue et se transforme insensiblement en lagune morte; les étangs se changent peu à peu en marais; ceux-ci finiront par se dessécher à leur tour et l'agriculture entrera un jour en possession d'un domaine qui était recouvert par des eaux assez profondes pour que la navigation y fût possible à l'époque de la domination ro-

---

de l'Adriatique que sur tout autre point de la Méditerranée; et en particulier sur le littoral français. Le niveau de la haute marée extraordinaire du 15 janvier 1867 s'est élevé à 2^{m}38 en contre-haut des plus basses mers. — DONIOL, *Note sur la situation des travaux maritimes dans les villes de Venise, Livourne, Spezzia,* etc... (*Annales des Ponts et Chaussées,* année 1870).

maine et même au moyen âge. Telle était la situation des anciens étangs d'Arles, d'Aiguesmortes et de Narbonne, aujourd'hui plus ou moins atterris, jadis navigables jusqu'à une très-grande profondeur dans l'intérieur des terres, et dont la disparition a modifié d'une manière complète toute cette partie de notre littoral maritime.

XII

Il est assez difficile d'apprécier exactement la quantité de matières minérales que les fleuves mettent ainsi chaque année à la disposition de la mer et qui contribuent à l'élargissement de l'appareil littoral. Pour la plupart des cours d'eau, les expériences font presque complétement défaut; et les ingénieurs et les météorologistes qui se sont occupés de ces questions ont borné leurs recherches aux apports de quelques grands fleuves. Il résulte cependant des observations directes de M. l'ingénieur Surell que le produit annuel des sédiments du grand Rhône est de dix-sept millions de mètres cubes. D'après M. Lombardini, le Pô verse annuellement dans l'Adriatique (1) plus de quarante millions de mètres cubes de limon. L'apport du Nil serait de soixante millions; celui du Mississipi de six cent quarante-quatre millions de mètres cubes.

---

(1) DUPONCHEL, *Hydraulique et Géologie agricole.*

Les embouchures avancent naturellement dans la mer en proportion de la quantité des matières charriées.

Ainsi, la grande bouche du Rhône progresse annuellement de cinquante mètres; celle du Pô de près de quatre-vingt mètres, le Mississipi s'allonge environ de trois cent cinquante mètres dans le golfe du Mexique; et, si les embouchures du Nil n'accusent une marche annuelle que de trois à quatre mètres environ, cela tient à ce que le fleuve, dépourvu de digues, se répand librement pendant les crues sur toute la surface de la basse Égypte, y dépose la plus grande partie de ses limons, et produit, au lieu d'un avancement en mer, un exhaussement général de tout le delta, que les recherches de Dolomieu ont évalué à soixante millimètres par siècle.

XIII

On a désigné sous le nom de *fleuves travailleurs* les grands fleuves à delta, qui, comme le Rhône, le Nil et le Pô, encombrent leurs embouchures d'une quantité énorme d'alluvions. L'expression est parfaitement juste; c'est en effet un immense travail de terrassement que ces fleuves accomplissent tous les jours sous nos yeux : travail de déblai dans la partie supérieure de leur lit; — travail de transport et de broyage dans le cours de leur descente; — travail enfin de remblai aux embouchures; et il faudrait des armées d'ouvriers et un outillage considérable dont il serait difficile de se faire une idée pour effectuer, au prix de beaucoup de peines et d'efforts, un mouvement de matières minérales pareil à celui que les fleuves et les rivières accomplissent insensiblement et avec une régularité parfaite par l'application d'une seule force, la gravité.

Mais les grands fleuves de nos continents ne sont pas les seuls travailleurs; le moindre cours d'eau, nous l'avons vu, travaille de la même manière, exécute sur une échelle plus restreinte les mêmes transports, et lorsqu'il n'aboutit pas directement à la mer, c'est dans l'intérieur d'une lagune littorale qu'il commence à déposer les produits de l'érosion de sa zone supérieure.

Les embouchures de tous les cours d'eau forment en général une saillie assez prononcée; les rives s'avancent sans cesse et se terminent invariablement par deux musoirs plus ou moins accentués, qui se développent dans l'intérieur de la lagune si le cours d'eau débouche encore en arrière du *lido,* ou qui s'avancent en mer si le fleuve a déjà comblé ce premier bassin et franchi le cordon littoral.

Nous avons déjà eu l'occasion de parler des protubérances formées par les deltas des grands fleuves comme le Nil, le Rhône et le Pô; on peut remarquer des dispositions analogues, quoique dans des proportions réduites, pour les cours d'eau d'une importance secondaire, l'Aude, l'Hérault, la Tet, le Tech et l'Agly. Ces petits fleuves débouchent directement dans le golfe de Lyon; ils ont déjà dépassé la frêle barrière du cordon littoral, et leurs saillies en mer festonnent légèrement la courbe de la plage sablonneuse qui s'étend d'Argelès à Cette et qui, sans cela, présenterait une ligne parabolique, sans le moindre accident de terrain.

Ainsi le plus modeste cours d'eau, depuis sa source jusqu'à son embouchure, manifeste les mêmes phénomènes et produit les mêmes effets que le plus grand de nos fleuves; tous contribuent à des degrés différents à cette œuvre commune et continue de l'accroissement du rivage, de son avancement en mer au droit des embouchures et de la création simultanée, dans une période séculaire plus ou moins longue, de cette série de golfes, de baies, d'étangs parallèles au rivage, de *lidi* et de bancs de sable, dont l'ensemble constitue l'appareil littoral.

… SECONDE PARTIE

LE

LITTORAL DU GOLFE DE LYON

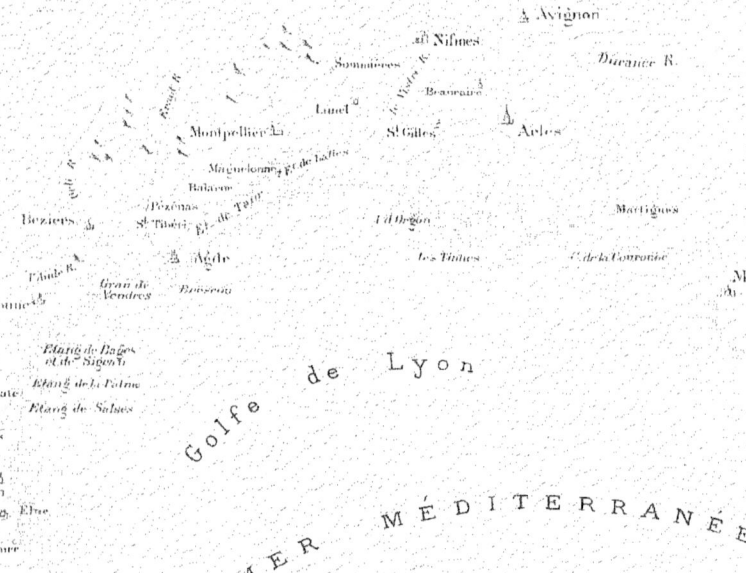

CHAPITRE PREMIER.

LE GOLFE DE LYON

Désignation générale des golfes. — Le golfe du lion ou des lions. — L'étang de Tau, *Taurus palus*. — Ibères, Ligures, Celtes. — Races mélangées : *Ibéro-Ligures, Celto-Ligures*, etc... — Les colonies Massaliotes. — Image du lion sur les monnaies de Marseille et dans les armes d'Arles. — La côte Ligustique ou des Ligyens, *Ligyón*. — Le golfe Gaulois de Strabon. — Le golfe de Marseille et le golfe de Narbonne.

I

On est assez naturellement conduit à donner à un golfe ou à une baie le nom de la ville la plus importante qui est située sur son littoral. Ce mode de désignation est même une règle à peu près absolue dans la mer Méditerranée. Les golfes d'Athènes, de Trieste, de Venise, de Tarente, de Salerne, de Naples, de Gaëte, de Gênes ont pris chacun le nom de leurs ports respectifs, placés presque toujours au centre de la courbure du golfe et dans la partie la mieux abritée de la côte.

Il n'en est pas ainsi pour le golfe de Lyon. Quelle que soit, en effet, la tolérance que l'on puisse avoir pour l'élasticité de certaines étymologies, on ne saurait cependant accepter la version de plusieurs géographes qui voudraient que la ville de Lyon ait donné son nom au golfe qui baigne le Languedoc et une partie de la Provence. Il ne peut y avoir rien de commun entre l'ancienne capitale de la Gaule celtique et la mer Méditerranée, dont elle est éloignée de plus de trois cents kilomètres. On ne retrouve d'ailleurs que très-peu de textes où le golfe soit désigné sous le nom de *sinus Lugdunensis*, golfe de Lyon; presque partout il est appelé *sinus Gallicus*, golfe Gaulois, et quelquefois aussi *sinus Leonis*, golfe du Lion. Cette dernière appellation ne remonte même pas au delà du quatorzième siècle; c'est elle seule que l'on pourrait à la rigueur invoquer, si on voulait adopter la traduction assez peu vraisemblable de golfe de *Léon;* et encore ne rattacherait-on pas ainsi d'une manière bien rationnelle le golfe de Lyon à la ville qui porte le même nom, puisque celle-ci s'est de tout temps appelée *Lugdunum* et jamais *Leo*. Quelle qu'ait pu être, d'ailleurs, l'influence politique et commerciale de Lyon sur le midi de la Gaule, il est certain que son nom n'a jamais été employé dans la nomenclature maritime du littoral. Cette étymologie doit donc être absolument rejetée.

D'autre part, la plupart des cartes géographiques modernes désignent le golfe Gaulois sous le nom de *golfe du Lion*. La table de Peutinger, le plus ancien monument cartographique qui puisse nous fournir quelques indications sur la géographie ancienne, ne donne aucune dénomination à la mer qui baignait la Gaule méridionale. Mais presque tous les Portulans du quatorzième et du

quinzième siècle la désignent sous le nom de
GALLICV MARE.

C'est Guillaume de Nangis qui le premier a
comparé la violence des flots de cette partie de la
mer Méditerranée à celle d'un animal furieux (1).
La figure symbolique du lion n'apparaît donc
qu'au treizième siècle. D'autres érudits veulent
que le golfe prenne son nom d'un rocher dangereux situé à l'entrée d'un de ses ports; mais aucun
ne spécifie le port ni l'écueil; d'ailleurs, nous ne
connaissons nulle part, dans ces parages de la
mer Méditerranée, de rocher désigné sous le nom
de *lion;* et si l'on excepte quelques massifs isolés
comme la pointe de Leucate, le rocher de Brescou, la montagne d'Agde, celle de Cette et la
roche sous-marine de la baie d'Aiguesmortes, la
côte est partout plate et sablonneuse et ne présente aucun accident de terrain.

L'abbé de Longuerue, dans sa description de
la France, n'hésite pas à adopter l'interprétation
de Guillaume de Nangis; pour lui, les grandes
tempêtes dont le golfe est fréquemment agité, les
bas-fonds qu'on y rencontre le long de ses côtes
et qui mettent en perdition les vaisseaux, permettent de comparer à juste titre « la cruauté de cette
» mer orageuse et dangereuse, qui engloutit ceux

---

(1) *Mare Leonis ideo sic nuncupatur, quod est semper asperum, fluctuosum et crudele.* — G. DE NANGIS, *Gest. S. Ludovici.*

» qui y naviguent, à celle d'un lion dévorant ». Nous sommes, on le voit, en pleine métaphore poétique.

Les géographes du dix-septième et du dix-huitième siècle n'ont pas manqué d'adopter cette commode interprétation; et un grand nombre de cartes de cette époque, illustrées de vignettes assez caractéristiques, mentionnent cette partie de la mer Méditerranée sous le nom de *golfe des Lions* (1).

On a naturellement rattaché à cette explication toutes les figures ou sculptures *léonines* que l'on peut rencontrer sur le littoral. Parmi les plus curieuses, on peut citer les deux lions en marbre, à moitié rongés par l'air salé et qui décorent le portail de la façade latérale de l'église des Saintes-Maries ou de Notre-Dame de la mer, située à l'extrémité Sud-Ouest de l'île de la Camargue et à l'embouchure même du petit Rhône. Ce monument, l'un des types les plus saisissants de ces églises fortifiées que le douzième siècle vit s'élever sur le littoral de la Méditerranée, est bâti sur l'emplacement d'une église primitive détruite par les Sarrasins. Il est très-probable que les deux lions en marbre faisaient partie de cet ancien oratoire. Leur style est assez difficile à définir; mais il est certain que ces deux figures enchâssées

---

(1) Bibl. nat. Paris. — Collection des Estampes, Va 163 n⁰ˢ 21, 30 et suiv.; et Va 164, n⁰ˢ 121, 124 et suiv.

dans le portail actuel remontent à une époque très-éloignée, bien antérieure au moyen âge; et on conçoit très-aisément que ceux qui ont appelé *golfe des Lions* cette partie de la mer Méditerranée aient pu voir dans ces deux sculptures, corrodées aujourd'hui par le temps et le salin, un argument en faveur de leur étymologie.

II.

Il est d'ailleurs intéressant de remarquer que le grand lac salé, situé derrière la ville de Cette et qui forme une sorte de dépendance du golfe de Lyon, semble porter aussi le nom d'un animal. On l'appelle étang de *Tau — Taurus palus — Taurum stagnum* (1). Est-ce une analogie fortuite? Faut-il voir dans cette dénomination autre chose qu'une coïncidence singulière, ou doit-on penser que les dangers assez sérieux que court souvent la navigation sur cette petite mer intérieure (2) ont éveillé, dans l'esprit des géographes

---

(1) *Taurum paludem Gentici vocant* (FESTUS AVIENUS, *Ora maritima*, v. 608). — C'est le plus grand lac salé de la France : il s'étend d'Agde à Frontignan, sur la côte du département de l'Hérault, et mesure dix-neuf kilomètres de longueur. Sa largeur moyenne est de cinq kilomètres... Aujourd'hui l'usage presque général est d'écrire *Thau* au lieu de *Tau*, adopté par Astruc, d'Anville, etc... (Eug. THOMAS, *Dictionn. topogr. de l'Hérault.*)

(2) Les malheurs que causa sur cet étang l'ouragan du 25 août 1775 exciteront pendant longtemps des souvenirs

anciens, l'idée de l'impétuosité du taureau, de même que les tempêtes du golfe de la Méditerranée avaient fait naître, dans celui de Guillaume de Nangis et de la plupart des historiens du quinzième et du seizième siècle, l'image du « lion furieux et dévorant? » Il n'y aurait peut-être pas une grande témérité à l'affirmer; car les critiques et les érudits de tous les temps se sont égarés bien souvent avec une grande complaisance dans ces comparaisons que nous trouvons aujourd'hui un peu puériles. Cette analogie entre le golfe de Lyon et l'étang de Tau mérite cependant d'être notée.

D'ailleurs, si l'on veut absolument faire intervenir le lion et le taureau dans la dénomination du golfe Gaulois et de l'étang de Cette, il nous semble qu'on pourrait donner une autre explication qui satisferait un peu mieux la critique historique.

III

Les golfes, avons-nous dit, prennent en général le nom de la ville la plus importante dont ils baignent le port ou le rivage. Or, c'est Marseille qui a de tout temps été la capitale maritime de la Gaule méridionale. A la vérité, Strabon, en par-

---

douloureux. (J. N. GRANGENT, ingénieur du port de Sète, *Faits historiques sur l'isle ou la presqu'isle de Sète*, Montpellier, an XIII.)

lant des Volkes Arékomiques, dit que leur port était Narbonne et « qu'on l'appellerait à plus juste
» titre le port de toute la Gaule, à cause de l'im-
» portance du commerce dont cette ville est en
» possession depuis un temps immémorial (1). »
Malgré l'autorité de Strabon, il est hors de doute que Marseille a acquis et su conserver, depuis la plus haute antiquité, une prépondérance incontestée sur tout le littoral de la Celtique. Il n'existe peut-être pas de ville qui se soit maintenue, pendant une plus longue période de siècles, dans une plus grande prospérité. Marseille est certainement l'une des plus anciennes villes du littoral; elle en est encore une des plus florissantes. Elle a vu décliner et même s'éteindre et disparaître complétement la plupart des cités et des colonies fondées aux mêmes époques historiques qu'elle; et elle est encore de nos jours à la tête du mouvement maritime et commercial de la Méditerranée. On peut donc supposer avec assez de vraisemblance qu'elle a dû donner son nom au golfe Gaulois.

Il est difficile d'avoir des notions très-précises au sujet des faits accomplis, sur le territoire de la vieille Celtique, dans ces temps sans histoire qui remontent plus haut que le dixième siècle avant

---

(1) Narbonne, située au-dessus de l'embouchure de l'Atax, *Aude*, et de l'étang Narbonnais, est la plus considérable ville de commerce qu'il y ait sur cette côte. (STRABON, *Géogr.*, liv. IV, c. I.)

notre ère. Mais les recherches modernes commencent cependant à éclairer cette nuit du passé et permettent de suivre, avec une certaine méthode, les migrations de ces grandes peuplades qui ont tour à tour occupé le territoire de la Gaule méridionale (1).

On peut classer ces grandes agrégations d'hommes en trois groupes principaux présentant chacun une nationalité distincte. C'étaient les *Lighyes* ou Ligures, Λίγυες — les Ibères, Ἴβηρες — et les Keltes ou Celtes, Κελταί, *Celtæ*.

Les premiers ne sont pas restés longtemps confinés dans la Ligurie proprement dite, où ils paraissent tout d'abord s'être développés pendant les premières époques historiques. Trop resserrés entre la chaîne des Alpes et celle de l'Apennin, ils ont de bonne heure franchi ces barrières, ont occupé la Provence et, traversant les différents bras du Rhône, se sont répandus dans la plaine littorale formée d'une succession de coteaux fertiles, de riches terres d'alluvion et de marais précieux pour la pêche, qui s'étendaient jusqu'aux Pyrénées.

Les Ibères étaient disséminés primitivement

---

(1) Voir à ce sujet l'*Histoire générale de Languedoc avec des notes et les pièces justificatives*, par dom Cl. Devic et dom Vaissète, religieux bénédictins de la congrégation de Saint-Maur, et les notes qui accompagnent l'édition nouvelle, publiée sous la direction de M. Édouard Dulaurier, membre de l'Institut, Toulouse, 1872.

sur le territoire de l'Espagne; ils ont bientôt dépassé les promontoires pyrénéens, et, remontant vers la Gaule, ont rencontré les populations liguriennes, auxquelles ils ont disputé toute cette région déjà habitée par elles. Ces invasions ibériennes ont eu à la longue pour résultat de produire un croisement de race que les anciens historiens et géographes désignent sous le nom d'*Ibères mélangés*.

La migration celtique est relativement plus récente. Les Celtes, dont l'origine aryenne paraît aujourd'hui démontrée et qui avaient dû traverser une grande partie de l'Asie et toute l'Europe avant de pénétrer dans le territoire qui allait s'appeler désormais la Celtique, Κελτική, n'atteignaient pas encore les côtes de la Méditerranée, déjà occupées par les Ligures au moment de la colonisation grecque par les Phocéens et peut-être même à l'époque de la fondation de Massalia par les Phéniciens. Ils ont constitué la nationalité gauloise. L'appellation romaine de *Gallia,* Gaule, n'est d'ailleurs que la traduction altérée du nom de Celtique, Κελτική, *Celtica*. Les Celtes occupaient la presque totalité de la Gaule centrale et sont descendus peu à peu sur le littoral où ils ont fondé divers établissements, entre autres la ville de Narbonne, qui est déjà désignée par l'historien Hécatée (1) sous le nom de « ville et

---

(1) Hécatée, historien grec du sixième siècle avant J. C.

marché celtique ». L'invasion de cette nouvelle race dans le Sud de la Gaule, antérieurement occupé par les Ibères et les Ligures, a donc eu pour résultat de changer l'appellation géographique de cette région; et si nous en croyons l'érudit commentateur de l'histoire générale de Languedoc écrite par les Bénédictins (1), cette œuvre de dépossession de la race ibéro-ligurienne au profit de la race celtique, commencée avant le sixième siècle, était entièrement accomplie au temps de Polybe (IIme siècle avant J.-C.), qui abandonne dès lors la dénomination de côte des Lighyes, Λιγυστική γῆ, et désigne sous le nom général de Celtique, Κελτική, tout le rivage habité antérieurement par les Ligures et les Ibères.

Les Volkes ou Volces, dont l'origine ethnographique est la même que celle des Celtes, n'ont occupé que bien après les mêmes régions où, divisés en Volkes Arékomiques et en Volkes Tectosages (2), ils présentaient une organisation puissante, lorsque Annibal, après avoir traversé l'Espagne, vint occuper le pays compris entre le Rhône et les Pyrénées.

En résumé, trois races distinctes se sont heurtées aux époques les plus anciennes, sur le rivage du golfe de Lyon : l'une descendant de la Gaule

---

(1) Edward BARRY, *Hist. gén. de Languedoc*, notes, *passim*.

(2) *Hist. gén. de Languedoc*, l. II, c. x et xi.

centrale, les deux autres venant de l'Italie et de l'Espagne. La fusion qui a dû nécessairement résulter des migrations de ces peuplades militaires, nomades et peu commerçantes, a eu pour résultat de créer diverses races mélangées; et on doit entendre ainsi les désignations d'*Ibéro-Ligures*, de *Celto-Ligures* et de *Celto-Ibères*, employées récemment par les historiens et les géographes qui, depuis le commencement de notre siècle, appliquent leurs recherches aux questions si ardues relatives à ces populations primitives.

IV

C'est au milieu de ces vastes agrégations d'hommes pour lesquels la guerre et la chasse devaient être les principales occupations, que les Phéniciens navigateurs, pirates et commerçants, vinrent, près de mille ans avant notre ère, fonder divers établissements et occuper successivement quelques territoires le long de la région littorale. Marseille a été la plus importante de leurs fondations; mais l'histoire de cette première période de l'ancienne Massalia est environnée de toutes les obscurités de la légende. Quelques stèles phéniciennes, un petit nombre d'inscriptions qui remontent aux premiers âges de l'écriture lapidaire sont les seuls témoignages qui nous restent de l'existence de Marseille antérieurement à son occupation et à son développement par la colonie grecque. C'est en effet à l'émigration partie de Phocée, l'une des douze villes ioniennes de l'Asie Mineure, qu'est dû, sinon la fondation, du moins le développement sérieux du port de Marseille. Les historiens sont en général d'accord pour fixer à six cents ans environ avant notre ère l'époque de l'arrivée des Grecs sur le rivage de la Gaule. A partir de ce moment, la colonisation et la culture se sont successivement étendues à droite et à gauche de Marseille, qui était pour ainsi dire la ville mère, *métropole,* et qui a vu se développer autour d'elle un nombre considérable de succursales et de comptoirs. Telle est l'origine de toutes les villes phocéennes du littoral : Agde, — *Cessero* (1), Saint-Thibéry, — *Rhodanusia* et *Héraclée* (2), situées aux embouchures du Rhône,

---

(1) Au rapport d'un historien moderne (MÉNESTRIER, *Dissertation sur l'origine de Lyon et son histoire*), on doit mettre aussi parmi les colonies que les Grecs fondèrent dans le pays des Volkes, la ville ou lieu de *Cessero,* aujourd'hui Saint-Thibéry (Hérault), située à deux lieues de la côte de la Méditerranée. *(Hist. gén. de Languedoc.)*

(2) *Sunt auctores et Heraclœam oppidum in ostio Rhodani fuisse.* (C. PLINII SECUNDI, *Natur. hist.*, lib. III, c. v.)

Héraclée était aussi une autre colonie grecque située à l'embouchure du Rhône, et qui fut détruite, ainsi que celle de Rhodé, avant le temps de Pline. On conjecture que c'est sur les ruines de la première que la ville de Saint-Gilles a été bâtie. *(Hist. gén. de Languedoc.)*

Dom Vaissète a confondu ici la ville appelée *Rhoda, Rhodé,* et même *Rhodos,* aujourd'hui *Rosas* en Espagne,

villes autrefois florissantes, aujourd'hui complétement disparues, — *Citharistè,* la Ciotat, — *Tauroïs* ou *Tauroentum* dont on ne retrouve que quelques ruines dans le golfe même de la Ciotat, — *Olbia* (1), *Athenopolis* (2), *Antipolis* (3) et Nice étaient des colonies massaliotes. Tout le littoral du golfe de Lyon était donc peuplé d'éta-

---

avec *Rhodanusia,* qui était située sur les bords du Rhône. La première avait été fondée, dit-on, par les Rhodiens, chassés de Sicile, vers l'an 578 avant J. C. Elle se maintint florissante jusqu'à ce que les Massaliotes, devenus les maîtres de la ville phocéenne d'Emporiæ, en eurent détourné tout le commerce à leur profit (STRABON, liv. III et liv. XIV). Rhoda, tombée alors en leur pouvoir, ne fut plus, à dater de ce moment, qu'une annexe d'Emporiæ... Quant à *Rhodanusia,* c'est à sa position sur un des bras du Rhône qu'elle devait son nom; les Massaliotes en étaient les fondateurs. Scymnus de Chio place cette ville entre Agde et Marseille, et dit qu'un des bras du Rhône la traversait. Elle n'existait plus du temps de Pline. (*Hist. gén. de Languedoc,* note E. Mabille.)

(1) Suivant d'Anville, Olbia aurait occupé le lieu appelé aujourd'hui le port d'Éoube, entre le cap la Combe et le fort de Brégançon; mais d'autres auteurs ont proposé *Telo Martius,* Toulon, et même Hyères.

(2) *In ora autem Athenopolis Massiliensium,* PLIN., l. III, c. v. D'après ce texte, elle devait être située entre le port Citharistè, voisin du promontoire *Zao,* qui est aujourd'hui le cap *Sisiat* ou *Sicié,* et *Forum Julii,* qui est *Fréjus.* Les commentateurs ont proposé tour à tour *Grimaud; Toulon* et *Agay.*

(3) Antipolis est l'Antibes moderne. Son nom (ἀντί-πόλις) signifie ville établie à l'opposite d'une autre, et cette autre était *Nicea,* Nice, qui était, comme Antibes, une des plus florissantes des colonies grecques du littoral.

blissements grecs; et dans l'intérieur des terres *Glanum* (1), Saint-Rémy; — Tarascon, — Avignon, — Pertuis, — Vaison (2) étaient des comptoirs en correspondance régulière avec la métropole. Ce mouvement d'expansion de la colonie phocéenne s'est même propagé au delà des limites de la Gaule. Du côté de la Ligurie, Monaco (3),

---

(1) *Glanum Livii*, Pline; Γλάνον, Ptolémée; *Clanum*, d'après l'Itinéraire d'Antonin, qui le place à xvi m. p. de *Cabellio*, Cavaillon. Certains *érudits* ont voulu à toute force lire *Glaudanum*, qu'ils traduisent par Gap.

(2) Vaison. — Autrefois *Vasio*, *Vasiorum Civitas*, *Vasio Vocontiorum*, capitale des *Vocontiens*, l'une des plus grandes villes des Gaules, et de celles qu'on désignait sous le nom de *fœderatæ*, c'est-à-dire alliées des Romains (PLINE, liv. III). — Contrairement à ce que l'on remarque pour la plupart des villes anciennes, *Vasio* a été à l'origine bâtie dans la plaine; son importance devait être alors considérable, puisque ses ruines s'étendent sur plus d'une lieue de longueur. Elle a été ruinée, vers la fin du sixième siècle, par les Sarrasins; la nouvelle ville a été reconstruite sur la montagne; mais elle est loin d'avoir l'importance de la ville disparue.

(3) Le port de Monaco, où l'on voit le temple d'Hercule surnommé Monœcus, n'est qu'un havre, qui ne peut recevoir qu'un petit nombre de navires. Le nom grec qu'il porte semble prouver que les établissements des Marseillais le long de la côte s'étendaient jusqu'à ce port. (STRABON, *Géogr.*, l. IV.)

Ce qu'on appelle aujourd'hui *Monaco* est une corruption de Μόνοικος, *Monœcus*, épithète d'Hercule, laquelle signifie *seul habitant*. Suivant Servius (ad *Æneid.*, lib. VI, vers 829), on lui avait donné ce surnom, soit parce qu'après avoir chassé les peuples de la Ligurie, il demeura seul possesseur de leur pays, soit parce qu'il n'était point dans l'usage

dont le nom grec rappelle un temple d'Hercule, était un établissement des Massaliotes. Il en était de même, sur la côte ibérique, de l'ancienne et puissante ville d'*Emporiæ* (1), aujourd'hui réduite à quelques cabanes presque enfouies sous les sables des dunes qui ont comblé les lagunes littorales primitives.

En occupant ainsi les principales villes du littoral de la Celtique, les Grecs y ont peu à peu introduit leurs mœurs, leurs usages et leurs rites religieux. Ils avaient trouvé chez les Ibéro-Ligures une religion polythéiste toute formée; et sans détruire d'une manière complète le culte de tous les dieux locaux ou topiques de la Gaule méridionale, parmi lesquels Hercule et Mars étaient les plus en faveur, ils y avaient mêlé celui de leur déesse favorite, Diane d'Éphèse, dont ils avaient apporté d'Asie une image particulièrement vénérée (2).

---

de lui associer d'autres divinités dans les temples qu'on lui avait consacrés.

(1) La ville d'*Emporiæ* ou *Ampurias*, actuellement en Catalogne à l'embouchure du Fluvia, a été incomparablement plus grande qu'aujourd'hui. Elle est désignée par Strabon sous le nom de διπόλις, ville double; elle se composait, en effet, de deux villes distinctes, séparées entre elles par une haute muraille : l'une des villes était habitée par les indigènes (Ibériens), l'autre par les Grecs de *Massalia*.

(2) On dit qu'au moment où les Phocéens allaient quitter leur patrie, un oracle leur prescrivit de prendre de Diane

V.

L'indice principal de la domination d'un peuple, et surtout d'un peuple riche et commerçant, est le monnayage. Battre monnaie a de tout temps été la manifestation de la puissance et de la souveraineté. Toutes les villes phocéennes ou massaliotes du littoral ont eu leurs monnaies autonomes ; et c'est ici que nous retrouvons avec intérêt l'usage presque exclusif du lion et du taureau sur toutes les médailles grecques. Bien supérieures comme fabrication, comme élégance et fini du travail, et surtout beaucoup plus nombreuses que les monnaies ibériennes et locales des diverses populations de la Narbonnaise, les monnaies grecques se sont peu à peu substituées à

---

d'Éphèse un conducteur pour le voyage qu'ils se proposaient de faire. S'étant donc rendus à la ville d'Éphèse, pendant qu'ils s'y informaient de quelle manière ils pouvaient obtenir de la déesse ce que l'oracle venait de leur prescrire, Diane apparut en songe à Aristarché, une des femmes les plus considérées d'Éphèse, et lui ordonna de partir avec les Phocéens, en prenant avec elle une des statues consacrées dans son temple. L'ordre fut exécuté. Arrivés aux lieux où ils devaient s'établir, les Phocéens y bâtirent le temple dont j'ai parlé, et témoignèrent pour Aristarché la plus grande estime, en la nommant prêtresse de la déesse....... Toutes les colonies sorties du sein de Marseille ont regardé Diane comme leur première patronne, et se sont conformées, soit pour la forme de la statue, soit pour son culte et tous les autres rites, à ce qui était pratiqué dans la métropole. (STRABON, *Géogr.*, l. IV.)

elles et se sont répandues sur tout le littoral avec une rapidité et une profusion qui ne peut s'expliquer que par la richesse et l'activité commerciale des colonies massaliotes. La domination romaine elle-même n'a pas mis fin à ce monnayage indigène, et on peut dire que le lion a été, pendant de longs siècles, le symbole universellement adopté et reconnu de la prépondérance maritime de Marseille et de toutes les villes phocéennes du littoral. Un fait digne de remarque, c'est que le même emblème a longtemps aussi représenté la puissance maritime de la ville d'Arles. On sait le rôle considérable qu'a joué la marine arlésienne dans la mer Méditerranée, depuis les époques historiques les plus anciennes. La navigation d'Arles était cependant restreinte, dans la plupart des cas, au petit cabotage, et presque tous les bateaux qui avaient Arles pour port d'attache devaient limiter le plus souvent leurs excursions au golfe de Lyon. Il est donc assez curieux de constater que tous ces bateaux portaient à leur pavillon la figure symbolique du lion avec la devise : *ab ira leonis*, qui est encore celle d'Arles moderne. Cette image héraldique du lion, qui se retrouve à la fois sur les monnaies de Marseille et sur le pavillon de la marine d'Arles, et qui devait plus tard être adoptée par la république de Venise (le lion de Saint-Marc) et de nos jours par l'Angleterre, a-t-elle une relation directe avec la dénomination du golfe qui porte le même nom? Nous préférerions sans doute cette interprétation à celle des érudits du moyen âge, qui se plaisaient à comparer la colère de la mer à celle d'un animal « furieux et dévorant », métaphore que nous persistons à trouver un peu naïve ; mais, à vrai dire, toutes deux nous paraissent trop recherchées ; et, malgré la tolérance et la sympathie qu'on peut avoir pour les étymologies les plus ingénieuses, on doit reconnaître que la simplicité, qui est un des caractères indispensables de la vérité, manque beaucoup trop à ces différentes interprétations pour qu'elles puissent être adoptées sans beaucoup de réserves.

VI

L'érudition moderne repousse d'ailleurs d'une manière absolue le vocable du lion, et persiste à désigner l'ancien golfe gaulois sous le nom de *golfe de Lyon*. Divers archéologues (*Pièce justificative III*) ne voient dans cette dénomination qu'une transformation du nom de *côte des Lighyes* ou *côte Ligustique*, qu'a longtemps porté le littoral de la Gaule méridionale. Les Celtes n'ont atteint, en effet, les côtes de la Méditerranée qu'après la fondation de Massalia. C'était la race des Ligures, dont l'expansion a été si considérable, qui était à cette époque disséminée sur tout le littoral de la Ligurie, de la Gaule et même de l'Ibérie, appelée par Strabon *côte Ligustique*, Λιγυστικὴ γῆ. Les Lighyes ont été ainsi la nation prépondérante du littoral, et cette race est restée longtemps pure de tout mélange celtique et ibérien. Ce serait dès lors par la transformation de l'ancien nom des Ligures ou Ligyens, Λιγύων, *Ligyôn*, qu'il faudrait expliquer le nom de golfe de *Lyon* que porte aujourd'hui le bras de mer dont les limites sont le cap Couronne et le cap de Creux. Cette explication a une sorte de physionomie scientifique qui ne manque pas d'un certain mérite; elle paraît plus nette que les précédentes; et, si elle n'est pas absolument vraie, elle est au moins assez vraisemblable (1).

Toutefois, on pourrait objecter que les Ligures n'ont tout d'abord et pendant de longs siècles occupé que les côtes de l'Italie septentrionale et sont restés longtemps confinés entre les Alpes et l'Apennin, qu'on ne retrouve dans aucun texte ni sur aucune carte la désignation de *Ligusticum mare* ou *Ligusticus sinus* appliquée au golfe de

---

(1) Signalons enfin une dernière étymologie, qui nous a été suggérée par M. Fr. Germer-Durand, et qui a le mérite d'être en harmonie avec la constitution géologique de cette partie du littoral. La forme la plus ancienne du nom du golfe serait *sinus de lacunis* ou *lagunis*, et par corruption *launis*, *launes* ou *lônes*, qui désigne, dans le langage languedocien, les anciens lits des fleuves transformés en petites lagunes ou en marécages imparfaitement atterris. Cette forme se rapproche assez de *sinus lionis*, golfe du lion, qui deviendrait alors le *golfe des lagunes*.

Lyon, tandis que cette dénomination a été souvent restreinte et spécialement affectée au golfe de Gênes seul.

VII

On le voit donc, l'étymologie du golfe de Lyon ne pourra jamais être très-clairement établie; et toutes ces interprétations plus ou moins ingénieuses nous conduisent à la même conclusion : c'est que ce golfe est en réalité très-mal nommé. Les géographes de l'époque classique, Strabon, Pline, Pomponius Méla, etc..., ont adopté une désignation beaucoup plus rationnelle, *golfe Gaulois, sinus Gallicus;* et Strabon, en particulier, le décrit en quelques lignes très-nettes, lorsqu'il le désigne aussi sous le nom de *golfe de Marseille,* et fait judicieusement observer que ce golfe est double et se divise en deux : le golfe de Marseille et le golfe de Narbonne (1). Cette division, apparente encore aujourd'hui, était beaucoup plus sensible au commencement de notre ère, à l'époque où écrivait Strabon; et il est certain, d'après ce que nous avons dit plus haut sur l'avancement

---

(1) « Ce golfe, qui porte aussi le nom de *golfe de Marseille,* est double; car l'arc qui le forme est divisé en deux golfes par le cap *Setium* et l'île de *Blascon* qui en est voisine. Le plus grand est proprement appelé golfe *Gaulois;* c'est celui où le Rhône se décharge. Le plus petit est du côté de Narbonne et s'étend jusqu'aux Pyrénées ». (STRABON, *Géogr.,* liv. IV.)

des plages et l'accroissement de l'appareil littoral, qu'aux origines des temps historiques ce double feston devait être plus accentué.

Le golfe Gaulois, qui part du cap Couronne et se termine au cap de Creux, au faîte duquel se dressait le temple de Vénus Pyrénéenne, présente *aujourd'hui seulement* une courbe à peu près circulaire et d'une régularité presque parfaite. Les montagnes de Cette et d'Agde sont placées sur le bord même de cette courbe. Entre la pointe de la montagne de Cette et le cap Couronne d'un côté, et entre la montagne d'Agde et le promontoire Pyrénéen de l'autre, le contour de la plage est doucement arrondi; ces deux courbes se soudent l'une à l'autre de manière à n'en faire qu'une seule, par l'intermédiaire du *lido* de formation récente qui unit les deux massifs d'Agde et de Cette, et isole ainsi l'étang de Tau du domaine maritime. Mais l'état actuel dans lequel nous voyons ces deux grandes plages ne remonte qu'à un petit nombre de siècles; et, à une époque relativement peu éloignée de nous, la mer s'avançait beaucoup plus profondément dans l'intérieur des terres et pénétrait par une vaste ouverture dans l'étang de Tau, qui était un golfe secondaire au fond du golfe principal.

Du temps de Strabon et de Ptolémée, la montagne de Cette ou de *Sette*, qu'on appelait le cap *Sigium*, Σιγίον ὄρος, formait une saillie très-prononcée; et il est même certain qu'il était autrefois isolé en mer, comme nous voyons aujourd'hui l'île de *Blascon* ou Brescou.

D'Agde à Port-Vendres, la plage, formée par les apports récents de l'Hérault, de l'Aude, de l'Agly, de la Têt et du Tech, était alors sensiblement plus concave que de nos jours. Narbonne, aujourd'hui séparée du rivage par de riches plaines cultivées et des marais en partie comblés par les alluvions, était un véritable port de mer intérieur, entouré d'étangs profonds et navigables; et cette partie du golfe pouvait s'appeler à bon droit golfe de Narbonne, *Narbonensis sinus*.

De même, lorsque le delta du Rhône était moins avancé en mer, et que la saillie formée par les alluvions qui constituent la Camargue n'existait pas encore, la ligne du rivage, au lieu d'être convexe aux embouchures du Rhône, présentait entre le cap de Cette et le cap Couronne une concavité assez prononcée. Cette était loin d'exister alors; à part les deux villes de Rhodanusia et d'Héraclée, qui se trouvaient aux embouchures du Rhône, la côte était déserte et inhospitalière; le port le plus important situé dans les environs était celui de l'antique Massalia; rien d'étonnant dès lors que ce deuxième golfe ait pris le nom de golfe de Marseille.

En résumé, les appellations géographiques anciennes de cette partie de la Méditerranée étaient plus logiques et plus rationnelles que les modernes; le grand golfe, qui baignait la Gaule méridionale, s'appelait le golfe Gaulois, et il se divisait en deux segments qui ont pris les noms des deux ports les plus importants de la région, Marseille et Narbonne.

En substituant à ces dénominations si justes l'appellation métaphorique de golfe *de Lyon, du Lion* ou *des Lions,* on a introduit, dans la nomenclature maritime du littoral, une expression incorrecte sur l'exactitude de laquelle les géographes et les historiens ne seront jamais d'accord, et dont les différentes étymologies pourront toujours être contestées.

CHAPITRE DEUXIÈME.

DU CAP DE CREUX A COLLIOURE.

Comparaison des limites actuelles du littoral français de la Méditerranée avec celles de la Gaule Narbonnaise. — La côte rocheuse des monts Albères. — Banyuls-sur-Mer. — Port-Vendres, *Portus Veneris*. — Collioure, *Caucoliberis*. — Invariabilité de la côte des Albères depuis les époques historiques. — Reconstitution géologique des anciens rivages.

I

Le littoral français de la Méditerranée n'a pas exactement les mêmes limites que celui de l'ancienne Gaule Narbonnaise. La limite franco-espagnole est aujourd'hui le cap Cerbère, l'un des points saillants de la chaîne des Albères. D'après Strabon (1), le temple de Vénus Pyrénéenne séparait autrefois la Gaule de l'Ibérie; ce temple était bâti sur le cap de Creux, qu'on appelait alors, pour cette raison, *Aphrodisium* (2), et qui se trouve aujourd'hui en Espagne, au Nord du golfe de Roses. C'est donc à tort que plusieurs

---

(1) « Depuis le Var, la côte se prolonge jusqu'au temple de Vénus Pyrénéenne, qui sépare la Gaule de l'Ibérie ». (STRABON, *Géogr.*, liv. IV.)

(2) Ce cap, qui prenait autrefois son nom du temple de Vénus, *Aphrodisium promontorium* (PLINE, l. III, c. 1), porte aujourd'hui le nom de la Croix, *cabo de Cruz*, *cap de Creux*.

géographes ont confondu le temple consacré à Vénus au sommet du cap Aphrodisium avec le *Portus Veneris*, qui est notre Port-Vendres français.

Quelle que soit l'autorité de Strabon en pareille matière, et bien que nous n'hésitions pas à nous y rattacher, nous ferons toutefois remarquer que Pomponius Méla semble placer la ligne frontière qui sépare la Gaule de l'Ibérie au cap Cerbère même, de sorte que la limite franco-espagnole serait aujourd'hui exactement celle qui existait à l'époque où il écrivait (1).

Le texte de Méla, qui porte « *Cervaria locus, finis Galliæ* », désigne-t-il le cap Cerbère ou le petit bourg de *Cerveria* ou *Cerveia*, situé en Catalogne, non loin du cap et de la rivière du même nom? C'est ce qu'il nous paraît difficile de trancher (2). Quoi qu'il en soit, la comparaison des textes de Strabon et de Pomponius Méla, qui vivaient et écrivaient presque à la même époque, laissera toujours quelque incertitude sur la déter-

---

(1) *Tum inter Pyrenæi promontoria Portus Veneris in sinu Salso (insignis fano?), et Cervaria locus finis Galliæ.* (Pomponii Melæ *De situ orbis*, lib. II, c. v.)

(2) Il existe, au département des Estampes de la Bibliothèque nationale de Paris (Va 164, n° 121), une vignette qui paraît remonter au seizième ou au dix-septième siècle, indiquant un petit golfe dont le promontoire Sud porte le nom de *Ceruera*; au fond du golfe, débouche un cours d'eau, sur la rive gauche duquel, à peu de distance de la mer, est aussi indiquée une localité de même nom, *Ceruera*.

mination exacte de la frontière entre la Gaule Narbonnaise et l'Ibérie, à l'époque de la domination romaine.

Tous les textes s'accordent, au contraire, sur la limite ancienne de la Narbonnaise du côté de l'Italie. Cette limite était le torrent du Var (1). Depuis l'annexion à la France du comté de Nice, elle a été reculée jusqu'au petit torrent de Saint-Louis, situé entre Menton et Vintimille.

Le développement total de la côte n'a donc presque pas varié; ce qui peut avoir été perdu du côté de l'Espagne a été gagné du côté de l'Italie.

II

Du cap Cerbère à Collioure, la côte est formée d'une série d'escarpements rocheux faisant partie du groupe de la chaîne orientale des Pyrénées, désignée sous le nom de Monts Albères. La limite du rivage ne paraît pas avoir subi de modifications apparentes depuis les temps historiques les plus reculés. L'action continue des vagues et des brisants a pu seulement déterminer çà et là quelques éboulements partiels au pied des falaises et contre les parois abruptes de la côte; mais en général toute cette masse granitique a très-bien

---

(1) *Narbonensis provincia appellatur pars Galliarum, quæ interno mari alluitur, Braccata ante dicta, amne Varo ab Italia discreta...* (PLINE, l. III, c. v.)

résisté à la morsure de la mer, et les rochers pénètrent à pic au-dessous de l'eau sans que leur base ait été affouillée ou désagrégée. Quelques ravins cependant viennent charrier à la mer les blocs qu'ils ont arrachés aux escarpements de leurs gorges étroites, sinueuses et à pentes très-rapides. Ces matériaux de transport, incessamment remaniés par le mouvement des vagues, forment au fond de chacune des baies dans lesquelles ils se déposent une sorte de plage qui adoucit alors le contour du rivage. Les anses de Cerbère, de Peyrefite et de Banyuls présentent ainsi de petites plages sablonneuses, d'une courbure gracieuse, entièrement formées des apports des torrents qui ravinent les plis de terrains du massif des Albères; toute la côte est d'ailleurs festonnée d'un nombre considérable de saillies, de caps, de promontoires entre lesquels se trouvent naturellement de petits *fiords*, qui servent d'embouchure à des torrents plus ou moins considérables, et qui finiront, dans un avenir assez éloigné, par être comblés par ces atterrissements.

Indépendamment de ces mille abris naturels formés par les diverses anfractuosités du littoral, trois ports sont établis entre le massif des monts Albères, dont l'un, celui de Port-Vendres, quoique d'une importance commerciale à peu près nulle, présente des conditions exceptionnellement favorables comme port de refuge et d'abri pendant les grosses mers du large.

Ces trois ports sont Banyuls-sur-Mer, Port-Vendres et Collioure.

III

Banyuls n'a pas d'histoire, et l'on aura tout dit sur son compte lorsqu'on aura rappelé la défense héroïque qu'opposèrent ses seuls habitants à un petit corps d'armée de sept mille Espagnols, qui tentèrent de pénétrer en France en 1793 par le col situé au-dessus du port. Les femmes de Banyuls elles-mêmes prirent une part active au combat, et la Convention nationale décréta qu'une pyramide commémorative serait élevée sur la place publique du village, pour perpétuer le souvenir de ce beau fait d'armes.

Le port de Banyuls consiste simplement dans une baie de quatre à cinq cents mètres de largeur sur deux cent cinquante mètres de profondeur, encadrée entre deux petits promontoires qui se détachent de la chaîne des Albères et vont plonger à pic dans la mer. Le cap Béar au Nord et le cap de l'Abeille au Sud indiquent très-nettement, pendant le jour, l'entrée du port. Pendant la nuit, le phare du cap Béar permet de doubler avec certitude le cap Lestreill, situé immédiatement au Sud, de reconnaître ensuite le cap de l'Abeille et de venir atterrir dans l'enfoncement compris entre ces deux promontoires, qui constitue le mouillage assez hospitalier de Banyuls.

La baie est ouverte directement à l'Est; elle est abritée par le cap Béar contre les rafales du vent dominant, qui est le Nord-Ouest, et défendue de la houle du large (Sud et Sud-Est) par la saillie du petit cap de l'Abeille.

Il n'existe pas de port proprement dit à Banyuls. C'est dans l'intérieur de l'anse que viennent mouiller les navires sur des fonds d'une assez bonne tenue. La plage a une concavité très-prononcée; elle est formée par les apports d'un petit torrent, presque toujours à sec, appelé rivière de la *Baillaury,* et se compose de deux courbes à peu près circulaires, l'une appelée *plage de Banyuls,* l'autre *plage de Fontoule,* séparées entre elles par un îlot granitique qui émerge de quelques mètres au-dessus du niveau de la mer. Un second îlot, de même composition géologique, mais d'une importance plus considérable, désigné sous le nom de l'*île Grosse,* termine à l'Est la baie de Banyuls; et c'est entre ces deux massifs que se trouve la plage de Fontoule, au-devant de laquelle est le meilleur mouillage. Banyuls est le port d'attache d'une cinquantaine de bateaux de pêche, et un petit centre de commerce qui aurait pu prendre un certain développement à raison de son voisinage de la frontière espagnole; mais le chemin de fer de Port-Vendres à Narbonne lui a enlevé une grande partie de son trafic, et nul doute que l'ouverture de la ligne de Port-Vendres à Barcelone ne finisse par anéantir le faible mouvement commercial qui commençait à s'établir sur cette partie de notre littoral.

Au point de vue nautique, le mouillage de Banyuls possède des avantages qui ont été de tout temps reconnus par les marins; ce point de la côte paraît avoir été considéré dès la plus haute antiquité comme un refuge très-sûr, et les navires phéniciens venaient y faire escale. La baie, un peu moins encombrée alors qu'elle ne l'est aujourd'hui par les apports de la rivière de la Baillaury, présentait un enfoncement assez profond, et par suite un abri très-précieux; et le mouillage entre les deux îles, plus éloignées alors du rivage que nous ne les voyons maintenant, offrait une très-grande sécurité.

L'aspect général de la côte ne doit pas avoir d'ailleurs changé d'une manière notable depuis cette époque; la plage a seulement avancé de quelques mètres; mais cet avancement continu, qui est la loi générale de toutes les plages au travers desquelles débouche un cours d'eau, suit une marche des plus lentes, et n'aura, au bout de plusieurs siècles, d'autre résultat que de souder à la terre ferme la petite île; ce qui changera très-peu les conditions nautiques de cette intéressante station maritime.

Le village de Banyuls ne se composait, il y a un siècle environ, que de quelques mauvaises cabanes de pêcheurs disséminées autour de l'anse. Depuis lors, de nombreuses maisons ont été construites le long de la plage et sur le versant Sud du cap Casteil; aujourd'hui un hameau assez important et très-fréquenté pendant la saison des bains de mer s'élève gracieusement en amphithéâtre sur le flanc de la colline, à l'abri des vents du Nord et du Nord-Ouest. La situation topographique est des plus séduisantes. Une végétation active donne à cette partie du littoral un caractère tout particulier, qui rappelle à la fois la France, l'Espagne et l'Orient.

De Banyuls à Port-Vendres, la côte, très-escarpée, présente les aspects les plus variés et les plus pittoresques. A peu de distance du rivage, les vignes et les oliviers ornent tous les coteaux; des aloès en pleine floraison sont disséminés le long des routes, et de petits bois de pins-parasols et de lauriers-roses s'étendent jusque sur le bord de la plage. Pourquoi faut-il une ombre à ce charmant tableau? Dans un des plus délicieux vallons de la côte, à quelques pas de cette mer limpide, l'industrie a établi une fabrique de dynamite du plus pitoyable effet, et qui contraste d'une manière pénible avec les magnificences de cette nature harmonieuse et sereine et de cette flore semi-tropicale, au milieu de laquelle il semble que tout devrait être calme, bien-être et repos.

IV

En remontant vers le Nord et après avoir doublé le cap Béar, qui forme la saillie la plus avancée du massif des monts Albères, on entre brusquement dans le port de Port-Vendres, qui est incontestablement un des plus sûrs, sinon le plus sûr abri de la mer Méditerranée. Bien que l'existence de *Portus Veneris* dans les premiers siècles de notre ère n'ait jamais été mise en doute, on n'y rencontre cependant aucun vestige de constructions romaines. La raison en est simple : l'anse au fond de laquelle se trouve le port est étroite et d'un accès facile; elle est complétement abritée par le cap Béar des grosses mers du large; sa profondeur, qui est partout supérieure à cinq mètres, dépasse de beaucoup le tirant d'eau des plus forts navires de l'antiquité; la nature avait trop fait pour rendre le travail de l'homme nécessaire, et d'ailleurs ce port n'était pas en communication facile avec le reste de la province, et ne desservait pas directement un pays riche et fertile. La voie Domitienne qui reliait la Gaule à l'Espagne ne passait pas à *Portus Veneris*. Elle franchissait les Pyrénées sur la hauteur, *in summo Pyrenæo*, au col de Pertuis, bien au-dessus de Port-Vendres; ce port restait ainsi isolé, en dehors du grand courant qui suivait la voie littorale, et comme perdu au milieu de ses rochers difficilement accessibles du côté de la terre. (Voir *Pièce justificative IV.*)

L'entrée de Port-Vendres offre au contraire aux navires les plus grandes facilités. La position du port est parfaitement reconnaissable par la tour Madaloc ou du Diable, la tour de Massanne et le fort Saint-Elme. Les deux premières sont deux énormes massifs cylindriques, à peu près privés d'ouvertures; fièrement campées par les Maures sur les sommets qui dominent la ville du côté de l'Ouest, elles leur servaient de sémaphores et peut-être de postes de guetteurs. Leur altitude de sept à huit cents mètres au-dessus du niveau de la mer les rend visibles à plusieurs lieues au large, et il est facile aux navires de s'orienter de loin vers le port avec la plus complète certitude; à mesure qu'on approche de la côte, le phare du cap Béar, les bâtisses de Força-Réal et les trois fanaux du fond de l'anse offrent de nouveaux points de repère. L'éclairage de ces quatre feux rend l'entrée plus sûre peut-être pendant la nuit que pendant le jour. Le phare du cap Béar, dont le plan focal est élevé à deux cent vingt-neuf mètres au-dessus des hautes mers, a une portée lumineuse de vingt milles; l'alignement des deux feux situés du côté droit de l'avant-port, combiné avec le feu établi sur le petit promontoire de l'anse Gerbal, permet aux navires de relever à chaque instant leur position et d'évoluer dans les deux bassins.

Les conditions nautiques ne laissent non plus rien à désirer; ce n'est que par les vents d'Ouest que l'entrée présente quelques difficultés, sans qu'on ait cependant le moindre danger à redouter, puisque ces vents éloignent les navires de la côte et ne soufflent d'ailleurs jamais avec une extrême violence. La mer est très-houleuse à l'entrée du port par les vents d'Est et de Sud-Est; mais l'agitation ne pénètre pas à l'intérieur, et Port-Vendres est à bon droit renommé comme le port de refuge le plus sûr pour les navires qui, luttant contre le gros temps du large, ne sont pas encore affalés trop près de la côte et ne peuvent plus tenir la haute mer.

Le tirant d'eau du port est partout de huit à neuf mètres; et des flottes entières pourraient trouver un abri dans ses deux bassins vides et le long de ses quais presque toujours déserts.

C'est à l'initiative du maréchal de Vauban et à la ténacité du maréchal de Mailly que l'on doit les premiers travaux exécutés à Port-Vendres. Frappés des excellentes conditions nautiques de ce point du littoral, ils avaient conçu l'idée d'établir, à proximité de la frontière de l'Espagne, un vaste port militaire et commercial. Des exemptions de taxe et des priviléges spéciaux de toute nature furent accordés aux habitants et même aux étrangers qui se fixeraient à Port-Vendres; des terrains achetés par le roi furent concédés gratuitement tantôt à des indigènes, tantôt à des Gé-

8

nois et à des Espagnols. On essaya même de retenir par la force ceux que ces premières avances avaient attirés dans le pays. Toutes ces tentatives demeurèrent infructueuses : le système des concessions ne réussit pas plus à cette époque qu'il n'a réussi de nos jours pour notre colonie d'Afrique.

Le port fut créé, mais la vie commerciale était presque nulle.

La conquête de l'Algérie avait fait un moment espérer que Port-Vendres pourrait acquérir une importance spéciale en raison de sa position plus rapprochée que Marseille et Toulon de notre nouvelle colonie; on le considéra dès lors, pendant quelque temps, comme un port d'embarquement et de débarquement spécial pour les troupes et le matériel à destination de notre littoral africain; des travaux d'agrandissement et d'amélioration furent projetés et exécutés; un nouveau bassin fut creusé à neuf mètres de profondeur, de nouveaux quais établis, un brise-lame construit à l'extrémité du port; mais, malgré tous ces efforts, le courant commercial ne parvint pas à s'établir d'une manière durable. Aujourd'hui Port-Vendres présente un ensemble presque grandiose de quais et de bassins tout à fait hors de proportion avec son faible tonnage et peu en rapport avec les dépenses faites, qui atteignent déjà près de six millions de francs.

Tout port qui est éloigné d'un centre important de consommation ou de production ne saurait d'ailleurs jamais prendre un développement considérable. Rien de mieux sans doute que de creuser des bassins, de perfectionner et de fortifier des rades; mais c'est à la région qui environne un port qu'il appartient, par son activité industrielle, agricole ou commerciale, d'en alimenter le mouvement. On s'est donc complétement trompé, lorsqu'on a cru que Port-Vendres pourrait devenir un grand établissement maritime; et cette erreur économique, contre laquelle on s'est buté pendant trois quarts de siècle, a conduit à des dépenses considérables et tout à fait improductives. Le chemin de fer qui relie depuis quelques années Port-Vendres à Narbonne a contribué aussi à lui enlever une partie de son petit trafic. En établissant les voies de la gare à vingt-cinq mètres au-dessus du niveau de la mer, on a pour ainsi dire fermé le port du côté de la terre; car il est aujourd'hui presque impossible d'établir une gare maritime et de conduire sur les quais les produits de l'intérieur du pays. Une partie des vins, qui étaient autrefois le principal aliment de l'exportation, est nécessairement enlevée par la nouvelle voie de fer; et, lorsque la ligne sera ouverte jusqu'en Espagne, il est probable que le mouvement du port disparaîtra tout à fait, et que tout ce qui s'exportait autrefois par les navires trouvera des facilités plus grandes à suivre la voie ferrée de Narbonne à Barcelone. Il est juste cependant de dire que Port-Vendres, utilisé comme port de relâche et de refuge, rend à la marine en général et au petit cabotage de la Méditerranée en particulier des services très-sérieux. Près de deux cent cinquante navires battus par les gros temps du Sud et du Sud-Est viennent se réfugier chaque année dans cet abri excellent; et nul doute que beaucoup d'entre eux ne se perdraient corps et biens dans les parages du golfe de Lyon, si Port-Vendres n'était pas si heureusement disposé pour les recueillir et les sauver. Envisagé à ce point de vue, Port-Vendres ne laisse absolument rien à désirer; et il est permis dès lors de moins regretter les coûteuses installations que le commerce, l'industrie et la guerre n'utiliseront probablement jamais.

V

Collioure est presque contigu à Port-Vendres, dont il peut être considéré comme une annexe; il n'en est séparé que par le cap Gros et la petite anse de la Mauresque. Bien que l'histoire n'ait conservé aucun souvenir de Collioure, qui remonte plus haut que le huitième siècle de notre ère, on ne saurait mettre en doute que son existence ne soit très-ancienne. Son nom, d'origine évidemment ibérienne, *Caucoliberum* ou *Caucoliberis*, d'où on a fait par contraction *Colibre* ou *Collioure*, le rattache directement à l'antique ville *Illiberris*, aujourd'hui *Elne,* que les géographes anciens nous dépeignent comme une cité riche et florissante, et déjà sur son déclin aux époques historiques. Caucoliberis devait donc être le port d'Illiberris, qu'on a souvent confondu avec Illiberris elle-même. On n'y rencontre cependant aucun vestige de constructions remontant à ces époques éloignées.

Si la nature et l'homme semblent avoir rivalisé pour faire de Port-Vendres un abri d'une sûreté parfaite, il est loin d'en être de même à Collioure. Son port ne se compose que de deux anses très-largement ouvertes sur une côte escarpée et limitée par deux petits promontoires, dont l'un est prolongé par un groupe d'îlots qui forment autant d'écueils. Le fort Saint-Elme au Sud, le fort Miradou au Nord, en indiquent l'emplacement pendant le jour; mais c'est avec peine que, pendant les nuits obscures, les pêcheurs du pays, qui ont cependant une connaissance parfaite de la côte, peuvent venir reconnaître l'entrée, qui n'est signalée par aucun fanal.

Le port de Collioure est resté ce que la nature l'a fait. La ville est disposée au Nord, le long d'une plage assez profonde, formée par les apports d'un torrent, le *Douy,* qui baigne les murs de son pittoresque château, ancienne résidence des Templiers. Au Sud, une seconde plage, mieux abritée que la première, et appelée plage de *Port d'Avail,* longe le bord de la route de Perpignan en Espagne.

Malgré ces conditions défectueuses, le mouvement et la vie, qui se refusent obstinément à naître à Port-Vendres, ont une certaine importance à Collioure. Le chiffre de la population, qui a diminué dans la première de ces localités, a augmenté dans la seconde. Port-Vendres ne compte plus que 2,300 habitants : Collioure en a 3,600. Près de quatre-vingts bateaux y ont leur point d'attache et se livrent aux diverses pêches en exercice dans ces parages, le thon, la sardine, l'anchois; l'industrie des salaisons y est assez active. Pendant l'été, des balancelles espagnoles viennent y mouiller, déchargent quelques marchandises, et prennent en retour des vins et des salaisons. Nul doute que quelques travaux d'améliorations auraient pour résultat de développer un certain mouvement commercial sur cette mauvaise petite plage souvent encombrée par des navires qui ne peuvent accoster le rivage qu'avec peine, tandis qu'ils délaissent dans le voisinage un port considérable dont les quais facilement accessibles sont presque toujours déserts.

VI

Le relief de la côte s'abaisse très-brusquement au Nord de Collioure, qui marque ainsi le point extrême du massif montagneux des Albères. Les rochers disparaissent presque subitement; la plage commence et se dessine à l'horizon, suivant une courbe immense et régulière. Lorsque le ciel est entièrement dépouillé de nuages et que, sous l'influence des vents du Nord, l'atmosphère complétement privée d'humidité est d'une transparence parfaite, on peut très-bien suivre de l'œil la ligne doucement ondulée de cette grève sablonneuse depuis l'embouchure du Tech jusqu'à celles du Rhône et aux rochers du cap Couronne, c'est-à-dire sur un développement de plus de deux cents kilomètres; c'est le golfe de Lyon.

Toute cette côte abrupte des Albères n'a pas varié depuis l'origine de l'époque actuelle. Le choc des vagues n'a provoqué que des érosions et des éboulis insignifiants; et les rochers, qui plongent presque partout à pic dans la mer, ont conservé depuis des milliers de siècles leurs dentelures et leurs aspérités. Les ravins qui sillonnent les gorges étroites des Albères ont d'ailleurs un parcours très-limité. Presque toujours à sec, leurs apports, même pendant les plus forts orages, sont, au point de vue géologique, à peu près sans importance. La rivière de la Baillaury au fond du golfe de Banyuls, le torrent de la Pinta dans le bassin de Port-Vendres, et la Douy au pied du château de Collioure, ont sans doute une tendance à former à leurs embouchures de petites plages; mais cette action est si lente qu'on ne saurait prévoir une époque même très-éloignée où ces baies seront comblées entièrement par les atterrissements, et où les promontoires qui les dessinent seront à leur tour éloignés de la mer par une plage. La carte littorale de cette partie de la mer Méditerranée est donc à peu près identique aujourd'hui à ce qu'elle était à l'origine des temps antiques; elle sera très-vraisemblablement la même dans plusieurs milliers d'années; et si le marchand phénicien ou le pirate grec, après avoir secoué le sommeil dans lequel il est plongé depuis deux mille ans, pouvait remonter à bord de son *Gaulus* (1), il reconnaîtrait très-facilement l'anse de Caucoliberis, le cap Aphrodisium, la pointe Cervaria, et les nombreux détails de cette côte rocheuse et dentelée qui lui procurait à la fois un abri contre les mauvais temps et un refuge contre toutes les attaques du dehors.

VII

Le littoral du golfe de Lyon diffère, au contraire, d'une manière essentielle de celui qui précède; tandis que ce dernier n'a subi aucune modification depuis les temps historiques les plus reculés, le rivage actuel depuis Collioure jusqu'au golfe de Fos est dans un état d'instabilité

---

(1) Le *Gaulus* (Γαυλός) était un vaisseau de forme ronde avec un large bau et une vaste cale. Il était spécialement employé par les pirates et les marchands phéniciens, parce qu'il était propre à contenir une grande quantité de butin.

perpétuelle et d'incessante transformation, dont il est possible de suivre la marche souvent très-rapide.

Mais, s'il est assez délicat de déterminer avec exactitude quelle était, à une époque ancienne déterminée, la limite précise de ce rivage variable et de prévoir ce qu'elle deviendra dans un certain nombre de siècles, il est au contraire très-facile de tracer avec la plus grande netteté le contour précis de la côte, à l'origine même de la période dans laquelle nous vivons.

Les grandes époques géologiques sont, en effet, caractérisées par les dépôts sédimentaires laissés par les eaux qui, en se retirant, ont mis à découvert une partie des continents qu'elles avaient précédemment occupés. Le terrain silurien, le terrain jurassique, le terrain crétacé ne sont que les résidus et les dépôts des matières minérales contenues dans les eaux des mers Silurienne, Jurassique et Crétacée, qui avaient chacune leurs rivages distincts. A l'origine de notre période, que les géologues désignent sous le nom de *période quaternaire*, la limite du rivage était principalement formée par l'émergence au-dessus du niveau de la mer des terrains de l'époque précédente. D'après cette donnée, il est aisé de rétablir exactement ce rivage, en retranchant sur la carte géologique tous les terrains de formation récente, postérieurs aux dernières dislocations du sol, et qui constituent le *diluvium* et les apports de tous les cours d'eau se déversant dans la mer actuelle. Ce retranchement permet de se rendre compte de la situation du continent, par rapport à la mer, à l'origine de l'époque quaternaire; la zone de terrains plus ou moins large qui s'étend depuis cette limite jusqu'au rivage actuel donnera une idée de l'importance des alluvions fluviales et des apports diluviens, et pourra en quelque sorte servir de mesure chronologique à l'ancienneté de notre époque.

Sur certains points du littoral, aucune modification sensible ne semble s'être produite depuis l'origine des temps historiques. Nous avons vu, en effet, que la limite n'avait pas varié le long de la côte rocheuse et abrupte des Albères; mais entre Collioure et le cap Couronne, toute la zone littorale du golfe de Lyon est le produit d'apports tout à fait récents, qui s'étendent souvent sur une très-grande largeur dans l'intérieur du continent; et il faut quelquefois remonter de plusieurs lieues vers le Nord pour retrouver, au pied des falaises du terrain tertiaire supérieur, le rivage de l'ancienne mer des âges préhistoriques.

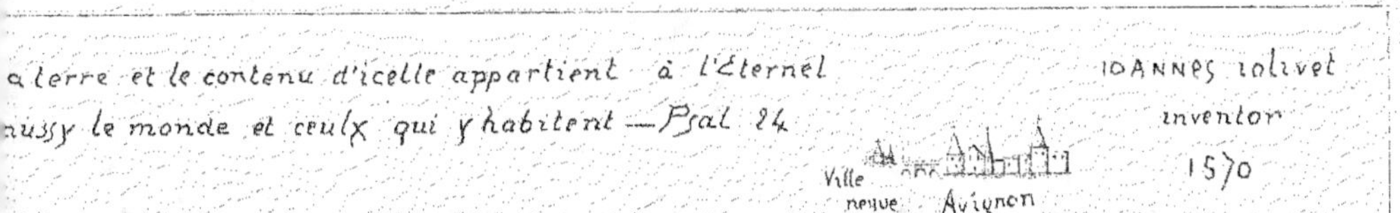

Pl. 4

a terre et le contenu d'icelle appartient à l'Éternel
aussy le monde et ceulx qui y habitent — Psal 24

IOANNES IOLIVET
inventor
1570

Ville neuve Avignon

belcaire Taraſcon

Aiguemortes

Montpellier Arles

merlevuis
Peccey

Narbonne

Languiſaco

Leate

Laqudonne

Saulſe
rpignan

Agde
Estang

morangue Marſeille

Les trois
Maries

gravé par L. Sonnet — Paris

Imp. Becquet

CHAPITRE TROISIÈME.

DE COLLIOURE AU TECH.

Aspect général de la plage. — Argelès-sur-Mer et la Massanne. — Le Tech, *Illiberris* ou *Sordus*. — *Pyrène* et les *Bébrykes*. — Anciennes villes lacustres. — *Illiberris* et *Caucoliberis*. — Passage d'Annibal. — *Helena* de Constantin. — Elne moderne. — L'étang de Saint-Cyprien.

I

La région littorale qui commence au pied même des rochers de Collioure et s'étend jusqu'aux rivages de l'étang de Leucate est une des plus riches plaines de la France. Une puissante végétation se développe avec rapidité sur ces terrains de transport échauffés par le soleil brûlant du Roussillon, et que les crues des rivières descendant des derniers contre-forts pyrénéens enrichissent continuellement de leurs alluvions.

Comme fertilité, la campagne qui s'étend à l'Est de Perpignan est comparable à la Touraine, à la vallée de Graisivaudan dans le Dauphiné, et même aux riches plaines de la Lombardie. Cette contrée, la plus chaude de la France, en est peut-être la mieux arrosée : l'oranger, le palmier-dattier, l'agavé y vivent en pleine terre; les prairies, les jardins et la vigne couvrent littéralement le sol. Mais la végétation ne s'étend que sur une bande littorale assez étroite; elle cesse brusquement à deux ou trois kilomètres de la mer, et la plage sablonneuse, monotone et déserte, parsemée de dunes peu élevées, ne présente à l'œil aucun relief. C'est à peine si les petites redoutes des douaniers, construites à la fin du dernier siècle et espacées à peu près régulièrement tous les trois kilomètres, coupent la ligne plate du rivage et jalonnent pour ainsi dire le cordon littoral jusqu'au rocher de Leucate.

Le développement de la côte entre Collioure et Leucate est d'environ quarante kilomètres; sa direction est presque rectiligne et orientée à peu près exactement du Sud au Nord. En l'étudiant avec un peu plus de soin, on reconnaît cependant qu'elle présente une légère concavité, et est fractionnée en trois sections distinctes séparées par les embouchures du Tech, de la Têt et de l'Agly, qui forment, avec les saillies extrêmes des falaises de Collioure et de Leucate, les pointes avancées d'un quadruple feston. Cette disposition est d'ailleurs conforme aux lois générales qui président à la formation de tout littoral maritime; la plus grande partie des alluvions de ces trois petits fleuves a constitué, remanié et fertilisé la plaine littorale qui s'étend de Perpignan à la mer; mais une certaine partie de ces terrains de transport, qu'il serait possible de mesurer assez approximativement si des expériences étaient faites dans ce but, est entraînée jusqu'aux embouchures, où elles se déposent et tendent à prolonger les deux berges de chacun des trois petits fleuves, qui gagnent ainsi tous les jours sur la mer. Cet avancement est très-lent; mais il est cependant sensible, et on peut le constater en comparant les cartes hydrographiques les plus récentes avec celles qui remontent seulement à quelques années : les promontoires du Tech, de la Têt et de l'Agly y sont très-nettement indiqués; et dans la suite des siècles, lorsque cet avancement sera un peu plus accusé, on verra se dessiner de mieux en mieux les petits golfes, aujourd'hui à l'état rudimentaire, compris entre les saillies extrêmes de Leucate et de Collioure et les musoirs sablonneux qui forment les barres des trois fleuves. Si la violence des coups de mer ou l'énergie des courants littoraux ne détruit pas le travail d'avancement de ces embouchures, ces petits golfes, qui ont aujourd'hui la forme d'un segment de cercle à très-grand rayon et ne présentent par conséquent qu'une faible concavité, se creuseront de plus en plus, deviendront chaque jour plus accentués, finiront par se fermer à leur tour, seront alors convertis en lagunes littorales, puis en marais; et leur destinée est d'être un jour atterris, comblés par les alluvions, et d'augmenter ainsi la largeur de l'appareil littoral.

II

Dans de pareilles conditions physiques, la limite du rivage ne peut, sur cette partie de la côte, qu'être essentiellement instable; la gracieuse ville d'Argelès, située, il y a quelques années, sur le bord même de la mer, en est séparée aujourd'hui de près de deux kilomètres. La petite rivière de la Massanne, qui descend du massif des monts Albères, au pied même de cette tour mauresque du même nom que nous avons signalée au-dessus de Port-Vendres, et qui sert d'amer pour la navigation côtière, se jetait autrefois dans la mer aux environs d'Argelès; c'est à son embouchure même qu'ont dû, dès l'origine, être construites les premières cabanes de pêcheurs de cette modeste station maritime, dont la situation littorale justifiait alors parfaitement le nom d'*Argelès-sur-Mer* qu'elle continue à porter assez improprement aujourd'hui. Depuis lors, la rivière a projeté assez avant ses deux rives vers le large; elle s'est même déviée vers le Sud; une flèche de sable a converti en étang une partie du domaine maritime; une lagune s'est formée, qui reçoit maintenant les eaux de la Massanne; et ainsi s'est développée entre Argelès et la mer une petite plaine marécageuse de date récente, presque contemporaine, et que les alluvions finiront par colmater complétement, dans un avenir très-peu éloigné.

On peut donc en toute certitude reculer la limite de l'ancien rivage jusqu'à Argelès-sur-Mer, peut-être même au delà, et considérer la zone de deux kilomètres qui s'étend entre cette petite ville et la plage comme un apport récent de la Massanne et un accroissement tout à fait moderne du cordon littoral.

III

Nous retrouvons une indication de la même nature sur le petit fleuve du Tech, dont l'embouchure est à cinq kilomètres au Nord de celle de la Massanne. Son cours a un développement de quatre-vingts kilomètres environ. Il prend sa source dans une gorge profonde du massif des Pyrénées-Orientales, arrose la vallée de Céret et coule ensuite presque à niveau des terres riveraines, au milieu d'une double haie de roseaux, d'oseraies et de saules; pendant ses crues, il se répand, sans rencontrer d'obstacles, à la surface des prairies, dont l'horizontalité presque parfaite favorise la fertilisante submersion.

Les anciens géographes l'appelaient *Tichis* ou *Tecum flumen* (1); ils y ajoutaient souvent l'épi-

---

(1) *In ora regio Sardonum, intusque Consuanorum. Flumina: Tecum, Vernodubrum: Ruscino Latinorum...* (PLIN., lib. III, c. v.)

Inde est ora Sardonum et parva flumina Telis et Tichis; ubi accrevere, persæva. (POMP. MELA, lib. II, c. v.)

thète de *Sordus*, qui indiquait que le fleuve traversait le pays habité par les Sordons, *Sordi*, *Sordones*, vaste peuplade répandue sur cette partie de la côte aux époques les plus éloignées.

Mais cette rivière s'appelait aussi l'*Illiberris*, et portait ainsi le même nom qu'une des villes les plus importantes de la région, et dont nous ne retrouvons plus aujourd'hui que quelques ruines assez clair-semées à la surface ou dans les profondeurs du sol. Cette particularité mérite d'être mentionnée avec soin, et c'est ici le lieu de faire une remarque générale qui peut permettre de déterminer avec une certaine exactitude les limites des anciens rivages occupés par les populations primitives.

Presque toutes les villes littorales des régions marécageuses ont dû, dans l'origine, être construites sur pilotis et ressembler, par leurs dispositions fondamentales, à ces cités lacustres dont nous recherchons et nous retrouvons aujourd'hui avec tant d'intérêt les curieux vestiges. Ces premières agglomérations ont été vraisemblablement établies soit aux embouchures mêmes des fleuves, soit dans les étangs littoraux, lorsque les fleuves n'avaient pas encore rempli leurs lagunes ; elles portaient alors presque toujours le nom du fleuve lui-même. Est-ce le fleuve qui a pris le nom de la ville littorale située à son embouchure ? ou la ville, au contraire, qui a pris le nom du cours d'eau ? Il est difficile, il est même inutile de le rechercher trop longuement. Toujours est-il qu'il y a, dans la plupart des cas, une identité d'appellation assez curieuse pour être soigneusement notée. Ainsi l'Aude, l'*Atax* des anciens, s'est longtemps appelée *Narbôn*; la Têt a porté le nom de *Roscinus* ou *Roscino*, qui était la capitale du pays des Sordons, et a donné son nom à la province du Roussillon; et le Tech, comme nous venons de le dire, s'appelait *Illiberris*, comme la ville aujourd'hui disparue qui se trouvait à peu de distance de son embouchure.

La position des villes maritimes de Narbonne, de Roscino et d'Illiberris, aujourd'hui assez éloignées dans l'intérieur des terres, permet donc de reconstituer en quelque sorte la limite de l'ancien rivage, ou tout au moins de l'ancienne lagune vive dans l'intérieur de laquelle la navigation était possible.

IV

On ne peut qu'être frappé de la physionomie tout ibérienne des noms d'*Illiberris* et de *Caucoliberis*; nous avons déjà vu que ce dernier n'était autre que Collioure. Quant à Illiberris, son existence paraît remonter à la plus haute antiquité. Pomponius Méla et Pline disent, à peu près dans les mêmes termes, que cette ville n'était plus, de leur temps, qu'un pauvre village; mais ils parlent de sa splendeur passée et des magnifiques constructions qu'on y rencontrait (1). Cette ancienne cité, autrefois riche et puissante, était en plein déclin aux époques historiques, et les Volkes ne l'ont connue qu'à l'origine de sa décadence. Elle avait des relations fréquentes avec le port de Collioure, *Caucoliberis*; mais c'est par erreur que plusieurs géographes et historiens semblent avoir confondu les anciennes villes de Caucoliberis et d'Illiberris.

La première n'était qu'une bourgade sans importance, une petite station maritime, entourée de rochers stériles, que sa position topographique et l'absence de voies de communication isolait du reste du continent, une anse presque déserte et fréquentée seulement par les pirates; c'était le *Caucoliberum* du moyen âge, le Collioure actuel, éloigné du Tech de cinq à six kilomètres, et qui l'était bien davantage lorsque l'Illiberris, le Tech, se rendait à la mer par son ancien lit. On retrouve encore les vestiges de cet ancien cours d'eau au pied de la colline sur laquelle est bâtie *Elne*, et qui traversait les prairies que surmonte la Tourbas-Elne.

Illiberris, au contraire, était une ville florissante et peuplée, noyée dans la région des allu-

---

(1) *Oppida : Illiberris, magnæ quondam urbis tenue vestigium.* (PLIN., lib. III, c. v.)

Vicus Illiberri, magnæ quondam urbis et magnarum opum tenue vestigium. (MELA, lib. II, c. v.)

vions du Tech, à son embouchure dans la lagune. Un fait historique considérable permet d'ailleurs de différencier d'une manière très-nette Illiberris de Collioure ; c'est le campement d'Annibal. Tous les historiens sont d'accord pour affirmer qu'après le passage des Pyrénées, l'armée carthaginoise a séjourné à Illiberris (*Pièce justificative V*); on y retrouve encore d'assez nombreuses monnaies de cuivre de Carthage, perdues ou abandonnées très-vraisemblablement par les soldats de l'expédition africaine; aucune découverte de cette nature n'a été faite à Collioure. Il est, d'autre part, impossible de supposer qu'une armée considérable ait pu stationner au milieu de gorges aussi resserrées et aussi stériles, et camper à flanc de coteaux, sans moyens d'approvisionnements, sans communication avec la plaine, et surtout sans l'eau et les pâturages indispensables à la nombreuse cavalerie et aux équipages de toute nature qui constituaient une assez notable partie des troupes carthaginoises.

La confusion entre *Illiberris*, Elne, et *Caucoliberis*, Collioure, est donc absolument inadmissible.

Le nom ibérien d'Illiberris est un indice de l'extrême antiquité de cette ville; si nous en croyons les étymologistes, il signifie en langue ibérique ou basque « Ville-neuve », *Illi-berri*, ce qui indiquerait qu'elle a été rebâtie après avoir été une première fois ruinée. Les vicissitudes de cette ancienne cité remonteraient donc aux époques historiques les plus éloignées, puisque nous trouvons, dans cette désignation d'*Illi-berri*, villeneuve, la preuve certaine qu'une ville ancienne existait antérieurement à l'occupation par les Ibères de cette partie de la Gaule.

V

L'emplacement d'Illiberris est celui de la petite ville d'Elne. A trois kilomètres plus loin, en se dirigeant vers la mer, on rencontre un faubourg de l'ancienne cité, qui est encore désigné sous le nom de la *Tour-bas-Elne*. Le groupe d'Elne et de la Tour-bas-Elne peut donner une idée de l'importance de la vieille ville ibérienne; ce sont pour ainsi dire deux fragments séparés. Plusieurs cartes désignent ces deux localités sous le nom de *les villes d'Elne* et les divisent en *ville haulte* et *ville basse*. On voit donc que ce ne sont pas deux villes distinctes, mais les traces et presque les ruines de l'opulente cité aujourd'hui presque complétement disparue.

On peut faire sur la topographie des villes anciennes une observation générale. Presque toujours, les premières constructions ont été établies sur un sommet et dans une position difficilement accessible. A ces époques primitives où l'homme, toujours armé, sans notion et sans respect du droit d'autrui, ne connaissait que l'usage et l'abus de la force, les plus petits groupes d'habitations devaient être disposés en vue de la défense; l'unique préoccupation était d'envahir le territoire du voisin, ce qui impliquait nécessairement le souci permanent de résister à toutes les attaques du dehors; c'est ce qui explique la disposition de presque tous les *oppida* au sommet des collines (1) et en arrière des cours d'eau, toutes les fois que les conditions topographiques du pays le permettaient. Dans les pays marécageux, où il était impossible d'adopter ce mode de défense, les constructions étaient disposées d'une manière analogue à celle des anciennes habitations lacustres, isolées au milieu des marais et reliées à la terre par des appontements que l'on pouvait enlever à l'approche du danger. Telles étaient les grandes villes des Bataves (Amsterdam, etc.), des Hénètes (*Henetia, Venezia,* Venise, etc.) et en général de tous les pays de lagunes qu'on peut désigner sous le terme générique de *pays bas,* en appliquant aux uns la dénomination géographique de *Néerlandais,* aux autres d'*Adriatiques,* et en réservant pour les lagunes du golfe de Lyon la désignation de pays bas *Méditerranéens,* ou même, si l'on veut, de pays bas *Ligyens,* ce qui serait la traduction à peu près littérale de l'ancien vocable des géographes classiques, Λιγυστικὴ γῆ.

---

(1) Germer-Durand, *Dictionnaire topographique du Gard,* introduction. Paris, 1868.

Une grande partie des villes littorales doivent donc avoir été, dans le principe, de simples agglomérations d'habitations lacustres, construites sur pilotis ou sur enrochements, et par suite d'un abord assez difficile. Les édifices en pierres ou en briques et les palais de marbre que nous admirons aujourd'hui occupent, dans un grand nombre de cas, la place même des misérables chaumières des populations primitives qui sont vraisemblablement contemporaines de l'origine de notre époque moderne.

Il est cependant assez rare que le relief du terrain ne permette pas de disposer tout d'abord les constructions sur une petite éminence qui domine le reste de la plaine; et presque toujours on constate que la vieille ville ou ville haute se compose d'une acropole, à l'abri ou même dans l'intérieur de laquelle se sont pressées, dans un enchevêtrement souvent inextricable, les premières habitations. Ce n'est que lorsque la population s'est accrue et qu'une sorte de sécurité relative a fait place à l'état de guerre permanente, qui était la condition normale de la vie publique chez ces peuplades primitives, que les habitants ont quitté les hauteurs fortifiées pour se répandre sur le versant du coteau et dans le fond de la vallée; et on peut dire, en thèse générale, que toutes les villes, d'abord construites sur les sommets, ont fini par descendre dans la plaine.

VI

La petite ville d'Elne est bâtie sur les ruines de l'ancienne Illiberris; et, depuis l'acropole, aujourd'hui remplacée par un cloître en marbre blanc, une des merveilles de l'architecture religieuse du treizième et du quatorzième siècle, jusqu'à la Tour-bas-Elne, le sous-sol révèle la présence d'un grand nombre de substructions antiques qui ont été jusqu'ici peu étudiées et que des fouilles entreprises avec méthode permettraient de coordonner entre elles, et de relier les unes aux autres, de manière à donner une idée assez précise de l'étendue et peut-être des dispositions générales de l'ancienne ville ibérienne.

Il ne paraît pas probable que la ville d'Elne, même sous la domination romaine, au moment de sa grande splendeur, ait jamais atteint l'importance d'Illiberris. Celle-ci était déjà presque en ruine, lorsque Constantin le Grand la releva, y fit construire une forteresse et donna à la ville ainsi restaurée le nom de sa mère Hélène (*Helena, Helna,* Elne); c'est le nom qu'elle a conservé aujourd'hui; mais les itinéraires de l'époque romaine, la table de Peutinger et les anciennes cartes portent tous la désignation d'*Illiberris* ou *Illibere,* qui témoigne ainsi du souvenir laissé par la grande ville disparue. D'après Aviénus, elle se développait sur la lisière de la lagune littorale, était fréquentée par les commerçants massaliotes et portait, à l'origine des temps, le nom de *Pyrène* (1).

Cette dénomination se rattacherait à l'époque incertaine où les *Bébrykes* ou *Bébryciens* occupaient cette partie de nos côtes méridionales. Ici la légende et la mythologie se confondent. L'existence des Bébrykes se perd dans la nuit la plus profonde du passé. Les Bénédictins n'en parlent d'ailleurs qu'avec une très-grande réserve et l'histoire des amours de la vierge Pyrène, fille de l'un de leurs rois, avec Hercule, bien que racontée par plusieurs écrivains légendaires dont le poëte Silius Italicus a versifié les anciens récits, n'est pas faite pour éclairer la critique. Quoi qu'il en soit, la vierge Pyrène aurait, d'après cette version mythologique, donné son nom, non-seulement à la capitale de ce royaume fabuleux des Bébrykes, mais encore à la grande chaîne de montagnes qui sépare la Gaule de l'Ibérie.

Il est plus probable que les Phéniciens, dont la présence sur le littoral est incontestable et remonte aux époques historiques les plus éloignées, ont fréquenté l'antique ville de Pyrène; peut-être même l'ont-ils fondée à une époque trop éloignée

---

(1)   *In Sordiceni cespitis confinio*
Quondam Pyrene, civitas ditis laris,
Stetisse fertur; hicque Massiliæ incolæ
Negotiorum sæpe versabant vices.
        (AVIENUS, *Ora maritima*, v. 558-561.)

pour qu'on puisse la préciser avec une certaine exactitude. Si l'on remarque, en effet, que les géographes de l'époque classique ne font aucune mention des Bébrykes, que tout ce que nous savons sur ce peuple fabuleux se réduit à des notions tellement vagues qu'on ne peut les considérer comme des éléments historiques dans le sens scientifique du mot, on est en droit de mettre en doute l'existence même d'un peuple dont la nationalité est si peu définie, et ne se manifeste à nous que par des récits mythologiques.

Mieux vaut donc penser que la ville de Pyrène était simplement une colonie phénicienne, florissante à une époque très-reculée, et que tous les auteurs sérieux reconnaissent d'ailleurs avoir été en déclin dès les premiers temps historiques. Elle a précédé Illiberris, que les Ibères ont établi sur l'emplacement de Pyrène et dont le nom caractéristique, *Ville-neuve*, prouve assez clairement que la ville ibérienne s'est substituée à une autre plus ancienne, dont nous n'avons pu malheureusement retrouver jusqu'à présent le moindre vestige.

VII

Le Tech ou, pour parler le langage de l'époque, l'Illiberris coulait au pied de la ville ancienne. Il débouchait autrefois dans l'étang de Saint-Cyprien, dont la superficie était beaucoup plus grande qu'aujourd'hui, et qui était une petite mer intérieure, isolée de la Méditerranée par un *lido* dont l'épaisseur s'est considérablement accrue; les eaux du Tech inondaient une vaste région marécageuse parfaitement décrite par les anciens géographes et qu'ils appelaient marais *sordique* ou *sordice*. « Là, écrit Festus Aviénus (1), est un étang et un marais qui s'étalent au loin. Par delà les ondes clapotantes de ce vaste étang, qui s'enfle facilement par l'action des vents que ne peut arrêter le contour aplati des rives, le fleuve Sordice s'écoule en sortant de cet étang même ». Il est impossible de faire une description plus exacte au point de vue topographique; et elle est d'autant plus précieuse pour nous qu'elle nous donne des indications très-nettes sur l'état ancien des lieux.

L'étang et le fleuve portaient ainsi tous deux le nom de la peuplade des Sordes ou Sordons, qui habitait cette région de la côte. L'*Illiberris*, le *Sordus*, le *Tichis*, le *Tecum flumen* et le *Tech* ne sont que les dénominations différentes d'un même cours d'eau qui, après avoir comblé sa

---

(1)   *Stagnum hic palusque diffuse patet,*
      Et incolæ istam Sordicen cognominant.
      Præterque vasti gurgitis crepulas aquas,
      (Nam propter amplum marginis laxæ ambitum,
      Ventis tumescit sæpe percellentibus)
      Itaque hoc ab ipso Sordus amnis effluit.
         (F. Avienus, *Ora maritima*, v. 569-574.)

lagune, s'est dévié au Sud. De même *Pyrène*, *Illiberris*, *Helna*, *Elne* désignent la même ville, d'abord colonie phénicienne, dont l'origine se perd dans la nuit des temps, disparue presque complétement à une époque très-ancienne et jusqu'ici indéterminée, puis rebâtie par les Ibères, ruinée de nouveau, restaurée par Constantin le Grand, jadis opulente et peuplée, maintenant presque complétement éteinte.

Elne possédait, depuis le cinquième siècle, un siége épiscopal; par là, la ville conservait encore un dernier reflet de son ancienne splendeur; mais sa destruction presque totale après les siéges de 1285 et de 1474, et surtout la translation de son évêché à Perpignan, qui eut lieu en 1602, l'ont frappée d'une irrémédiable décadence. C'est la première de ces *villes mortes* que nous rencontrons sur le littoral du golfe de Lyon, anciennes capitales qui ne sont plus aujourd'hui que des bourgades presque désertes, que le voyageur et le touriste saluent à peine d'un regard indifférent, mais qui doivent intéresser au plus haut degré l'archéologue, le géographe et l'historien; car elles sont échelonnées le long de la côte et fournissent ainsi de précieux repères pour la reconstitution du rivage aux époques historiques les plus éloignées.

Pl.

la vraye et entière description du royaulme de france — Guilhaume Possel
et ses confins, avec l'adresse des chemins & distâces aux villes — cosmographe
inscriptes & Provinces d'iceluy — avec privilège du Roy _ 157

Rhosne
Pecay   Arles
Aiguemories   les ni ma
Montpellier   ries
              laguilare   Marleque
  Besiers   la magdelene   Morse
Narbonne   mague   S. Vitor
Sigea   Agqde lône il   pomeg
  locale
  Saussel
Parpignan

€ Teplu Venins

CHAPITRE QUATRIÈME.

DU TECH A LA TÊT ET A L'AGLY.

La plaine de Perpignan. — Les Volkes au quatrième siècle. — Le pays, le rivage et la mer des Sordons. — Le Réart et l'étang de Saint-Nazaire. — La côte *Cynétique*. — L'embouchure de la Têt. — *Ruscino* et le fleuve *Roschinus*. — La tour de Roussillon. — L'embouchure de l'Agly ou *Vernodubrum*. — Saint-Laurent de la Salanque ou le Barcarès.

I

Douze ou treize kilomètres à peine séparent l'embouchure du Tech de la Têt. La Têt (1) est la rivière qui coule sous les murs de Perpignan. Mais cette ville ne peut nous fournir aucune indication intéressante au sujet de la géographie ancienne de cette partie du littoral. Perpignan est, en effet, essentiellement moderne; son existence ne remonte pas au delà du neuvième ou du dixième siècle; et encore n'était-il à cette époque qu'un simple domaine, une *villa*, désignée dans les chartes du temps sous le nom de *villa Perpiniani*.

---

(1) La Têt, *Telis* ou *Thelis*, Pomp. Mela, l. II, c. v. — *Vernodubrum*, Plin., l. III, c. v. (Il est probable que Pline confond ici la Têt avec l'Agly, dont le nom ancien était très-vraisemblablement *Vernodubrum*.) *Ruscino*, Strabon, l. IV. — *Roschinus*, Avienus, v. 567. — *Ruscio*, Ptolémée, l. I.

C'est donc par erreur que les Bénédictins et surtout l'érudit P. de Marca, dont la description historique et géographique de la Catalogne et du Roussillon (*Marca Hispanica*) se distingue en général par une très-grande exactitude, ont fait de Perpignan un municipe romain désigné sous le nom de *Flavius Ebusus*. Les savantes recherches des épigraphistes modernes (1) ont aujourd'hui très-nettement établi que l'inscription qui existait autrefois à Perpignan et qui faisait mention du municipe Flavius Ebusus était gravée sur une pierre apportée d'Iviça, la principale ville des îles Baléares, dont le nom latin était en effet Ebusus. Il y a eu par conséquent confusion entre les deux villes d'Iviça et de Perpignan, ou plutôt une fausse attribution du nom d'Ebusus, qui n'a jamais désigné que l'ancienne capitale du petit archipel de l'Ibérie.

On peut aller plus loin; et on doit regarder comme à peu près certain qu'à l'époque de la domination romaine, au moment où écrivaient les géographes les plus autorisés de l'époque classique, le territoire même sur lequel est bâtie aujourd'hui la ville de Perpignan ne contenait aucun centre de population un peu important. La Têt coulait alors librement presque à niveau des terres riveraines, et répandait ses eaux limo-

---

(1) V. *Histoire générale de Languedoc*, note E. Mabille, l. II, ch. XI, p. 112 et 113.

neuses sur un sol de formation récente, entrecoupé de marais et de lagunes et qui présentait une pente douce et continue jusqu'à la mer. Cette plaine marécageuse s'est rapidement colmatée et s'est transformée en un véritable jardin, où la végétation se développe avec une activité et une intensité qu'expliquent facilement la nature alluvionale du sol, la multiplicité et la fréquence des submersions et des irrigations et surtout l'élévation de la température souvent comparable à celle de l'Afrique septentrionale.

II

De l'embouchure du Tech à celle de la Têt, le pays est bas, couvert de flaques d'eau sans écoulement régulier, quelquefois insalubre; et les alluvions fluviales et paludéennes ont créé une zone de terres vagues dont la culture n'a pas encore pris possession. Tous ces marais, déjà en grande partie atterris, deviendront certainement, dans la suite des siècles, de fertiles plaines; mais pour le moment ils traversent cette période intermédiaire de transformation qui leur donne une physionomie toute particulière; ce n'est plus la mer, ce ne sont même plus des étangs; on peut réellement dire que la terre ferme n'est pas encore formée; car le sol cède partout sous les pas et se recouvre immédiatement d'une couche d'eau que la plus petite pression fait remonter à la surface et qui disparaît, presque aussitôt absorbée par le terrain essentiellement perméable. L'ensemble de la plaine située en arrière même du cordon littoral constitue ainsi un vaste marécage, tantôt desséché, tantôt submergé, suivant le régime de la pluie, l'état de l'atmosphère et le débit de tous les cours d'eau qui y déposent sans cesse leurs alluvions.

On ne peut voir un peu clair dans l'histoire générale de cette partie de la Gaule méridionale qu'à partir du quatrième siècle avant notre ère. Tout ce qui est antérieur à cette époque est assez confus, et les différentes peuplades qui ont tour à tour occupé notre sol ne nous ont laissé d'elles que des traditions discutables et d'un caractère plutôt légendaire qu'historique.

On sait, au contraire, d'une manière très-positive, que les Volkes ou Volces (1) se sont établis dans le midi de la Gaule vers le quatrième siècle avant Jésus-Christ, qu'ils avaient dès cette époque une organisation puissante et s'étaient implantés de vive force au milieu des populations ibéro-celtiques, qui occupaient avant eux les riches plaines comprises entre la mer, les Cévennes, le Rhône et les Pyrénées. Contrairement à l'attitude passive et à l'insouciante docilité des autres populations de l'Ibérie et de la Gaule, la résistance que, seuls, ils opposèrent à l'armée envahissante d'Annibal

---

(1) Amédée THIERRY, *Histoire des Gaulois*.

(218 ans avant J.-C.), les négociations habiles qu'ils eurent avec le général carthaginois (*Pièce justificative V*) sont les preuves incontestables d'une civilisation déjà avancée, et bien supérieure à celle de toutes les peuplades de même origine ethnographique, ou même de race différente, qui occupaient en même temps qu'eux les autres parties de la Celtique. Bien qu'ayant perdu leur nationalité et leur indépendance à l'époque où Strabon, Pline et Méla écrivaient, c'est-à-dire au premier siècle de notre ère, ils avaient conservé fidèlement leurs costumes, leur idiome et même leur monnayage indigène, et avaient laissé ainsi, dans le souvenir de leurs conquérants, l'impression d'une nation puissante (*Pièce justificative VI*), très-nettement définie et fortement constituée, *gens valida*, comme l'appelait Tite-Live lui-même (1), ayant une organisation territoriale et politique qui a dû vraisemblablement servir de base et de point de départ à l'organisation romaine; car les nouveaux maîtres du monde, qui avaient au plus haut degré le génie de la colonisation, se gardaient de détruire les institutions déjà existantes, respectaient avec soin les mœurs et conservaient, presque sans les modifier, les usages des nations déjà civilisées que la conquête faisait tomber sous leur domination.

Aussi n'est-on pas étonné de voir les géogra-

---

(1) Tite-Live, liv. XXI, ch. xxvi.

phes et les historiens de l'époque romaine désigner presque toujours cette partie du midi de la Gaule sous le nom de pays des Volkes (1), *regio Volcarum*.

III

Toutefois, malgré le développement considérable de la côte et l'importance des étangs qui formaient, en arrière du cordon littoral, comme une ceinture de petites mers intérieures sur lesquelles la navigation était certainement possible, les Volkes n'ont jamais vécu de la vie maritime et sont toujours restés une population essentiellement agricole. La véritable population littorale, celle qui paraît avoir surtout exploité les étangs, les marais et toute cette partie de la côte, bien qu'appartenant ethnographiquement à la même souche celtique que les Volkes, était cependant une peuplade distincte désignée sous le nom de *Sardons* ou *Sordons* (*Sordi, Sordones, Sardones*) (2).

La présence de ces Sordons sur le littoral de la Méditerranée ne doit pas d'ailleurs être limitée à ce petit coin du Roussillon actuel; ils ont laissé des traces non douteuses de leur séjour sur toutes les côtes de la Gaule méridionale et de l'Ibérie;

---

(1) *Regio Volcarum Tectosagum*. (Plin., l. III, c. v.)
(2) *In ora, regio Sardonum.* (Id., *ibid.*)

et le golfe de Lyon lui-même s'est longtemps appelé de leur nom, qui paraît avoir pour origine celui de la grande île de Sardaigne, désignée par les anciens géographes sous le nom grec de *Sardô*, Σαρδώ.

Mais si nous retrouvons des témoignages indiscutables de la présence des Sordons sur la plus grande partie des rivages du Roussillon et de la Catalogne, il est certain que c'est principalement le long de la côte plate qui s'étend entre les rochers de Collioure et le promontoire de Leucate qu'ils se sont développés. Aussi, presque toute la nomenclature maritime de cette partie du littoral rappelle-t-elle le souvenir de cette tribu spéciale, qui n'était pas, comme les Phéniciens ou les Massaliotes, une race marchande et commerçante, ni comme les Volkes, une population agricole, et qui semble avoir vécu d'une manière toute particulière et pour ainsi dire en harmonie avec ce pays étrange, sur cette côte marécageuse qui n'est ni la mer, ni la terre, de manière à constituer ce que nous pourrions appeler *la population paludéenne* du midi de la Gaule. Nous avons vu, en effet, que le Tech s'appelait le fleuve *Sordus* (1); la vaste plaine marécageuse qui s'étendait du Tech à la Têt s'appelait le *marais Sordique* ou *Sordicène*, *cespes Sordicenus* (2); l'étang

---

(1) ... *Sordus amnis effluit.* (AVIEN., *Ora marit.*, v. 574.)
(2) *In Sordiceni cespitis confinio.* (ID., *ibid.*, v. 558.)

actuel de Saint-Nazaire, augmenté de celui de Saint-Cyprien et de tous ceux qui sont aujourd'hui atterris, s'appelait du même nom, *palus Sordice* (1); le littoral tout entier portait le nom de rivage des *Sordons*, *ora Sordonum* (2); et cette mer elle-même, qui devait plus tard s'appeler le golfe de Lyon, était connue des anciens géographes sous la dénomination de *mer Sardonienne*, Σαρδόνιον πέλαγος (3). Est-il possible, après une pareille nomenclature, de mettre en doute que les Sardons n'aient été, pendant de longs siècles, la population dominante du littoral?

IV

Il faut avoir longtemps parcouru ces plages tristes et monotones et ces lagunes à perte de vue pour comprendre l'exactitude et je dirai presque la poésie des expressions employées par les anciens géographes. Cette plaine marécageuse couverte de joncs, de soudes et de salicornes, ces horizons indéfinis, cette nature morne et silencieuse ont en

---

(1) *Stagnum hic palusque diffuse patet*
Et incolæ istam Sordicen cognominant.
(Avien., *Ora marit.*, v. 569-570.)

(2) *Inde est ora Sordonum.* Pomp. Mela, l. II, c. v.
Hoc Sordicenæ, ut diximus, glebæ solum est.
(Avien., *Ora marit.*, v. 568.)

(3) Τὸ Σαρδόνιον πέλαγος. Polyb. — Σαρδωνικὸν πέλαγος. Strab.

effet un caractère et un aspect tout particuliers. C'est bien le *cespes* verdoyant décrit par le poëte Aviénus; et aucun terme ne me paraît mieux rendre la physionomie étrange de ces terrains sans culture, que la mer occupait hier, qui ne font pas encore partie intégrante du continent et qui resteront, pendant quelques siècles, dans une situation intermédiaire, placés en arrière du cordon littoral, se transformant lentement en terres solides par suite de leur exhaussement et de leur assèchement continu.

Presque toutes ces flaques d'eau, qui ne sont plus aujourd'hui que des mares souvent infectes, ont été, à l'époque de la domination romaine, des marais et des étangs communiquant les uns avec les autres et sur lesquels la navigation était possible; peut-être même ne formaient-ils qu'un seul bassin dont les dimensions devaient dès lors être considérables. De cette petite mer intérieure il ne reste plus aujourd'hui que deux étangs d'une certaine importance : c'est d'abord l'étang de Saint-Cyprien, que nous avons déjà mentionné, dans lequel la rivière du Tech déversait autrefois ses limons, qu'elle a ensuite comblé et finalement abandonné; c'est surtout le grand étang de Saint-Nazaire, alimenté par une charmante petite rivière, le Réart, et que les alluvions finiront, dans la suite des siècles, par remplir à leur tour. L'étang de Saint-Nazaire a une superficie de mille deux cents hectares environ; il communique avec la mer par une coupure naturelle à travers le cordon littoral ; cette ouverture est souvent obstruée par les sables, et l'étang se trouve alors complétement fermé et isolé. Lorsque les crues du Réart ou les pluies d'automne et d'hiver gonflent ses eaux, la différence de niveau entre le bassin et la mer détermine une pression sur le point le plus faible du cordon littoral ; cette frêle barrière se brise ; le trop-plein des eaux de l'étang se déverse dans le golfe de Lyon, et si le vent souffle de terre et chasse au large les eaux de la mer, le niveau baisse de 1^m00 environ. Le phénomène inverse se produit, lorsque les vents soufflent du large ; le courant s'établit alors de la mer à l'étang ; mais dans la plupart des cas, lorsque l'équilibre existe, la passe est comblée par les sables et on peut parcourir à pied sec toute la partie de la côte qui s'étend entre l'embouchure du Tech et celle de la Têt.

L'étang de Saint-Nazaire est si rapproché de celui de Saint-Cyprien qu'il est hors de doute qu'à une époque très-peu éloignée de nous il ne faisait qu'un avec lui et constituait ainsi ce que le géographe Aviénus appelait le grand étang Sordicène, *palus Sordice*.

Quant au rivage lui-même, ce que nous appelons communément *la plage*, ce que les géologues appellent *le cordon littoral*, le même géographe le désigne encore d'une manière toute spéciale sous le nom de *côte Cynétique, littus*

Cyneticum; et le savant commentateur de Festus Aviénus, M. de Saulcy (1), pense que l'étymologie de ce mot vient du radical κύων, κυνός, *chien*.

« Pour qui suit cette côte, dit-il, il y a une montagne splendide qui la domine partout, c'est le Canigou (2), dans le nom duquel nous sommes forcés de reconnaître la trace évidente de l'appellation de *littus Cyneticum;* en d'autres termes, la côte Cynétique, c'est celle qui semble former la base immense du Canigou. De plus, l'endroit où la population de Perpignan va, dans la belle saison, prendre les bains de mer, se nomme toujours le *Canet*. Ce mot a encore évidemment la même origine, bien qu'il nous soit impossible de deviner ce qui a pu en motiver le choix ».

Il est bien possible que la persistance du même radical, κύων, *chien*, dans l'appellation géographique de plusieurs points de cette partie de la côte se rattache à quelque légende perdue. Toutes

---

(1) F. DE SAULCY, *Étude topographique sur l'Ora maritima de* RUFUS FESTUS AVIENUS, *Revue Archéologique*, 1867.

(2) Le Canigou est le dernier contré-fort de la chaîne des Pyrénées, du côté de la Méditerranée, et fait le pendant de la montagne de la Rhune, qui s'élève à l'extrémité occidentale, au-dessus de Saint-Jean de Luz, au fond du golfe de Biscaye. L'altitude de sa cime est de 2,785 mètres au-dessus du niveau de la mer; il a toujours été considéré comme un point géodésique de premier ordre; c'est le point de soudure de la triangulation de l'Espagne avec celle de la France, le sommet du dernier triangle de la méridienne de France et du premier de la méridienne d'Espagne.

les recherches que nous avons faites n'ont pu éclairer ce petit problème étymologique, qui peut bien avoir un certain intérêt, mais qu'il suffit, croyons-nous, de mentionner sans lui attribuer une trop grande importance.

V

Le rivage, depuis Argelès-sur-Mer jusqu'à l'embouchure de la Têt, ne présente aucun intérêt au point de vue de la navigation maritime; point d'abris pour les navires; pas la moindre rade, pas la plus petite crique; la mer déferle librement sur une plage uniforme et rectiligne qui n'est visitée que par les douaniers, et le long de laquelle on ne trouve aucune habitation. C'est à peine si les bateaux pêcheurs du plus faible tirant d'eau peuvent pénétrer dans l'étang de Saint-Nazaire, lorsque sa communication avec la mer résulte des circonstances atmosphériques que nous avons indiquées plus haut; et encore le fond de cet étang, qui s'exhausse d'une manière assez sensible, restreint-il chaque jour la surface sur laquelle peut s'exercer cette navigation incertaine.

L'embouchure de la Têt, comme celle du Tech, est à peu près fermée par une barre ou bourrelet sous-marin qui permet rarement, même aux plus petites embarcations, de remonter le fleuve, et de venir chercher un refuge à l'intérieur des terres, lorsque le mauvais temps du large les pousse à la côte. Toute cette partie de notre littoral constitue donc une côte inhospitalière et dont il est prudent de se tenir à distance, à moins que le vent et la mer ne tendent à éloigner les navires du rivage, ce qui, nous devons le dire, est le régime le plus fréquent dans ces parages. Aussi est-il fort rare d'apercevoir, même au large, des navires d'un certain tonnage, et ces atterrages si peu sûrs sont-ils presque toujours déserts. Il est probable que cette situation maritime, si précaire aujourd'hui, était bien meilleure et beaucoup plus florissante dans les premiers siècles de notre ère, et il est pénible de reconnaître qu'à ce point de vue nous sommes, depuis près de deux mille ans, en pleine décadence.

VI

Entre Perpignan et le Canet, une tour isolée, haute d'une vingtaine de mètres, se dresse au milieu de la plaine sans relief; à côté, sont les débris informes d'une ancienne chapelle, et un examen un peu plus approfondi des lieux permet de découvrir quelques pans de murs écroulés, presque enfouis sous le sol, et quelques rares débris de fondation; l'ensemble de ces ruines ne présente ni caractère, ni effet pittoresque de nature à captiver l'attention du touriste, peu soucieux des souvenirs du passé; c'est là cependant tout ce qui reste de l'ancienne métropole des Sardons, *Ruscino* (1), autrefois assez importante pour avoir donné son nom à la province dont Perpignan était la capitale (*Roscino, Rossilio, Castel-Roussillon*). De même que le Tech arrosait Illiberris, la Têt coulait sous les murs de Roscino, et ces deux rivières, ainsi que nous en avons déjà fait la remarque, prenaient le nom des deux villes qu'elles baignaient (2). L'histoire n'éclaire le passé de l'antique Ruscino que de lueurs assez vagues et quelque peu incertaines; il nous est tout à fait impossible, dans l'état actuel de nos connaissances, de préciser l'époque de son origine très-probablement phénicienne; on ne saurait, dans tous les cas, douter que les Phéniciens l'ont fréquentée, y faisaient escale; et c'est bien certainement grâce à ses relations commerciales avec ce peuple navigateur, qui paraît avoir eu

---

(1) *Ruscino*, ancienne ville de la Gaule Narbonnaise, se trouvait, d'après l'Itinéraire d'Antonin, sur la route de Narbonne à *Castulo*, San-Esteban del Puerto, entre *Combusta* (Rivesaltes) et *ad Centuriones* (Ceret), à six milles du premier de ces lieux et à vingt milles du second. *Colonia Ruscino*. Pomp. Mela, l. II, c. v; — *Ruscino Latinorum*, Pline, l. III, c. iv; — Ρουσινῶν, Ptolémée, l. II, c. x; — *Rosciliona*, du temps de Louis le Débonnaire. — Détruite, selon P. de Marca, vers l'an 828, il n'en reste plus aujourd'hui qu'une tour, qu'on appelle la *Tour de Roussillon*.

(2) ..... *Post Pyrenæum jugum*
Jacent arena littoris Cynetici
Easque late sulcat amnis Roschinus.
(Avien., *Ora marit.*, v. 565-567.)

plus que tout autre le génie des entreprises lointaines, qu'elle a atteint son apogée; nous ne croyons pas qu'on s'éloignât beaucoup de la vérité en plaçant au cinquième siècle environ avant notre ère l'époque de la plus grande prospérité de Ruscino. Elle appartint ensuite aux Volkes, non peut-être comme ville absolument conquise, mais à titre de tributaire ou de vassale, comme Narbonne et Illiberris. Les Volkes, en effet, essentiellement agricoles, n'occupaient pas eux-mêmes le littoral; ils paraissent s'être peu mêlés, en général, au mouvement maritime du midi de la Gaule; et, s'ils ont été pendant plusieurs siècles les seuls maîtres de toute cette région, leur domination sur les villes commerçantes de la côte a dû se borner à exercer sur elles une sorte de suzeraineté, qui devait se traduire en impôts ou redevances de toute nature. La décadence de Ruscino commence à l'époque de la domination romaine, qui l'érigea en colonie; plus tard, et à plusieurs reprises, elle fut bouleversée par les courses des Sarrasins; au milieu du huitième siècle, elle fut entièrement détruite par les Normands; elle ne s'est plus relevée depuis.

C'est à trois kilomètres environ de la grande tour, unique vestige de la ville du moyen âge, et non sur les ruines mêmes de Ruscino, qu'on a construit les premières maisons de Perpignan, qui n'a par conséquent rien de commun, ni comme emplacement, ni comme origine, avec l'ancienne capitale des Sardons. On ne peut avoir que des idées assez vagues sur la disposition maritime de Ruscino par rapport au rivage de la mer ou au *lido* de l'ancienne lagune vive de la Têt. Aucun document ne permet de déterminer, même avec une très-large approximation, le chiffre de sa population et l'étendue de sa superficie; toutefois, si l'on observe que cette ville disparue était autrefois une des plus importantes du pays des Sardons; que le cordon littoral que nous voyons aujourd'hui est de formation tout à fait moderne; que le territoire même sur lequel se trouve actuellement le petit bourg du Canet n'existait pas à l'état de terre ferme, à l'époque de la domination romaine; que la Têt s'appelait alors le *Roschinus,* du nom de la ville qu'elle arrosait; que cette rivière avait alors une largeur considérable et se répandait librement sur une plaine de sable, ainsi que l'ont écrit les géographes anciens, on peut sans témérité affirmer que la situation de Ruscino était comparable à celle d'Illiberris, de Narbonne et, en général, de toutes ces villes maritimes noyées au milieu des lagunes littorales.

Il est inutile, après cela, d'insister beaucoup pour relever l'erreur des Bénédictins, qui, s'appuyant sur le texte de Pline, désignent la Têt sous le nom de *Vernodubrum;* les savants auteurs de l'Histoire de Languedoc confondent ici la Têt avec l'Agly, et presque tous les géographes anciens ou modernes sont unanimes pour reconnaître que la rivière qui coule aujourd'hui sous les murs de Perpignan n'a jamais porté le nom de Vernodubrum. On peut donc l'affirmer en toute certitude : le fleuve qui, d'après l'expression du poëte géographe, « creusait son large sillon à travers les sables de la côte Cynétique », n'était et ne pouvait être que le Roschinus; et ses eaux, se répandant sur une vaste plaine d'alluvions d'une horizontalité presque parfaite et sans accident de terrain, alimentaient une lagune littorale sur les rives sablonneuses de laquelle la ville, phénicienne ou ibérienne, était établie.

La Tour de Roussillon, désignée aujourd'hui sous le nom de Castel-Roussillon, *Castrum Rossoliense*, et qui marque l'emplacement de l'ancienne capitale des Sordons, est donc, au point de vue géographique, un repère des plus intéressants; car il indique assez bien jusqu'où venait autrefois la lagune vive; et en reculant jusqu'à cette ruine la limite de l'ancien rivage, comme nous l'avons déjà fait pour Elne et Argelès-sur-Mer, on est à peu près certain de ne pas s'éloigner sensiblement de la vérité.

Comme Illiberris, Ruscino est une de ces *villes mortes* dont l'existence nous est à peine révélée par quelques ruines informes et les souvenirs assez confus des époques historiques les plus éloignées. Il est regrettable que des explorations archéologiques sérieuses n'aient pas encore été faites. On n'a de Ruscino que des monnaies qui remontent à l'époque de l'occupation romaine, et la ville était déjà en pleine décadence. Il est très-probable que des fouilles intelligentes mettraient à découvert des pièces ou des médailles carthaginoises, puisque l'armée d'Annibal, comme nous l'avons vu plus haut, a traversé la ville et a peut-être même séjourné assez longtemps le long des murs; nul doute aussi qu'on pourrait retrouver quelques-uns des types déjà connus des monnaies autonomes, ou de celles des populations ibériennes et des commerçants massaliotes dont les cabinets modernes possèdent déjà de très-riches collections. Les plus anciennes monnaies du pays que nous connaissions remontent à peu près à trois ou quatre siècles avant notre ère, et cette époque est précisément celle où Ruscino devait être à son apogée. Des recherches locales pourraient donc vraisemblablement être couronnées de succès. Pour nous, qui cherchons ici à reconstituer seulement la situation primitive du littoral, nous devons nous borner à constater que la Tour de Roussillon, entourée aujourd'hui de prairies et de vignes, marque l'emplacement de l'ancienne embouchure de la Têt à la limite très-probable de la terre et du domaine maritime, et nous n'hésitons pas à penser qu'on peut, avec une approximation très-convenable, placer à Castel-Roussillon la ligne séparative des lagunes et du continent.

VII

Une heure de marche suffit pour aller de l'embouchure de la Têt à celle de l'Agly, et on peut facilement faire ce court trajet sans quitter le bourrelet de la plage, qui présente toujours la même monotonie. A droite, la mer séparée du continent par une ligne d'une très-faible courbure et d'un tracé presque géométrique; à gauche, une plaine basse et stérile, parsemée çà et là d'une végétation rabougrie et salée, qui dénote qu'elle n'est pas rattachée depuis très-longtemps à la terre ferme. Un petit étang, *le Bourgidou,* est le seul accident de terrain qui mérite d'être signalé : c'était autrefois une lagune plus étendue et sans doute navigable; aujourd'hui nous assistons pour ainsi dire à ses dernières années; la rivière qui se jette dans l'étang et qui, comme lui, s'appelle le Bourgidou, y a déposé et y dépose encore une si grande quantité de limons que l'étang s'est transformé en marais, et finira, dans une période d'années relativement assez courte, par disparaître sous les alluvions. Le marais communique, comme celui de Saint-Nazaire, avec la mer par une coupure naturelle à travers le cordon littoral; cette brèche est quelquefois obstruée par les sables de la plage; mais, suivant le régime des vents et de la pluie, dont l'effet est d'élever ou d'abaisser le niveau du Bourgidou, il s'établit un courant tantôt de la mer à l'étang, tantôt de l'étang à la mer, et l'équilibre rompu est bientôt rétabli.

La plage présente dans son ensemble une légère concavité qui tend à s'accentuer tous les jours davantage par suite de l'avancement en mer des deux promontoires de la Têt et de l'Agly. La critique géographique ne nous offre pas pour l'Agly la même certitude que pour le Tech et la Têt. L'Agly (ou la Gly) est un torrent d'une importance beaucoup moindre, et la plupart des géographes anciens l'ont passé sous silence. Festus Avienus paraît cependant en avoir fait, selon son habitude, la description en termes imagés; malheureusement tous les manuscrits de cet auteur contiennent une lacune de deux vers à l'endroit du poëme où l'Agly entre en scène (1); il semble cependant résulter des fragments conservés de tous les manuscrits connus aujourd'hui que le fleuve avait plusieurs bouches et présentait par conséquent, à la partie inférieure de son cours, un véritable delta analogue probablement à celui du Tech; c'est du reste, nous l'avons vu, la disposition naturelle qui tend à s'établir chez tous les fleuves qui débouchent, à travers une plage basse et marécageuse, dans une mer sans marée.

Peut-être un centre de population existait-il à l'embouchure de l'Agly, dans sa lagune ou au milieu de son delta. Si cette ville a existé, elle ne

---

(1) *Ru... effluentis ostiis.* (AVIEN., *Ora marit.*, v. 575.)

paraît pas avoir laissé de profonds souvenirs dans l'esprit des géographes anciens; car aucun d'eux n'en fait mention. Il est, dans ce cas, assez probable que, suivant les habitudes de l'époque, les navigateurs devaient lui avoir donné le même nom qu'au fleuve lui-même; mais ce n'est là qu'une simple conjecture. Pour le moment, aucun vestige de constructions anciennes, aucune ruine, aucun indice ne révèle la présence d'une ville disparue.

VIII

L'ancien delta du *Vernodubrum* ou de l'Agly diffère donc sur ce point d'une manière essentielle des embouchures de la Têt et du Tech, qui toutes deux baignaient les deux villes phéniciennes ou ibériennes de Ruscino et d'Illiberris. Une différence analogue, mais en sens inverse, peut être remarquée de nos jours. Tandis que la vie s'est éteinte sur les bords de ces deux derniers fleuves, elle s'est au contraire développée à l'embouchure de l'Agly. Un petit hameau de trois cent cinquante feux, qu'on appelle le *Port de Saint-Laurent de la Salanque,* ou plus souvent le *Barcarès,* a pris naissance le long de la plage et sur la grève même du torrent. Le nom de *Barcarès* indique assez clairement la destination de ce petit port, fréquenté surtout par de simples barques de pêche, et qui n'est, à tout prendre, qu'une pauvre plage complétement découverte, n'offrant aucun abri, et le long de laquelle on hale les bateaux à terre presque aussitôt après leur arrivée. La Tour de Tantavel et quelques sommets de montagnes, derniers contre-forts de la chaîne aride des Corbières, signalent pendant le jour aux marins l'emplacement du mouillage, qui est assez bon lorsque le temps est calme; mais, pendant la nuit, les seules indications consistent dans les feux des maisons des pêcheurs et des postes de douaniers : c'est, on le voit, bien précaire et bien incertain, et l'établissement du plus modeste fanal serait considéré comme un véritable bienfait.

Il n'existe pas de port dans le sens que nous donnons aujourd'hui à ce mot; le Barcarès reste ce que la nature l'a formé. Les vents dominants du pays sont ceux du Nord et du Nord-Ouest; quand ils soufflent de terre, l'état de la mer permet assez facilement le mouillage; mais par les vents du Sud et du Sud-Est, une mer énorme est accumulée contre la plage; le niveau des eaux s'élève quelquefois de 1^m20; c'est une véritable petite marée dont les lames viennent déferler jusqu'au pied des maisons. Les courants sont très-variables d'intensité et de direction, suivant les circonstances atmosphériques; et pendant l'hiver, lorsque le vent souffle avec violence du large, ils atteignent quelquefois la vitesse d'un nœud à l'heure. Dans de pareilles conditions, on conçoit que la plage, formée seulement des apports sablonneux de l'Agly, est sérieusement compromise; elle est rongée par la mer, et les fortes tempêtes menacent même les pauvres cabanes que les pêcheurs ont élevées sur cette grève déserte et presque oubliée; en revanche, lorsque le calme renaît (et dans ces parages le beau temps règne pendant la majeure partie de l'année), le fleuve travaille à reconstituer ce que la mer lui a enlevé, et regagne ainsi le terrain perdu. La ligne du rivage reste donc, malgré ces alternatives et ces oscillations, à peu près stationnaire; la plage se raccourcit en hiver par suite des coups de mer et des courants qui la rongent, elle s'allonge d'autant en été. A cet inconvénient vient se joindre celui des crues de l'Agly, dont le régime torrentiel avait jusqu'à ces derniers temps pour effet de détruire une partie de la grève, de compromettre le sort des habitations riveraines, et même quelquefois de nuire à la stabilité des bateaux halés à la côte et qui pouvaient être arrachés de la plage par la violence du courant. Cette situation était tellement précaire qu'une digue a été construite en 1848-1849 pour contenir les eaux de l'Agly, et donner ainsi au Barcarès une sorte de demi-sécurité.

C'est d'ailleurs depuis un siècle à peine que le petit cabotage fréquente l'embouchure de l'Agly. Le mouvement de ce petit port est d'environ trois cents bateaux tant à la sortie qu'à l'entrée, représentant un tonnage de près de dix mille tonnes. Il y a donc là, malgré l'absence complète d'abri, de quais et d'installations même les plus élémentaires, une sorte de vie commerciale et maritime. Le Barcarès pourrait, à la rigueur, être un petit port d'exportation pour les vins du Narbonnais et du Roussillon; malheureusement l'établissement du chemin de fer de Narbonne à Perpignan y a produit le même résultat que nous avons constaté à Collioure et à Port-Vendres. Le mouvement s'est ralenti, il finira par disparaître tout à fait, et la vie industrielle et commerciale se concentrera de plus en plus dans quelques grands ports, qui finiront par monopoliser toutes les transactions maritimes.

Le Barcarès restera cependant toujours un port de pêche intéressant; sa population est active et laborieuse; le nombre des bateaux qui y sont immatriculés est encore de vingt-six; l'anchois et la sardine abondent dans ses parages, et la pêche s'y pratique sur une assez large échelle; mais il est à craindre que cette population maritime, dont les communications avec les grandes voies de circulation de l'intérieur des terres sont toujours difficiles, ne tende à diminuer. Ce résultat serait très-regrettable. Il est bon sans doute de créer de grands centres d'exportation et d'importation; c'est avec un légitime orgueil que nous pouvons montrer les vastes bassins conquis sur la mer et les magnifiques digues d'un port comme celui de

Marseille, muni de toutes les installations perfectionnées que le commerce exige aujourd'hui pour la facile et rapide manutention de ses produits; mais tout n'est pas dit pour un peuple lorsqu'il a beaucoup importé et exporté; il faut aussi songer qu'une grande nation, pour être longtemps prospère, doit surtout s'appuyer sur une force militaire sérieuse; que la marine de guerre est un des éléments de cette force, qu'elle ne peut vivre sans matelots, et que ceux-ci se recrutent presque exclusivement parmi les pêcheurs de nos plus modestes plages.

C'est à ce point de vue que nous ne pouvons assister sans regret à la dépopulation de ces petites stations littorales, et au dépérissement lent mais continu de nos ports secondaires. A ne considérer que l'embarquement et le débarquement des colis, ils sont sans doute bien inférieurs aux grands centres maritimes; mais il ne faudrait pas oublier qu'au jour du danger ils rendent au pays des services d'un ordre plus élevé et, mieux que les plus grands entrepôts de commerce, fournissent à notre flotte ses véritables hommes de mer.

LEUCATE ET LA FRANQUI

Pl. 6

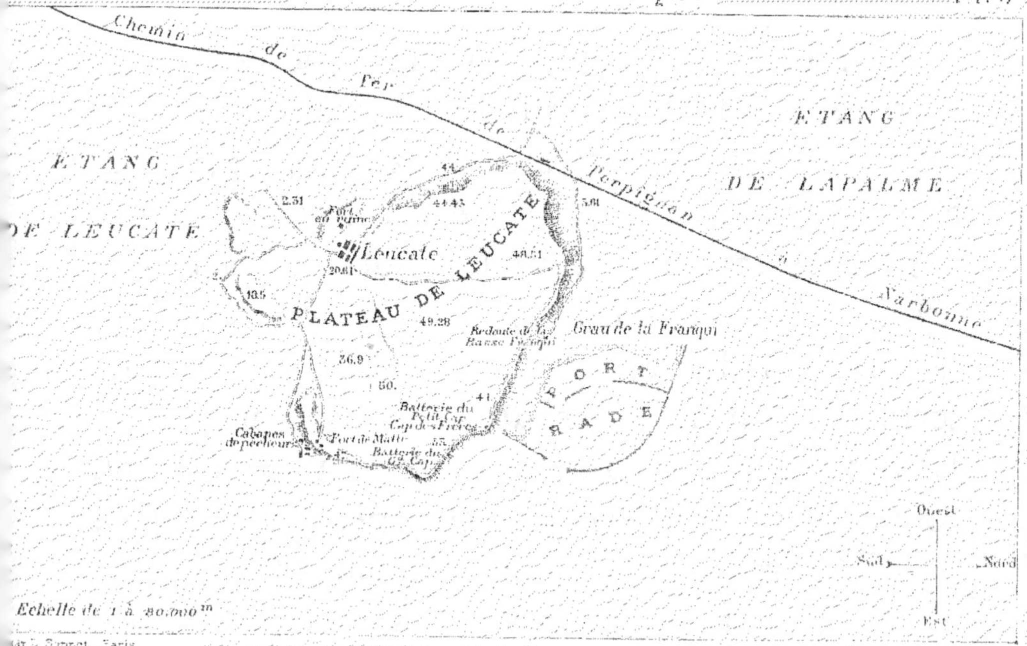

Echelle de 1 à 80.000 m

CHAPITRE CINQUIÈME.

SALSES ET LEUCATE.

La fontaine, l'étang et le fort de Salses. — Le plateau et le fort de Leucate. — Les îles et les prairies flottantes.

I

Reprenons le long de la plage notre marche vers le Nord. Nous suivons l'étroite bande de sable du cordon littoral. A gauche, l'étang de Salses parsemé de joncs et de graminées qui donnent à ses eaux une couleur indécise; la chaîne des Corbières ferme au loin l'horizon; à droite, la mer, paisible et bleue et presque toujours déserte; devant nous, se dresse le promontoire de Leucate, dont la blanche falaise, coupée à pic du côté de la mer, rappelle les escarpements calcaires de la Normandie et de la côte Sud de l'Angleterre. Il n'est pas nécessaire d'être un géologue émérite pour reconnaître que la soudure de la montagne de Leucate à la terre ferme et la formation du *lido* qui sépare l'étang de Salses de la mer sont deux accidents tout à fait récents et sensiblement contemporains. A une époque relativement assez rapprochée de nous, l'étang de Salses était un véritable golfe de la Méditerranée, et les vagues venaient déferler au pied des dernières pentes de la chaîne aride des Corbières. Le tracé actuel du chemin de fer de Narbonne à Perpignan nous paraît marquer, à très-peu de chose près, la limite de cet ancien rivage. Dans sa plus grande dimension du Nord au Sud, l'étang de Salses n'a pas moins de quinze kilomètres; sa largeur moyenne est de six à sept kilomètres; c'est, on le voit, une sorte de petite mer qui a été navigable autrefois et ne l'est plus aujourd'hui, depuis que l'exhaussement très-sensible de son fond ne le rend accessible qu'aux barques de pêche les plus plates et qui n'exigent qu'un tirant d'eau de quelques centimètres. Ses eaux sont un peu plus salées que celles de la mer; cet excès de salure ne tient pas seulement à l'active évaporation qui se produit à cette latitude, mais il est dû, en grande partie, aux apports de deux sources sursaturées de sel, qui surgissent au milieu des rochers formant le soubassement du bourg et du fort de Salses, et dont l'une, *fons Salsulæ*, a donné son nom à l'étang et à la petite ville. Cette particularité n'avait pas échappé aux géographes anciens, et Pomponius Méla en fait mention d'une manière toute spéciale (1).

Indépendamment de ces deux sources salines, l'étang est alimenté par un grand nombre de petits cours d'eau et d'infiltrations provenant soit

---

(1) *Et Salsulæ fons, non dulcibus aquis defluens, sed salsioribus etiam quam marinæ sunt.* (POMP. MELA, l. II, c. v.)

des derniers contre-forts des Corbières, soit de la montagne de Leucate. L'étang est ainsi le réceptacle de toutes les eaux pluviales qui tombent sur les escarpements des montagnes voisines; et, pendant l'hiver, après la saison des pluies, son niveau, considérablement exhaussé, s'élève au-dessus de celui de la mer d'une quantité assez sensible pour déterminer une pression capable de rompre les points les plus faibles du cordon littoral.

II

La petite ville de Salses, dont la population ne dépasse guère douze cents âmes, se présente d'une manière très-pittoresque à l'extrémité Ouest de l'étang, et le fort qui la domine conserve encore un assez beau caractère, malgré les mutilations regrettables que le génie militaire lui a fait subir sans la moindre utilité. « Salses, écrivait Piganiol de la Force au commencement du dix-huitième siècle (1), est à la fois un fort et un village qui, en mémoire du temps passé, a le titre et les prérogatives de ville. Le fort fut bâti par ordre de l'empereur Charles-Quint, pour l'opposer à celui de Leucate. C'est un carré de maçonnerie ayant une grosse tour à chaque encoignure. Il est considérable par la prodigieuse épaisseur de ses mu-

---

(1) PIGAN. DE LA FORCE, *Description de la France*, t. VII, Paris, 1751-1752-1753.

railles et par la bonté de ses souterrains. Le village est à deux portées de fusil du fort, en avançant vers Perpignan ; c'est un lieu tout ouvert. Un peu plus loin, on trouve sept à huit maisons qui sont les restes de l'ancienne *Salsulæ* dont parle l'Itinéraire d'Antonin, et qui produirait une rivière considérable si elle ne se jetait presque aussitôt dans l'étang ». Nous n'avons presque rien à ajouter à cette exacte description. Le château de Salses était, en effet, le premier poste avancé appartenant aux Espagnols ; tandis que le fort de Leucate, dont l'existence remonte au treizième siècle, mais qui avait été reconstruit par François Iᵉʳ, défendait l'entrée de la France. Leucate couvrait Narbonne ; Salses fermait la route de Perpignan et de la Catalogne. L'ancienne frontière se trouvait entre les deux forts. La paix des Pyrénées ayant rendu ces deux postes inutiles, Louis XIV fit raser le fort de Leucate ; plus tard, les tours de Salses furent découronnées et nivelées, et cette ancienne citadelle n'est plus aujourd'hui qu'un casernement d'une vingtaine d'hommes employés au service d'une poudrière.

III

Le blanc promontoire (1) de Leucate (λευκός,

---

(1) *Promontorium album.* (Avien., *Ora marit. pass.*)
 . . . . . . *quod Candidum*
 Dixi vocari. . . . . (Id., *ibid.*, v. 598-599.)

blanc) avait de tout temps attiré l'attention des anciens géographes. Cette partie de notre littoral présente en effet une configuration toute spéciale. Au milieu d'une plaine marécageuse de sables et d'alluvions récentes, dont l'horizontalité est presque parfaite, émerge tout à coup un massif circulaire de formation tertiaire, presque entièrement entouré par les eaux de la mer et des étangs de Salses et de Lapalme; cette masse n'est rattachée à la terre ferme que par des apports sablonneux ou vaseux tout à fait récents, entrecoupés de marais, de fossés, de roubines et de terrains vagues plus ou moins submergés sur lesquels est établie la station de Leucate du chemin de fer de Narbonne à Perpignan. La falaise est à pic du côté de la mer; les escarpements sont étagés suivant des pentes fort roides du côté de la terre et des étangs. Le plateau supérieur a une superficie de neuf kilomètres carrés environ, dont l'altitude varie très-peu de cinquante à soixante mètres au-dessus du niveau de la mer; c'est une véritable plate-forme à peu près circulaire, aride, nue, desséchée, battue par tous les vents, et surtout par ce terrible Nord-Ouest qui correspond au mistral de la Provence et est désigné dans le pays sous le nom de vent de *Cers*.

Dans de pareilles conditions topographiques, on conçoit que le plateau de Leucate devait avoir une véritable importance stratégique à l'époque où la frontière franco-espagnole passait au milieu de l'étang; il s'agissait alors, avant tout, de défendre l'entrée de Narbonne, qui était la première ville considérable de notre territoire. Aujourd'hui cette importance est beaucoup moindre; il existe cependant, sur les escarpements du plateau qui dominent la mer, plusieurs redoutes ou fortins susceptibles d'être armés au moment du danger; deux batteries sont établies au Petit Cap (cap des Frères) et au Grand Cap (1); une vigie et le petit fort des Mattes complètent du côté de la mer la défense du promontoire; sur le plateau ou plutôt à flanc de coteau, vis-à-vis de l'étang de Salses, se trouve le petit bourg de Leucate, qui compte près de treize cents habitants; à côté sont les ruines sans caractère de l'ancien fort qui couvrait autrefois l'entrée de la France; tout autour, quelques bergeries, un petit ermitage dédié à saint Pierre, des cabanes de pêcheurs, une chapelle sous l'invocation de Notre-Dame des Marins, et quatre ou cinq moulins-à-vent disséminés en dehors du village et auxquels le moteur, sinon la mouture, ne fait jamais défaut; enfin, du côté du Nord, au point où l'étang de Lapalme écoule dans la mer le trop-plein de ses eaux, se trouve un petit établissement de bains qui donne, pendant les trois mois de l'été, un peu d'animation à ce pays presque désert, absolument dépourvu d'autre industrie que celle de la pêche, et que la nature

---

(1) Voir la carte de la page 167.

semble avoir frappé de mort en l'isolant de la vie continentale : c'est le Grau de la Franqui, sur lequel nous aurons l'occasion de revenir plus loin; car cette partie du littoral mérite un intérêt tout particulier au point de vue de la navigation maritime; et c'est, avec le golfe d'Aiguesmortes, un des rares points du golfe de Lyon où les bateaux jetés à la côte par les vents du large pourraient trouver un abri contre la tempête, si le travail de l'homme venait compléter l'œuvre commencée par la nature. Telle est la physionomie générale du plateau de Leucate.

IV

L'existence des deux petites villes de Leucate et de Salses ne remonte pas à une époque très-éloignée; les premières agglomérations ne datent guère que du commencement du treizième siècle. Les géographes anciens n'ont parlé que de la fontaine de Salses et du rivage de Leucate (1), sans jamais faire mention d'aucun centre d'habitation. Leucate ne se trouvait d'ailleurs sur aucune route; et à l'époque où fut rédigé l'Itinéraire d'Antonin, s'il existait en cet endroit quelques cabanes de pêcheurs, elles devaient être disséminées le long de la côte, les unes faisant face à l'étang, les

---

(1) *Ultra est Leucata, littoris nomen et Salsulœ fons....* (POMP. MELA, l. II, c. v.)

autres échelonnées sur la falaise qui domine la mer. Les étangs de Lapalme et de Leucate les isolaient du continent, et le promontoire était une véritable presqu'île à peine reliée à la terre par quelques flèches de sable imparfaitement fixé.

La fontaine de Salses, au contraire, qui se trouvait sur la voie Domitienne, alors comme aujourd'hui la grande route d'Espagne en France, devait tout naturellement avoir sa place, soit dans les itinéraires, soit dans les descriptions des anciens géographes.

V

La surface de l'étang de Salses, comme de la plupart des étangs littoraux de formation récente, est recouverte d'une sorte de tapis végétal qui a beaucoup frappé l'imagination des anciens. La flore salée qui se développe dans les régions marécageuses donne naissance à une multitude de débris que le clapotement des eaux détache du rivage, entraîne au milieu de l'étang, où ils se décomposent, se transforment en tourbes, et qui, d'une densité moindre que l'eau, surnagent et présentent l'aspect de véritables îles flottantes sur lesquelles il serait assez imprudent de s'aventurer. Aviénus mentionnait déjà cette particularité dans l'étang de Saint-Nazaire, à l'extrémité inférieure du cours du Réart (1); mais le manu-

---

(1) *In Sordiceni cespitis confinio.* (Av., *Ora mar.*, v. 558.)

scrit du poëte géographe présente malheureusement une lacune de plusieurs vers qui correspond précisément à l'étang de *Salsulæ*.

Strabon et Pomponius Méla, dont nous possédons les textes complets, entrent à ce sujet dans des détails assez curieux. Le premier ne craint pas d'appeler *fossiles* (1) les poissons qu'on rencontre dans les eaux de l'étang de Salses, désignation assez singulière et qui s'applique sans nul doute à ces myriades de mulets ou *muges* qui vivent à l'abri du soleil et des pêcheurs sous un inextricable fouillis d'herbages et de joncs.

Méla décrit ces prairies flottantes avec un soin extrême, et qui nous montre l'impression étrange que ce phénomène avait fait sur son esprit et l'importance un peu exagérée qu'il y attachait. « Dans le voisinage de la fontaine de *Salsula*, dit-il, est une plaine verdoyante, couverte de joncs fins et délicats; elle est soutenue par les eaux d'un étang : ce qui le prouve, c'est qu'au milieu de cette plaine une certaine partie, détachée du reste en forme d'île, flotte çà et là, et se laisse attirer comme une peau. Il y a plus : en

---

(1) Près de Ruscinon, et un peu au-dessus de la mer, il y a un étang au milieu d'un terrain abreuvé d'eau salée où l'on trouve les muges fossiles. Il suffit d'y creuser à deux ou trois pieds de profondeur, et d'y jeter un harpon dans l'eau bourbeuse qui remplit la fosse, pour accrocher un poisson d'une belle grandeur; cette espèce de poissons s'y nourrit de limon, comme les anguilles. (STRAB., l. IV, § IV.)

creusant à une certaine profondeur, on s'aperçoit encore que la mer s'infiltre dans les terres. De là vient que, soit par ignorance, soit par le malin plaisir d'en imposer sciemment à la postérité, certains auteurs grecs, et même quelques-uns des nôtres, ont prétendu que les poissons qu'on prend dans le pays naissent des profondeurs de la terre, tandis qu'ils y viennent de la mer par des conduits souterrains (1). »

Ce que dit Méla de cette plaine couverte de joncs, qui est soutenue par les eaux, et de cette portion de terre qui flotte au milieu de cette même plaine, n'a rien que de très-exact et de très-vraisemblable; c'est un phénomène que l'on constate non-seulement sur la plupart des étangs littoraux, mais très-souvent encore à la surface des grandes mers dans le voisinage des côtes et dans l'intérieur des golfes. On rencontre, principalement dans les régions tropicales de l'Océan, d'immenses et monotones étendues de plantes; ce sont des amas de sargasses (*fucus natans*), de roseaux et de racines d'arbres enchevêtrés entre eux et qui, en se décomposant, forment une sorte de tissu d'une nature tourbeuse et d'une densité beaucoup plus faible que celle de l'eau salée; minés par le battillement des vagues qui les arrache du visage, entraînés par les courants, ils restent suspendus et flottants à l'aventure à la

---

(1) Pomp. Mela, l. III, c. v.

surface des marais ou des grandes mers. Tout le monde sait que Christophe Colomb, en traversant le Gulf-Stream, le groupe des Açores et l'Archipel des Antilles, rencontra des plaines immenses d'herbes marines, et qu'une terreur profonde s'empara de ses compagnons de route à la vue de ces traînées de végétaux flottants qui s'attachaient aux flancs de ses navires, retardaient leur marche et donnaient à la mer insondable l'aspect d'un immense marécage.

« Enchevêtrées en îles et en îlots flottants, ces herbes changent en certains endroits la surface de l'Océan en une espèce de pré d'un vert jaunâtre ou couleur de rouille; les vagues soulèvent ces nappes en larges ondulations et les entourent de liserés d'écume; des poissons se jouent par centaines au-dessous des frondes qui les garantissent du soleil; des myriades de petits animaux, crustacés, serpules et coquillages courent, rampent ou s'incrustent sur les tiges entrelacées de ces forêts voyageuses et traversent avec elles l'étendue des mers. Il est même certains rivages si profondément ouverts par de larges vides, que les vagues pénètrent à une grande distance dans l'intérieur du continent. On en voit plusieurs exemples dans la Louisiane. Là, les prairies du littoral, protégées contre les tempêtes du golfe de Mexique par des chaînes de bancs de sable et de longues îles parallèles au rivage, n'ont cessé de gagner incessamment sur l'Océan; mais elles ne sont solides qu'à la surface, et le fouillis de leurs racines est baigné par l'eau de mer, qui s'avance au loin dans une baie aux contours invisibles. Les pêcheurs ne craignent pas de s'aventurer sur ces prairies flottantes, en tout semblables à celles des marécages, et c'est en perçant le sol au-dessous de leurs pieds qu'ils s'emparent du poisson caché dans ces retraites (1). » Tel est le phénomène dans son développement grandiose à la surface de l'Océan ; à une échelle beaucoup plus réduite, il est identiquement le même sur l'étang de Salses et se reproduit dans les mêmes conditions à l'intérieur de la plupart des lagunes du golfe de Lyon. Presque partout la plaine marécageuse justifie la dénomination si exacte de marais verdoyant, *cespes*, donnée par Aviénus ; et la transition de la terre ferme à la mer se fait d'une manière insensible par une succession de terrains vagues, incultes, couverts d'une végétation salée et rabougrie, aux contours variables, à la consistance douteuse, entrecoupés de flaques d'eau, couverts çà et là de joncs et de graminées, et dont l'accès toujours difficile présente quelquefois de réels dangers.

---

(1) Élisée Reclus, *les Phénomènes terrestres*.

NARBONNE & SES ANCIENNES FORTIFICATIONS

I Quartier St Paul III Quartier St Just
II Quartier de Lamourguier IV Quartier St Sébastien

LÉGENDE

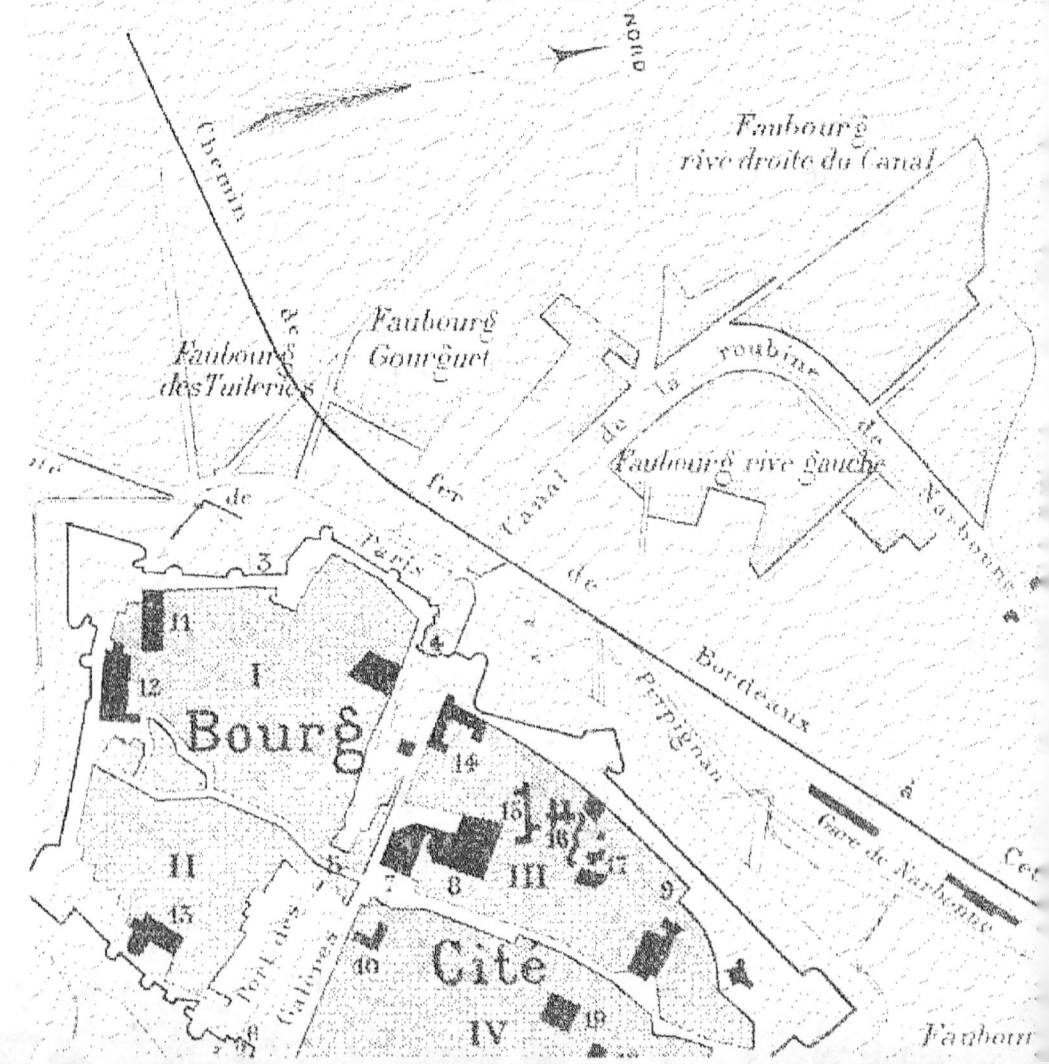

CHAPITRE SIXIÈME.

LE DELTA DE L'AUDE ET L'ANCIEN PORT DE NARBONNE.

Les graus, *graos, gradus,* de la plage. — Les anciennes cartes et les vieux Portulans. — Insuffisance des données historiques. — Constitution géologique de la région de la basse Aude. — Narbôn (Νάρϐων) celtique. — Le delta de l'Atax. — L'étang de Capestang, *Caput stagni.*—L'étang de Vendres, *stagnum Veneris.* — Le lac *Rubresus* ou *Rubrensis.* — Les îles de Narbonne. — Les deux colonies romaines. — *Colonia Julia Paterna Claudia Narbo Martius Decumanorum.* — La marine à l'origine de notre ère. — Travaux maritimes exécutés par les Romains dans la mer de Narbonne. — Le port. — Prospérité de Narbonne sous les premiers Césars. — Autel votif d'Auguste. — Décadence. — Anciens monuments de Narbonne. —Aperçu de la population d'après les amphithéâtres. —Changement du lit de l'Aude. — Période du moyen âge. — Dépérissement de la ville et du port. — L'avenir de Narbonne.

I

Lorsque, du haut de la falaise de Leucate, on se tourne vers le Nord, et que l'on suit des yeux le long développement de la côte qui se perd à l'horizon du côté du Levant, on peut, grâce à la merveilleuse transparence de l'air si fréquente dans cette partie de la Méditerranée, embrasser dans le même cadre l'ensemble du golfe de Lyon. Le spectacle est réellement grandiose. La ligne du rivage, qui depuis Argelès était plate, rectiligne et sans accidents de terrains, présente, à partir du Grau de la Franqui, une courbure parabolique très-accentuée. On aperçoit tout d'abord le port de la Nouvelle et les étangs de Narbonne ; et plus loin, dans la plaine, les remparts, les tours et les clochers de cette ville déchue, qui a été le grand port de la Narbonnaise ; le massif crétacé de la Clape, la montagne volcanique d'Agde et le cap jurassique de Cette se détachent successivement sur le fond du tableau, dont ils dessinent les différents plans avec une parfaite netteté ; à l'horizon, on distingue sans peine l'immense plage sablonneuse qui forme la base du delta du Rhône ; et il n'est pas rare d'apercevoir les rochers du cap Couronne, qui séparent le golfe de Fos de la rade de Marseille (1).

Une mer azurée vient battre régulièrement le pied de cette vaste parabole et une délicate frange d'argent détermine à perte de vue la limite de la terre, de la mer et du ciel.

Toute cette partie de la côte est caractérisée d'une manière spéciale par les fréquentes coupures du cordon littoral ; ce sont les *graus*, que les cartes anciennes et les idiomes du Languedoc et de la Provence désignent sous les noms de *gras, graos, graou,* et dont l'étymologie latine est évidemment *gradus,* passage ; ces graus ne sont en effet que les points de passage des eaux

---

(1) *Sinuatur alto, et propria per dispendia*
Cespes cavatur, repit unda longior,
Molesque multa gurgitis dispenditur.
(Avien., *Ora marit.*, v. 576-578.)

des étangs se rendant à la mer; pendant les sécheresses extrêmes, une grande partie de ces canaux naturels est atterrie et ne fonctionne pas; mais lorsque les étangs sont gonflés par les eaux pluviales, ils écoulent leur trop-plein vers la mer, qui est le grand réceptacle de toutes les eaux continentales; d'autres fois, lorsque les vents soufflent du large et accumulent les vagues vers la côte, le courant s'établit en sens inverse et la mer pénètre alors dans les étangs, qu'elle assainit et alimente d'une nouvelle quantité d'eau salée.

On voit, d'après cela, que la conservation de ces graus intéresse non-seulement la petite navigation et la pêche, mais aussi la salubrité publique; car toutes les fois qu'un grau vient à se combler, l'étang qu'il alimente se transforme en marais; une évaporation active se produit à sa surface; des terrains vagues, inondés la veille, surgissent peu à peu du fond vaseux de l'étang pour être plus tard noyés à nouveau pendant la saison pluvieuse; et ces alternatives de submersion et d'émersion développent la production des miasmes paludéens et la décomposition des matières organiques et des végétaux qui recouvrent la surface des lagunes. En thèse générale, un marais largement et régulièrement alimenté par des graus n'est jamais insalubre; et l'on peut affirmer, au contraire, qu'un étang imparfaitement desséché et qui laisse à découvert, pendant quelques mois de l'année, une partie de ses vases de fond est un danger permanent pour la santé publique.

Les graus du Languedoc et de la Provence remplissent, par rapport aux étangs de notre littoral, les mêmes fonctions que les coupures naturelles qui existent à travers les *lidi* qui séparent les lagunes de Venise de la mer Adriatique et qui s'appellent les *ports* (*porto di Brondolo, porto di Chioggia, porto di Malamocco, porto di Lido, porto dei Tre Porti*, etc.).

On doit en outre distinguer deux espèces de graus : les graus de navigation et les graus d'alimentation. Les premiers permettent aux bateaux de pêche, quelquefois même aux navires de commerce d'un certain tonnage, d'entrer dans les étangs, et sont comparables en tous points aux *porti* du littoral de Palestrina et de Malamocco, qui défendent la lagune de Venise, ou même aux goulets de la Manche : ce sont de véritables passes navigables. Les graus d'alimentation ont un rôle beaucoup plus modeste, mais à coup sûr non moins utile ; car ils permettent le renouvellement continu de l'eau dans les lagunes, par suite du courant qui s'établit, dans un sens ou dans l'autre, entre la mer et l'étang, suivant toutes les différences de niveau que les vents, les marées, la pression atmosphérique et l'apport des pluies et des fleuves peuvent déterminer entre les deux bassins.

Nous ajouterons enfin que la désignation de

grau ne s'applique pas seulement aux déversoirs, soit permanents, soit temporaires, des étangs dans la mer; en remontant à l'étymologie du mot *gradus*, passage, on voit qu'elle doit s'appliquer aussi à toutes sortes d'embouchures, ce que les anciens appelaient *bouche*, *os*. Et c'est ainsi que nous disons aujourd'hui *le grau de l'Hérault, le grau de l'Aude, le grau du Vidourle, du Lez*, etc., pour désigner les embouchures de ces fleuves. Les grandes bouches du Rhône elles-mêmes portent, dans les anciennes cartes, le nom caractéristique de *grau* ou *gras*; le *grau neuf* est l'embouchure du *Rhône vif*, aujourd'hui atterri; le *grau d'Orgon* est l'embouchure du petit Rhône ou Rhône de Saint-Gilles; les *graus de Piémanson, du Milieu, de Peygoulier*, etc., sont les passes plus ou moins navigables au-dessus de la barre du grand Rhône ou Rhône d'Arles; et ces appellations correspondent à l'ancien vocable des géographes du commencement de notre ère, qui appelaient *grau des Marseillais, gradus Massaliotarum*, celle des embouchures du fleuve qui était la plus rapprochée de la colonie grecque de *Massalia*, Marseille.

II

Il semblerait presque impossible de reconstituer avec une certaine précision la topographie de notre littoral, si variable aux différentes époques anciennes de la période quaternaire, si nous n'avions recours qu'aux descriptions et aux monuments que les géographes et les historiens nous ont légués.

La géodésie, qui est la mère de la géographie, est une science de création tout à fait moderne; les anciens ne la connaissaient pas; et, si quelques hommes de génie ont entrevu les premières lueurs de cette science aujourd'hui vulgarisée, ils ne l'ont jamais appliquée à la représentation géographique du sol. On se contentait autrefois d'itinéraires assez inexacts et qui ne donnaient que des distances, sans indiquer aucune orientation précise. La table de Peutinger (*Table Théodosienne*), le plus précieux de tous les monuments cartographiques anciens, n'est elle-même qu'un immense itinéraire illustré de l'empire romain (1).

---

(1) Le savant antiquaire Conrad Peutinger, d'Augsbourg (1465-1547), n'a pris aucune part à la carte célèbre qui porte son nom. Cette carte fut, d'après la version la plus accréditée, exécutée à Constantinople vers l'année 393 après J. C., sous Théodose le Grand. Elle fut découverte, vers l'an 1500, dans une ancienne bibliothèque de Spire, par Conrad Celtes, qui la conserva précieusement dans son cabinet, et la légua ensuite à Peutinger. De là elle a passé dans la collection du prince Eugène de Savoie et dans la Bibliothèque impériale de Vienne. Une des meilleures éditions est celle qui a été publiée à Leipzig, en 1824, par Conrad Mannert, par les soins et aux frais de l'Académie royale des sciences de Munich. — On n'est pas certain de la date exacte à laquelle a été dressé ce précieux monument cartographique; certains érudits la font remonter à la fin

Les premiers essais de cartes ne remontent pas plus haut que le treizième siècle et sont d'une imperfection qui dépasse toute limite; la forme des diverses contrées, le contour des côtes, la direction des fleuves et celle des chaînes de montagnes y sont faussés et défigurés de la manière la plus étrange. Ce n'est que vers la fin du quatorzième siècle, et surtout pendant le quinzième et le seizième siècles, que la cartographie a fait des progrès réellement sérieux. Un nombre considérable de cartes manuscrites, dites *Portulans* se répandit alors, principalement en vue de faciliter les fréquentes relations commerciales de Gênes et de Venise avec les villes littorales et marchandes de l'Europe et de l'Afrique. Ces portulans, très-remarquables souvent par le coloris, les enluminures, le dessin et la variété de leurs caractères, étaient d'une inexactitude absolue pour tout ce qui concernait l'intérieur des continents; mais le tracé des côtes et les lignes de navigation y étaient indiqués avec un soin tout particulier; c'étaient de véritables itinéraires maritimes qui étaient entre les mains de tous les gens de mer et recevaient par leurs soins, après chacun de leurs voyages, de nombreuses corrections, au fur et à

---

du deuxième siècle, d'autres la reportent soit au règne d'Alexandre Sévère, soit à celui de Probus. Une nouvelle édition, accompagnée de commentaires et de cartes de redressement, vient d'être publiée avec un soin tout particulier par M. Ernest Desjardins, Paris, 1874.

mesure que les relations commerciales se développaient et qu'on acquérait une connaissance plus approfondie de tous les détails de la côte. Tous ces portulans présentent d'ailleurs la même physionomie, et le type que nous reproduisons ici, et que nous avons extrait de la bibliothèque de l'École de médecine de Montpellier, est à peu près identique à ceux qui se trouvent à la Bibliothèque nationale de Paris et dans la plupart des grandes bibliothèques du midi de la France et des principales villes d'Italie; il appartient à la magnifique collection des « *cartes marines et terrestres faites en Italie après le voyage de Magellan* », et remonte par conséquent au seizième siècle. On voit avec quelle netteté y sont dessinées toutes les anfractuosités de la côte; et, malgré ce que le dessin a d'incorrect et pour ainsi dire de géométrique, il est impossible de ne pas attribuer à des monuments cartographiques dessinés avec un soin aussi minutieux un très-grand caractère d'exactitude.

A partir de la fin du seizième siècle, les progrès de la cartographie ont été rapides. Les cartes manuscrites de Gaspard Viegas (1583), de Bartholomeo Olives (1584), les beaux atlas de Mercator et d'Abraham Ortelius, publiés de 1570 à 1595, les cartes de Guillaume Possel (1570), de Jean Jollivet (1570), et plus tard les cartes du Comté et du gouvernement de Provence, gravées par Samson, d'Abbeville (1667), celles de Can-

Pl.

Extrait d'un Portulan du XVᵉ siècle

Bibliothèque de l'École de Médecine

de Montpellier

PROVÊSA

aiguamorta
mompelier   arle   marsilia
late   ader
magalona
monbeta

GALLCŸ. MAR̃

narbonna
leocata

roya   cd croxe

telli di Vignola (1690), celles enfin des États de Languedoc gravées par Nolin (1692), permettent de suivre avec intérêt les variations successives des plages et des embouchures dans le golfe de Lyon (1). Mais toutes ces cartes sont relativement récentes, et nous manquons absolument d'éléments de cette nature qui remontent plus haut que le quinzième siècle.

III

Si la science géographique est tout à fait moderne, il est permis d'en dire autant de la critique historique. Sans doute, les historiens anciens nous ont laissé de merveilleux récits qui sont et seront à jamais un sujet d'étude et d'admiration pour les lettrés de tous les temps; mais « les histoires, a-t-on pu dire avec raison, sont des faits faux composés sur des faits vrais ou bien à l'occasion des vrais (2) », et presque jamais on n'y trouve de descriptions exactes et détaillées du sol sur lequel se sont passés les événements dont elles font mention.

Ainsi donc, dans notre travail de reconstitution des anciens rivages, nous sommes privés d'une manière à peu près absolue de tout monument cartographique remontant au delà du treizième

---

(1) Voir les cartes des pages 79, 123 et 141.
(2) Montesquieu, *Pensées diverses*.

siècle, et nous n'avons en main que les descriptions souvent incorrectes ou métaphoriques des géographes anciens et les documents incomplets et quelquefois erronés de l'histoire. Le problème peut au premier abord paraître insoluble; mais dans ces régions littorales la tâche est singulièrement facilitée par l'étude géologique du sol. La variation des plages et le développement de l'appareil littoral sont si nets qu'ils permettent de suivre pas à pas les transformations successives du rivage. Pour celui qui veut observer attentivement ces plages et ces lagunes aux contours et aux limites chaque jour modifiés, les dunes, les sables, les étangs, les marais sont de véritables *chronomètres naturels;* en se déplaçant et se transformant sans cesse, ils laissent toujours des traces très-caractéristiques de leur passage et marquent en réalité, époque par époque, les différentes limites de la mer et du continent.

Jetons donc les yeux sur une carte géologique de la région inférieure de l'Aude et examinons la plaine de Narbonne jusqu'à la mer. L'accident le plus frappant est la saillie formée par les montagnes de la Clape (*Clapas*, amas de pierre, idiome languedocien), qui présentent une figure ovale dont le grand axe a quinze ou seize kilomètres de longueur et dont le petit axe a près de huit kilomètres. L'altitude des différents sommets de cette petite chaîne montagneuse varie de cent à cent quatre-vingts kilomètres. Le massif, qui appartient tout entier à l'époque secondaire, est formé de différentes couches du terrain crétacé inférieur; il émerge, au milieu d'une plaine marécageuse en grande partie alluvionnée, entouré de toutes parts de sables, de limons, d'étangs plus ou moins atterris et de flaques d'eau.

Cette courte description et le plus sommaire examen des lieux démontrent, de la manière la plus évidente, qu'à l'origine de notre période actuelle, l'Aude débouchait dans l'intérieur d'un golfe profond, véritable mer intérieure isolée du large par une chaîne d'îles escarpées, qui, soudées aujourd'hui entre elles et rattachées à la terre ferme par des dépôts d'alluvions, constituent le massif de la Clape. Contrairement à la plupart des deltas, qui se produisent, en général, dans l'intérieur d'une lagune défendue du côté de la mer par un cordon littoral et donnent ainsi naissance à un étang central, le delta de l'Aude s'est constitué autour d'une montagne originairement isolée en mer, et qui occupe une place correspondante à celles de l'étang du Valcarès et du lac Menzaleh au centre des deltas du Rhône et du Nil. Cette particularité très-curieuse, que nous retrouverons à l'embouchure de l'Hérault, mérite d'être soigneusement notée; et, bien que la montagne de la Clape paraisse être réunie définitivement au continent depuis plusieurs siècles, il est intéressant de constater que des cartes relativement modernes, celle de Jean Jollivet entre autres (1570), la dessinent très-nettement sous forme d'île, située à une assez grande distance de la côte dont elle est séparée par un bras de mer fort large désigné sous le nom d'*Estang*.

IV

L'Aude, dont la dénomination ancienne, *Atax*, a une physionomie celtique très-prononcée, prend sa source dans les Pyrénées, au pied de la chaîne secondaire du Canigou; le développement total de son cours est de deux cent vingt kilomètres environ; son régime est essentiellement torrentiel; et, tandis que son débit à l'étiage descend à cinq mètres cubes par seconde, celui de ses grandes eaux d'inondation s'élève à plus de trois mille mètres cubes. On a calculé approximativement que la masse des sédiments transportés par ce torrent était d'un million huit cent mille mètres cubes par an; c'est à peu près le dixième du produit du Rhône, dont le bassin a une surface environ vingt fois plus étendue. Il résulte de ce simple rapprochement, que les eaux d'inondation de l'Aude sont deux fois plus chargées en limons que celles du Rhône (1). Dans de pareilles conditions, on conçoit que la mer intérieure, qui existait dès les temps les plus anciens et qui était, comme nous l'avons dit plus haut,

---

(1) Duponchel, *Hydraulique et Géologie agricoles*.

isolée du large par le massif des îles de la Clape, a dû être assez rapidement comblée; et, peu de siècles après les dernières dislocations du sol qui ont marqué le commencement de notre époque géologique, l'Atax, avançant chaque jour ses promontoires dans le golfe, se frayait, non sans peine, une route variable à travers les lagunes envahies par les atterrissements. C'est au milieu de ces alluvions de formation récente et sur un terrain vaseux à peine consistant que se sont établies, à l'origine des temps historiques, les premières habitations de l'antique Narbôn, Ναρβών.

Les commencements de cette ville célèbre échappent complétement à l'histoire, mais il est probable que les Phéniciens en ont jeté les premiers fondements; car c'est aux peuples navigateurs qu'il convient d'attribuer la fondation de la plupart des villes littorales dans le bassin de la Méditerranée. Bien avant les Grecs, les Phéniciens ont établi des comptoirs sur tout le développement des côtes de l'Ibérie, de la Celtique et de la Ligurie. A ces époques reculées, où les voies de communication continentales faisaient presque absolument défaut, la mer, « cette route gratuite et éternelle », et les fleuves navigables, « ces chemins qui marchent », étaient des routes beaucoup plus sûres que les chemins de terre sur lesquels il eût été imprudent d'aventurer un convoi d'une certaine valeur, et qui n'étaient, à tout prendre, que de simples *frayés*, impraticables pendant la majeure partie de l'année. La civilisation et la colonisation se sont, dès l'origine des temps, développées par l'intermédiaire des peuples commerçants et navigateurs aux embouchures des grands fleuves, au milieu de leurs deltas en formation, et le long des vallées des principales rivières dont il était possible de remonter le cours, au moins dans leur partie inférieure, grâce au faible tirant d'eau des navires alors en usage. Un grand nombre de ces colonies littorales, créées ainsi de toutes pièces dans l'intérieur des deltas, devait avoir la physionomie de toutes les villes lacustres des pays bas, néerlandais ou adriatiques, bâties sur pilotis, inextricable réseau de constructions établies sur un nombre infini d'îlots vaseux plus ou moins défendus par des enrochements, et dont l'élégante Venise, l'ancienne colonie des Hénètes (*Henetia, Venetia, Venezia*), est peut-être aujourd'hui le seul type intégralement conservé.

L'antique Narbôn, Ναρβών, se trouvait dans des conditions topographiques tout à fait identiques, noyée dans l'intérieur d'un golfe, au milieu de lagunes qui couvraient la plus grande partie des plaines basses aujourd'hui cultivées, et très-certainement située à l'une des embouchures de l'Atax. Le fleuve lui-même avait perdu son nom, et les anciens historiens le désignaient sous celui de « *Narbôn* », d'après la règle presque toujours adoptée par les navigateurs grecs, qui appliquaient, en général, à chaque fleuve dont ils apercevaient les bouches le nom du pays ou de la ville que ce cours d'eau traversait et qui lui servait de port (1). Cette configuration de Narbôn, commune d'ailleurs à beaucoup de villes situées au milieu de lagunes littorales, semble donner une réelle valeur à l'étymologie si souvent reproduite et encore plus souvent contestée (*nar*-eau, *bo*-habitation), et qui indique d'une manière assez nette que la ville était bâtie près de l'eau, ou même dans l'eau. On ne peut, dans tous les cas, méconnaître que, si cette étymologie n'est pas vraie, elle a du moins le mérite d'être parfaitement rationnelle.

V

Il n'est pas impossible, d'après ces indications, de retrouver avec une certaine exactitude la physionomie que devait avoir l'ancienne *Narbo* près de mille ans avant notre ère. Toute la partie de la côte Ligustique, Λιγυστικὴ γῆ, depuis les bouches de l'Atax jusqu'aux monts Pyrénéens, était celtique de mœurs et de langage (2). L'historien

---

(1) POLYBE, lib. XXXIV, *passim*.
Nous avons déjà fait la même remarque pour la Têt et le Tech, désignés sous le nom de *Roscinus* et d'*Illiberris*, à cause de l'existence de villes marchandes et de ports situés au-dessus de leurs embouchures. — Voir page 129.

(2) POLYBE, l. III, c. XXXVII.

Hécatée, qui vivait près de six siècles avant Jésus-Christ, désigne très-nettement la ville de Narbôn sous le nom de « ville et marché celtiques » (1); c'était, en effet, la ville marchande, *emporium*, la plus importante de la côte entre l'Espagne et les bouches du Rhône. Comme toutes les villes celtes, son aspect était sombre et sévère. Son enceinte de murailles massives et tourelées, construite, suivant l'usage de l'époque, d'énormes blocs rectangulaires appareillés sans mortier ni ciment, a traversé de longs siècles et toute la période de l'occupation romaine sans avoir éprouvé de remaniements considérables. D'un accès difficile au milieu des lagunes vaseuses qui l'entouraient de toutes parts, elle paraît avoir été dans le principe assez misérablement bâtie, et composée en grande partie de chaumières de bois et de terre écrasées sous des toits de roseaux et de joncs analogues à la plupart des habitations actuelles de la zone littorale (2). « Les villes factices et conquises sur l'eau — comme Venise, — comme Narbonne, — ont besoin de richesse et de splendeur; il faut tout le luxe des arts et toute la magnificence de l'architecture pour consoler de la nature absente; car rien n'est plus triste qu'une

---

(1) Νάρβων, ἐμπόριον καὶ πόλις κελτική. (Hécatée de Milet, *Fragm.*, p. 19, éd. Muller-Didot.)

(2) Edward Barry, *Histoire générale de Languedoc*, t. II, notes, *passim*.

masure qui s'effondre entre le ciel et l'eau..... (1). Telle était l'impression peu séduisante qu'elle avait laissée dans l'imagination de l'illustre et savant voyageur Pythéas, de Marseille, qui écrivait dans le quatrième siècle avant notre ère. Les Massaliotes, alors comme aujourd'hui gens d'affaires et de plaisirs, ne venaient à Narbôn que pour leurs échanges et leur commerce, et ne goûtaient aucun charme dans ces solitudes marécageuses, battues par tous les vents, au milieu de ces étangs indéfinis et peu profonds qui rendaient presque inabordable la ville grise et murée, dont la tristesse contrastait d'une manière frappante avec les magnificences de l'élégante Massalia. Malgré son importance commerciale et l'activité laborieuse de ses habitants, il y avait loin en effet de la Narbôn celtique, couchée sur un sol plat et vaseux, à l'exubérante colonie phocéenne, étagée sur plusieurs collines couvertes d'édifices luxueux et surmontées presque toutes de temples en marbre blanc qui reproduisaient, sur le littoral de la Gaule, les splendeurs architecturales et artistiques de la Grèce et de l'Orient. Rien d'ailleurs, dans les anciens auteurs, ne permet d'évaluer, même approximativement, la population de Narbôn à ces époques éloignées; l'enceinte celtique, qui aurait pu être pour nous un élément d'appréciation, n'existe plus; et la

---

(1) Théophile GAUTIER, *Italie*.

grande ville demi-barbare a disparu complétement, dans les premiers siècles de notre ère, par suite des transformations de la colonisation romaine et des dévastations successives des Wisigoths et des Sarrasins. Tout ce passé lointain se détache d'une manière assez confuse sur un fond un peu sombre; mais, dès l'occupation romaine, qui marque la deuxième phase de l'existence de Narbonne, l'histoire de l'illustre métropole va désormais se dessiner avec une parfaite netteté.

VI

Le grand delta de l'Aude, qui s'est constitué autour du massif montagneux de l'île de la Clape, présente la forme d'un triangle équilatéral dont chaque côté a vingt-cinq kilomètres environ de développement; on peut évaluer sa superficie totale à près de vingt mille hectares; c'est dans cet immense espace, autrefois envahi par les eaux et qui constituait le golfe de Narbonne, que l'Aude dépose annuellement, depuis l'origine de notre époque géologique, ses deux millions de mètres cubes de limon.

L'ancien Atax débouchait anciennement dans le golfe, au point où se trouve aujourd'hui le petit village de Sallèles-d'Aude; c'est le sommet du delta. Comme pour le Nil et le Rhône, ce point de diramation des deux principales bouches du fleuve ne paraît pas avoir éprouvé de déplacement sensible depuis les époques historiques. Quel était, à l'origine de ces temps, le bras principal du fleuve? Était-ce celui qui coulait directement de l'Est à l'Ouest et allait se perdre dans l'étang de Vendres, alors beaucoup plus étendu et beaucoup plus ouvert du côté de la mer que de nos jours? Était-ce, au contraire, la branche qui se dirigeait vers le Sud et dont les atterrissements ont formé la plaine de Narbonne? Ces deux branches ont-elles fonctionné simultanément, et leurs débits étaient-ils les mêmes? Il serait difficile de le dire. Tout ce que nous savons, c'est que les anciens géographes, et en particulier Strabon (1) et Ptolémée (2), affirment de la manière la plus nette que l'Atax avait plusieurs embouchures; et il nous paraît dès lors assez naturel d'admettre que le régime torrentueux du fleuve devait être assez mal réglé pour lui permettre de diriger simultanément ses grandes eaux d'inondation des deux côtés de la montagne de la Clape, qui n'a pas tardé à être enveloppé d'une véritable ceinture d'alluvions. Le premier travail du fleuve a été de former la grande plaine triangulaire doucement inclinée vers la mer, et dont Narbonne, Coursan et Sallèles occupent les trois sommets; et il est très-probable qu'à l'époque de

---

(1) Τῶν τοῦ Ἀταγος ἐμβολῶν. (STRABON, *Géogr.*, l. IV, c. I.)
(2) Ἀταγος ποταμοῦ ἐμβολάς. (PTOLÉMÉE, *Géogr.*, l. II, c. x.)

la domination romaine les atterrissements ne dépassaient pas beaucoup la ville de Narbonne pour la branche descendante, et le bourg de Coursan pour la branche supérieure.

L'étang de Capestang, *caput stagni*, qui occupait évidemment dans le principe le fond, *caput*, de l'ancien golfe de cette mer intérieure, *mare Narbonense*, a été le premier isolé par les atterrissements; mais il a continué pendant très-longtemps à communiquer avec la mer assez librement pour que ses eaux, aujourd'hui douces, se maintinssent salées; ce n'est que de nos jours, pour ainsi dire, qu'il en est complétement séparé. M. l'ingénieur Duponchel (1), dans ses intéressantes études sur la mise en valeur du littoral de la Méditerranée, parle d'une charte, datée du règne de saint Louis, relative à la concession du desséchement de l'étang de Montady, et qui mentionne des salines existant sur le bord même de l'étang de Capestang. On ne saurait, dit-il avec raison, trouver une preuve plus évidente que l'étang de ce nom était encore ou avait depuis peu de temps cessé d'être en communication avec la mer, dans des conditions analogues à celles où se trouve aujourd'hui l'étang de Vendres, situé à l'embouchure de l'Aude. Le grand atterrissement qui a comblé, sur une longueur de quatorze kilomètres, la lagune comprise entre l'extrémité de

---

(1) Duponchel, *Hydraulique et Géologie agricoles*.

l'étang de Capestang et la mer, s'est donc produit dans une période toute moderne, dans les six cents ans qui nous séparent du règne de saint Louis.

D'autre part, on retrouve, dans l'intérieur de l'étang de Capestang, des vestiges de l'ancienne *via Domitia* qui reliait toutes les villes littorales de la Narbonnaise. A la sortie de Narbonne, cette grande route stratégique et commerciale traversait la partie supérieure du golfe nouvellement comblé, et franchissait un nombre assez considérable de flaques d'eau, de canaux et de roubines d'écoulement ; elle était presque partout construite en remblais, comme les belles chaussées qui ont été établies, au dix-septième et au dix-huitième siècle, par les États de Languedoc le long des étangs littoraux ou dans le champ d'inondation de nos plaines basses et submersibles, et que nous désignons sous le nom vulgaire de *peyrades* ou *levades*. Un petit atterrissement dans la partie inférieure de l'étang de Capestang permet de reconnaître les ruines d'un ancien pont romain d'un assez beau caractère, accompagné de murs d'avenue, qui est connu dans le pays sous le nom de *Pont-Serme* (1), et qui était en effet le septième ouvrage de cette nature à partir de la ville de Narbonne, *pons septimus*.

---

(1) Les cartes de l'État-Major désignent incorrectement cet ouvrage sous le nom de *Pont Ferme*.

La voie Domitienne traversait donc sur une *lévade* une partie de l'étang de Capestang; ce qui indique très-nettement que cet étang, quoique communiquant encore avec la mer qui l'alimentait de ses eaux salées, était déjà en grande partie atterri.

Quant à l'étang de Vendres, qui formait l'estuaire de la branche supérieure de l'Aude, il occupait une superficie beaucoup plus considérable que celle que nous lui voyons aujourd'hui, et était très-largement alimenté par la mer. Sur sa rive septentrionale, un peu à flanc de coteau, était bâti un temple consacré à Vénus, qui a ainsi donné son nom à l'étang et au petit village de Vendres, de même que *Portus Veneris* est devenu le Port-Vendres du Roussillon. La blonde déesse pouvait de la sorte être honorée sur le rivage même de cette mer bleue d'où elle était sortie pour charmer et pour troubler le monde; ce qui n'empêchait pas très-vraisemblablement son culte d'être très-répandu sur le reste du littoral. Les ruines du temple sont informes; mais on les distingue encore assez nettement sur le bord de l'étang; et M. de Saulcy a pu retrouver un fragment de colonne antique perdu au milieu des marais, et qui se rapporte évidemment à quelque portique de l'édifice disparu.

La seconde branche de l'Atax débouchait dans le golfe, immédiatement au-dessous de Narbonne, dans la partie comprise entre la montagne de la

Clape et les derniers contre-forts de la chaîne des Corbières. Cette immense plaine, recouverte alors presque entièrement par les eaux, présentait une série d'îlots, de bancs de vases et de hauts fonds très-variables, véritable dédale au travers duquel la navigation eût été très-difficile si, dès l'origine de l'occupation romaine, on n'eût pas établi à grands frais un chenal régulier pour permettre l'accès de la ville et du port.

Les dénominations de mer, golfe et lac de Narbonne, *mare Narbonense*, *sinus Narbonensis*, *lacus Narbonensis*, qui sont tour à tour employées par les vieux géographes, et que l'on retrouve sur les cartes les plus anciennes, sont donc parfaitement rationnelles et désignent d'une manière très-exacte les différentes phases qui se sont succédé au fur et à mesure que les alluvions comblaient la mer intérieure, et que se soudaient entre eux les différents îlots qui en masquaient l'entrée; c'est alors que s'est formé le cordon littoral dont la ligne continue, de Vendres à Leucate, était coupée par les graus de la Franqui, de la Jaougrausse, de la Nouvelle, de la Vieille-Nouvelle, du Grazel et de Vendres, écoulements naturels des grandes eaux d'inondation de l'Atax.

A cette époque, les étangs de Bages, de Sigean et de Gruissan n'en formaient qu'un; la longue et étroite bande d'alluvions qui les sépare aujourd'hui, et sur laquelle courent côte à côte le chemin de fer de Narbonne à Perpignan et le canal de la Roubine, n'existait pas ; cette formation toute récente ne s'est produite que graduellement et à mesure que l'Aude s'avançait dans sa lagune ; la langue de terre s'est épaissie après chaque crue par le dépôt de nouvelles alluvions, et sépare aujourd'hui définitivement en deux nappes distinctes l'étang de Gruissan et l'étang de Bages ou de Sigean, qui ne sont que des fragments du golfe primitif.

Cette topographie variable et le régime torrentiel de l'Aude paraissent avoir frappé très-vivement les anciens géographes ; lorsque la lagune entière était envahie par les eaux rougeâtres du fleuve, la zone inondée s'étendait dans tout le bassin narbonnais ; la vieille ville, entourée de flaques d'eau bourbeuse, reprenait alors la physionomie lacustre de la Narbôn celtique ; et de même qu'ils avaient appelé *cap blanc* (*promontorium album — candidum —* λεύκος) le promontoire calcaire de Leucate, ils appelaient *lac Rouge* (*lacus Rubresus*, Mela ; *lacus Rubrensis*, Plin.) (1) le petit golfe orageux et coloré qui servait d'es-

---

(1) *Flumen Atax e Pyrenæo Rubrensem permeans lacum:* (PLINE, l. III, c. v.) — *Atax ex Pyrenæo monte degressus, qua sui fontis aquis venit, exiguus vadusque est : et jam ingentis alioquin alvei tenens, nisi ubi Narbonem attingit, nusquam navigabilis : sed cum hibernis intumuit imbribus, usque eo solitus insurgere, ut se ipse non capiat. Lacus accipit eum, Rubresus nomine, spatiosus admodum, sed qua mare admittit, tenuis aditu.* (POMP. MELA, l. II, c. v.)

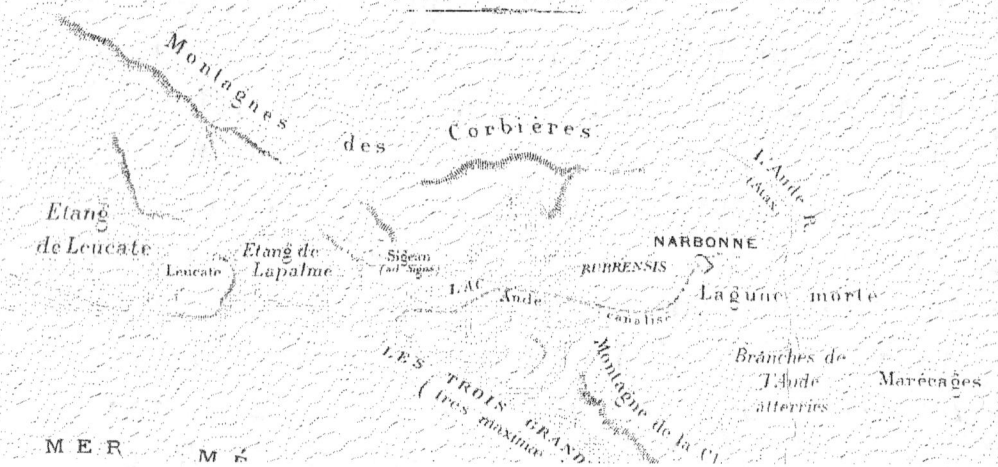

tuaire à la branche inférieure de l'Atax, et dans lequel le fleuve roulait et déposait ses épais limons.

VII

Mais ce qui devait donner au golfe de Narbonne une physionomie toute particulière, c'était le groupement de ses îles qui lui faisaient, du côté de la mer, une sorte de ceinture entrecoupée de larges brèches navigables. L'existence de ces îles ressort d'une manière manifeste de l'examen géologique du sol.

Il est évident, en effet, que le massif crétacé de la Clape, entouré des limons de l'Aude, a dû être, pendant de longs siècles, baigné par les eaux qui ont déposé à ses pieds cette couche de sédiments.

On peut en dire autant de la partie de la plage qui se trouve au-devant de l'étang de Lapalme. Bien qu'elle n'ait pas plus de deux kilomètres de largeur, cette plage ne peut être considérée comme une flèche de sable, simple *lido* de formation récente due seulement à l'action des courants littoraux; son sol présente un certain relief au-dessus du niveau de la mer; on y rencontre des carrières de marbre qui ont été très-anciennement exploitées. Toute la partie de la côte comprise entre les deux graus de la Franqui et de la Jaougraousse est donc encore aujourd'hui, et était encore plus autrefois, une véritable île entièrement baignée par les eaux salées.

Le petit massif montagneux appelé l'île Sainte-Lucie (*Lec*, *Licci* ou *Lecci*) est dans le même cas; limité aujourd'hui, d'un côté par le chemin de fer de Narbonne à Perpignan, de l'autre par le canal de la Roubine, il n'est rattaché à la terre ferme et au cordon littoral que par une mince lagune de sable, et flotte, pour ainsi dire, sur l'ancien lac Rubrésus, dont les eaux l'entourent de toutes parts.

Les deux graus du Grazel (*gradellus*, petit grau) et de la Vieille-Nouvelle isolent aussi complétement un autre massif montagneux qui est situé près du hameau de Gruissan, au Sud de la chaîne de la Clape : c'est l'île de Gruissan.

Enfin, dans l'intérieur même de l'étang de Sigean, un nombre assez considérable d'îlots de différentes dimensions, le groupe des Ouillous, l'île de la Planasse, l'île de l'Aute ou l'Aulte (*alta*), émergent aussi, attendant l'époque plus ou moins éloignée où de nouvelles alluvions les réuniront soit entre eux, soit à la terre ferme.

On peut, d'après cela, se rendre compte assez exactement de l'ancienne situation hydrographique du bassin. A cette époque, avons-nous vu, les atterrissements de l'Aude ne dépassaient pas Coursan et Narbonne, et le grand lac intérieur, *lacus Rubresus*, *Rubrensis*, n'était pas encore séparé en deux nappes distinctes. Le golfe, aujourd'hui comblé en grande partie par les alluvions, offrait l'aspect d'une petite mer, *mare Narbonense*, occupée par un véritable archipel d'îles, les unes rocheuses, les autres vaseuses ou verdoyantes, et qui, en s'élargissant progressivement, ont fini par se souder, ne laissant entre elles que les graus nécessaires pour écouler les eaux du fleuve et le trop-plein des étangs.

Sidoine Apollinaire mentionne ces îles dans son épître à Consentius (1); Aviénus en parle d'une manière très-pittoresque (2), et, suivant son habitude, se livre à une description trop imagée pour n'être pas un peu obscure. Le poëte géographe les distingue en deux groupes : les unes, qu'il appelle les trois grandes îles, *tres maximæ insulæ*, qui « plongent, dit-il, leurs rochers dans la mer »; nous les reconnaissons sans peine dans les massifs de la Clape, de Gruissan et de Sainte-Lucie ou *Lici*. Quant aux quatre autres îles, il est plus difficile de les retrouver, au moins dans leur position primitive, après les

---

(1) .... *insulis, salinis.*
　　　　(Sidon. Apoll., carm. XXIII, v. 43.)

(2)　*Treis .amque in illo maximæ insulæ*
　　Saxisque duris pelagus interfunditur
　　Nec longe ab isto cespitis rupti sinus
　　Alter dehiscit, insulasque quatuor
　　(At priscus usus dixit has omnes piplas)
　　Ambit profundo.
　　　　(Avien., *Ora marit.*, v. 579-584.)

modifications sans nombre que les crues de l'Aude ont fait éprouver au bassin de Narbonne. Le texte remanié d'Aviénus contient d'ailleurs une variante qui a donné lieu à de savantes et stériles discussions entre les érudits; on y lisait *Piplas* au lieu de *Triplas*, et on s'est longtemps demandé s'il fallait en conclure que ce nom barbare avait été donné à l'ensemble des quatre îles, ou bien si chacune d'elles devait être considérée comme un groupe de trois îlots séparés. Nous nous garderons de prendre part à ce débat; nous dirons seulement que les Bénédictins, dans leur savante *Histoire de Languedoc* (1), n'ont pas hésité à adopter la version de *Piplas*, et que le Dictionnaire de Trévoux, dont les indications sont en général assez exactes, fait mention des écueils qu'on voyait autrefois dans le fond du golfe de Narbonne, et qu'on appelait *Peplæ insulæ* (2).

Ce qu'il y a de certain, c'est qu'à l'origine des

---

(1) Nous devons à Festus Aviénus et à Sidonius Apollinaris la connaissance des îles voisines de Narbonne, situées entre la mer et les étangs qui règnent sur cette côte. Le premier, qui les appelle *Piplas*, y comprend la presqu'île de Leucate. (*Hist. gén. de Languedoc*, liv. II, ch. XIV.)

(2) Le golfe de Narbonne, *sinus Narbonensis*, est une partie de celui de Lyon; il est entre le bourg de Sijean et la ville de Narbonne. Il reçoit la branche de l'Aude qui passe dans cette ville, et on y voit vers le fond sept écueils qu'on appelle *les îles de Narbonne*, — anciennement *peplæ insulæ*. (*Dictionn. de Trévoux*, Paris, 1771.)

temps historiques, et même pendant la période de l'occupation romaine, le golfe de Narbonne était défendu du côté de la mer par trois grandes îles rocheuses, qui en faisaient une rade assez abritée des coups de vent du large, et que, derrière ces trois massifs montagneux, à mesure que l'Atax comblait sa lagune, un nombre plus ou moins considérable d'îlots s'est développé et a donné à ce bassin l'aspect d'un vaste lac parsemé d'îles, séparées entre elles par des hauts fonds dont la profondeur essentiellement variable devait rendre la navigation très-difficile. Cet ensemble constituait un véritable archipel que les alluvions de l'Aude ont progressivement transformé; mais, quelque rapide qu'ait été cette transformation et quelques modifications qu'il ait pu subir, l'archipel n'en existait pas moins au quatrième siècle de notre ère; et, sans pouvoir préciser l'époque de la soudure définitive des trois grandes îles, il me paraît à peu près certain qu'elle ne remonte pas à plus d'une dizaine de siècles.

VIII

Telle était la situation nautique et topographique de cette partie du littoral, lorsque Rome, que les victoires de Q. Fabius Maximus et de Cn. Domitius Ahénobarbus sur les Arvernes et les Allobroges venaient de rendre maîtresse de la Celtique méridionale, résolut d'établir une colonie à Narbonne (an de Rome 636 — 118 ans avant notre ère), tant pour servir de retraite et de retranchement contre les entreprises des peuples nouvellement assujettis, que pour faciliter le passage de ses troupes en Espagne. C'était presque une aventure que l'envoi d'une colonie *civile* dans un pays à demi barbare et imparfaitement soumis; l'expérience de ce mode de domination était loin d'être faite; la colonie de Carthage n'était fondée que depuis trois ans à peine; les Romains n'avaient jamais séjourné dans les Gaules que sur le pied de guerre, et n'y avaient entretenu que des troupes qu'ils avaient eu soin d'établir dans des camps solidement retranchés. Il ne fallut rien moins que l'enthousiasme d'un jeune patricien de vingt-deux ans, Licinius Crassus, pour enlever presque d'acclamation le sénatus-consulte qui devait avoir pour résultat de transporter Rome sur cette côte gauloise à peu près inconnue. La conduite de l'expédition lui fut naturellement confiée, et ce ne dut pas être sans émotion que la première flotte de ces émigrants volontaires quitta les lagunes d'Ostie pour se diriger vers celles de l'Atax. Dès son arrivée, le territoire autour de l'ancienne Narbo fut mesuré et partagé entre les nouveaux venus; la population indigène fut forcée d'évacuer les meilleurs quartiers de la ville et de céder aux étrangers les terres les plus rapprochées de ses vieilles murailles; et la cité, consacrée au dieu

Mars, prit l'épithète de *Martius*, *Narbo-Martius*.

2° Toutefois, malgré la supériorité de sa force militaire et de son organisation politique, la nouvelle colonie était inférieure par le nombre à la masse indigène; et, comme la prospérité sans travail conduit fatalement à l'appauvrissement et à la décadence, il était à craindre que les nouveaux colons ne vissent en fait décliner assez rapidement leur puissance et ne fussent bientôt déchus de tous les avantages matériels de la conquête. C'est sous l'empire de ces préoccupations que le sénat résolut d'envoyer à Narbonne une seconde colonie destinée à renforcer la première, à implanter sur les rives de l'Atax toutes les institutions, la langue, les coutumes et les mœurs de la métropole, ayant en un mot pour mission de créer de toutes pièces une sorte de Rome nouvelle. Le commandement de cette nouvelle expédition (45 ans avant J. C. — deux ans avant la mort de Jules César), fut donné à Tibérius Claudius Néro, l'un des ancêtres des empereurs Tibère, Caligula et Claude; et la colonie ajouta à son nom celui de *Claudia* en l'honneur de son chef, en même temps que ceux de *Julia* et de *Paterna* en l'honneur de Jules César. A partir de cette époque, son nom officiel a été *Colonia Julia Paterna Claudia Narbo Martius*; que l'on trouve uniformément indiqués sur presque tous les monuments épigraphiques du premier et du second siècle, par les initiales C. I. P. C. N. M., et auquel on ajoutait quelquefois la qualification de *Decumanorum*, le renouvellement de la colonie ayant été opéré en grande partie par les vétérans de la *dixième* légion, le corps préféré de Jules César (Voir *Pièce justificative VII*).

Alors s'ouvrit pour Narbonne une ère de prospérité matérielle qui ne cessa de croître pendant près de deux siècles (1). « Pour adoucir la peine que pouvait causer aux colons l'éloignement de leur patrie et leur donner lieu de conserver le souvenir de leur origine, les triumvirs eurent soin de faire construire les mêmes édifices que l'on voyait à Rome, c'est-à-dire un Capitole, un amphithéâtre, des temples, des cirques, des palais, des marchés (2). » — « Il s'éleva, sur les bords de l'Aude, une véritable image de Rome avec sa curie représentant le sénat, ses décemvirs, ses consuls, ses préteurs, ses questeurs, ses censeurs, ses édiles, ses institutions et ses mœurs calquées sur celles de la métropole, ses citoyens enfin qui, dans leur nouvelle patrie, restaient avant tout citoyens de Rome et en conservaient l'orgueil et les droits (3). »

---

(1) *Sed ante stat omnes Atacinorum Decumanorumque colonia, unde olim his terris auxilium fuit, nunc et nomen et decus est Martius Narbo.* (Pomp. Mela, l. II, c. v.)

(2) *Hist. gén. de Languedoc*, liv. II, ch. III.

(3) Henri Martin, *Hist. de France*, t. I.

IX

Mais la situation nautique et la prépondérance maritime de la colonie furent avant tout l'objet de la sollicitude des nouveaux conquérants. Narbonne était, depuis un temps immémorial, la ville la plus commerçante de toute la côte celtique; c'était le grand marché des Volkes, le premier port de la Gaule méridionale. Il fallait à tout prix lui conserver cette importante suprématie. Or, l'accès par la mer n'était pas facile. On pénétrait dans le bassin de Narbonne par les *graus* souvent ensablés du cordon littoral; les navires entraient ensuite dans le grand lac *Rubresus* et venaient enfin mouiller sous les murs de la ville, après avoir péniblement parcouru, à travers les hauts fonds des étangs, une ligne sinueuse, variable et assez mal définie. Les galères des Phéniciens et des Grecs pouvaient, à la rigueur, s'accommoder de ces conditions nautiques défectueuses et un peu primitives. Montées d'ailleurs par des pirates et des commerçants rompus à toutes les manœuvres des gens de mer, il leur était assez facile de se dégager des banc vaseux de la lagune contre lesquels les vents et les vagues devaient souvent les échouer.

Mais la flotte romaine, dont les qualités étaient de beaucoup inférieures, allait avoir d'autres exigences. La marine de l'époque se composait d'éléments aussi nombreux que variés. On peut cependant classer tous les navires gallo-romains en deux types généraux parfaitement tranchés : les navires de guerre, à évolutions rapides, manœuvrés à la rame et armés d'éperons ou rostres (*rostrum*, ἔμβολος), et d'une grande lance de combat qu'on mettait en mouvement au moment des abordages; ce premier groupe comprenait les *unirèmes*, les *birèmes*, les *trirèmes*, les *quadrirèmes*, etc...; et les navires de commerce, toujours pontés (*naves onerariæ et tectæ*), hauts, vastes, lents et n'obéissant qu'à l'impulsion d'une voile grande et large. Entre ces deux types très-définis se trouvait une série de navires mixtes, qu'on appelait les *actuaires* (*actuariæ naves*), et qui ont joué un rôle considérable dans les campagnes des Romains sur la Méditerranée et l'Océan; ces navires, destinés principalement au transport des hommes de guerre et des chevaux, marchaient à la voile, et, dans les temps calmes ou en cas d'alerte, pouvaient aussi manœuvrer à l'aviron.

Le prototype des vaisseaux de guerre, le plus répandu de tous, celui qui paraît avoir été le navire de combat par excellence, était la *trirème*, qui possédait, comme son nom l'indique, trois rangs de rames superposés, chaque aviron pouvant d'ailleurs être manœuvré par un ou plusieurs rameurs. Mais ce dernier système entraînait une très-grande déperdition de force; car les hommes les plus voisins du tolet ou *scalme* ne devaient produire qu'un travail insuffisant.

Les malheureux affectés au labeur pénible de la *nage* étaient classés en trois catégories, suivant leur place, *ordo*, dans le navire; les nageurs du rang ou de l'*ordo* inférieur s'appelaient les *thalamites*, parce que leurs bancs étaient au même niveau que la chambre (θάλαμος) du triérarque ou du préteur; les nageurs de l'*ordo* supérieur, dont les rames appuyaient directement sur les plats bords, portaient le nom de *thranites*, parce qu'ils se trouvaient sur le même plan que le siége (θρᾶνος) du timonier. Restaient enfin les rameurs intermédiaires, dont la position était plus rapproché du joug (ζυγός), qui était la poutre principale du maître couple; c'étaient les *zygites*. La trirème avait cent soixante à deux cents avirons, maniés chacun par un homme vigoureux, dont l'effort peut être évalué à un huitième de cheval-vapeur; elle représentait donc un navire de la force de vingt à vingt-cinq chevaux.

Un éperon, *rostrum* (1), était fixé au bas de l'étrave, un peu au-dessus du niveau de la mer, mais le plus souvent à ce même niveau; quelquefois même il était complétement immergé; les blessures de cet éperon étaient presque toujours mortelles pour le navire ouvert ainsi à sa ligne

---

(1) Voir A. JAL, *Études sur la marine antique*. Paris, 1861; et Pièce justificative VIII.

de flottaison ou au-dessous; deux énormes poutres taillées en biseau, armées de ferrures, et nommées *épotides*, étaient en outre fixées sur les deux joues de la proue; enfin, au grand mât, se balançait horizontalement, à l'aide de cordages et de poulies, la terrible lance d'abordage, immense vergue que l'on projetait avec force dans le gréement du navire ennemi, et qui balayait son pont et frappait ses tours comme un véritable bélier. Tout cet ensemble faisait de la trirème une unité de combat assez rapide et très-redoutable. D'après les savantes recherches de M. A. Jal, le tirant d'eau en charge d'une trirème moyenne devait être de 1^{m}80; il est donc probable que les quadrirèmes et les quinquérèmes, les plus forts navires de l'époque, ne devaient pas caler plus de 2^{m}50.

Les *actuaires* ne paraissent pas avoir eu, en général, un tirant d'eau supérieur à deux mètres; et quant aux gros navires de transport, plus forts et plus larges (*onerariæ, frumentariæ naves*), il est très-certain qu'ils devaient assez ressembler aux grandes barques pontées de nos rivières et de nos canaux, et déplacer par conséquent très-peu d'eau.

On doit donc admettre sans peine qu'un port, qui présentait une profondeur moyenne de trois mètres, pouvait très-largement suffire à toutes les exigences commerciales et maritimes de l'époque; et c'est vraisemblablement cette profondeur que les Romains ont cherché à établir à l'entrée du lac

Rubresus et dans toute la traversée de la lagune depuis la mer jusqu'à Narbonne.

X

Pour arriver à ce résultat difficile dans l'intérieur d'un bassin déjà en partie alluvionné et qui reçoit annuellement près de deux millions de mètres cubes de limons, il fallait une chasse d'eau assez puissante. Les Romains n'hésitèrent pas à barrer, en amont de Narbonne, le bras supérieur de l'Atax qui remontait dans l'étang de Capestang et aboutissait au golfe de Vendres. Les branches parasites du fleuve furent ainsi délaissées et ne tardèrent pas à s'atterrir (voir sur l'ancien plan de Narbonne, pag. 226, le lit abandonné et désigné sous le nom de *vetus alvcus*), et toutes les eaux furent conduites dans la lagune, qui devint une rade plus sûre, plus vaste et plus profonde.

Il n'est pas commode de retrouver aujourd'hui l'endroit précis où le chenal maritime suivi par les galères romaines coupait la ligne de l'ancien *lido*; la plage a été plusieurs fois remaniée par les vagues et les courants; et les dunes, mobiles sous l'action du vent de Cers (Ouest et Nord-Ouest), si violent dans ces parages, ont dû bien souvent modifier la position des *graus* qui faisaient communiquer avec la mer le vaste lac de Narbonne, réduit aujourd'hui aux étangs du Grazel, de Gruissan, de Sigean et de Bages. Ce qu'il y a de positif, c'est que le grau de navigation de l'ancien Atax n'était pas, comme on pourrait le supposer, le grau du Grazel, bien que cette coupure soit la plus rapprochée de Narbonne; et il est même très-probable que la passe occupait à très-peu près l'emplacement du grau actuel de La Nouvelle.

Nous avons retrouvé, en effet, à l'extrémité Sud de l'étang de Sigean, presque à l'origine du chenal maritime de La Nouvelle à la mer, des fragments de matériaux frustes qui datent sans le moindre doute de l'époque de la domination romaine. En remontant à travers l'étang du côté de Narbonne, on peut suivre, en différents points et sur plusieurs centaines de mètres de développement, l'ancien canal dont les murs verticaux, formés de gros blocs rectangulaires, appareillés sans ciment, ont résisté à toutes les causes de destruction qui n'ont pu manquer de se produire pendant dix-huit siècles sur cette petite mer orageuse et battue de tous les vents. Le canal contourne presque entièrement le cap de l'île Sainte-Lucie; sa largeur est de trente à quarante mètres, sa profondeur de trois mètres au moins; c'était plus qu'il n'en fallait pour permettre l'accès de tous les navires de l'époque.

Au milieu de l'étang se dressait, à plus de quatre mètres en contre-haut du zéro de la mer, une borne monumentale circulaire de deux mètres de diamètre; tout autour, des organeaux en fer, aujourd'hui disparus, ont usé la pierre, et démontrent très-clairement qu'elle servait à l'amarrage des bateaux; on la désigne encore dans le pays sous le nom de *pilon*; solidement établie sur sa base, elle semblait devoir résister indéfiniment à l'action des vents et des vagues, lorsque en 1870, une violente tempête l'a brusquement renversée; elle s'élève aujourd'hui de quelques centimètres seulement au-dessus du plan d'eau. Un autre *pilon* d'amarre, ayant la même origine ancienne et la même destination, à moitié corrodé par l'air salé, se montre encore sur le bord même du canal romain, à cent cinquante mètres environ du point où ce canal coupe le rail-way de Narbonne à Perpignan. Ces deux pilons étaient probablement utilisés comme balises ou comme amers pour la navigation.

Au Sud de ce même étang de Sigean, vis-à-vis de la petite île de l'Aute, on retrouve les vestiges d'une ancienne jetée, le *Clamadou*, construite avec les mêmes matériaux que les murs du canal; elle forme une sorte d'épi ou de môle dérasé à 0^{m}80 environ au-dessus de l'eau, et dont le développement est de vingt à trente mètres et la largeur de cinq à six mètres. Ce petit môle protége contre les vents du large une baie circulaire dont les eaux sont relativement profondes, appelée *Port-Mahon* ou *Port de Sigean*, et le long de laquelle on distingue, éparses çà et là dans le marécage, des ruines de murs de quai dont la provenance romaine est incontestable. C'était très-certainement un petit port de relâche au milieu de la mer intérieure de Narbonne, une sorte d'escale ou d'abri pour les navires dont la marche était contrariée par le mauvais temps ou les grands vents de Cers. Le nom même de Sigean (*ad Signa*, charte de Louis le Débonnaire, année 822) semble indiquer que les Romains devaient avoir établi un signal sur la hauteur, peut-être un phare indiquant l'approche de la côte. Mêmes murs de quai, avec des traces d'organeaux sur les parements, à la partie septentrionale de l'étang de Bages, au lieu dit *Pointe-Brunet*, qui n'est séparé de Narbonne que par une plaine très-basse, aujourd'hui cultivée en vignes, submersible il y a deux cents ans à peine par les moindres crues de l'Aude, et que les compoix désignent encore sous le nom d'*étang du Cercle* ou *Maraussan*, dont l'étymologie manifeste (*mare*, mer) indique assez nettement son ancien voisinage de la côte. C'était l'avant-port, aujourd'hui atterri, de l'ancienne Narbonne.

Quant au port lui-même, *statio navium* (1), il se trouvait à la partie méridionale de la ville, et occupait un terrain depuis longtemps émergé et qui conserve le nom caractéristique de *Port des galères*. « Les navires marchands remontaient ainsi, par le lit de l'Atax ou du *Narbôn* canalisé, jusqu'au pied des murs de la ville, où ils venaient

---

(1) Voir la carte de la page 226.

s'amarrer, ainsi que le font encore les barques pontées du canal actuel, le long d'un quai bordé de gradins, *scalæ,* sur lequel s'alignaient, comme à Massalia, des magasins ou des hangars bâtis de planches et de torchis, *cannabæ* » (1). Cette partie de la ville de Narbonne s'appelle encore aujourd'hui *plan des barques* ou *port des Catalans,* dernier témoignage de la situation maritime de la ville déchue.

C'était en ce point que se terminait la navigation. La porte Aiguière (*porta Aquaria*) marquait cette limite et donnait accès sur la rivière de l'Atax, que l'on traversait au moyen d'un magnifique pont, *pons vetus,* que dix-huit siècles n'ont pas ébranlé. Ce pont, restauré aujourd'hui, *pont des marchands,* fait communiquer les deux quartiers de la ville, qu'on appelle le *bourg* et la *cité;* suivant une habitude assez commune au moyen âge, des maisons à plusieurs étages sont construites à droite et à gauche sur les deux têtes du pont; et une véritable rue traverse ainsi l'Aude ou plutôt le canal de la Roubine. Une seule arche suffit aujourd'hui pour le passage des eaux du canal; mais neuf autres semblables sont enfouies dans les caves des maisons riveraines, et peuvent donner une idée de la largeur ancienne du lit de l'Atax (2). Il paraît d'ailleurs certain qu'aucune

---

(1) Edward BARRY, *Hist. gén. de Languedoc,* notes, *passim.*
(2) Un des plus remarquables exemples d'empiétement

navigation n'était possible dans la partie du fleuve située en amont de cet ouvrage (1), qui était le point extrême du port; et on ne trouve aucune trace à Narbonne de ces corporations d'*utriculaires* si nombreuses et si prospères sur les étangs de la région du bas Rhône et de la basse Durance.

Ainsi, en résumé, l'ensemble des travaux maritimes de Narbonne n'était que la canalisation à travers une immense lagune de la rivière torrentielle de l'Atax (2). Au milieu de ce vaste étang qu'on appelait la mer Narbonnaise, un premier chenal large et profond avait été creusé de la mer à la ville; sur cette artère principale venaient

---

de cette nature est le port qui se trouve à Sommière *(Summidrium)*, et qui permet à la voie romaine, allant de Nîmes *(Nemausus)* à Lodève *(Luteva)*, de franchir la rivière du Vidourle *(Vitousurlus)*. La ville primitive était bâtie sur le plateau qui domine la rivière, et sur l'emplacement d'un oppidum celtique et ensuite gallo-romain. On distingue encore très-nettement l'enceinte gallo-romaine. Les constructions modernes ont peu à peu descendu la colline et ont fini par s'établir dans le lit majeur du fleuve, de telle sorte que le pont romain, qui avait dans le principe dix-sept grandes arches nécessaires pour laisser passer les eaux torrentielles, est aujourd'hui réduit à sept arches. Dix sont enfouies sous la ville nouvelle, qui s'est mise ainsi elle-même à la merci des inondations. Comme à Narbonne, les maisons de la principale rue de la ville sont construites sur les deux têtes de cet ancien pont, dont les voûtes respectables servent de caves et de magasins.

(1) ... *Nisi ubi Narbonem attingit nusquam navigabilis.* (MÉLA, l. II, c. v.)

(2) Voir la carte de la page 203.

LA LAGUNE DE VENISE — Pl. 10

s'embrancher des canaux secondaires qui permettaient aux navires de sillonner la plus grande partie de la lagune, et d'accoster certains points déterminés de son rivage, où se trouvaient quelques centres d'habitation; c'est ce qui explique la présence des *pilons*, les débris de murs de quai épars sur la côte, les ruines du port de Sigean, etc. L'étang s'étendait presque jusqu'à Narbonne; et l'Aude, bordé de quais couverts d'échoppes et de hangars, coulait le long de ses vieilles murailles. La situation nautique était donc de tous points comparable à celle de toutes les villes assises au fond d'une lagune, et devait peu différer de ce que nous voyons aujourd'hui dans la lagune de Venise entre Chioggia, Malamocco, Saint-Érasme, et le célèbre quai des Esclavons.

XI

L'histoire n'a pas conservé le souvenir des ingénieurs anonymes qui ont exécuté cette grande œuvre avec le soin et la solidité qui était un des caractères des travaux d'utilité publique, chez les Romains. Il est probable que c'est sous la direction de *Vipsanius Agrippa*, ministre et favori d'Auguste, et gouverneur de la Narbonnaise, que tous ces travaux furent entrepris et même menés à bonne fin. Non content d'avoir ouvert ainsi à l'ancien *emporium* des Volkes la grande route de la mer, Agrippa apporta tous ses soins à l'achève ment, à la rectification et à l'entretien de la grande voie militaire qui conduisait d'Ampurias (Espagne) jusqu'au Rhône, et traversait Narbonne et l'étang de Capestang, *caput stagni*. Cette route stratégique, que Domitius Ahénobarbus, après sa victoire sur les Arvernes, avait sinon tracée, du moins régularisée et reconstruite (an de Rome 629, 125 avant notre ère), devint une des merveilles de l'époque; et Narbonne, que son port et la voie Domitienne mettaient en communication facile avec la mer et le continent, allait devenir en réalité la capitale de la magnifique province dont le sort des armes avait fait une des plus riches annexes de Rome.

La ville fut alors comblée des faveurs de l'Empire; avec cette rapidité d'exécution qui distingue les peuples essentiellement colonisateurs, des palais, des temples, et des édifices de toute nature remplacèrent les modestes constructions de l'ancienne ville marchande. Les empereurs Tibère, Claude, Adrien, Antonin suivirent à l'envi l'exemple d'Auguste; et les colons et les indigènes, repus de richesses et de plaisirs, n'hésitèrent pas à traiter en véritables dieux les souverains qui, après avoir supprimé leur autonomie, leur donnaient, en échange de leur dignité et de leur liberté nationale, les jouissances matérielles d'une civilisation déjà corrompue. On trouve les témoignages de cette reconnaissance servile de la plèbe dans la curieuse inscription d'un autel votif dédié à Auguste, trois ans avant sa mort (an 2 de Jésus-Christ), et qui occupait une place d'honneur au milieu du forum de la ville, dont l'enceinte continue de portiques, les statues de marbre et de bronze, les inscriptions et les édicules de style divers faisaient un véritable musée. Le peuple de Narbonne se consacrait *à perpétuité* à l'empereur, fils du divin Jules César, à sa femme (Livie), à ses enfants, et à sa famille; il faisait vœu de lui offrir périodiquement des victimes, de l'encens, du vin, et d'adresser des prières à sa *divinité;* et on lisait sur l'une des faces de l'autel l'inscription suivante (1) :

« Divinité de César-Auguste, père de la patrie,
» lorsque aujourd'hui je te consacre et te dédie
» cet autel, je commence par dire ici même, pu-
» bliquement, sous quelles conditions et dans
» quelle situation il t'est consacré et dédié.....
» (Suivaient les conditions.)
» C'est à ces lois et conditions que j'élève et
» dédie cet autel, pour l'empereur César-Auguste,
» père de la patrie, souverain pontife, exerçant
» pour la trente-cinquième fois la puissance tri-
» bunitienne, pour son épouse et ses enfants, pour
» le sénat et le peuple romain, ainsi que pour les
» colons et les inquilins (indigènes) de la colonie
» Julia Paterna Narbo Martius qui se sont en-

---

(1) TOURNAL, *Catalogue du Musée de Narbonne*, n° 133, Narbonne, 1864.

» gagés au culte perpétuel de ta divinité, afin que
» de ta pleine volonté tu nous sois propice. »

L'exemple d'abaissement donné par Narbonne devait être bientôt suivi par toutes les villes de la province.

« Il est incontestable que les grandes villes de la Narbonnaise ont eu de très-bonne heure des temples dédiés à la divinité de l'empereur et un culte public organisé dans chacun de ces temples. Il ressort même, du témoignage irrécusable des inscriptions antiques, que plusieurs de ces villes ont déifié et adoré simultanément divers membres de la maison impériale qu'on appelait la maison divine, *domus divina,* et dont le culte se trouvait ainsi associé, dans la même ville et quelquefois dans le même temple, à celui de l'empereur régnant (1). »

Les peuples qui perdent d'une manière si absolue le sentiment de leur dignité portent en eux le germe d'une décomposition rapide. Le grand incendie de Narbonne (145 ans après Jésus-Christ) fut en quelque sorte le signal de la décadence. C'est en vain que les thermes et les basiliques furent reconstruits aux frais de l'empereur Antonin. L'heure de l'expiation était proche pour l'ancien monde. Et cependant, lorsque Sidoine Apollinaire écrivait à son ami Consentius, il faisait, avec cette légèreté qui est le propre des lettrés

---

(1) *Histoire générale de Languedoc,* note Ém. Mabille.

de toutes les époques, un éloge pompeux de la ville où il avait reçu une hospitalité raffinée, et où il avait goûté le charme de cette civilisation amollie, caractère distinctif de toutes les cités corrompues et à la veille de leur ruine. Narbonne était encore, il est vrai, baignée par les eaux de sa mer intérieure et de son fleuve majestueux; elle jouissait ainsi d'un climat particulièrement sain; et Sidoine pouvait, dans son enthousiasme de poëte, s'écrier :

Salve, Narbo potens salubritate..... (1)

et, décrivant ensuite ses édifices, ses étangs, son fleuve et ses îles, rappeler qu'elle était autrefois célèbre :

Muris, civibus, ambitu, tabernis,
Portis, porticibus, foro, theatro,
Delubris, capitoliis, monetis,
Thermis, arcubus, horreis, macellis,
Pratis, fontibus, insulis, salinis,
Stagnis, flumine, merce, ponte, ponto (2).

Mais cet échafaudage poétique des magnificences de Narbonne ne pouvait guère s'appliquer qu'à un temps déjà bien passé; car, dès la fin du quatrième siècle, elle avait reçu la visite des Vandales, et, à partir de cette époque, elle ne fut plus qu'un objet de convoitise et un champ de déva-

---

(1) SID. APOLL., carm. XXIII.
(2) ID., *ibid.*

station périodique pour les Wisigoths et les Sarrasins.

XII

Inutile de dire que le port dépérissait de jour en jour. Il aurait fallu, en effet, un travail opiniâtre et incessant, et d'autres mœurs que celles de l'Empire pour entretenir des ouvrages aussi considérables, créés artificiellement au milieu des sables et des limons de l'Atax, et que chaque crue du fleuve envasait d'une manière sensible. La lagune se comblait peu à peu; la profondeur des eaux diminuait chaque année; les passes à demi atterries ne permettaient que difficilement l'accès des gros navires; et on peut considérer que, dès le sixième siècle, la décadence maritime du plus grand port de la Narbonnaise était à peu près consommée.

En l'absence de tout document authentique, nous pensons qu'il ne sera pas sans intérêt de jeter les yeux sur un ancien plan de la ville romaine (*Narbonis antiqui imago sub imperio romano et gothico*), qui ne présente certainement pas un très-grand caractère d'exactitude, mais qui permet cependant de reconnaître l'existence des principaux monuments et édifices publics. Comme terme de comparaison, nous donnons aussi (voir pag. 179) le plan exact de la ville moderne. Le document anonyme que nous reproduisons donne la physionomie sinon réelle du moins très-pro-

bable de l'ancienne ville, assise, comme on le voit, à l'entrée de sa lagune, baignée par la mer Narbonnaise, et précédée de ses îles.

L'*insula Lici* se distingue au premier plan; à côté, une autre île, peut-être le *lido* sur lequel est bâti le temple consacré à Vénus. Le lac *Rubrensis* ou *Rubresus* est indiqué au Nord. L'*Atax* est dévié par une jetée en pierres, *agger lapideus objectus Ataci*; il abandonne son ancien lit qui ne tarde pas à s'atterrir, *vetus alveus*; il longe les murailles de la ville à l'Ouest et au Sud, passe devant la porte de l'Aude, *porta Atacina*, et la porte des Salines, *porta Salaria*, coule au-dessous du pont monumental à dix arches, *pons vetus*, dont nous conservons et utilisons aujourd'hui les précieux vestiges; il passe devant la porte Aiguière, *porta Aquaria*, et la porte Marine, *porta Navium*, et débouche enfin dans le lac Narbonnais où il s'épanouit et forme le port, *statio navium*. Deux autres portes, la porte de l'Est, *porta Orientis*, et la porte Romaine, *porta Romana*, complètent le nombre des ouvertures pratiquées dans l'enceinte continue de la ville; cette dernière était, avec la porte Marine, la plus fréquentée, puisque, comme son nom l'indique, elle donnait accès sur la voie Domitienne qui conduisait à la capitale de l'Empire.

Toutes ces indications sont précieuses et nous paraissent très-près de la réalité. La disposition des tombeaux, tout autour de l'enceinte extérieure des murailles, est cependant en contradiction avec les usages romains; on sait, en effet, que les monuments de cette nature étaient invariablement placés le long des grandes routes, à l'entrée des villes dont elles formaient les avenues funéraires; ce qui était d'ailleurs conforme à tous les rites religieux relatifs au culte des morts.

Quant au forum entouré de ses portiques et placé au centre de la ville, il nous paraît occuper sur le plan la place qu'il devait en effet avoir dans l'ancienne *Narbo;* au centre, le célèbre autel votif d'Auguste, *ara Augusti,* dont nous avons parlé; de chaque côté les deux temples principaux de la cité, l'un consacré à Jupiter tonnant, *templum Jovis tonantis,* l'autre au *divin* Auguste, *templum Augusti* (1). Huit autres temples étaient disposés dans les différents quartiers de la ville;

---

(1) Ces deux grands temples étaient ornés d'un *pronaos* ou péristyle, à fronton, soutenu par des colonnes cannelées dont on a retrouvé les bases, déplacées et mutilées, au voisinage des monuments. Une de ces bases, découverte dans l'intérieur de la ville, n'a pas moins de 1^{m}40 de diamètre, mesuré dans le renflement du tore monolithe dont elle est surmontée. Une autre base du même genre et presque de la même taille (1^{m}25), récemment découverte sur l'emplacement que couvrait anciennement le Capitole, à trois mètres du sol actuel, servait de support à une colonne engagée, ce qui semblerait indiquer que le monument était *pseudodiptéros,* comme le disaient les Grecs, c'est-à-dire que les murs de la *cella* étaient jalonnés intérieurement de demi-colonnes ou de quart de colonnes isolées du *pronaos* (tétrastyle ou hexastyle) et séparées par les mêmes entre-colonnements. (*Hist. gén. du Languedoc,* notes, *passim.*)

ils étaient consacrés à Bacchus, à Minerve, à Hercule, à Apollon, à Cybèle, à Saturne, à la Concorde, et enfin au terrible *Circius* (*Cers*) (Voir *Pièce justificative IX*), divinité symbolique du vent furieux qui balayait la mer Narbonnaise.

La Curie, le Capitole et l'amphithéâtre se distinguent sur le plan par leurs grandes proportions ; mais l'emplacement de ce dernier au milieu de la ville est assez inexactement rapporté ; comme partout, l'amphithéâtre devait être situé à peu de distance des murs ; et on a retrouvé en effet les vestiges de cette importante construction en dehors de la ville, sur le chemin qui conduit à l'étang de Gruissan. (Voir *le plan de Narbonne moderne*, pag. 179.)

Narbonne possédait encore un marché, *macellum*, entouré de portiques comme le forum ; des entrepôts, *horrea*, dans chaque quartier de la ville, pouvant servir de magasins pour toute espèce de marchandises et principalement de greniers pour les provisions de céréales ; un hôtel des monnaies, *moneta* ; une teinturerie de pourpre renommée, *baphium*, dont l'intendance était une des dignités de l'empire, *procurator baphii Narbonensis* ; cet établissement était alimenté par les eaux limpides de Livière, *Liguria*, petit ruisseau qui prend sa source, *ocula Liguriæ*, à peu de distance de la ville, au pied du Mont-Laurès, *mons Laureus*, et arrose des prairies verdoyantes qui paraissent avoir été le séjour de plaisance des riches habitants ou des hauts dignitaires de Narbonne, *villa Catulli*.

On rencontrait, à chaque porte de la ville, des bazars de commerce ou des hôtelleries, *tabernæ*, assez importantes pour être indiquées sur le plan; et le nom de l'une d'elles, peut-être la plus importante, a même été conservé, *taberna Galli*.

Il n'y a pas de grande ville sans distribution d'eau; Narbonne avait la sienne. Indépendamment des eaux du ruisseau de Livière, un aqueduc, utilisant le grand barrage de l'Aude, conduisait les eaux dans les différents quartiers où se trouvaient des fontaines monumentales, *fontes*.

Mentionnons enfin une grande place analogue au forum, *forum Cornelii*, entourée comme le premier de portiques; divers autels votifs dont l'un consacré au génie, patron de la colonie, *ara genii patroni*; des arcs de triomphe, et un établissement de bains soit public soit privé, qui portait le nom de son propriétaire ou du personnage illustre qui l'avait fait construire, *balneum Sexti Cornelii Chrysanti*, et dont l'existence nous est aussi révélée par une inscription conservée au musée de Narbonne (1).

---

(1) . . . . CHRYSANTVS
. . . M . ET . CLODIA . AGATHE . VXOR
. . . BI . DATO . EX DECRETO VIRORVM . AVG
. . . ET . MARMORIBVS . EXSTRVCTVM . ET . DVCTV
. . T . ET . SPORTVLIS . DATIS . DEDICAVERVNT
(Inscription 165 au Musée de Narbonne.)

En dehors de l'enceinte de la ville, les thermes avec leurs jardins, un magnifique arc de triomphe, un collége d'augures, et, dans une des îles du lac, le temple de Vénus.

XIII

L'ensemble de ces monuments peut donner une idée de la splendeur de la ville romaine; les dimensions de son amphithéâtre nous permettront d'évaluer avec une certaine approximation le chiffre de sa population.

Le théâtre et les jeux de toute nature tenaient, en effet, avec le bain, une place considérable dans la vie du peuple romain. Ce n'était pas, comme de nos jours, le délassement périodique et en quelque sorte exceptionnel de quelques favorisés; c'était un plaisir quotidien, presque continu, offert à *tous* soit par l'État, soit par les villes, soit enfin par de hauts fonctionnaires de l'empire. Il y avait donc nécessairement une relation directe entre les dimensions des amphithéâtres et le chiffre de la population qui, tout entière, assistait à ces jeux plusieurs fois par semaine. Quel était ce rapport? les archéologues, avec cette élasticité qui caractérise quelquefois leurs études, en ont indiqué plusieurs qui variaient entre celui de un à trois et celui de un à huit. Mais ils conduisent à des chiffres de population notoirement trop élevés.

Ainsi, le théâtre d'Arles pouvait contenir seize mille spectateurs; son magnifique amphithéâtre en contenait vingt-six mille; et il paraît douteux que, même au temps de sa plus grande splendeur, la population arlésienne, loin d'atteindre le chiffre de deux cent mille habitants, ait jamais dépassé celui de quatre-vingt mille.

A Orange, le théâtre dont on admire encore aujourd'hui l'imposante façade avait six mille places; le cirque ou hippodrome, qui lui était contigu et a disparu aujourd'hui presque complétement, pouvait contenir seize mille spectateurs; il est vrai que les divertissements du théâtre et de l'hippodrome n'étaient peut-être pas aussi permanents que ceux de l'amphithéâtre; toutefois, il est difficile d'admettre que l'ancienne *Arausio Cavarum* ait jamais eu soixante mille et encore moins cent mille habitants; et tout au plus peut-on arriver au chiffre de quinze à vingt mille.

Nemausus, Nimes, la capitale des Volkes Arékomiques, possède l'amphithéâtre le mieux conservé peut-être de tous ceux que les Romains ont laissés sur le sol de leur immense empire; ses dimensions exactes sont connues dans leurs plus petits détails; il contenait vingt-cinq mille spectateurs; et il est certain que la ville de Nimes, même sous Antonin, où elle avait atteint son plus grand développement, n'a jamais eu plus de quarante mille à cinquante mille habitants.

L'ancienne petite capitale des Alpes Maritimes, *Cemelium*, placée sur le plateau de Cimiès qui domine Nice et Villefranche, n'existe plus et ne se révèle que par des ruines, parmi lesquelles celles d'un amphithéâtre qui pouvait contenir six à sept mille personnes ; il semble difficile, d'après la surface occupée par les débris de la ville disparue, qu'on puisse lui attribuer une population de dix à douze mille âmes.

Nous pourrions multiplier ces exemples et citer encore les amphithéâtres et les théâtres de Vienne, Vérone, Capoue, Pompéi, Tarragone, et enfin le Colisée de la Ville Éternelle ; ils nous conduiraient tous à la même conclusion, à savoir que la proportion du simple au double entre le chiffre de la population et le nombre de places dans les différents monuments consacrés aux spectacles doit être admise sans grande chance d'erreur.

Revenons à Narbonne. Nous manquons de la manière la plus absolue d'éléments exacts qui pourraient nous permettre d'apprécier la capacité du théâtre. Tout ce que nous savons, c'est qu'il était situé aux environs de la cathédrale actuelle, sur l'emplacement de l'ancien cloître de Saint-Just, où l'on peut voir encore, dans les caves de plusieurs maisons, des arceaux voûtés qui servaient d'escaliers ou de supports pour les gradins étagés de l'enceinte semi-circulaire du monument, analogue par conséquent aux théâtres d'Arles et d'Orange.

Nous sommes mieux fixés sur l'amphithéâtre. Il était situé, comme nous l'avons dit, sur le chemin de Narbonne à Gruissan. Les fragments de son mur d'enceinte et de quelques assises retrouvées dernièrement ont permis de reconstituer géométriquement l'ellipse extérieure du monument, qui mesurait 138 mètres de longueur suivant le grand axe, et 95 mètres de largeur suivant le petit. Il est facile de le comparer aux arènes d'Arles et de Nimes, dont nous connaissons aussi les dimensions précises, et d'en conclure que l'amphithéâtre de Narbonne était aussi vaste que ceux de ces deux dernières villes (1). Il nous paraît donc probable que la population de Narbonne, qui jouissait d'un théâtre et d'un amphithéâtre de même importance que ceux d'Arles, devait aussi avoir une population à peu près égale ; et, loin d'admettre avec certains archéologues, entraînés sans doute par l'amour de leur pays, que la population de la ville dépassait, à l'époque romaine, le chiffre de deux cent mille âmes, nous pensons qu'en la fixant, même au moment de son apogée, c'est-à-dire à la fin du premier siècle de notre ère, à soixante ou

---

(1)
Désignation des amphithéâtres.	Grand axe extérieur.	Petit axe extérieur.	Nombre des spectateurs.
Arles	136m470	107m290	26,000
Nimes	132 180	101 380	25,000
Narbonne	138 »	95 »	?

soixante-dix mille, nous ne nous éloignons pas trop de la vérité.

XIV

Nous avons dit que c'était à partir du commencement du cinquième siècle que la décadence maritime de Narbonne s'est accentuée d'une manière rapide.

D'une part, les invasions des Barbares, de l'autre le torrent boueux de l'Aude eurent bientôt transformé la riche ville marchande et maritime en une immense bourgade séparée de la mer par des marais vaseux dont la profondeur était insuffisante même pour les navires moyens de l'époque. Les alluvions livrées au hasard prirent un développement désordonné. Quatorze siècles d'atterrissement ont suffi à l'Aude pour combler sa vaste lagune et la rendre aujourd'hui impropre à toute espèce de navigation; car les profondeurs des étangs de Sigean, de Bages, et de Gruissan ne permettent qu'aux barques du plus faible tirant d'eau de pénétrer dans ce bassin aux trois quarts comblé, qui avait été pendant près de cinq siècles le plus grand centre commercial et maritime de la Gaule.

Il est arrivé alors pour l'Aude ce qui se produit à plusieurs reprises dans le cours des siècles pour tous les fleuves qui ne communiquent avec la mer que par l'intermédiaire d'une lagune; les dépôts et les alluvions entraînés exhaussent le fond des étangs, les transforment en marais, gênent l'écoulement de la rivière et la forcent à prendre un cours sinueux et d'un long développement; et, un jour ou l'autre, à la suite d'une forte crue, les eaux du fleuve se frayent une route plus directe vers la mer. C'est en 1320 que le phénomène s'est produit : le grand barrage de Sallèles-sur-Aude a été emporté, et le fleuve, quittant brusquement son ancien lit, a délaissé Narbonne, et s'est écoulé tout entier dans la direction de Coursan et de l'étang de Vendres, qu'il n'a pas abandonnée depuis. La ville de Narbonne perdit alors presque subitement le peu d'importance commerciale qu'elle avait conservée, et la stagnation des eaux autour de la ville ne tarda pas à engendrer une insalubrité des plus dangereuses. Non-seulement les derniers restes de son commerce furent anéantis, mais elle se trouva pendant un certain temps privée de l'eau nécessaire aux premiers besoins de la vie. « Semblable à ces grandes cités de l'Inde que le voisinage du Gange a fait naître, qu'un simple déplacement du fleuve suffit pour maintenir ou transformer en déserts et marais pestilentiels, Narbonne, la plus puissante des cités de la Gaule méridionale, le premier *emporium* de la plus riche province de l'ancien empire romain, ne fut plus au moyen âge qu'une malheureuse bourgade que ses derniers habitants furent même sur le point d'abandonner. Ils songèrent en effet sérieusement à se transporter à Leucate, lorsque les désastres de l'invasion anglaise et la peste qu'elle entraîna à sa suite vinrent se joindre aux fléaux de la nature (1). »

Il eût été difficile, en effet, de reconnaître, dans cette ville malsaine et presque déserte, l'ancienne capitale dont Sidoine Apollinaire exaltait la salubrité, le climat, la richesse et les splendides monuments ; et les géographes du seizième siècle pouvaient avec raison, dans leur langage pittoresque, l'appeler le *cloaque de la Gaule, pour la voir basse extrêmement et posée comme en une fondrière, au lieu où le fleuve Atax, à présent Aude, s'engoulphe en la mer Gallique ou Méditerranée* (2).

Bachaumont et Chapelle, dans leur *Voyage* écrit à la fin du dix-septième siècle, dépeignent encore d'une manière assez piquante, mais très-exacte, l'impression fâcheuse qu'ils éprouvèrent en visitant la malheureuse ville, perdue au milieu de la vase de ses lagunes :

> Digne objet de notre courroux,
> Vieille ville toute de fange,
> Qui n'es que ruisseaux et qu'égouts,
> Pourrais-tu prétendre de nous
> Le moindre vers à ta louange ?

La situation était tellement grave que la com-

---

(1) DUPONCHEL, *Hydraulique et Géologie agricoles*.
(2) *La Cosmographie de Munster*. Paris. 1575.

munauté de Narbonne, dont le commerce était anéanti par la nouvelle direction de l'Aude, s'imposa des sacrifices considérables pour ramener dans ses murs les eaux qui seules pouvaient faire renaître sa prospérité commerciale. On creusa dans ce but le canal de la Roubine actuelle, qui, partant de Moussoulens (1), mettait en communication la rivière avec la ville et celle-ci avec la mer; mais cet expédient n'a été et ne pouvait être qu'un insuffisant palliatif, et la situation maritime de Narbonne était définitivement et irrévocablement perdue.

Un moment on put croire que cette prospérité allait renaître. Lorsqu'on s'occupa du projet de réunir l'Océan et la mer Méditerranée par un canal de navigation, on dut choisir un port d'arrivée dans le golfe de Lyon. L'ancien port de Narbonne se présenta tout naturellement à l'esprit de l'illustre Riquet, qui avait eu, dans le principe, l'idée d'utiliser le lit de l'Aude pour descendre à la Méditerranée, de traverser ainsi l'étang Narbonnais et de déboucher au Grau de La Nouvelle; mais il ne tarda pas à reconnaître que ce fleuve était tantôt d'un trop faible tirant d'eau, tantôt d'un régime trop torrentiel pour pouvoir être canalisé, et la direction de Narbonne fut abandonnée.

Pour conserver un peu de vie à l'ancien port

---

(1) Voir la Carte de l'État-Major, feuille 244.

de la Gaule Narbonnaise, on songea alors à établir une communication entre le canal de la Roubine, qui conduisait à la Nouvelle, et le canal des deux mers dont le tracé, situé à cinq kilomètres au-dessus de Narbonne, condamnait cette ville à un isolement funeste. Les États de Languedoc firent creuser, à la fin du dix-huitième siècle, le canal dit *de jonction*, qui permettait à la batellerie de l'Aude de se rendre dans le canal du Midi ; c'est donc l'ensemble du canal de jonction (4,871 mètres), de la traversée de l'Aude (78 mètres) et du canal de la Roubine à la mer (31,584 mètres), formant un développement total de 36,533 mètres, qui constitue le réseau maritime de Narbonne à la mer, et la met en communication avec la grande voie de navigation de l'Océan à la Méditerranée ; et le port de La Nouvelle continue à être, malgré les mauvaises conditions de son entrée et l'oblitération sans cesse renouvelée de sa passe, le port d'exportation de tous les produits du bassin Narbonnais.

Cette situation est insuffisante et précaire. La question de la création d'un port considérable à Narbonne a été agitée dans ces derniers temps. Un ingénieur entreprenant, M. Thomé de Gamond, a proposé de creuser un large canal de navigation accessible aux navires du plus fort tonnage, et qui traverserait l'étang de Gruissan. Le grau actuel, le port de La Nouvelle et la roubine de Narbonne à travers l'étang de Sigean, seraient abandonnés ; on entrerait par le grau du Grazel ou de Gruissan qui n'est qu'à quatorze kilomètres de la ville et deviendrait ainsi la tête d'un immense port intérieur. Sans méconnaître le mérite d'une telle conception, il est permis de croire qu'un avant-projet, dont la dépense prévue s'élève déjà à une quarantaine de millions, est peut-être hors de proportion avec la situation commerciale et industrielle du pays que le nouveau port serait appelé à desservir.

Il faut se rendre à l'évidence des faits ; le port de Narbonne est mort ; les courants commerciaux ont pris depuis longtemps une autre direction dans le bassin de la Méditerranée, et ce n'est pas, croyons-nous, le commerce maritime, mais l'industrie agricole qui peut régénérer la ville de Narbonne et y faire renaître la vie éteinte depuis plus de dix siècles. Après avoir traversé la période pestilentielle du moyen âge, l'état sanitaire s'est considérablement amélioré ; les marais comblés se transforment peu à peu en terres d'alluvion de la plus riche fertilité ; le temps n'est peut-être pas très-éloigné où la plus grande partie des étangs de Bages, de Gruissan et de Sigean pourront être appropriés à la culture de la vigne, des plantes fourragères et des céréales. La vaste mer intérieure des temps anciens deviendra un jour un bassin dont la richesse agricole dépassera toutes les espérances que l'exécution des projets maritimes pourrait faire concevoir. « Narbonne alors, assise au centre d'un territoire dix fois plus considérable que celui qu'elle avait sous la domination romaine, desservie par deux chemins de fer (chemin de fer de Cette à Bordeaux, chemin de fer de Narbonne à Perpignan) suppléant son ancien port, pourra de nouveau prétendre au rang qu'elle occupait autrefois parmi les villes du Midi (1). » C'est dans cet ordre d'idées seulement qu'elle puisera ses moyens de salut.

---

(1) DUPONCHEL, *Hydraulique et Géologie agricoles.*

CHAPITRE SEPTIÈME.

LE GRAU DE LA NOUVELLE ET L'ANSE DE LA FRANQUI.

Création du port de La Nouvelle. — Son ensablement. — Aspect désolé de la plage. — Le grau et la rade de La Franqui. — Utilité d'y établir un port de refuge. — Moyens d'exécution.

I

Le grau de La Nouvelle est aujourd'hui le seul port de Narbonne et de tout le pays narbonnais. Il occupe à peu près l'emplacement de l'ancienne grande coupure de la plage que les Romains avaient utilisée pour pénétrer dans le lac *Rubresus* et naviguer de là jusque sous les murs de Narbonne. Depuis lors, le cordon littoral s'est développé; et la coupure s'est rétrécie et considérablement atterrie. Mais, en 1704, sur les instances de Mgr de La Berchère, archevêque de Narbonne et comme tel président-né des États de Languedoc, l'ingénieur Niquet encaissa le *grau* entre deux jetées parallèles. Telle a été l'origine du port.

A cette époque, la ville de La Nouvelle n'existait pas; on ne voyait sur la plage que quelques misérables cabanes de pêcheurs, et c'est tout au plus si, en 1830, la population de ce pauvre hameau s'élevait à une centaine d'habitants. L'accroissement a été rapide ; en 1848, on comptait déjà quinze cents âmes ; aujourd'hui des constructions assez régulières ont donné à l'ancienne bourgade l'aspect d'une petite ville d'ailleurs assez malpropre, mais qui compte néanmoins plus de trois mille habitants, dont l'activité commerciale et maritime est en lutte permanente avec les déplorables conditions nautiques qui s'opposeront probablement toujours à l'accroissement considérable du port. Et cependant, si l'on jette les yeux sur une carte du littoral, on reconnaît que La Nouvelle est actuellement le seul débouché direct sur la mer des produits agricoles du département de l'Aude. On sait quel développement a pris, depuis plusieurs années, l'exportation des vins ; l'importation des oranges provenant des Baléares a pris aussi une très-grande extension ; le sel et la pêche sont enfin l'objet d'un commerce local d'autant plus important que La Nouvelle est située au centre d'étangs poissonneux et de marais salants, sur les rives desquels sont disséminées de nombreuses bourgades de pêcheurs..

Mais ce petit port se trouve au sommet de la grande courbe parabolique formée par le golfe de Lyon ; tandis que l'une des branches de la parabole commence aux bouches du Rhône et se dirige vers le Sud et le Sud-Ouest, en passant par Aiguesmortes, Cette et Agde, la seconde branche touche le cap de Creux et court du Sud au Nord, en passant par Port-Vendres, les plages du Roussillon et le promontoire de Leucate. La Nouvelle est donc exactement au point le plus profond du golfe si tristement célèbre par ses coups de mer, ses vagues dures et courtes, ses naufrages et ses plages inhospitalières; et, par une loi physique qu'il est facile de saisir, la plupart des navires qui se trouvent, au début d'un coup de vent de Sud ou de Sud-Est, engagés dans le segment compris entre le rivage et la grande ligne qui joint le cap de Creux au cap Couronne, sont fatalement jetés à la côte de La Nouvelle, si la tempête persiste plus de trente-six heures et si une brusque renverse du Nord-Ouest ne leur permet pas de reprendre le large. Très-souvent ils y périssent corps et biens, brisés contre les enrochements des jetées, parce que l'insuffisance de profondeur et de largeur de la passe leur rend presque impossible l'entrée du port et du chenal.

Les deux digues qui forment le port-chenal de La Nouvelle sont à peu près parallèles, espacées d'une soixantaine de mètres, et défendues par des blocs qui ne donnent à la navigation qu'une largeur libre de trente-cinq mètres au plus sur des fonds variant de 2^{m}50 à 3^{m}50.

A l'extrémité de la jetée Sud, un petit phare de quatrième ordre, dont la portée ne dépasse pas dix milles, signale l'entrée de la passe. Les jetées sont légèrement évasées et enracinées normalement à la côte. La plage est basse, sans abri, battue par tous les vents de terre et du large. La jetée Nord a une saillie de quinze à vingt mètres sur la jetée Sud. Le développement total de chacun des môles est de deux cents mètres environ. Le chenal, depuis son origine dans l'étang de Bages jusqu'à l'extrémité du musoir de la jetée Nord, a exactement deux mille quatre cent vingt-cinq mètres de longueur. En somme, c'est un port-chenal qui présente tous les inconvénients des ports en rivière, sans avoir aucun de leurs avantages.

II.

Le vice constitutif du port de La Nouvelle est l'oblitération sans cesse renouvelée de son embouchure en mer. On a souvent prétendu qu'il arrivait sur les côtes de La Nouvelle des quantités énormes de sable, et que ces sables provenaient à la fois de l'Agly, de l'Aude, de l'Orb, de l'Hérault, et même du Rhône. Cette assertion est complétement erronée; et, pour la détruire, il suffit de comparer l'état actuel de la plage avec le plan dressé, en 1704, par l'ingénieur Niquet, au moment où il posait la première pierre des jetées; on voit immédiatement que la plage est aujourd'hui, à peu de chose près, ce qu'elle était il y a cent soixante-dix ans.

Le phénomène est un peu plus complexe. Avant la construction du canal de la Roubine de Narbonne à travers l'île de Sainte-Lucie, les eaux du golfe de Lyon, gonflées par les vents de Sud-Est, franchissaient la frêle barrière du cordon littoral, et, se déversant sur une étendue de plus de deux kilomètres dans l'étang de Bages, en exhaussaient le niveau de 1m20 à 1m30 au-dessus du zéro de la mer. La renverse du Sud-Ouest succédant brusquement dans le golfe aux tempêtes du large, le niveau de la mer baissait dans quelques heures de plus d'un mètre; et, sous l'influence de ces vents de terre, un courant très-rapide s'établissait de l'étang de la mer, draguant le fond du chenal et balayant la barre de la passe, dont les sables étaient entraînés au large et disséminés dans les grands fonds ou emportés par les courants littoraux. La profondeur du chenal et de l'entrée s'entretenait ainsi d'elle-même. Mais, depuis la construction du canal de la Roubine, les eaux troubles qu'elle amène ont aggravé la situation; l'étang de Bages s'est considérablement alluvionné, et la chasse énergique qui nettoyait autrefois le chenal et la passe a été remplacée par un faible courant, sans la moindre action sur les fonds. On évalue à quinze mille mètres cubes environ le dépôt annuel qui se produit de ce fait dans le chenal de La Nouvelle, dont quatre mille mètres cubes de vase et onze mille mètres cubes d'algues. A ce chiffre il convient d'ajouter les sables que les grosses mers du large amoncellent à l'entrée et qui ont pour résultat de rendre l'accès du port à peu près impraticable, pour peu que les vents de Sud et de Sud-Est aient soufflé avec violence pendant une dizaine de jours.

La barre, qui se forme et se reforme périodiquement à l'entrée du grau de La Nouvelle, tantôt intérieurement dans le chenal, tantôt en dehors de la ligne des musoirs, a fini par réduire le tirant d'eau à 2^m, et quelquefois à 1^{m}50; et on peut dire que La Nouvelle n'est qu'un port d'été, presque fermé en hiver pour les navires d'un tirant d'eau supérieur à deux mètres.

On dépense annuellement près de 70,000 francs pour enlever quarante-cinq mille mètres cubes de matières encombrantes, algues, sable et limons; malgré le volume énorme de ce dragage, les boues enlevées pendant chaque campagne sont remplacées par de nouveaux apports à la campagne suivante; et le port se trouve toujours dans le même état, c'est-à-dire accessible seulement aux tartanes et aux bricks du plus petit modèle.

Quant aux navires à vapeur, après différentes tentatives, ils ont pris depuis quelque temps le parti de renoncer à fréquenter un chenal de trente-cinq mètres de largeur, qui ne leur permet pas de virer de bord.

Ces causes naturelles d'infériorité, aggravées par le redoutable voisinage de Cette, ont fait décliner assez rapidement le port de La Nouvelle. En 1874, le nombre des entrées et des sorties n'était plus que de huit cents bateaux, jaugeant ensemble trente mille tonneaux environ, tandis que les relevés des douanes mentionnaient, en 1852, près de mille navires jaugeant plus de cent mille tonneaux.

La pêche, l'industrie du sel, les relations avec la Catalogne, quelques ateliers de construction conservent encore une certaine importance à ce petit port; mais la navigation à vapeur l'a, nous le craignons bien, pour toujours abandonné; et c'est, au demeurant, le plus détestable port en plage que l'on puisse concevoir.

L'aspect de son entrée sur une côte plate, sans abri, sans fond, presque déserte, couverte de sables à perte de vue, produit l'impression la plus défavorable. Le rivage présente partout l'image de la désolation. Point d'arbres. L'appareil littoral est nu, coupé de flaques d'eau au milieu desquelles pourrissent des joncs, des graminées et des varechs. C'est un enchevêtrement désordonné de terres vagues et incultes, que les efflorescences salines font miroiter au soleil. L'œil ne s'arrête sur aucun plan et ne se repose nulle part; aucun abri pour le voyageur fatigué au milieu de ces marais indéfinis et plus ou moins alluvionnés. L'immense *lido* de sable ne présente, sur plusieurs kilomètres, d'autre relief que la tour de la Vieille-Nouvelle, ancienne capitainerie du duc du Maine, fils légitimé de Louis XIV, aujourd'hui transformée en modeste poste de douane. Le douanier est, en effet, l'unique habitant de ces plages désertes; toujours seul, il les parcourt jour et nuit avec cette résignation triste et patiente du serviteur inconscient et fidèle; et c'est une rare bonne fortune pour lui de rencontrer à de lointains intervalles quelque voyageur, égaré un moment dans ces tristes parages par l'attrait de la solitude, mais pressé de fuir des lieux qui ne réveillent dans son cœur et dans son esprit aucun souvenir du passé.

III

La nature, si ingrate pour la côte de La Nouvelle, devait au littoral du département de l'Aude une compensation. C'est à La Franqui que nous la trouverons. A neuf kilomètres environ au Sud de la plage découverte dont nous venons de décrire les mauvaises conditions, la côte offre un mouillage exceptionnellement abrité et qui a, de tout temps, attiré l'attention des navigateurs.

Le promontoire de Leucate forme un massif montagneux complétement isolé et qui n'est rattaché au continent que par une langue de terre très-étroite. Du côté de La Franqui, la côte se retourne brusquement et presque d'équerre dans la mer, et présente une falaise en saillie, de mille cinq cents mètres environ de développement. La montagne de Leucate abrite ainsi d'une manière complète l'anse de La Franqui contre les vents de Sud et de Sud-Est, les seuls qui produisent les grosses mers du large. Sondée par Vauban il y a près de deux siècles, la rade l'a été plusieurs fois depuis; et on n'y a jamais constaté d'ensablement appréciable. Les atterrissements provenant des apports de l'Aude ne dépassent pas La Nouvelle. Les courants qui longent cette partie de la côte vont du Sud au Nord, c'est-à-dire de Port-Vendres à Leucate; La Franqui ne pourrait donc être atteint que par les sables de l'Agly; mais, d'une part, les apports de cette rivière sont relativement peu considérables; et, d'autre part, le promontoire de Leucate fait dévier le courant littoral et rejette au large les sables qu'il peut entraîner; ces matières se perdent ainsi dans les grandes profondeurs de la mer, ne doublent jamais le cap des Frères et sont par conséquent sans action sensible sur le fond de la rade.

Depuis l'abandon du port de Narbonne et l'oblitération des graus des étangs de Gruissan et de Sigean, l'attention publique s'est, à plusieurs reprises, portée sur le grau de La Franqui. En 1336, les consuls de Narbonne offrirent au roi de France de payer dix sols par feu, pendant six années, pour faire exécuter un port à Leucate. En 1440, ils produisirent un mémoire fort intéressant, conservé dans les archives de Narbonne, dans lequel ils justifiaient le choix de cet emplacement et démontraient que le port de la sénéchaussée de Carcassonne devait être établi a La Franqui « pour le profit du roy, de la province et des marchands étrangers ». Ils se rendirent même à Carcassonne pour soutenir leur thèse et délibérer sur les moyens d'exécution. Aucune suite ne fut donnée à ces démarches.

L'excellente disposition de la rade La Franqui n'avait pas échappé aux commissaires royaux chargés d'examiner le projet de canal des deux mers qui joint l'Océan à la Méditerranée. Le procès-verbal, dressé en 1644 par MM. Bouteroue de Bourgneuf et de Vauroze, nous apprend que l'illustre Riquet avait eu, dans le principe, l'intention de faire déboucher son canal à La Nouvelle; que cette solution fut écartée à cause des ensablements dont ce grau a tant à souffrir; que dès lors on résolut de le faire aboutir au port de La Franqui, qui serait ainsi devenu la tête de ligne du canal sur la Méditerranée. Mais, sur les instances de M. de Bezons, intendant de la province de Languedoc, on abandonna cette direction et on s'étudia à rattacher le canal à l'étang de Tau, ce qui donna la première idée de faire un port au cap de Cette.

Le siége des États de la province était alors à Montpellier, et cette considération a sans doute contribué d'une manière puissante à l'adoption du port de Cette, dont la position nautique est loin d'être comparable à celle de La Franqui.

IV

Toutefois, l'ingénieur Niquet qui, mieux que personne, connaissait les désavantages du port de La Nouvelle, dont il avait été le créateur, avait de tout temps songé à tirer parti de la situation de La Franqui, et c'est dans ce but qu'il avait commencé la construction du canal qui porte encore son nom, et qui, partant de La Nouvelle et traversant une partie de l'étang de La Palme, avait une longueur de neuf mille sept cents mètres environ; on voit encore les restes de ce canal abandonné qui, dans la pensée de son auteur, ne devait pas s'arrêter à La Franqui, mais traverser aussi l'étang de Leucate et aboutir à Perpignan. L'idée de ce canal latéral à la mer n'était pas mauvaise : Perpignan et Narbonne se seraient trouvés ainsi en communication directe et facile, et le port de La Franqui, à égale distance de ces deux villes, serait devenu très-certainement la tête de ligne de la grande voie navigable de Bordeaux à la Méditerranée. Nous avons dit comment l'influence de Montpellier avait fait pencher la balance en faveur du cap de Cette; et cependant, on ne trouve nulle part dans le golfe de Lyon, depuis Aiguesmortes jusqu'à Port-Vendres, un point de la côte mieux abrité que cette rade foraine de La Franqui, que la grande falaise de Leucate protége contre les vents et les grosses mers du large, tandis que Cette, Agde et La Nouvelle sont exposés directement à toutes les fureurs de la tempête et à toutes les éventualités des ensablements.

Il est de notoriété publique, en effet, que des

navires affalés à la côte sont venus mouiller sur leurs ancres, et presque à toucher terre, à l'abri de cet immense môle naturel et ont pu s'y maintenir sans avaries et attendre sans inquiétude que l'état du temps leur permît de reprendre la mer.

Il y a plus : la rade, qui présente des fonds d'excellente tenue variant de six à dix mètres, est fermée du côté du large par une sorte de seuil qui court parallèlement à la côte, et au-dessus duquel la profondeur n'est que de trois à quatre mètres ; c'est un véritable brise-lames sous-marin ; en deçà et au delà, la profondeur est de six mètres, de telle sorte qu'entre ce banc et le rivage, le calme est à peu près complet, même pendant les plus mauvais temps. La disposition singulière de ce banc paraît avoir existé de tout temps ; elle est signalée dans le rapport de 1664 des commissaires royaux. Le banc n'est d'ailleurs pas continu ; mais il est fractionné en diverses sections par de véritables coupures naturelles dont les profondeurs atteignent six mètres, permettant aux navires de venir ranger la côte et mouiller en toute sécurité sur la plage sablonneuse. C'est une formation d'argile compacte et de calcaire dur, de même nature que le plateau de Leucate, et sur lequel il serait facile d'établir un brise-lame qui émergerait au-dessus du niveau de la mer ; on devrait avoir soin seulement de respecter les coupures naturelles existantes, qui serviraient de passes et qu'on pourrait même approfondir, à la drague, si les besoins de la navigation venaient un jour à l'exiger.

Toutes ces conditions réunies ont déterminé les ingénieurs à appeler plusieurs fois l'attention du gouvernement sur la convenance qu'il y aurait à établir à La Franqui un port de refuge; et c'est, de l'avis de tous les marins, ce qui manque d'une manière si regrettable dans le golfe de Lyon. Port-Vendres est sans doute un excellent abri; mais il est souvent impossible à un navire déjà engagé dans le golfe de descendre jusqu'au cap Béar; et quant à La Nouvelle, Agde et Cette, on sait que leurs entrées présentent des dangers très-sérieux. La rade de La Franqui comble donc une lacune et se présente aux navigateurs dans des conditions favorables; il suffirait d'un môle enraciné au cap des Frères pour transformer cette rade foraine en rade d'abri d'une parfaite sûreté.

La disposition de La Franqui est tellement exceptionnelle que les ingénieurs n'ont pas hésité à proposer de créer en ce point un vaste établissement maritime qui aurait été à la fois un port de refuge et un grand entrepôt militaire et commercial. La configuration de la côte se prêterait d'une manière merveilleuse à l'exécution de cet immense projet (1). On pourrait très-facilement utiliser le banc sous-marin qui protége le mouillage pour y disposer un brise-lame, fractionné

---

(1) Voir la carte de la page 243.

précisément aux points où la nature a déjà établi des coupures navigables. Ce brise-lame fermerait l'entrée du port proprement dit. Quant à l'avant-port, il serait formé par deux jetées, l'une rectiligne soudée au cap des Frères, qui aurait sept cents mètres environ de longueur dans la direction de la falaise rocheuse de Leucate; l'autre, qu'on enracinerait à la plage du côté de La Nouvelle, et qui aurait un développement de près de deux kilomètres. Ces dispositions sont sans doute parfaitement rationnelles, et on obtiendrait ainsi une surface abritée de plus de deux cents hectares et des bassins qui permettraient un mouvement commercial considérable; mais les avant-projets ne paraissent pas devoir s'élever à une dépense de moins de vingt millions; et, quelque séduisante que soit la perspective de voir s'établir un port en falaise sur l'immense plage sablonneuse du golfe de Lyon, nous craignons bien que cette conception grandiose ne soit jamais exécutée. Il faut savoir se borner au strict nécessaire; pour fermer la rade, il suffirait de la jetée d'abri du cap des Frères; une dépense de deux ou trois millions, au plus, permettrait donc de procurer un refuge très-suffisant aux navires en détresse dans le golfe de Lyon, et pour lesquels l'accès des ports de Cette, d'Agde et de La Nouvelle est toujours une redoutable épreuve. C'est là que doivent se borner pour le moment nos espérances.

CHAPITRE HUITIÈME.

L'ÉTANG DE TAU, AGDE ET CETTE.

Les bouches multiples des fleuves du golfe de Lyon d'après Ptolémée. — L'Orb. — Sérignan et *Bétarra*, Béziers. — Le golfe et les îles d'Agde. — Delta de l'Hérault. — Correspondance de l'évêque d'Agde et de J. Fr. Séguier au sujet du volcan d'Agde. — La montagne de Saint-Loup et l'îlot basaltique de Brescou, *Blascon*. — Le bon mouillage. — La ville problématique d'*Ambón*. — Richelieu à Agde et à Brescou : digue Richelieu. — Le port actuel d'Agde. — La ville noire. — Les églises forteresses du littoral. — Le temple de Diane et Saint-Étienne. — Le phare d'Agde. — Limite séparative des territoires des Volkes Tectosages et des Volkes Arékomiques. — Le double rivage du littoral. — Le groupe des étangs des Volkes, *Stagna Volcarum*. — Le mont *Sigius*, Sète ou Cette. — Mèze, *Mesua* ; Bouzigues, *Posygium*, et Balaruc. — Importance actuelle de ces trois ports. — Le chevalier de Clerville, Riquet, Vauban, etc. — Progrès continu des ensablements. — Développement toujours croissant du mouvement maritime.

I.

Nous laissons derrière nous la montagne aride de la Clape, et, continuant notre course le long de la plage sablonneuse, nous arrivons en quelques instants à la première embouchure de l'Aude. Elle est facilement guéable en temps ordinaire, lorsque les eaux ne sont pas gonflées par les pluies ou retenues par les vents du large, qui retardent leur écoulement vers la mer. Les sables de l'appareil littoral chassés par le vent, ceux que la vague arrache le long de la côte et que le courant de l'Est à l'Ouest fait cheminer parallèlement au rivage et dépose à toutes les embouchures, ceux enfin que charrie la rivière et dont la marche est de plus en plus lente à mesure que la pente diminue, ont à peu près atterri ce premier bras; en réalité, il ne fonctionne que d'une manière très-intermittente et comme auxiliaire du bras principal pendant les grandes crues du fleuve.

L'Aude actuelle a, en effet, deux bouches distinctes, indépendamment de la grande branche aujourd'hui atterrie qui passait autrefois à Narbonne et qui est remplacée aujourd'hui par le canal de la Roubine. Elle se ramifie, dès qu'elle entre dans l'appareil littoral, obéissant à ces lois générales que nous avons exposées plus haut (1) et dont nous retrouvons à chaque pas l'application; elle se crée en ce moment sous nos yeux un petit delta, et nous pouvons assister pour ainsi dire aux premières années de cette formation encore embryonnaire, qui s'étend, se développe chaque jour et deviendra, dans quelques siècles, un véritable territoire.

Ces embouchures multiples des cours d'eau, qui se jettent à la mer en traversant l'appareil littoral, ont, de tout temps, attiré l'attention des anciens géographes. Celui qui semble avoir le mieux précisé cette disposition spéciale des fleuves de la Méditerranée est Ptolémée, dont la géogra-

---

(1) Voir première partie, chap. II et III.

phie, quoique assez sommaire, se distingue, notamment dans la description de la partie littorale qui nous occupe, par une grande clarté et une minutieuse exactitude. Né à Péluse, dans la basse Égypte, au commencement du second siècle de notre ère, habitant presque toujours Alexandrie, Ptolémée a vécu en plein sol d'atterrissements et a eu toute sa vie sous les yeux le phénomène de la multiplicité des embouchures appliqué au plus grand fleuve de la mer Méditerranée. Les causes physiques qui ont développé le grand delta du Nil sont absolument les mêmes pour les moindres cours d'eau qui débouchent dans le golfe de Lyon. Aussi, le géographe d'Alexandrie n'hésite-t-il pas à désigner l'embouchure de tous ces cours d'eau en employant le pluriel; ce qui indique d'une manière incontestable qu'un delta plus ou moins important existait à la partie inférieure de chacun de ces fleuves (1). C'est ainsi qu'il écrit *les embouchures* du fleuve *Illeris* (pour Illiberris), *les embouchures* du fleuve *Ruscion* (pour Ruscinon), *les embouchures* du fleuve d'Aude, *les embouchures* du fleuve d'Orb, de l'Hérault, etc., et nous donne ainsi la preuve certaine que l'appareil littoral, primitivement fractionné par ces différentes coupures de la plage, n'est maintenant

---

(1) Ἰλλέριος ποταμοῦ ἐμβολαί, — Ῥουσκίωνος ποταμοῦ ἐμβολαί; — Ἄταγος ποταμοῦ ἐμβολαί, — Ὀροβίος ποταμοῦ ἐμβολαί, — Ἀραυρίου ποταμοῦ ἐμβολαί. (Ptolémée, *Géogr.*, l. II, c. x.)

que la soudure d'une succession de deltas formés par les anciens bras de tous ces fleuves, dont il nous est souvent difficile de retrouver aujourd'hui les traces disparues sous les couches superposées de sable et de limon que les vents, les tempêtes et les inondations ont déposées à la surface de ces pays bas méditerranéens.

Depuis cent ans à peine, l'étang de Vendres, qui était le golfe naturel auquel aboutissaient les eaux de l'Aude, s'est à peu près comblé; et il est facile de juger de la marche rapide des atterrissements en comparant la carte relativement récente de Nolin (1692) avec la carte actuelle de l'état-major (feuille n° 244). C'est à peine si aujourd'hui la lagune de Vendres, jadis navigable, communique avec la mer par une étroite filiole, desséchée pendant la majeure partie de l'année. L'ancien estuaire de l'Atax tend à disparaître; il n'existera bientôt plus qu'à l'état de souvenir, tout comme le temple, *templum Veneris*, qui lui avait donné son nom, et dont les ruines informes sont à peine reconnaissables au milieu des joncs et des roseaux. Et puisque nous parlons du passé de cette ancienne lagune, remarquons en terminant la dénomination spéciale de *palus helice* que lui donne Aviénus (1). Bien que ce nom n'ait laissé

---

(1) *Hic salsum in æquor amnis Attagus ruit :*
Heliceque rursus hic palus justa.
(AVIÉN., *Ora marit.*, v. 587-588.)

aucune trace dans la mémoire des habitants du pays, il est facile d'en retrouver soit la racine celtique *helicg*, saule, soit l'étymologie grecque ἑλίκη, oseraie ; l'une et l'autre semblent indiquer que la végétation littorale était autrefois plus abondante que de nos jours, que ces plages, aujourd'hui brûlantes et desséchées, présentaient un aspect plus riant, et qu'une flore paludéenne et verdoyante s'étendait alors presque jusqu'à la limite extrême du continent.

II

De l'embouchure actuelle de l'Aude, qui conserve encore le nom de *grao* ou *grau de Vendres*, jusqu'à celle de l'Orb, la plage n'offre, sur dix kilomètres environ de longueur, qu'une succession monotone de petites dunes sablonneuses et stériles. L'Orb débouche sur cette immense grève déserte, et nous ne retrouvons plus aujourd'hui qu'une seule des deux bouches mentionnées par Ptolémée, à moins que l'on ne veuille considérer le *grau de la Grande Maire*, distant seulement de celui de l'Orb de trois kilomètres, comme la seconde branche de l'ancien Orobis ; cette hypothèse n'a d'ailleurs rien que de très-vraisemblable et peut s'accorder parfaitement avec les transformations incessantes que subit l'appareil littoral. Ce qu'il y a de certain, c'est que l'état de désolation dans lequel nous voyons aujourd'hui cette partie de la côte était déjà constaté au quatrième siècle par Aviénus. « Le fleuve Ledus et l'Orobis, dit-il, coulent dans des campagnes désertes et au travers des monceaux de ruines, indices d'une prospérité passée (1). » Malgré toute la difficulté qu'on éprouve à retrouver le *Ledus*, qui peut-être n'est autre que la *grande Maïre*, il est certain que la description peu séduisante que nous donne le poëte géographe est d'une parfaite exactitude. A l'époque romaine, la plage, beaucoup moins avancée que de nos jours, devait se rapprocher assez du bourg de Sérignan, qui était une sorte de station maritime à l'embouchure du fleuve. Sous sa forme gallo-romaine *Serinnacum*, le petit hameau de Sérignan rappelle assez bien l'escale que les bateaux, remontant le cours de l'Orb, étaient obligés d'y faire, sans doute pour acquitter les droits de navigation alors en usage à l'entrée de la plupart des ports de la côte. L'ancien port de Toulon lui-même, *Telo Martius*, n'était ainsi appelé que parce qu'il était un bureau de péage, *teloneum*, comme il en existait dans un grand nombre de ports, de marchés, sur les grands chemins, au passage des ponts et des rivières. On retrouve d'ailleurs dans *Serinnacum* la dénomi-

---

(1) *At nuncce Ledus, nunc et Orobis flumina*
 Vacuos per agros et ruinarum aggeres
 Amœnitatis indices priscæ meant.
  (AVIEN., *Ora marit.*, v. 590-592.)

nation ancienne et vulgaire usitée encore aujourd'hui, *Sarragna* (1), qui signifie *lieu clos, lieu fermé, lieu de péage*, et qui est assez répandu dans le bas Languedoc.

Quoi qu'il en soit, Sérignan paraît avoir été le faubourg maritime qui commandait la rivière de l'Orb; et, d'après les témoignages anciens les plus authentiques, cette rivière était navigable jusqu'à Béziers. « A gauche et à droite de Narbon, dit en effet Strabon après avoir parlé de l'*Atax* (Aude), coulent d'autres rivières qui descendent les unes des monts *Kemmènes* (les Cévennes), les autres du *Pyréné*. Elles ont presque toutes des villes situées au-dessus de leurs embouchures et sont accessibles aux petits navires... Ceux de ces cours d'eau qui descendent des Kemmènes, à l'Est de Narbonne, sont d'abord l'*Orobis* (Orb), et plus loin l'*Arauris* (Hérault). Sur l'un des deux fleuves est assise la ville forte

---

(1) *Sernhac*, Gard, *pedagium Sarnhaci*, péage de Sernhac. — La *Capelle* près Uzès, *Capella Sernaqueti*, la Capelle du petit péage, etc.

La langue vulgaire du Midi de la France emploie le mot *sarra*, serrer, dans le sens de fermer; et le mot français *serrure* n'a lui-même pas d'autre origine.

On trouve le vers suivant dans le recueil des *Noëls* de Saboly :

> Adieu-sias, ma porto es *sarrado*.
> Adieu, ma porte est fermée.

(Gr. Charvet, *les Voies Romaines chez les Volkes Arékomiques.*)

de *Baitera* (Béziers), voisine de Narbonne; sur l'autre celle d'*Agatha* (Agde), fondation des Massaliotes (1). »

La forme la plus ancienne du nom de Béziers, qui est *Bétarra*, paraît plutôt ibérienne que celtique; et il est fort probable que cette ville, aujourd'hui encore d'une si exubérante vitalité, a une origine presque aussi ancienne que les villes mortes d'Illiberris et de Ruschino situées au pied des Pyrénées, et dont on peut faire remonter la prospérité du neuvième au onzième siècle avant notre ère, antérieurement à la grande invasion celtique, et alors que le littoral tout entier était occupé par la race ibérienne et que quelques points de la côte seulement étaient fréquentés par les navigateurs et les commerçants phéniciens.

La ville de Béziers (2) (*Bétarra*, *Biltéra*, *Biterræ*, *Besara*) faisait donc incontestablement partie autrefois de la région maritime de la Gaule Narbonnaise, et huit ou dix kilomètres seulement de navigation sur l'Orb permettaient aux navires de venir se ranger au pied de la colline rocheuse sur le plateau de laquelle était bâtie la ville forte,

---

(1) STRABON, *Géogr.*, l. IV, c. 1, § 6.
(2) Βιλτέρα πόλις ἀσφαλής. (ID., *ibid.*)
Septimanorumque Bœterræ. (MELA, l. II, c. v.)
Βαιτίραι. (PTOLÉMÉE, l. II, c. x.)
. . . . *dehinc*
Besaram stetisse fama casca tradidit.
(AVIEN., *Ora marit.*, v. 588-589.)

πόλις ἀσφαλής, comme l'appelait Strabon. Grâce à cette situation escarpée, Béziers était un poste stratégique de premier ordre qui dominait toute la vallée inférieure de l'Orb, et, traversé par la voie Domitia, commandait la grande route d'Espagne en Italie, dont elle était une des plus importantes stations. Comme Narbonne, elle avait son port en rivière, ses monuments, son enceinte de murailles composée de blocs mégalithiques, ses temples enfin dédiés à la divinité de l'empereur et de sa famille; mais plus heureuse que la colonie romaine, dont la vie était subordonnée à l'existence même de sa lagune et au régime torrentueux de l'Atax, elle empruntait la plus grande partie de sa richesse et trouvait une source d'inépuisable prospérité dans la fertilité de son magnifique terroir, déjà célèbre plusieurs siècles avant notre ère. La vigne et l'olivier, que les Grecs avaient implantés sur tout le littoral dès leur arrivée, étaient, alors, comme de nos jours, la culture dominante du pays; la plus grande partie de la plaine et tous les coteaux en étaient couverts; et le vin de Bétarra, qui passait du temps de Pline pour le meilleur de la province, possédait notamment cette précieuse qualité de n'être point, comme partout ailleurs, coloré avec des écorces et parfumé à l'aide de décoctions malfaisantes. Tout le monde sait combien ces honnêtes traditions sont aujourd'hui perdues; elles ne vivent plus pour ainsi dire qu'à l'état de document archéologique. Rappelons-les néanmoins, ne fût-ce qu'à titre d'hommage à la probité de nos ancêtres; mais ne formons pas le chimérique espoir que ce souvenir produise jamais un effet salutaire ou éveille le moindre remords chez leurs successeurs.

III

L'appareil littoral ne présente, entre l'embouchure de l'Orb et celle de l'Hérault, qu'un très-médiocre intérêt. La plage, formée des apports de l'Orb, de la Grande Maïre, du Libron et de l'Hérault, dessine une ligne sinueuse dont les oscillations varient d'année en année et empiètent lentement sur le domaine maritime. Dès qu'on est sorti de la zone d'atterrissement de l'Orb et après avoir franchi la Grande Maïre, qui était peut-être autrefois, avons-nous dit, une des branches de l'Orobis, l'appareil littoral se rétrécit d'une manière sensible; la largeur moyenne de la bande sablonneuse varie d'un à deux kilomètres. Le canal du Midi, qui descend de Béziers à Agde, court parallèlement à la plage, côte à côte avec le railway de Narbonne à Cette, au pied des petites collines de Portirargues et de Vias, dont les tufs volcaniques marquent la limite de l'ancien rivage. La nature géologique du sol a changé tout d'un coup. Tout annonce que la surface a été bouleversée par de récentes commotions. On reconnaît déjà sur la gauche, à côté du village de Portirargues, un évent en miniature entouré de laves et de scories. Le grand bras de l'Hérault est à nos pieds ; et devant nous s'élève une grande masse noirâtre en forme de tronc de cône qui émerge au milieu des étangs et des marais : c'est l'ancien volcan d'Agde.

Il est hors de doute que le volcan d'Agde, désigné aussi sous le nom de montagne Saint-Loup, était primitivement un massif isolé en mer, et n'a été rattaché à la terre ferme que par les dépôts de la rivière de l'Hérault. Le plus sommaire examen géologique permet de constater que l'Hérault, tout comme l'Aude, débouchait dans l'intérieur d'un golfe, au milieu duquel surgissaient deux îlots, le pic volcanique d'Agde et le rocher de Brescou. Ce n'est que par suite du travail continu de comblement opéré par les alluvions que l'ancien estuaire du fleuve s'est transformé en plaine et que le volcan d'Agde a été d'abord soudé au continent ; il est tout aussi certain que, après un nombre de siècles plus ou moins considérable, le petit fortin de Brescou, dont les rochers basaltiques sont aujourd'hui battus de tous côtés par les vagues de la mer, sera aussi rattaché à la terre et deviendra le cap avancé du delta.

Ptolémée signale d'ailleurs très-nettement l'existence de deux îles à l'embouchure de l'A-*rauris* : l'une, *Agatha*, Ἀγαθή, avec une ville qui porte le même nom ; l'autre, *Blascón* ou

Brescou, Βλασκών (1). Ces deux îlots montagneux font partie du groupe volcanique de la vallée inférieure de l'Hérault, dont les cratères éteints de Saint-Thibéry, de Roque-Haute près Portirargues et du mont Saint-Loup d'Agde sont les principaux évents; mais, malgré les laves et les scories qui recouvrent les talus de ces collines, leur origine volcanique paraît avoir complétement échappé à l'observation des anciens géographes.

En revanche, nous retrouvons de curieux détails sur *les volcans du diocèse d'Agde*, dans la correspondance que Mgr. Rouvroy de Saint-Simon, évêque d'Agde, entretenait à ce sujet avec son savant ami J.-Fr. Séguier. L'éminent prélat, qui paraît avoir aimé jusqu'à la passion le territoire qu'il a administré pendant plus de trente ans et qu'il n'a quitté que pour mourir à Paris sur l'échafaud révolutionnaire (25 juillet 1794), a exploré et fouillé dans tous les sens les montagnes d'Agde et de Saint-Thibéry; et l'ensemble de ses lettres forme une véritable monographie pleine de récits curieux, d'observations originales, et qui joint au charme d'un style très-pittoresque celui d'une véritable érudition.

L'état actuel de la science ne nous permet pas sans doute d'accepter sans réserves la description de « cette ancienne fournaise qui brûlait autre-

---

(1) Νῆσοι δὲ ὑπόκεινται τῇ Ναρβωνησίᾳ, Ἀγάθη μὲν κατὰ τὴν ὁμώνυμον πόλιν, μεθ' ἣν Βλασκών. (Ptolémée, l. II, c. x.)

fois le pays », et de « ces cavernes horribles creusées par le feu qui dévora jadis la terre »; mais il est intéressant de suivre l'évêque d'Agde dans le cours de ses fouilles et de ses explorations, de le voir recueillir avec soin, pendant plusieurs années, des débris de lave, de pierres ponces, des scories et des basaltes, et comparer ensuite ces échantillons avec les roches de même nature ramassées au Vésuve. L'odeur de soufre qui s'exhale de la terre après les pluies abondantes nous semble aussi quelque peu exagérée; et l'imagination, qui nous paraît avoir développé d'une manière assez sensible l'odorat de l'aimable érudit, a très-certainement joué un assez grand rôle dans ses recherches scientifiques. Toutefois, il est incontestable que l'ensemble de la description, le détail des recherches et la discussion à laquelle Mgr de Saint-Simon convie son maître et ami, présentent le volcan d'Agde sous un jour assez vrai, et lui donnent une physionomie beaucoup plus vivante que ne le ferait l'étude géologique la plus complète et la plus détaillée.

La montagne d'Agde a une altitude de cent quinze mètres au-dessus du niveau de la mer. Le cratère, aujourd'hui à moitié comblé par les scories, porte encore dans le pays le nom caractéristique de *fourniguière* (*fornier*, *fournier*, *fournaise*) ou de *fumiguière*, qui semble indiquer l'ouverture par où s'échappait autrefois la fumée. Les champs inclinés de la montagne, dont le sous-sol basaltique est à peine recouvert d'un mince épiderme de terre végétale, s'appellent la grande et la petite *crémade*, c'est-à-dire la grande et la petite *brûlée*; et l'idiome languedocien désigne encore sous le nom de *Peyre de Riouré* tous les fragments de roches calcinées qui abondent sur le faîte, sont disséminés sur les pentes, et dont on retrouve des échantillons nombreux à plus de deux kilomètres. Ce nom, qui paraît signifier « pierre de la montagne de feu » (en phénicien *Ri*-montagne et *Our*-feu), s'applique à merveille au mont Saint-Loup et semble indiquer que ce mouillage était connu des navigateurs phéniciens aux époques les plus éloignées de l'histoire, et que ce pic volcanique faisait partie de leur nomenclature maritime.

Les recherches étymologiques auxquelles s'est livré l'évêque d'Agde au sujet de l'île de Brescou ne sont pas moins curieuses. Tous les géographes grecs la désignent sous le nom de *Blascón*, Βλασκὼν νῆσος, que l'on peut (paraît-il?) faire dériver assez aisément de la racine phénicienne *balangon* ou *belangon*, *vorator*, *absorptor*, dévorer, engloutir, consumer par le feu, et par corruption *belasgon*, d'où il est facile d'arriver à Blascôn. (*Pièce justificative X.*) Ces transformations successives lais-

---

(1) Lettre de Mgr de Saint-Simon, évêque d'Agde, à Séguier, 12 février 1769. (Manuscrit de la Bibliothèque de Nimes, n° 13816.)

sent sans doute dans l'esprit une très-grande incertitude, et on est en droit de se prémunir contre les fantaisies des étymologistes; toutefois, l'état des lieux se prête à une pareille interprétation. L'île de Brescou est un véritable îlot de lave, perdu en pleine mer; et on distingue très-nettement la coulée qui s'épanche du cratère d'Agde et aboutit directement à ce dépôt, qui semble l'avoir englouti et pour ainsi dire *dévoré*, suivant le sens imagé de la racine primitive.

Si ces anciennes étymologies sont exactes, elles dénoteraient chez les Phéniciens des connaissances géologiques assez avancées et à coup sûr plus développées que chez les géographes grecs; car ni Strabon, ni Ptolémée, ni aucun des écrivains de l'époque classique, ne paraissent avoir soupçonné que la montagne d'Agde était un volcan éteint; et nul doute que, s'ils eussent connu la nature éruptive de la roche, le nom de la ville et des îles n'en eût conservé un certain reflet. Le poëte Aviénus, entre autres, n'eût certainement pas manqué, suivant son usage, d'en faire une mention spéciale; son silence à cet égard nous prouve qu'il n'a considéré le mont Saint-Loup que comme un promontoire ordinaire, à l'abri duquel la mer présentait un assez bon atterrage.

—C'est d'ailleurs à ce calme relatif de cette partie de la côte qu'il faut rapporter la dénomination donnée par les Grecs à la ville d'Agde. Ce calme devait être beaucoup plus sensible autrefois, lorsque l'embouchure de l'Hérault s'avançait moins en mer et que la saillie du cap d'Agde formait une sorte de môle défensif contre les vents du large, tandis que la montagne masquait les vents violents du Nord. Le nom véritable par lequel les navigateurs phocéens avaient désigné ce mouillage près de six cents ans avant notre ère était *Agathé Tyché*, Ἀγαθὴ Τύχη, *bonne fortune*, qui semble rappeler l'heureuse issue de leur navigation dans ce golfe orageux, où l'approche des côtes était alors comme aujourd'hui un véritable danger. La colonie grecque nouvellement fondée reçut immédiatement de sa métropole Massalia ses dieux et son culte; un temple fut élevé à Diane d'Éphèse, la déesse favorite; et toutes les monnaies d'Agde ont, depuis lors, porté sur l'une de leurs faces l'image de Diane, et sur l'autre celle du lion marseillais.

Le mouillage au Nord du cap d'Agde était donc assez facile dans les temps anciens, si l'on en croit la description d'Aviénus (1); il devait occuper très-sensiblement l'emplacement actuel des étangs de Luno et de Saint-Martin, placés au pied même du volcan de Saint-Loup, abrités par le cap des coups de mer du large et par la montagne des rafales du mistral.

---

(1) *Nunquam excitentur fluctuum volumina*
Sternatque semper gurgitem Alcyone quies.
(AVIENUS, *Ora marit.*, v. 595-596.)

2° A l'Est, un autre étang, l'étang d'*Ambôn*, communiquait alors avec la mer par une assez large ouverture, qui est réduite aujourd'hui à un *grao* presque ensablé; quelques ruines informes aux abords de ce grau, des débris de môle à peine reconnaissables, une sorte de physionomie ancienne que présente ce nom d'Ambôn (Ἄμβων, éminence, estrade, cime ou plateau de montagne), ont paru suffisants à plusieurs archéologues pour reconnaître la position d'une *Agatha* primitive et bien antérieure à l'Agde phocéenne. Cette conception est purement chimérique:

1° Aucun texte ne vient à l'appui de cette hypothèse très-hasardée; ces ruines sont d'ailleurs trop espacées entre elles; il est difficile d'y reconnaître l'indice d'une agglomération quelconque; et des débris sans caractère, que nous retrouvons à de trop grandes distances les uns des autres, ne permettent pas de reconstituer le plus petit bourg, à plus forte raison une ville d'une certaine importance. Ptolémée, que l'on invoque quelquefois à tort à cette occasion et qui paraît avoir le mieux décrit la situation topographique de cette partie de la côte, n'a jamais mentionné qu'une seule ville d'Agde: *Agathè-polis*, Ἀγαθὴ πόλις, et *Agathè-nêsos*, Ἀγαθὴ νῆσος, ne sont pas deux villes distinctes; l'une est la ville, et l'autre est l'île dans laquelle la ville était autrefois située, comme elle l'est aujourd'hui, au pied du volcan éteint que couronne l'ermitage de Saint-Loup. L'île d'Agde n'était donc autre chose que le delta de l'Hérault, formé par la diramation, au Nord de la montagne, des deux branches du fleuve, dont la principale suivait à peu près le cours que nous lui connaissons aujourd'hui, tandis que l'autre, maintenant atterrie, traversait et colmatait l'étang du Bagnas et se jetait à la mer aux environs des ruines de la problématique ville d'Ambôn. (*Pièce justificative X.*) Isolée d'abord de toutes parts et placée à une certaine distance de la côte, la montagne s'en est vu rapprocher graduellement par suite de l'avancement des dépôts de l'Hérault et a été soudée de très-bonne heure au continent par les limons rouges du fleuve, qui ont comblé l'estuaire et produit une riche plaine d'alluvions.

Le volcan a été bientôt entouré d'une ceinture de vases et de sédiments, qui, déposés circulairement autour de la base du cône volcanique, ont déterminé la formation d'une couronne d'étangs littoraux, dont le développement et l'atterrissement ont donné naissance au territoire d'Agde.

C'est ainsi que s'est constitué le delta de l'Hérault, exactement de la même manière que celui de l'Aude autour de la montagne de la Clape; et, contrairement à ce que nous voyons pour la plupart de ces formations contemporaines, le milieu du delta est occupé, non par un étang central, mais par une masse montagneuse autour de laquelle sont venus se fixer tous les sédiments charriés par le fleuve. Telle a été l'origine de l'île d'Agde; dans la suite des siècles, elle s'étendra jusqu'à Brescou, dont le rocher basaltique deviendra, pendant un certain temps, le cap avancé de la côte; mais la marche vers la mer continuera toujours; cette limite sera à son tour dépassée, et le rocher de Brescou finira par se perdre au milieu des sables dans l'intérieur du continent.

IV

Au point de vue nautique, le petit rocher de Brescou présente un réel intérêt; c'était, en effet, au Nord de cet écueil et dans la dépression qui existe encore entre le cap d'Agde et le versant Sud de la montagne Saint-Loup que se trouvait « le bon mouillage ». Les étangs de Luno et de Saint-Martin sont aujourd'hui à peu près atterris; mais, à l'origine de notre ère, ils étaient très-certainement navigables; et, même à une époque assez rapprochée de nous, cette partie de la côte devait constituer une rade foraine passablement abritée du Nord-Ouest par le grand cône volcanique, et des vents de mer par le cap rocheux, auquel est enracinée aujourd'hui la jetée Richelieu.

Cette disposition naturelle des lieux, favorable en apparence à un établissement maritime considérable, avait vivement impressionné le grand cardinal; après avoir reconnu lui-même l'emplacement, dans une visite qu'il fit à Agde les 18, 19 et 20 octobre 1632, il avait conçu le projet grandiose de réunir le fort de Brescou à la côte par une digue de deux mille mètres. Il n'est pas impossible qu'une rade et un port eussent été ainsi créés sous la protection de ce fort, si le cardinal eût vécu assez longtemps pour mener à bonne fin son entreprise. Malgré l'édit de 1632 du roi Louis XIII (*Pièce justificative XI*), ordonnant la démolition du fort Brescou, qui servait de citadelle et de réduit aux seigneurs révoltés de Languedoc pendant les guerres de religion, le cardinal, véritable souverain de la France, conserva presque intégralement les fortifications de ce poste militaire, qui allait devenir pour lui une presqu'île dont le canon devait protéger le nouveau port qu'il avait rêvé. Si le grand politique eût eu une connaissance plus approfondie du régime des atterrissements sur les côtes du golfe de Lyon, il aurait sans nul doute tenu plus compte de l'ensablement, qui est la loi générale et fatale de cette partie de la plage (1). Quoi qu'il en soit, il se

---

(1) M. de Croignard, ingénieur général de la marine, reconnut, en 1783, par les mesures prises à l'embouchure de l'Hérault, que la batterie établie, en 1746, à trente mètres du bord de la mer, en était éloignée de cent vingt, et que la redoute ronde située dans le voisinage, distante du littoral de deux cents mètres en 1609, époque de sa construction, se trouvait à cinq cent quarante mètres de la ligne des eaux...... On ne saurait douter que les plages s'atterrissent et empiètent sur le domaine de la mer; on estime à deux mètres environ l'agrandissement annuel de la côte du golfe de Lyon.... (Balthazar JORDAN, *Histoire de la ville d'Agde*, 1824, p. 247.)

mit à l'œuvre avec toute l'ardeur de son impérieuse nature; non content d'avoir arrêté lui-même les principales dispositions de son projet, il revint à Agde, quoique épuisé par la maladie, pour juger de l'état d'avancement des travaux et hâter leur réalisation. Une somme de plus de cinq cent mille livres était déjà dépensée, lorsque la mort vint frapper l'illustre ministre. La jetée, qui n'avait encore que sept cents mètres de développement, fut abandonnée; tous les travaux furent suspendus, et les sables de la plage, rendus à la liberté par la destruction des forêts de pins (1) qui couvraient les deux rives de l'Hérault, vinrent s'accumuler contre le môle inachevé et comblèrent bientôt la partie de la plage sous-marine qui devait être la grande rade militaire du Languedoc et faire renaître ce « bon mouillage » auquel l'île et la ville d'Agde devaient leur nom.

Aujourd'hui, le port d'Agde est tout simplement un port en rivière. L'Hérault, canalisé et dragué à une profondeur de trois mètres jusque sous les murs de la ville, est bordé de deux digues qui servent de chemins de halage. Le canal sinueux de la rivière a une longueur de quatre

---

(1) En 1724, la communauté d'Agde aliéna les forêts situées au grau de l'Hérault, en faveur de divers particuliers. Tous les arbres furent abattus, les terres défrichées, et les sables précédemment fixés par la culture donnèrent naissance à une série de dunes mobiles sous l'action des vents du Nord-Ouest.

mille cinq cents mètres environ, depuis son embouchure en mer jusqu'au port qui se développe sous les murs de la ville. Deux môles parallèles, de deux cent quarante à deux cent cinquante mètres de longueur, assurent l'entrée aux tartanes et aux bricks d'un petit tonnage; à l'extrémité de chaque musoir, un feu de port signale la passe; un petit hameau composé de quelques cabanes est assis presque au bord de la mer, à l'extrémité de la rive gauche du chenal. Cette situation est précaire. Malgré l'entretien constant dont il est l'objet, le grau de l'Hérault est toujours soumis aux ensablements, et il paraît bien difficile de lui assurer une profondeur supérieure à trois mètres. L'avenir du port d'Agde est donc assez limité, et les mauvaises conditions de son entrée par les grosses mers du large ne permettent pas à la plupart des navires de le considérer comme un refuge pendant les tempêtes. L'établissement du chemin de fer et la création d'un bassin latéral aux voies de la gare n'ont pas augmenté sensiblement le mouvement commercial, qui souffre inévitablement de l'insuffisance de profondeur, et se voit surtout paralysé par le voisinage et le développement du port de Cette.

V

L'aspect de la ville d'Agde est triste et sombre et contraste d'une manière étrange avec le ciel lumineux sous lequel elle est située. Bâtie presque entièrement avec les matériaux de son volcan, elle mérite bien le nom de *ville noire*, *urbs nigra*, que le Vénitien *Marco Polo* lui avait déjà donné au treizième siècle; nous n'ajouterons pas avec la plupart des commentateurs *spelunca latronum, caverne de voleurs*. Rien ne paraît justifier cette épithète désobligeante, à moins qu'on n'ait voulu rappeler qu'après avoir été à plusieurs reprises pillée et dévastée par les Normands et les Sarrasins, elle est restée pendant quelques années la proie et le repaire de ces écumeurs de notre littoral.

Le plus remarquable monument d'Agde, le seul d'ailleurs qui mérite une mention spéciale, est l'église de Saint-Étienne, dont la construction paraît remonter à l'époque carlovingienne. Elle appartient à cette série d'églises fortifiées que le onzième et le douzième siècles virent s'élever sur le littoral de la Méditerranée, et dont nous retrouvons de magnifiques spécimens à Narbonne, à Vic-Mireval, à Maguelone, à Frontignan, aux Saintes-Maries. La pensée dominante des constructeurs était d'établir de solides forteresses pour la défense des côtes ouvertes et exposées aux dévastations périodiques des Sarrasins d'Afrique et d'Espagne. Le type commun est une masse rectangulaire, armée de mâchicoulis cintrés, portés sur des pilastres allant du haut en bas des murs et couronnés par un crénelage continu. Rien n'y est sacrifié à la décoration ou à la fantaisie. C'était à la fois un temple et une citadelle; on priait dedans et on se battait dessus; les femmes, les enfants et les infirmes étaient enfermés, le jour du danger, dans la grande nef, et les hommes valides, abrités par les créneaux de la terrasse dallée, défendaient l'accès de la place et soutenaient l'assaut.

Le clocher de Saint-Étienne a, comme l'église, un caractère tout à fait militaire; c'est un véritable donjon d'une fière tournure, dont la plateforme est à une hauteur de plus de cent pieds au-dessus du sol. L'église d'Agde, ainsi que la plupart des monuments de l'époque carlovingienne, était construite sur les fondations d'un ancien temple consacré à l'un des dieux du paganisme. A Nîmes, colonie romaine, la cathédrale de Notre-Dame-et-Saint-Castor repose sur un soubassement qui faisait partie d'un temple de Jupiter; à Agde, colonie grecque, c'est le temple de Diane d'Éphèse qui a fourni les matériaux nécessaires à l'érection de la basilique chrétienne, et on a même cru y reconnaître diverses sculptures reproduisant les attributs de la déesse favorite des Phocéens (1). Certaines parties des voûtes et des piliers de l'église sont criblées de signes lapidaires semblables à ceux que l'on rencontre dans toutes les églises carlovingiennes de Provence, dont on retrouve les analogues à Reims, à Cologne, à Worms, etc., et qui n'étaient que les marques de tâcherons de ces nombreuses associations ouvrières, qui ont laissé pour ainsi dire leur signature sur toutes les pierres des monuments religieux de l'Europe occidentale. La physionomie de l'église d'Agde est, on le voit, pleine de grandeur et d'originalité, et ce sombre édifice résume en lui presque tout le passé lointain d'une des plus anciennes villes de notre littoral.

---

(1) Attachés à la religion des Phocéens, les Marseillais sacrifiaient à Diane d'Éphèse. Cette déesse comptait la biche au nombre de ses attributs; on la représentait sur un char traîné par des biches, et cet animal lui était consacré. Que l'on considère attentivement la tête et les jambes du prétendu bélier sculpté sur le chapiteau de la colonne dont j'ai parlé plus haut, et en reconnaissant aisément la biche que les païens donnaient pour compagne à Diane, on ne pourra plus douter que l'église de Saint-Étienne n'ait été originairement destinée au culte de cette déesse... Sous le nom de *triple Hécate*, la même déesse était la Lune dans le ciel, Diane sur la terre, Proserpine aux enfers. Dès qu'on avait aperçu le croissant de la première lune, un coq servait de signe pour annoncer la fête de la *Néoménie* dans les lieux où le sacrifice se faisait le matin. Ce coq est également sculpté à côté de la biche, sur la partie latérale du même chapiteau, en dedans de la chapelle de la Sainte-Vierge. (Balthazar JORDAN, *Histoire de la ville d'Agde*, 1824, p. 152-153.)

Il est impossible de quitter la « ville noire » sans faire l'ascension de son volcan. Le sommet du pic est occupé par un petit ermitage consacré à saint Loup. A cette altitude de cent quinze mètres, on se rend compte d'une manière parfaite de la direction du soulèvement volcanique, dont le rocher basaltique de Brescou est la dernière manifestation. La montagne d'Agde et l'îlot de Brescou forment en effet l'extrémité méridionale de cette chaîne de volcans éteints, qui commence au Mont-Mezenc, presque à la source de la Loire, traverse tout le département de l'Ardèche, passe à Saint-Thibéry, l'antique *Cessero*, à Agde, et va se perdre dans la mer. On distingue très-nettement les deux coulées de roches fusibles, dont l'une s'est dirigée du côté de la ville d'Agde, et l'autre vers la mer, où elle a formé le cap et le rocher de Brescou. Les vagues ont rongé et poli la lave et le basalte refroidis et formé un vaste cirque désigné aujourd'hui sous le nom de *conque*, et qui paraît avoir été le bon mouillage d'autrefois. Le feu du volcan est éteint depuis l'origine de notre période géologique; il est remplacé, depuis l'année 1836, par un phare de premier ordre, dont la portée lumineuse est de vingt-sept milles, et dont les éclipses, espacées de minute en minute, signalent de loin la côte inhospitalière. S'il a été impossible de créer sur cette partie de rivage un abri sûr pour les navires, on a du moins réussi à leur éviter un atterrage dangereux, en s'établissant un de ces magnifiques appareils d'éclairage qui seront l'éternel honneur de l'illustre Fresnel, et l'un des plus grands services que la science moderne a rendus à la marine internationale.

Agde n'est pas précisément une ville morte, mais c'est une ville vieillie, et qui ne vit pas. Elle est destinée, sinon à décroître, du moins à rester stationnaire. Cette l'a pour ainsi dire absorbée, et tout porte à croire qu'au point de vue industriel, commercial et maritime, elle se ressentira toujours de ce redoutable voisinage.

VI.

Malgré la difficulté réelle que l'on éprouve, quand on veut préciser les limites des peuplades primitives de la Gaule narbonnaise, on peut regarder Agde et le delta de l'Hérault comme la ligne de séparation entre les Volkes Tectosages et les Volkes Arékomiques. Bien antérieurement à l'arrivée des Volkes, qui ne remonte guère au delà du cinquième siècle avant notre ère, c'étaient à peu près les mêmes limites qui séparaient le territoire ibérique du territoire des Lygiens ou Ligures. Aviénus le dit en termes formels (1), et

---

(1) *Taphron paludem namque gentici vocant*
Rhodani propinquam flumini. Hujus alveo.

ce renseignement géographique est très-précieux pour les études ethnographiques, qui sont, comme on le sait, enveloppées toujours d'une certaine obscurité. Le *Taphron* (aujourd'hui étang de Tau) et les branches des Rhônes morts paraissent donc avoir été la limite de ces deux grandes races d'origine parfaitement distincte; et ce n'est qu'après de longs siècles de séparation que les migrations et les invasions ont donné naissance à ces remous d'où est résultée la race mélangée Ibéro-Ligure, qui est en définitive la race souche de notre population littorale, sur laquelle se sont successivement greffés les éléments phéniciens, grecs et romains.

Le littoral présente, entre l'Hérault et le Rhône, une configuration très-remarquable que nous définirons d'un seul mot : il a un *double rivage*; l'un baigné par la mer, l'autre par les lagunes intérieures, qui commencent au pied de la montagne d'Agde, passent derrière le cap de Cette, contournent la colline de Frontignan, traversent la plaine de Montpellier et vont se perdre dans les immenses marécages d'Aiguesmortes. Et, si l'on se reporte à l'époque, très-peu éloignée de nous, où tous ces étangs littoraux, largement alimentés par les graus, communiquaient entre

---

Ibera tellus atque Ligyes asperi
Intersecantur.
AVIEN., *Ora marit.*, v. 607-610.)

eux de manière à ne faire qu'un seul bassin, on voit qu'ils constituaient une sorte de petite mer intérieure parallèle à la grande mer, et dont l'importance maritime devait être d'autant plus considérable qu'ils présentaient un fond suffisant pour permettre l'accès de la plupart des navires de commerce et de pêche d'un tirant d'eau de deux à trois mètres.

Dans les temps anciens, le rivage extérieur, le *lido* ou littoral maritime était aride, étroit, sablonneux et désert.

Le second rivage, au contraire, adossé à un territoire fertile, au pied de riches collines couvertes de vignes et d'oliviers, côtoyé par la voie Domitienne, qui était la route obligée d'Italie en Espagne, présentait une succession de villes littorales et de ports tels que Mèze-*Mesua*, Bouzigues-*Posygium*, Frontignan-*Forum Domitii* (?), Lattes-*Castel-Latara*, Aiguesmortes-*Aquæ-mortuæ*, Saint-Gilles-*Rhodanusia* (?), Arles-*Arelate*....., qui ont joué un rôle maritime de premier ordre jusqu'à ces derniers siècles.

On a quelquefois reproché à Aviénus d'avoir dit que le Rhône venait autrefois jeter ses eaux dans l'étang de Tau. Les critiques, qui ont cru relever une erreur dans la description de l'*Ora maritima* du géographe du quatrième siècle, ne paraissent pas avoir jamais eu une notion bien exacte de la topographie ancienne de notre littoral, et se sont contentés très-certainement d'étudier la géographie sur une carte administrative moderne plutôt que sur une carte physique. Il est cependant bien manifeste qu'aux époques éloignées les étangs de Tau, de Maguelone, de Pérols, de Mauguio et d'Aiguesmortes, n'en faisaient en réalité qu'un seul; et que les branches atterries du Rhône, dont on retrouve aujourd'hui les vestiges aux environs de la cité de saint Louis, et que l'on désigne sous le nom de *Rhônes-morts*, venaient se jeter dans le dernier de ces étangs et, par voie de suite, pénétraient dans tous les autres et jusqu'au pied des montagnes de Cette et d'Agde. Le plus sommaire examen de tous les Portulans du quinzième et du seizième siècle et de toutes les cartes postérieures suffit pour rétablir l'état des lieux. Ce groupe d'étangs, que les anciens appelaient les étangs des Volkes, *stagna Volcarum* (1), constituaient une immense rade intérieure abritée des fureurs de la mer par le *lido* sablonneux qui commence au cap d'Agde et se termine aux confins de la Camargue actuelle.

Sans prétendre justifier l'étymologie très-contestable qu'on a souvent donnée aux Arékomiques (2) (*ar*-celtique, eau, mer; κώμη, habitation),

---

(1) *Ultra sunt stagna Volcarum*... (MELA, l. II, c. v.)
(2) Quant à l'étymologie du nom d'Arékomiques, un moderne (SPON, *Recherches*) la tire, avec assez de vraisemblance, de deux mots grecs, Ἄρης et κώμη, qui signifient le pays de Mars, *Martis regio*. On pourrait aussi la faire dériver du mot gaulois *ar*, qui signifie mer, et du

il est certain que cette portion de la grande famille volke, dont la capitale était *Nemausus*, Nimes, habitait un territoire essentiellement maritime. (Voir *Pièce justificative XIX*, 5.) Les étangs les plus voisins du Rhône se sont atterris en grande partie; mais l'étang de Tau est resté une petite mer navigable, et les fréquentes relations qui existent encore aujourd'hui entre Cette et les ports intérieurs de Marseillan, Mèze et Bouzigues, peuvent nous donner une idée de l'importance de l'étang, lorsque le port et la ville de Cette n'existaient pas et que sa montagne était, comme celle d'Agde, entourée de tous côtés par les eaux.

VII

La soudure du cap de Cette au continent est un fait géologique des plus récents; et le mince *lido* qui le réunit au cap d'Agde est, encore de nos jours, coupé par de nombreuses dépressions de terrains qui fonctionnent comme *graus*, lorsque, par suite des circonstances atmosphériques, il existe une différence de niveau sensible entre la mer et les étangs.

---

mot grec κώμη, qui veut dire habitation; ainsi le nom d'Arékomiques signifierait habitants d'une côte de mer. Ces peuples habitaient, en effet, sur une partie des côtes de la Méditerranée. (*Histoire générale de Languedoc*, liv. II, ch. xx.)

Si nous en croyons les étymologistes, le nom le plus ancien donné à la montagne de Cette serait *Kittim*, *Chettim* ou *Settim*, par lequel les Phéniciens désignaient les lieux maritimes élevés et boisés (1). Aviénus la désignait sous le nom de montagne des pins, *mons pinifer;* Strabon et Ptolémée l'appelaient *mont Sigion* ou *Sigius;* les géographes de l'époque classique et les modernes l'ont tour à tour appelée *Setion*, *Setius*, d'où *Sète*, et par altération *Cète* et *Cette* (2). Les numismates de leur côté ont fouillé la montagne et y ont recueilli une petite médaille qui porte en légende au revers, entre deux des angles formés par les barres de la croix ou roue, le mot SETIV, qu'ils traduisent par *Setion Volcarum*.

Tous les témoignages anciens nous représentent la montagne et la plage de Cette couvertes d'une épaisse forêt de pins, qui existait encore en 1622, lorsque le dernier des Montmorency la fit

---

(1) Cette analogie paraît d'autant plus rationnelle que le mot hébreu presque homophone *séth* signifie une élévation, un point d'arrêt, tel que se dessine un promontoire vu de la mer, et s'accorde parfaitement avec le nom adouci de *Setion*, donné au cap de Cette par la langue harmonieuse de la Grèce, et d'où on a formé le nom français. (THOMAS, *Annuaire de l'Hérault*, 1843.)

(2) . . . . *Setius inde mons tumet*
Procerus arcem et pinifer : Setii jugum
Radice fusa in usque Taphrum pertinet.
(AVIÉNUS, *Ora maritima*, v. 604-606.)

Σήτιον ὄρος. (STRABON, l. IV, 3.) — PTOLÉMÉE, l. II, c. x.)

détruire complétement par la garnison du petit fort Montmorencette, qui occupait le sommet du plateau. Quelques fouilles exécutées en 1778 ont mis à jour des débris de constructions antiques, des fragments de colonnes, de lampes et d'urnes sépulcrales, des tombeaux, des vestiges de citernes, un pavé mosaïque, etc.; mais ces ruines sont très-éparses; et il est impossible d'en conclure l'existence d'une ville primitive; et, malgré l'autorité de M. l'ingénieur Granjent, il faut absolument repousser l'hypothèse d'une ancienne cité, construite par les Romains trois cent quatre-vingt-trois ans avant notre ère, la même probablement que certains historiens ont confondue avec *Ceuta*, en Afrique, à l'occasion du siége soutenu par cette dernière ville contre les Wisigoths (1). Il est en effet hors de doute que, si la moindre bourgade eût existé autrefois au cap de Cette, quelques-uns des géographes anciens l'auraient mentionnée; leur silence unanime est le meilleur argument que l'on puisse invoquer à ce sujet.

---

(1) Lés Français (année 545 apr. J. C.), au rapport d'un historien moderne (DANIEL, *Histoire de France*), eurent bientôt après leur revanche sur les Visigoths par la prise de la *petite ville de Cette en Languedoc*; mais il est certain, par le texte d'Isidore, le seul ancien historien qui fasse mention de cette dernière expédition, que ce n'est point Cette en Languedoc dont il s'agit, mais Ceuta en Afrique, dont Theudis, roi des Visigoths, et non Childebert, roi des Français, fit le siége. (*Hist. gén. de Languedoc*, liv. V, ch. LXXXVII.)

Ajoutons que la disposition topographique se prêtait très-mal à la fondation d'une ville ou d'un établissement maritime ; car la montagne de Cette ne tient au continent que par une plage sablonneuse très-étroite ; à l'époque de la domination romaine, les vagues des tempêtes devaient couvrir la grève de tous les côtés, et la moindre surélévation des eaux de la mer ou de l'étang transformait la montagne en une île rocheuse d'un accès fort difficile.

Le véritable port de cette partie du littoral était alors Mèze, dont le nom grec μέσον (milieu) indique assez bien sa position au centre de l'étang de Tau (1). Bâtie à l'extrémité d'une pente douce, sur un sol essentiellement fertile, et séparé des collines voisines par deux petits vallons qui sont presque de niveau avec l'étang, et qui devaient être recouverts autrefois par les eaux de l'étang lui-même, elle était rattachée à la côte par une sorte de levée naturelle, contre laquelle les navires pouvaient venir accoster sans peine. On retrouve encore à Mèze les ruines d'un temple de Pallas, dont le nom est conservé dans le pays, et un ancien *castellum*, dont la fondation paraît remonter aux Phocéens de Marseille.

A côté de Mèze, un autre petit port, Bouzigues,

---

(1) *Mesua collis, incinctus mari pene undique, ac, nisi quod angusto aggere continenti annectitur, insula.* (MELA, lib. II, c. v.)

Polygium ou *Posygium* (1), d'une importance beaucoup moindre, a cependant une origine aussi ancienne. Enfin, dans la petite anse située à l'extrémité Nord de l'étang, se trouvent les sources de Balaruc, dont les thermes étaient très-fréquentés des Romains, et où l'on a récemment découvert des monnaies, des restes d'aqueducs, une piscine antique et des fragments de canalisation en plomb du plus grand intérêt.

La montagne de Cette n'était donc qu'une sorte de signal qui indiquait l'entrée de l'étang; on y pénétrait soit par l'un des graus situés des deux côtés de la montagne, soit même par le grau de Frontignan, qui jouait alors un rôle beaucoup plus important qu'aujourd'hui. La ville de Cette n'existait pas; et tout le mouvement maritime et commercial était concentré sur ce rivage de l'ancien *Taphron* et réparti entre les trois ports à peu près contigus de Mèze, Bouzigues et Balaruc. Alors, comme aujourd'hui, la navigation de l'étang à la mer se faisait avec ces immenses tartanes dont le type s'est conservé presque sans altération sur tout le littoral de la Méditerranée, et dont l'unique voile, appelée toujours voile *latine*, attachée à une antenne d'une grande envergure, se plie d'une manière merveilleuse aux plus

---

(1) .... *Hic stat angusti laris*
Tenuisque censu civitas, Poligyum est.
(AVIEN., *Ora marit.*, v. 610-611.)

brusques caprices des vents et de la mer. La navigation sur l'étang de Tau est, en effet, sinon dangereuse, du moins très-fatigante; les vagues y sont courtes et dures; la violence des vents de mer et la subite renverse du Nord-Ouest y causent souvent de véritables tempêtes, et on a eu quelquefois à y déplorer de regrettables naufrages (1). Malgré ces mauvaises conditions, le mouvement maritime a pris, surtout dans ces dernières années, un accroissement des plus rapides, et qu'il faut attribuer tout entier à l'extrême prospérité agricole du département de l'Hérault.

La ville de Mèze, qui n'était qu'un gros village de mille cinq cents âmes au commencement du siècle, est aujourd'hui une petite ville de près de huit mille habitants, que le commerce des vins a presque tous très-rapidement enrichis. Le trafic s'est développé, depuis 1830, en proportion de cette richesse agricole et industrielle; il a atteint cent soixante mille tonneaux dans la période de 1860 à 1865; aujourd'hui, il dépasse deux cent mille; les vins, les eaux-de-vie, le sel marin que l'on recueille sur le rivage intérieur du *lido,* entre Cette et Agde, le soufre et le bois sont les principaux éléments du transit.

Le port de Bouzigues, de son côté, a suivi une marche aussi progressive; dans la même période de temps, sa population, qui était à peine de cinq

---

(1) Voir seconde partie, chapitre Ier, note de la page 83.

cents habitants, a plus que triplé; le mouvement y était à peu près nul il y a une cinquantaine d'années; il dépasse aujourd'hui dix mille tonnes; la pêche y est surtout très-active, soit à la mer, soit dans les étangs, et se chiffre annuellement par une recette de près de 300,000 francs.

Même accroissement, même expansion à Balaruc et à Marseillan, qui est situé à l'extrémité Ouest de l'étang. L'ensemble de ces quatre ports produit aujourd'hui un tonnage moyen de trois cent soixante mille tonneaux. Cette situation prospère paraît cependant être à son apogée; car c'est la richesse agricole du pays environnant qui est la cause principale du développement maritime des ports de l'étang de Tau; et il est fort douteux qu'on puisse encore augmenter notablement une production qui a été surmenée, qui nous semble avoir atteint ses plus extrêmes limites, et qui traverse en ce moment une redoutable épreuve.

VIII

Mais, quelque rapide qu'ait été l'accroissement des quatre ports de l'ancienne mer des Volkes, il est encore dépassé par l'expansion inouïe qu'a prise celui de Cette dans la même période. Notre intention n'est pas de faire ici une monographie de cette œuvre artificielle, tout à fait moderne et qui ne rappelle aucun souvenir du passé; nous sortirions par trop du cadre que nous nous sommes tracé; toutefois, il nous est impossible de doubler l'ancien promontoire *Sigion* sans nous arrêter quelque temps dans ce port qui, malgré les conditions détestables de son entrée et l'ensablement permanent de ses passes, doit à l'infatigable persévérance de ses ingénieurs et à l'activité commerciale de ses habitants d'être le second port de la Méditerranée et le centre d'exportation de tous les produits agricoles du Languedoc.

La création du port de Cette a été un acte d'autorité souveraine. Il y a deux cents ans, il n'existait peut-être pas une seule habitation au pied de la montagne jurassique que couronne l'ermitage de Saint-Clair. Ce n'était même pas une modeste station de pêcheurs; toute la vie maritime était concentrée dans l'étang de Tau et dans ceux de Lattes et d'Aiguesmortes.

Au commencement du dix-septième siècle, une partie du trafic s'opérait par le grau de Frontignan; mais les graus naturels sont soumis à des vicissitudes qui ne permettent pas d'y fonder d'établissements durables; le grau de Frontignan se fermait en 1623, et un autre grau s'ouvrait du côté de Palavas, à l'embouchure du Lez, pour se fermer bientôt après. La situation devenait critique. Le commerce maritime de Montpellier et de presque toute la province, qui se traduisait par une importation de près de un million cinq cent mille livres d'argent étranger, était gravement compromis; il fallait à tout prix construire au plus vite un établissement capable de recevoir et d'abriter la marine de l'époque, qui commençait à prendre un sérieux développement. C'est alors que Richelieu conçut son vaste projet de Brescou. Nous avons vu comment la mort vint interrompre les travaux du cardinal. La mer ruina en partie le môle inachevé; l'ensablement fit le reste. Le Languedoc continua à être privé de port de commerce, et le golfe de Lyon, infesté par la piraterie, ne possédait pas de refuge pour les navires chassés par la tempête et harcelés par les Barbaresques.

C'est sous l'empire de ces préoccupations que Louis XIV, sur la proposition de Colbert, chargea le chevalier de Clerville, maréchal de camp, commissaire général des fortifications de France, de reconnaître les côtes du Languedoc et de chercher un emplacement favorable (23 février 1663). Assisté de Régnier Yanse, ingénieur hollandais, et du sieur César Darcous, « personnage très-entendu en la matière de mer », le chevalier parcourut tous les graus de la plage et finit par proposer à Colbert le cap de Cette pour l'établissement du port dont il voulait doter le golfe de Lyon.

L'idée n'était pas nouvelle. Sully avait déjà eu la même pensée, et, en 1596, le duc de Ventadour, intendant de la province, avait, par son ordre, présenté aux États un arrêt du conseil qui ordonnait la construction d'un port à Cette; mais ceux-ci refusèrent un subside de cent mille écus, et le projet fut abandonné.

Le chevalier de Clerville fut mieux écouté. Il représenta qu'il était impossible de maintenir et d'améliorer les graus naturels par de simples draguages, aussitôt perdus qu'exécutés, et proposa de créer un grau artificiel appuyé sur un môle unique, qui devait, dans sa pensée, mettre le port à l'abri des vents et des ensablements. Ce môle, enraciné à la pointe du cap, se serait avancé en ligne droite dans la mer, sur une longueur de trois à quatre cents toises, et aurait protégé ainsi un bassin d'une étendue et d'une profondeur suffisantes pour recevoir les plus forts navires. Un canal, établi sur l'emplacement même du grau souvent atterri, devait assurer la communication permanente de ce bassin avec l'étang de Tau.

Les projets du chevalier de Clerville furent approuvés; et, le 29 juillet 1666, la première pierre du port de Cette fut solennellement posée, au bruit des fanfares et de l'artillerie, et en présence d'une immense population que la foire de Beaucaire, alors dans tout son éclat, avait attirée dans le Languedoc.

A partir de ce jour, les mécomptes commencèrent. Nous n'en ferons pas ici le pénible récit. Il était cependant facile de prévoir qu'un port, créé ainsi de toutes pièces, à l'extrémité d'un cap en saillie sur une plage sablonneuse et battue par tous les vents de la boussole à l'exclusion du Nord et du Nord-Ouest, présenterait des dangers très-sérieux à l'entrée et des éventualités à peu près certaines d'ensablement. M. l'ingénieur Régy, qui a dirigé pendant de nombreuses années les travaux maritimes du département de l'Hérault, s'exprime à ce sujet d'une manière très-catégorique : « Si du haut de la montagne de Cette, dit-il, on observe la mer un jour de tempête, on l'aperçoit troublée sur plusieurs milles au large par les sables que la vague a soulevés et que les courants du littoral transportent de gauche à droite par l'effet combiné des vents du large et de la direction de la côte, avec des vitesses qui atteignent de 2^{m}50 à 3 mètres par seconde. On dirait une rivière marine qui longe la plage, chargée des sables que les vagues lui ont livrés, et qu'elle dépose et jette sur le rivage, dans les anses et dans les ports. En passant à Cette, entre le brise-lames et les jetées, elle en laisse dans les passes, tous les ans, de quatre-vingt mille à cent mille mètres cubes (1). » Le port de Cette ne pouvait donc être qu'un port *agité* ou un port *ensablé*; et l'un de ces deux inconvénients ne saurait être atténué sans que l'autre s'augmente en proportion. Il est évident, en effet, que, pour produire du calme, il faut con-

---

(1) REGY, *Mémoire sur l'amélioration du littoral de la Méditerranée dans le département de l'Hérault*. 1863.

struire des ouvrages avancés, et que ce calme aggrave d'une manière très-sensible le régime des atterrissements.

La succession des travaux exécutés à Cette ne l'a que trop prouvé.

La première jetée de Clerville, qu'on appelle *jetée de Saint-Louis*, n'était pas terminée, que l'ensablement commençait. Les travaux furent alors confiés à l'illustre Riquet de Bonrepos, qui jugea convenable d'établir une seconde jetée de l'autre côté du grau; c'est la *jetée de Frontignan*. On obtint un peu plus de calme, et, comme conséquence inévitable, un banc de sable se forma à l'entrée du port.

Dès lors commença, pour ne plus finir, la lutte contre les ensablements. Vauban apporta à cette tâche ingrate l'appui de son talent. A la suite de deux visites faites en 1679 et 1681, il rédigea un mémoire dans lequel il critiqua la disposition des jetées. « En général, dit-il, pour établir un port en pays de plage, on ne doit jamais joindre les jetées à la terre, mais les en éloigner, au contraire, d'une distance convenable, et les disposer de sorte qu'elles n'empêchent pas l'effet des courants qui servent à nettoyer le port et à entretenir sa profondeur. »

On entra alors dans le système des môles isolés dont les restes antiques de Pouzzoles, de Misène, de Nisita et de Trani sont connus de tous. En 1701, l'ingénieur Niquet commençait l'exécution d'une jetée isolée en avant de celle de Frontignan. On obtint tout d'abord un bon résultat à la passe; mais les effets furent loin d'être aussi heureux dans le bassin et dans le chenal; et on dut augmenter encore le nombre des pontons affectés au draguage. En présence de ce nouvel échec, on revint aux anciens errements; et on résolut de souder la jetée isolée à celle de Frontignan; le résultat ne se fit pas longtemps attendre; on réussit à avoir plus de calme dans le port et, par suite, plus d'ensablement.

La situation devenait de plus en plus grave; on prit de nouveau le parti d'entrer plus largement dans les idées de Vauban, qu'on avait un moment abandonnées. Un grand môle curviligne avancé en mer, appelé *brise-lames*, d'un développement de cinq cents mètres, fut projeté en avant des deux jetées de Saint-Louis et de Frontignan, abritant ainsi tout le port contre la houle du large et ménageant deux passes diamétralement opposées, l'une à l'Ouest-Sud-Ouest, l'autre au Nord-Est 1/4 Nord. Ce travail difficile fut exécuté de 1821 à 1833 et complété en 1840 par l'addition de deux musoirs circulaires, dont les parois verticales donnent lieu à un ressac très-violent, favorable sans doute à l'approfondissement des passes, mais en revanche dangereux pour l'entrée des navires. Ce magnifique ouvrage est défendu, du côté du large, par des blocs de vingt-quatre et même de quarante-huit mètres cubes que la fureur de la mer déplace et soulève quelquefois avec une effrayante facilité.

En l'état actuel, le port de Cette est donc formé par l'ensemble des trois jetées de Saint-Louis, de Frontignan et du brise-lames. Cet avant-port, assez agité, protége trois grands bassins et plusieurs canaux qui sillonnent la ville et présentent un développement de quais de près de douze kilomètres.

Le montant des travaux exécutés jusqu'à ce jour atteint déjà trente millions; mais, malgré ces énormes sacrifices, la situation est loin d'être satisfaisante. On est obligé d'extraire annuellement près de cent mille mètres cubes de sable; la profondeur des passes est souvent réduite à cinq mètres, ce qui limite le mouillage dans les bassins à cette profondeur. Il y a plus : l'entrée par les vents du large; lorsque la mer déferle avec fureur contre le brise-lames, la jetée de Frontignan et les rochers escarpés de la montagne de Cette, présente des dangers très-sérieux. La passe de l'Est seule est possible pendant le mauvais temps; celle de l'Ouest est tellement mauvaise, que M. l'ingénieur Régy n'hésite pas à déclarer qu'il y a presque « certitude de sinistre ».

Ces déplorables conditions nautiques opposeront-elles une barrière infranchissable à un grand développement du port? On peut le craindre. Mais, d'autre part, lorsqu'on examine la progression si rapide du mouvement maritime, qui, de quarante mille tonneaux à la fin du dix-septième siècle, atteint aujourd'hui sept cent quarante mille tonneaux, et que l'on considère que ce grau, désert il y a deux cents ans à peine, est aujourd'hui une ville de plus de vingt-cinq mille âmes, dont la population ardente et laborieuse manutentionne annuellement plus d'un million deux cent mille tonnes sur ses douze kilomètres de quais, on ne saurait désespérer de l'avenir (1). Des projets nombreux ont été étudiés pour mettre Cette en état de recevoir les navires de six à sept mètres de tirant d'eau, qui tendent de plus en plus à se substituer, dans le bassin de la Méditerranée, aux anciens bateaux d'un plus faible tonnage. Nous n'avons pas à les examiner ici, et ne pouvons que leur souhaiter de donner les résultats que les travaux antérieurs n'ont pu obtenir d'une manière satisfaisante. Disons seulement que Cette est une ville trop jeune pour mourir demain; et, si l'artiste et l'archéologue n'éprouvent aucun attrait à séjourner dans un pays qui n'a ni passé, ni monuments, ni souvenirs, et

---

(1) Les éléments principaux du trafic du port de Cette sont les vins, les alcools, les minerais, les charbons, le soufre, les bois, les douelles, les bitumes, les céréales, les huiles et les rails. Indépendamment du mouvement maritime, Cette est le port d'attache, de plus de sept cents bateaux pêcheurs français ou étrangers. L'importance de la pêche se chiffre par une recette annuelle de plus de huit cent mille francs.

dont la population est absorbée par la fabrication des vins, la salaison des sardines, le séchage des morues et les opérations commerciales de toute nature, ils devront du moins convenir qu'elle est devenue en très-peu de temps la plus industrieuse, la plus animée, — peut-être la plus riche ville du Languedoc, et que cette prospérité croissante est due tout entière à l'intelligence pratique et au travail opiniâtre de ses habitants.

CHAPITRE NEUVIÈME.

LA CRAU ET LE LITTORAL DU BAS RHÔNE.

L'ancien estuaire du Rhône. — Les villes celtiques et les villes latines. — Le diluvium alpin. — La Crau de Provence, la Crau de Languedoc et la Crau d'Arles. — La pluie de cailloux d'Eschyle et la grêle de pierres de Josué. — Adam de Craponne et la transformation agricole de la Crau. — Analogie de la Crau et du Sahara. — Les troupeaux errants; le mirage; le mistral. — Régime ancien du bas Rhône. — Les *Tines* ou *Teys*. — Déplacement successif des embouchures vers l'Est. — Les tours du Rhône. — Ondulations de la côte. — Le phare de Faraman. — Creusement des golfes d'Aiguesmortes, des Saintes-Maries, et affouillement de la plage de Faraman. — Avancement des pointes de l'Espiguette et de Beauduc et de l'embouchure actuelle. — Le cordon littoral originaire.

I

La grande lagune littorale, qui commence à Agde et se prolongeait autrefois jusqu'au Rhône, doit être aujourd'hui divisée en deux parties tout à fait distinctes, l'étang de Tau, — et le groupe des étangs à la suite, de Cette à Mauguio. Nous venons d'étudier le premier; ancien golfe ouvert du côté de la mer, aujourd'hui fermé par le *lido*, il restera encore navigable pendant de longs siècles; car son fonds ne s'exhausse qu'avec une extrême lenteur, grâce aux faibles apports des petites rivières qui y conduisent leurs eaux. Le grand travail de comblement est au contraire très-avancé pour les étangs d'Ingril, de Vic, de Maguelone, de Pérols, de Mauguio, etc..., dans lesquels le Rhône, le Vidourle et le Lez jetaient encore leurs sédiments à une époque très-rapprochée de nous. Tous ces étangs ou marais ne sont plus navigables; et les États de Languedoc ont dû, au commencement du dernier siècle, y faire creuser un canal latéral à la mer, qui vient, sous les murs d'Aiguemortes, joindre le canal de Beaucaire, et permet ainsi à la batellerie fluviale de passer des eaux du Rhône dans celles de la Garonne. — C'est le canal des étangs.

On peut donc dire sans erreur que la montagne de Cette marque l'extrémité occidentale de la région du bas Rhône. L'étude géologique du sol permet d'ailleurs de l'établir clairement et de retrouver l'ancien rivage qui, à l'origine de notre période, formait la limite du continent et de la mer.

A différentes époques de son histoire, l'homme a établi une route littorale du cap *Sigion* (Cette) au Rhône. « Polybe, qui écrivait en l'an de Rome 600 (154 ans avant J. C.), parle d'une voie antique qui, de Carthagène, dans la Bétique, passait par Empurias, dans la Catalogne, traversait toute la Narbonnaise et conduisait jusqu'au Rhône. Ce chemin existait bien avant que les Romains se fussent rendus maîtres du pays, et il était sans doute l'œuvre primitive des tribus autochthones, — celtiques ou ibériennes (1). »

Ce fut évidemment la route suivie par Annibal,

---

(1) Gr. CHARVET, *les Voies romaines chez les Volkes Arékomiques.*

lorsqu'il traversa le midi de la Gaule pour envahir l'Italie. La voie Domitienne (125 ans avant J. C.) n'a été que la rectification de cette route primitive. — Plus tard, la grande route royale, que les États de Languedoc firent construire et qui est encore une des principales artères du midi de la France, suivit à peu près le même tracé. Enfin, le chemin de fer de Cette à Beaucaire, qui n'a pas trente-cinq ans d'existence, est, sur presque tout son développement, riverain de la route ordinaire. La configuration des lieux explique très-bien cette concordance.

Le voyageur qui se dirige de Cette au Rhône, en suivant l'une des trois routes que nous venons d'indiquer, côtoie sur la gauche les dernières assises du terrain néocomien et du terrain tertiaire moyen; et, tandis que sa vue est bornée de ce côté par les étages de ces collines, elle s'étend indéfiniment à droite sur une immense plaine d'alluvions qui se prolonge jusqu'à la mer. Ces alluvions sont de deux époques, les unes anciennes, les autres tout à fait contemporaines; mais toutes ont la même provenance, et c'est le Rhône qui a donné naissance à ce magnifique territoire.

Le savant auteur des *Mémoires pour l'histoire naturelle de Languedoc* fait, à ce sujet, une remarque assez judicieuse (1) : « Tous les noms

---

(1) ASTRUC, *Mémoires pour l'histoire naturelle de la province de Languedoc*, Paris, 1737.

des lieux, dit-il, qu'on trouve sur la route de Nîmes à Béziers sont celtiques : *Ugernum,* Beaucaire; *Nemausus,* Nimes; *Ambrossus,* Ambrussium; *Sostatio,* Castelnau près Montpellier; *Cessero,* Saint-Thibéry; *Biterræ,* Béziers. Et c'est, comme on voit, une preuve que ces lieux subsistaient déjà, quand les Romains se rendirent maîtres du pays des Volkes Arékomiques. Au contraire, les noms de tous les lieux compris dans l'étendue du pays qui est au midi de cette route et que la mer a autrefois couvert, sont tous latins : Aiguesmortes, *Aquæ mortuæ;* Franquevaux, *Francavallis;* Saint-Gilles, *Fanum Sancti Ægidii;* Vauvert, *Vallis viridis;* Massiliargues, *Massilianicæ;* Lansargues, *Lansanicæ;* Candillargues, *Cantillianicæ;* Melgueil, *Mercurium, Mercorium, Melgorium;* Perols, ou, comme on prononçait autrefois, *Pezols, Pedolium;* Villeneuve, *Villanova;* Mirevaux, *Mira vallis;* Maureillan, *Maurillianum;* Vic, *Vicus;* Frontignan, *Frons stagni,* etc. Cela prouve que ces lieux n'ont été bâtis que depuis la domination des Romains, et par conséquent que ce n'est que depuis ce temps qu'ils sont habitables; car on ne saurait imaginer d'autre raison qui ait empêché les Gaulois d'habiter le pays le plus fertile du bas Languedoc, sans contredit. » Cette classification est tout à fait conforme à la constitution géologique du sol; et, à l'exception de quelques points isolés, tels que *Magalo,* Maguelone; Mont-Majour;

Cordes, *insula Cordæ*; Castelet, *insula Castelli*; la montagnette de Tarascon et même la chaîne des Alpines, et qui étaient de véritables îles à l'origine de notre époque actuelle, toute cette plaine était recouverte par les eaux de la mer ancienne, dont le contour s'avançait très-profondément dans l'intérieur de notre continent. Ce golfe primitif, appelé depuis *golfe de Marseille*, a été tout d'abord comblé par le *diluvium* qui a donné naissance à cette immense nappe de cailloux, au-dessus de laquelle se sont déposées et se déposent encore aujourd'hui les alluvions modernes. Une grande partie de la plaine et tous les coteaux présentent, sur une épaisseur qui atteint quelquefois dix mètres, une enveloppe de cailloux roulés de forme calcaire, mêlés à une terre rougeâtre très-divisée ; le reste est de la terre végétale d'un apport tout à fait récent et provenant des inondations du Rhône ou du Vidourle.

II

Les géographes anciens, dont les connaissances géologiques étaient assez peu étendues et qui se contentaient en général d'étudier l'aspect extérieur de la surface, n'ont fait mention que de la partie de ce territoire où les caractères physiques que nous venons d'indiquer sont manifestes à tous les yeux. C'est la *Crau d'Arles*. « Entre Marseille et l'embouchure du Rhône, dit Strabon (1), à environ cent stades de la mer, est une plaine de forme circulaire et de cent stades de diamètre, à laquelle un événement singulier a fait donner le nom de *champ de cailloux*. Elle est, en effet, couverte de cailloux, gros comme le poing, sous lesquels l'herbe croît en assez grande abondance pour servir de pâturage aux troupeaux. » Ce n'est, à vrai dire, qu'une portion assez restreinte de la *grande Crau*, envisagée au point de vue géologique. Le diluvium s'est répandu sur tout le vaste triangle dont Beaucaire et même Avignon, Cette et Fos sont les trois sommets; il forme aujourd'hui le *substratum* de cette immense plaine à pente douce qui plonge au-dessous de la grande et de la petite Camargue, et s'étend très-certainement en mer à une distance assez considérable.

Nous ne reviendrons pas sur les causes probables de ce cataclysme; nous avons déjà exposé (2) les différentes hypothèses qui peuvent expliquer le phénomène. Rappelons seulement que cette mer de cailloux roulés n'a d'autre provenance que le massif des Alpes, et que la désignation de *diluvium Alpin* est doublement juste, puisqu'elle rappelle à la fois la cause torrentielle du dépôt et l'origine des matériaux qui le composent.

En la limitant à la Crau actuelle d'Arles, et

---

(1) Strabon, *Géogr.*, lib. IV.
(2) Voir première partie, chapitre III, ix.

surtout en l'attribuant à la Durance seule, qui aurait débouché par le pertuis de Lamanon, à l'extrémité Ouest de la chaîne des Alpines, certains géologues modernes ont commis une véritable erreur. La Durance a produit une Crau distincte, située au Nord de la chaîne des Alpines; c'est la *Crau de Saint-Rémy*, que ses proportions plus modestes ont fait surnommer la *petite Crau*; elle s'est épanchée aussi par le pertuis de Lamanon; mais n'a pas à elle seule donné naissance à la Crau de Provence. C'est le Rhône lui-même qui est le principal agent de cette puissante formation.

Immédiatement après son confluent avec la Durance, le grand fleuve, dégagé des montagnes entre lesquelles son lit était encaissé, s'est forcément répandu dans les plaines basses qu'aucun obstacle ne protégeait plus et qui étaient en grande partie envahies par les eaux de la mer; et c'est ainsi qu'il a créé, sur tous les points que le niveau du diluvium lui a permis d'atteindre, deux Craus distinctes, la Crau de Provence et la Crau de Languedoc; cette dernière moins large et beaucoup plus cultivée, occupant même une superficie plus considérable que la Crau d'Arles.

Ainsi la grande et la petite Crau, la Crau du Rhône et la Crau de la Durance, sont deux dépôts contemporains, deux phénomènes identiques, dus aux mêmes causes, mais ce ne sont pas deux enfants du même lit.

L'examen minéralogique de tous ces cailloux roulés présente, à ce point de vue, un intérêt tout particulier : on retrouve dans la petite Crau un nombre prodigieux de roches vertes, euphotides et variolites, arrachées aux flancs des Alpes Briançonnaises, au travers desquelles serpente la Durance; les neuf dixièmes des cailloux de la grande Crau sont, au contraire, des quartzites blancs, provenant du massif des grandes Alpes; le reste est un mélange de roches diverses, protogynes, calcaires, et très-peu de variolites du mont Genèvre. On peut dire, sans la moindre figure et avec une parfaite exactitude, que la Crau est la collection minéralogique la plus complète des roches originaires de la partie de la chaîne des Alpes, qui est tributaire du Rhône et de tous ses affluents.

III

Le langage usuel ne s'accommode pas trop de ces distinctions un peu scientifiques; et on n'applique vulgairement le nom de *Crau* qu'à la plaine nue, stérile et déserte qui est située au Sud-Est d'Arles, entre la chaîne des Alpines et la mer, et qui, comme nous l'avons dit, est en grande partie formée par le grand diluvium du Rhône, auquel est venu s'ajouter le diluvium beaucoup moins important de la Durance à sa sortie de la trouée de Lamanon. Elle est d'ailleurs bien nommée. Sans remonter à la racine celtique, *Craig* ou *Crag*, qui, d'après Cambden, signifie pierre ou rocher, on peut considérer le mot *Crau* comme une altération de l'ionique κρανaός, rude, raboteux, appliqué par Homère (1) aux terrains pierreux; et il est assez naturel de penser que les Massaliotes, Ioniens d'origine, auront donné de très-bonne heure au champ de cailloux le nom de κραναόν πεδίον, plaine plate et pierreuse. Les philosophes et les géographes anciens ont imaginé, pour expliquer la formation de la Crau, diverses théories (2) sur le mérite desquelles il est inutile d'insister. La géologie n'était pas le fait de nos ancêtres; et mieux vaut, d'ailleurs, une bonne légende qu'une mauvaise explication scientifique. Or, la Crau a sa légende : Suivant

---

(1) *Iliade*, liv. III, v. 201.
(2) Aristote prétend que la terre, par des tremblements, de ceux qu'on appelle *brastes*, avait vomi à sa surface tous ces cailloux, qui naturellement se sont accumulés dans les endroits les plus bas du terrain. — Posidonius veut que cette plaine ait été autrefois un lac, dont les eaux ont été glacées à la suite d'une violente agitation, et que ce soit précisément par l'effet de cette agitation qu'elles ont formé, en se morcelant, un grand nombre de pierres, semblables, par le poli et par le volume, aux cailloux des fleuves et aux galets des bords de la mer. (STRABON, *Géogr.*, liv. IV.)
Strabon repousse ces deux explications et en donne une troisième assez obscure, mais qui laisse entrevoir une lueur de vérité. « Il faut, dit-il, de toute nécessité, que ces pierres soient les débris de quelques grands rochers qui se seraient brisés à différentes époques. »

Eschyle, Hercule, après avoir délivré Prométhée, enchaîné sur le Caucase, se rend au jardin des Hespérides. Prométhée lui trace sa route :

« Tu arriveras, lui dit-il, dans un lieu battu par Borée; prends garde que la violence de ce vent froid ne t'enlève de terre..... Tu rencontreras le peuple des Ligures; là, malgré ta valeur, tu te trouveras sans défense; car le destin veut que tes flèches soient épuisées, et tu ne trouveras pas même une pierre à lancer contre tes ennemis ; le terrain n'en fournit pas. Mais Jupiter sera touché; il couvrira le ciel d'épais nuages et fera pleuvoir une grêle de pierres rondes, avec lesquelles tu repousseras l'armée ligurienne (1). »

De là est venu le nom de *Campus lapideus sive Herculeus* que portait la Crau dans l'antiquité. A près de cinq siècles de distance, Strabon et Pomponius Méla reproduisaient la même fable, avec quelques variantes de peu d'importance (2). Il est certain que cette couche de cailloux roulés, dont l'épaisseur moyenne varie de dix à quinze mètres et qui occupe une superficie de plus de trente-cinq mille hectares, devait donner à réflé-

---

(1) Fragment du *Prométhée enchaîné*, tragédie perdue d'Eschyle, faisant partie de la trilogie de *Prométhée*.

(2) *Alioquin littus ignobile est, Lapideum (ut vocant); in quo Herculem contra Albiona et Bergion, Neptuni liberos, dimicantem cum tela defecissent, ab invocato Jove adjutum imbre lapidum ferunt. Credas pluisse, adeo multi passim et late jacent.* (Pomp. Mela, lib. II, cap. v.)

chir aux anciens, qui ne connaissaient pas le phénomène du diluvium et qui n'avaient dès lors d'autre ressource que de chercher, dans leurs traditions religieuses, une explication que l'état de la science leur refusait.

Cet épisode de la fable a cela de très-remarquable, qu'il reproduit à peu près le récit de la bataille de Béthoron gagnée, avec le secours de Dieu, par les Israélites sur les cinq rois des Amorrhéens, campés autour de Gabaon. Écoutons le texte sacré :

7. Et Josué monta de Galgal durant toute la nuit, et il fondit tout à coup sur eux.

8. Et le Seigneur les épouvanta devant Israël et les frappa d'une grande plaie en Gabaon, et il les poursuivit par la voie qui monte en Béthoron, et les frappa jusqu'en Azéca et Macéda.

9. Et, lorsqu'ils fuyaient devant Israël et qu'ils étaient dans la descente de Béthoron, le Seigneur fit tomber du ciel sur eux de grosses pierres jusqu'en Azéca; et ils moururent en plus grand nombre par cette grêle de pierres que les enfants d'Israël n'en avaient tué par le glaive.

JOSUÉ, chap. x, vers. 7, 8, 9.

La pluie de pierres d'Eschyle et des géographes anciens rappelle donc d'une manière frappante celle de l'Écriture; et, pour compléter l'analogie, nous ajouterons que le camp de Josué s'appelait *Galgal* ou *Galgala,* qui signifie en hébreu pierre roulée, galet; et que le savant P. Berruyer a découvert à Azéca, qui se trouve à plusieurs lieues de Béthoron, une véritable *Crau* comparable à celle de Provence et de Languedoc.

IV

La Crau présente un aspect désolé; mais cette plaine, autrefois d'une aridité absolue, est maintenant en voie de transformation agricole. Cet immense bienfait est dû à un gentilhomme de Provence, dont la fortune, la magnifique intelligence et la vie même ont été absorbées par la réalisation de l'œuvre qui porte aujourd'hui son nom. Adam de Craponne, né vers 1525 à Salon, petite ville située sur la lisière du désert pierreux, était, dit César Nostradamus, « un personnage tant renommé pour la rare conduite et presque inconcevables des-tournements des fleuves aspres et plus bruyantes rivières, en quoi il estoit sans pareil; voire pour l'excellence de son esprit à l'entreprise et dessein des forteresses et découvertes des métaux; et en des choses si admirables, si belles et si fructueuses, qu'il en a mérité un los immortel... (1). » Il conçut l'idée de dériver une partie des eaux fertilisantes de la Durance un peu au-dessous de Pertuis, et de répandre ces riches limons sur le vaste

---

(1) César Nostradamus, *Histoire et chroniques de Provence.*

champ de cailloux dont la surface, brûlée par le soleil méridional, ne se couvre que pendant l'hiver d'une végétation assez pauvre; des terrains de premier ordre ont été ainsi créés sur la lisière de la Crau (1). Aujourd'hui les canaux de Craponne, des Alpines, de Langlade et d'Istres sillonnent l'ancien désert; partout où l'eau arrive, le sol se couvre de grands arbres, de prairies, de céréales; et nous sommes peut-être peu éloignés du jour où la culture aura entièrement conquis la Crau.

Dans l'état actuel, la Crau doit être divisée en deux parties : la Crau arrosable ou plutôt arrosée, qui devient à vue d'œil un véritable jardin, et la Crau marécageuse et aride, où la Durance n'a pas encore colmaté les bas fonds et recouvert la plaine dénudée de ses eaux limoneuses. C'est encore le désert. Il présente une certaine analogie avec la plaine brûlante située aux confins de l'Atlas. La Crau est, en effet, le pays de pâturage des nombreux troupeaux qui abandonnent pendant l'hiver les prairies trop froides des Alpes et des Cévennes; et cette migration périodique des bergers provençaux de la montagne à la plaine est en tout semblable à celle de l'Arabe nomade entre l'Atlas et le Sahara (2). On peut pousser

---

(1) Voir, au sujet des canaux de la Crau, l'étude de M. F. MARTIN, l'Œuvre d'Adam de Craponne. (Annales des Ponts et Chaussées, 1874.)

(2) Ch. MARTINS, du Spitzberg au Sahara, Paris, 1866.

plus loin la comparaison. Le climat de la Crau est extrême; l'été y est aussi rude qu'en Afrique, la température de l'hiver se maintient très-souvent au-dessous de zéro pendant plusieurs nuits consécutives. La rigueur du climat y est encore augmentée par la bise glaciale qui pénètre de froid les malheureux troupeaux, blottis derrière de longs murs en pierres sèches que la violence du vent renverse quelquefois sur eux. Pendant l'été, le phénomène du mirage y est à peu près continu; la couche d'air en contact avec les cailloux polis et brûlants de la surface s'échauffe et se dilate d'une manière prodigieuse, et l'horizon est frangé de tous côtés de nappes d'eau fictives qui charment les yeux, mais qui trompent souvent le voyageur le mieux averti. Comme le Sahara, la Crau a aussi ses oasis ombragées, non par des palmiers, mais par des peupliers séculaires, des mûriers, des figuiers, de magnifiques rideaux de cyprès, et rafraîchies par des sources assez abondantes.

Les troupeaux errants de taureaux et de chevaux camargues, les vols de flamants roses, les compagnies de perdrix et d'outardes lui donnent une physionomie orientale très-prononcée; et quelque pénible que soit la traversée de cette triste plaine, on éprouve une impression étrange au milieu de ce Sahara en miniature, qui rappelle assez fidèlement les traits caractéristiques du grand désert africain.

V

Le vrai fléau de la Crau est le vent du Nord-Ouest, qui s'y déchaîne avec une impétuosité dont on a peine à se faire une idée tant qu'on n'en a pas été le témoin ou la victime. « Tout ce pays, dit Strabon, même celui qui est au dessus, est fort exposé aux vents; mais cette plaine surtout est battue par une bise très-froide, μελαν-βόρειον, *mélamborée*, et si violente qu'elle entraîne et bouleverse une partie de ses cailloux, qu'elle renverse les hommes de dessus leurs montures et leur enlève jusqu'à leurs armes et leurs habits. » Nous avons déjà vu que Prométhée engageait Hercule à se méfier du vent Borée, qui pouvait l'enlever de terre. « Ce vent, dit de son côté Astruc, est connu aujourd'hui sous le nom de *bise*, et ce nom répond à la signification de *Mélamborée*, c'est-à-dire de *Borée noir* que Strabon lui a donné; car ce nom de *bise* vient du celtique *bis*, qui veut dire *noir* (pain bis). Le nom d'*Aquilo* que ce vent portait chez les Romains venait de même du mot *aquilus*, sombre, noir, et les Turcs appellent également aujourd'hui *vent noir*, le vent du Nord-Ouest. C'est ainsi que presque tous les peuples se sont accordés à regarder le Septentrion comme une région couverte d'épaisses ténèbres, ou, comme on parlait alors, de *ténèbres cimmériennes*, et à appeler *vents noirs*, tous ceux qui soufflaient de cette partie du ciel. »

Ces descriptions ne sont pas exagérées. Il est facile d'ailleurs d'expliquer le mode de génération de ce terrible vent qu'on appelle en Provence le *mistral*, et qui est bien le maître vent par excellence, *magistral*, *maëstral*. Les régions basses et sablonneuses de l'embouchure du Rhône forment un vaste delta et une succession de collines basses et dénudées qui s'échauffent avec excès sous les rayons de notre soleil méridional ; la couche inférieure de l'air se dilate et s'élève rapidement ; et dans le vide ainsi produit vient immédiatement s'engouffrer l'air froid des Alpes et des Cévennes. Ce foyer d'appel donne lieu par conséquent à un courant énergique qui balaye toute la vallée du Rhône, atteint son maximum d'intensité entre Avignon et la mer, et s'amortit au large à la rencontre de l'atmosphère plus tranquille qui recouvre la surface de la Méditerranée. La violence du vent est donc en raison directe de la différence de température qui existe entre l'air froid des montagnes et l'air suréchauffé du rivage ; et on conçoit dès lors pourquoi l'hiver et le printemps sont les époques de l'année où le mistral souffle avec le plus de force ; car c'est alors que ces écarts de température sont les plus considérables. Le vieux dicton provençal :

> *Parlement, mistral et Durance*
> *Sont les trois fléaux de Provence,*

n'est plus aujourd'hui entièrement vrai. Le parlement n'existe plus; la Durance torrentielle est devenue, depuis Adam de Craponne, un agent de fertilisation et de richesse. Mais le mistral accomplit tous les jours sous nos yeux de véritables méfaits; et, sans parler des désastres accidentels qu'il a pu commettre, tels que l'enlèvement du grand pont suspendu du Rhône, en 1845, entre Beaucaire et Tarascon, nous le voyons souvent déraciner les arbres, renverser les voitures chargées sur les routes, et détruire des récoltes entières. Les trains de voyageurs et de marchandises subissent dans la plaine de la Crau des retards considérables; quelquefois même ils sont complétement arrêtés, les toitures des wagons sont enlevées et projetées au loin; les tuiles des maisons seraient presque toutes emportées, si l'on n'avait soin de les recouvrir d'énormes pierres; la traversée du Rhône est interdite pendant des jours entiers; et, dans toute cette partie du Languedoc et de la Provence, on trouverait peut-être difficilement un arbre exactement vertical; presque tous sont inclinés d'une manière très-sensible sous la pression du terrible ouragan. Grâce à ce renouvellement des couches atmosphériques, les nuages sont dissipés avec rapidité et ne peuvent se reformer d'une manière durable, et l'atmosphère est presque toujours d'une limpidité parfaite; mais, on le voit, le « beau ciel de la Provence » est assez chèrement acheté.

VI

La plaine triangulaire que nous venons de décrire et dont la base s'étend de Cette à Fos est ce qu'on pourrait appeler le delta primitif ou le delta *géologique* du Rhône ; la Camargue est le delta des temps modernes ou le delta *géographique*.

L'île de la Camargue est un véritable manteau de terre végétale déposé par les inondations du Rhône à sa sortie de Beaucaire sur la nappe diluvienne de la grande Crau. Nous ne reviendrons pas sur le mode de formation de ce delta, de l'étang de Valcarès qui en occupe le centre et du littoral maritime ; cette question a été déjà traitée plus haut avec assez de développement, et nous renvoyons le lecteur aux paragraphes v-xii du chapitre III, première partie. Rappelons seulement que le point de diramation des divers bras du Rhône ne paraît pas avoir sensiblement varié depuis les époques historiques. C'est un peu au-dessus d'Arles, à Fourques (*Furcha, Furchæ,* cartulaire de Franquevaux, fourche, bifurcation) que le fleuve actuel se divise en deux branches : le grand Rhône ou Rhône d'Arles, qui se jette à la mer à sept kilomètres en aval de la tour Saint-Louis, et le petit Rhône ou Rhône de Saint-Gilles, qui débouche au grau d'Orgon, près des Saintes-Maries. Au moyen âge et dans les temps anciens, le Rhône, divisé en plusieurs branches, a sillonné en tous sens la plaine inférieure; mais il est impossible de déterminer d'une manière précise quel était le nombre de ses branches aux différentes époques de l'histoire. Nous avons vu, en effet, que Strabon citait l'opinion de plusieurs de ses devanciers qui leur donnaient successivement deux, trois, cinq et même sept bouches. Pline l'Ancien ne lui en donne que trois, dont une principale. « Les deux petites branches, dit-il (1), sont appelées *Libyques*, dont l'une porte le nom d'*Espagnole*, et l'autre de *Métapine*; la troisième et la plus grande se nomme *Massaliotique*. »

Ce nom de bouches *Libyques*, *ora Libyca*, rappelle l'ancienne tribu des Ligures, *Ligures Libici* ou *Libeci*, confinée autrefois sur cette partie du littoral et dont on a conservé des monnaies aux types de Marseille, portant en caractères celtibériens la légende rétrograde *Libeci* (2). La branche Espagnole était naturellement la plus occidentale; la branche Massaliotique était la plus rapprochée de la ville-mère *Massalia*, qui avait échelonné ses colonies sur toute la côte; quant à la branche Métapine, les commentateurs, corri-

---

(1) *Libyca appellantur duo ejus ora modica; ex his alterum Hispaniense, alterum Metapinum; tertium, idemque amplissimum, Massalioticum.* (Plin., lib. III, cap. v.)

(2) Voir la *Numismatique de la Narbonnaise*, par M. de la Saussaye.

geant le texte de Pline, l'ont souvent écrit *Métina*, et sous cette forme elle rappelle ce petit archipel d'îlots vaseux qu'on retrouve sur plusieurs cartes anciennes sous le nom de les *Tines* ou les *Tignes* (*las Tinhas*, de θίν, θίνος, bas fond, amas de sable et de vase), et qui sont encore désignés aujourd'hui sous celui de *Theys* ou *Teys*. Cette incertitude sur le nombre des bouches n'a rien qui doive surprendre; le cours inférieur du Rhône est soumis encore aujourd'hui à des variations telles, qu'il n'est pas étonnant qu'à des intervalles de temps très-rapprochés de nouveaux graus se soient ouverts ou fermés; le grand bras actuel du Rhône n'existe que depuis cent cinquante ans à peine, et nous sommes peut-être à la veille de voir ce bras abandonné et le Rhône prendre une nouvelle direction. Ces changements de lit devaient être bien plus fréquents dans les temps anciens, alors que le fleuve, dépourvu de digues, se répandait librement, pendant les crues, sur toute la surface du delta, et qu'au lieu de rentrer dans son lit primitif il changeait très-certainement, après chaque inondation, le nombre et la direction de ses branches.

Tout ce que nous pouvons affirmer, c'est que, dans les temps anciens, pendant toute la durée du moyen âge et la plus grande partie des temps modernes, le Rhône s'est largement répandu du côté de Mauguio et d'Aiguesmortes, où l'on retrouve aujourd'hui les lits atterris de ses anciens bras, les *Rhônes morts*. Le fleuve coulait primitivement au pied des collines qui bordent la Camargue à l'Ouest; la pente de la Crau le rejetait naturellement de ce côté; il tombait dans la partie actuellement comblée de l'étang de Mauguio, qui est représentée par le territoire d'Aiguesmortes. Puis se sont formés les Rhônes morts; le petit Rhône leur a succédé; enfin, celui-ci a cédé plus tard la prééminence au bras oriental, qui est aujourd'hui le principal. Tous ces changements présentent la ressemblance la plus frappante avec ceux qui se sont produits aux embouchures du Pô, se déplaçant graduellement de Ravenne vers Venise (1).

Jusqu'à ces derniers temps, le courant principal du Rhône suivait le *Bras-de-Fer*, appelé aussi *canal du Japon*, et que l'on trouve indiqué sur toutes les cartes sous le nom de *Vieux-Rhône*; mais, en 1711, les vases avaient tellement exhaussé le Bras-de-Fer que le fleuve envahit le canal des Lônes, qu'on avait creusé quelques années auparavant dans le but de dessaler quelques étangs. Le courant s'établit bientôt dans ce canal, et, en 1724, les barques de mer y passaient à pleine charge. C'est ainsi que s'est formée la grande embouchure actuelle du Rhône, dont

---

(1) Voir l'étude de M. DENAMIEL, ingénieur des ponts et chaussées, sur le *Régime des côtes de la Camargue*. Marseille, 20 janvier 1872.

l'existence sera aussi précaire que toutes celles qui l'ont précédée.

VII

Le Rhône apporte annuellement à son embouchure dix-sept millions de mètres cubes de sable et de vase; et, comme chez la plupart des fleuves qui tombent dans une mer sans marée, la passe est obstruée par une barre; ce seuil sous-marin a opposé à la navigation un obstacle jusqu'ici infranchissable. L'embouchure présente une configuration spéciale; à mesure que le fleuve avance ses berges vers la mer, il se forme une série d'îlots éphémères, de *theys,* qu'une cause, futile en apparence, développe rapidement, qu'une autre fait disparaître plus rapidement encore. Un navire naufragé, une épave, un simple piquet peuvent donner naissance à un de ces îlots. C'est ainsi qu'ont été formés les theys de la *Tartane,* du *Roustan,* de l'*Annibal,* etc., qui portent les noms de bâtiments échoués sur le seuil de la barre (1). Ces theys se développent chaque jour; ils se soudent entre eux, sont ensuite émoussés par les coups de mer, disparaissent quelquefois complète-

---

(1) Voir l'étude de M. A. Germain, ingénieur de la marine, sur l'*État de l'embouchure du Rhône et du golfe de Foz en 1872.* — Mission hydrographique des côtes Sud de France. Marseille, 1872.

ment, et, en définitive, prolongent les deux promontoires du Rhône, dont l'avancement annuel est de soixante-dix mètres en moyenne. « Il semble, dit Astruc, que l'accroissement successif de cette côte soit marqué à l'œil par l'ordre des tours bâties le long du Rhône. Strabon nous apprend que les Marseillais, devenus maîtres de l'embouchure de ce fleuve, y construisirent des tours pour servir de signaux et pour en faciliter l'entrée et la sortie (1). Si le Rhône avait toujours eu la même embouchure, on n'aurait eu besoin que d'y construire une seule tour, ou du moins n'aurait-il fallu en construire que deux, une sur chaque rive; cependant, on en compte aujourd'hui quatre à cinq de chaque côté, rangées de distance en distance, le long du fleuve : du côté gauche, la tour de *Mauleget*, la tour de *Saint-Arcier*, la tour de *Parade*, la tour de *Belvare*; et, du côté droit, la tour de *Mondovi*, la tour de *Vassale*, la tour du *Grau*, la tour de *Tampan*, bâtie en 1614, et la tour de *Saint-Genest*, bâtie à

---

(1) L'entrée du fleuve reste toujours difficile à cause de la rapidité des eaux, des atterrissements qui s'y forment, et parce que le pays est si plat que l'on ne peut, dans les temps couverts, distinguer la terre, même de fort près. Aussi les Marseillais, cherchant de toutes les manières à s'approprier cette contrée, y ont-ils fait construire des tours qui servent de signaux; ils ont même fait bâtir un temple à Diane l'Éphésienne, sur un terrain auquel les bouches du Rhône donnent la forme d'une île. (STRABON, *Géogr.*, liv. IV.)

l'embouchure du Bras-de-Fer (vieux Rhône), en 1656. C'est donc une preuve que le lit du Rhône s'est prolongé peu à peu dans la mer par des atterrissements successifs, que les anciennes tours se sont trouvées par là trop éloignées de l'embouchure pour pouvoir servir à l'usage pour lequel on les avait bâties, et qu'on a été obligé d'en construire de nouvelles de temps en temps et de distance en distance (1). » La dernière de ces tours sémaphores a été la tour *Saint-Louis,* construite en 1737; elle était alors établie sur le rivage même de la mer; aujourd'hui, elle en est à plus de sept kilomètres.

VIII

Toute la côte de la Camargue n'avance pas ainsi. Bien au contraire, l'action prédominante de la mer, qui a sensiblement la même direction que les grandes tempêtes, produit sur différents points du rivage des érosions très-considérables. Les vagues qui déferlent sur la côte arrachent du fond une quantité prodigieuse de matières minérales qui restent en suspension dans l'eau agitée, et que le courant littoral de l'Est à l'Ouest entraîne, pendant dix mois de l'année, avec des vitesses variant de 0^m05 à 0^m30 pendant les temps calmes, et de 1^m50 à 2^m et quelquefois 3^m pendant

---

(1) ASTRUC, *Mémoire pour l'histoire nat. de Languedoc.*

les tempêtes. Sans les apports incessants du Rhône, la côte de la Camargue et tout le littoral sablonneux du delta, limés sans relâche par le frottement du courant, finiraient par disparaître peu à peu; la mer creuserait de nouveau la côte et reconstituerait à la longue le grand golfe primitif du Rhône que le fleuve a comblé.

Les contours et les variations du rivage sont donc le résultat d'une lutte permanente entre le fleuve qui le nourrit et la mer qui l'appauvrit. Tantôt la mer consomme plus de limon que le fleuve n'en apporte, et alors la côte avance : c'est le cas des embouchures. Le plus souvent l'usure de la mer reprend le dessus et l'érosion se produit. Cette érosion est surtout très-sensible dans la partie littorale de la Camargue où s'élève le phare de Faraman. Construit en 1836, à sept cents mètres environ de la mer, cet édifice est aujourd'hui absolument condamné. Un sémaphore avait été placé, en 1852, à trente mètres environ en avant du phare, la mer l'a envahi; il est abandonné depuis près de deux ans; une profondeur de vingt-cinq mètres d'eau existe actuellement sur l'emplacement qu'occupait, il y a un siècle et demi, la pointe de Faraman, et, bien que le mouvement de recul de la côte se soit ralenti, il est encore de près de quinze mètres par an. Le sémaphore est noyé; le phare n'est plus qu'à une cinquantaine de mètres de la mer; dans quatre ou cinq ans, il n'existera plus.

Cette oscillation de la côte a été l'objet d'études très-sérieuses et d'observations pleines d'intérêt de la part des ingénieurs du service maritime des Bouches-du-Rhône. Nous ne pouvons naturellement que mentionner ici les principaux résultats de leurs travaux.

La côte forme un double feston : deux golfes, le golfe d'Aiguesmortes et celui des Saintes-Maries ou de Beauduc sont défendus et protégés des coups de mer du Sud-Est par deux saillies ou promontoires sablonneux, la pointe de l'Espiguette et la pointe de Beauduc. Puis viennent la grande plage de Faraman et une troisième saillie formée par le bras principal du Rhône. Pendant que ces trois promontoires s'avancent, les golfes et la plage de Faraman se creusent. L'avancement de la grande bouche du Rhône est en moyenne de cinquante à soixante-dix mètres par an; et, comme la direction du fleuve est exactement opposée au choc de la grosse mer du large, les atterrissements, au lieu d'être tous emportés par le courant de l'Est à l'Ouest et de nourrir ainsi la plage de Faraman, sont remaniés sur place par les vagues et distribués à peu près également des deux côtés de l'embouchure. Le golfe de Fos tend par conséquent à se combler, et on peut prévoir l'époque fatale où les vases et les limons envahiront les ports de Saint-Louis et de Bouc.

Immédiatement après, la plage de Faraman, rongée par la mer, recule d'une manière sensible.

Les cartes anciennes en font foi; l'observation quotidienne le confirme. De 1710 à 1760, la plage perdait deux mille mètres, soit quarante mètres par an; de 1760 à 1836, le reculement moyen n'a plus été que de trente mètres; aujourd'hui, il se réduit à quinze mètres. Par contre, la pointe de Beauduc s'avance d'une quantité notable; cet avancement, qui a été de trente mètres par an dans la période de 1760 à 1840, n'est, depuis cette époque, que de dix-sept mètres en moyenne.

Derrière la pointe, la mer est calme, et le golfe des Saintes-Maries se creuse insensiblement et subit la loi de l'affouillement par l'aval, ainsi que cela a lieu pour l'enracinement d'un épi en rivière. Par suite de l'affaiblissement de son débit et de la minime quantité de ses apports, le promontoire du petit Rhône s'efface de plus en plus; le reculement du grau d'Orgon est à peine de dix mètres par an; mais il inspire déjà des inquiétudes sur l'avenir du sémaphore construit sur la rive gauche du fleuve, et qui ne se trouve plus qu'à deux cents mètres de la mer. Le mouvement de cette partie de la côte emprunte à la tradition du débarquement des premiers apôtres du Christianisme un intérêt d'une gravité toute particulière, et il est extrêmement important d'établir d'une manière positive l'existence du rivage à dix-huit cents ans de distance. Il est certain que les plages d'Aiguesmortes et des Saintes-Maries occupent à très-peu près aujourd'hui le même emplacement qu'aux premières années de notre ère, et que le mouvement de la côte a été depuis lors plutôt un mouvement rétrograde qu'un mouvement en avant. Il existait autrefois à l'embouchure du petit Rhône une île appelée *Odur, Odor* ou *Ogor,* qui n'est autre que l'ancienne île sablonneuse d'Orgon, aujourd'hui complétement balayée par les coups de mer, et dont il ne reste plus aucune trace. L'ancienne batterie d'Orgon, établie il y a deux cents ans à peine sur le musoir gauche du fleuve, est engloutie; c'est aujourd'hui un écueil en mer à une centaine de mètres de la côte. La plage des Saintes-Maries suit donc depuis plusieurs siècles une marche rétrograde assez prononcée.

Plus loin, les mêmes phénomènes se reproduisent, et la pointe de l'Espiguette, qui était à l'origine des temps une petite île séparée de la terre ferme par les bras des Rhônes morts, et que l'on retrouve désignée sur les anciennes cartes sous le nom d'île de *Spigaï* ou de la *Piguette,* s'avance d'une dizaine de mètres par an. Nous avons eu soin de faire sceller contre l'une des façades du phare érigé en 1869 sur cette pointe sablonneuse, une plaque de marbre mentionnant la distance exacte qui séparait à cette époque l'axe de la tour du rivage des basses mers. Ce repère sera précieux un jour; et les générations futures pourront déterminer d'une manière précise le taux d'avancement de la plage.

Par contre, le golfe d'Aiguesmortes a une tendance à se creuser tout comme celui des Saintes-Maries; affouillement lent, mais continu, et qui commence à menacer sérieusement le petit hameau du Grau-du-Roi.

Plus loin, le long de l'étang de Mauguio, la plage ne subit aucune modification sensible, et les ensablements des graus de Palavas et de Cette sont dus au transport des sables arrachés par les vagues de tempêtes aux abords mêmes de ces deux graus. Vis-à-vis Mauguio, on se trouve sur le cordon littoral originaire, qui paraît ne pas avoir subi de mouvement appréciable depuis l'origine des temps historiques.

Ainsi, au commencement de notre époque géologique, le groupe des étangs échelonnés depuis Agde jusqu'au Rhône faisait complétement partie de la mer, dont ils n'ont été séparés que par un immense *lido* provenant des apports des différentes branches du Rhône, distribués suivant une courbe à peu près parabolique par le courant de l'Est à l'Ouest. C'est le cordon littoral primitif, celui que la mer a construit tout d'abord pour clore son domaine. On peut encore parfaitement le reconnaître aujourd'hui; et il est facile de suivre, dans l'intérieur du continent, la ligne de dunes, quelquefois couronnées de pins parasols et de peupliers blancs, qui indiquent assez nettement la limite de l'ancien rivage. Les plages de Magueloupe, de Pérols et de Mauguio paraissent occuper encore de nos jours leur position originaire; la grande courbe passe derrière Aiguesmortes, traverse la forêt de Sylve-Réal, la Sylve-Godesque, les Pinèdes, suit les petites langues de terre qui coupent l'étang de Valcarès et l'ancien canal du Japon ou Bras-de-Fer et va se souder à la montagne de Fos, point invariable de la côte. C'est aux abords de ce cordon primitif, aujourd'hui reculé au milieu des terres, que la vie maritime s'est développée pendant de longs siècles; et, en parcourant ces forêts dépeuplées et ces marécages déserts, nous allons retrouver çà et là les souvenirs et les débris des anciennes villes littorales, éteintes aujourd'hui, perdues au milieu des alluvions, ruinées par les dévastations du temps et des hommes, et dont les plages ont été le théâtre des plus importants événements de notre histoire nationale.

CHAPITRE DIXIÈME.

MAGUELONE.

La grande île *Magalo*. — Le monastère et le port Sarrasin. — Première destruction de Maguelone par Charles Martel. — Sa restauration. — L'église fortifiée de Saint-Pierre. — Apogée et déclin de la vie monacale. — Seconde destruction de Maguelone par Louis XIII. — État actuel. — Le grau de Palavas. — Lates, *Castellum Latera*.

I

La première de ces villes mortes est Maguelone. Une cathédrale ruinée, une ferme et un désert, voilà tout ce qui reste aujourd'hui d'une ville jadis florissante, et dont les commencements se perdent dans les profondeurs de l'histoire. L'origine même de son nom est enveloppée d'une obscurité que les érudits sont loin d'avoir dissipée, et les étymologies les plus diverses ont été tour à tour proposées.

Tantôt on a voulu rattacher Maguelone au débarquement en Provence de Marie de Magdala, sœur de Marthe et de Lazare; et certaines cartes anciennes, notamment celle de Guillaume Possel, figurent un groupe d'îles aux environs des bouches du Rhône, parmi lesquelles une désignée sous le nom de *la Magdelaine*.

Quelques commentateurs de Festus Aviénus,

et les Bénédictins entre autres (1), voient dans Maguelone l'ancien oppidum de *Naustalo*, qu'ils transforment en *Magalo*, par une de ces altérations de texte auxquelles on a trop souvent recours; d'après eux, le vers 612 de l'*Ora maritima* :

Tum Mansa vicus, oppidumque Naustalo,

devrait être lu :

Tum Mansa, Vicus oppidumque Magalo.

Mansa serait la ville de Mèze sur l'étang de Tau; *Vicus* deviendrait Vic-Mireval sur l'étang près de Frontignan; et *Magalo* serait naturellement Maguelone. Tout cela n'est pas invraisemblable, et ce serait même une preuve nouvelle que Maguelone existait à l'état de place forte, *oppidum*, à la fin du quatrième siècle.

Le nom de Magalo a d'ailleurs une physionomie celtique assez prononcée. Artémidore et Étienne de Byzance (2) mentionnent, aux environs d'Agde et dans la zone littorale occupée par les colonies marseillaises, l'existence d'une ville et d'une île, *Alone* (Ἄλων, aire, terrain uni); en y

---

(1) *Histoire générale de Languedoc*. (Voir la note rectificative ajoutée par dom Vaissette au tome V de l'édition originale, p. 661, col. 2.)

(2) Ἀλωνὶς νῆσος καὶ πόλις Μασσαλίας, ὡς Ἀρτεμίδωρος. *Les Ethniques*, Dictionnaire d'Étienne de Byzance.

préposant le radical celtique *Mag*, qui signifie ville, on obtient *Mag-Alone* ou ville d'Alone. D'après cette étymologie, l'ancienne cité remonterait au moins à l'origine de notre ère.

Méfions-nous de toutes ces interprétations ; elles sont trop ingénieuses pour être absolument vraies. N'est-il pas plus naturel de remarquer que le sol de Maguelone, qui est un massif assez bombé de tuf volcanique, a été de tout temps une île parfaitement définie, tandis que les autres îlots, vaseux ou sablonneux, qui pouvaient se former aux embouchures des Rhônes, n'avaient le plus souvent, comme les *teys,* qu'une existence éphémère, et que dès lors les Marseillais l'auront désignée sous le nom de grande île, μεγάλη νῆσος, *Mégalé-nésos,* ou μεγάλη ἅλων, *Mégalé-alone,* ce qui conduit sans grande altération à notre Maguelone actuel?

Quoi qu'il en soit, Maguelone, aujourd'hui déserte, a été, il y a près de dix-huit cents ans, une île peuplée, fortifiée, et a joué, pendant près de quinze siècles, un rôle maritime considérable dans le golfe de Lyon.

Sa constitution géologique ne peut laisser aucun doute sur l'ancien état des lieux ; c'était et ce ne pouvait être qu'une île ; le petit territoire d'origine volcanique qui émerge aujourd'hui au milieu des sables et des alluvions était alors en pleine mer ; et, avant que la formation du *lido* eût complétement séparé du domaine maritime les anciens étangs des Volkes, les vagues venaient battre de tous côtés cet îlot, assez rapproché d'ailleurs de la côte. Maguelone a donc été dans le principe une île en mer, puis est devenue une île dans l'étang; aujourd'hui, les atterrissements l'ont rattachée du côté Sud au cordon littoral, et une grande levée établit, à travers l'étang de l'Arnel, sa communication artificielle avec la terre ferme.

II

Il est tout à fait impossible de se faire une idée, même confuse, de l'ancienne ville grecque ou romaine; rien de ce qui se rapporte à cette époque n'a subsisté, et ce n'est guère qu'à partir du sixième siècle que nous apparaît assez nettement la ville gothique, dont le plus ancien souvenir ayant une valeur historique positive est le siége *par mer* qu'en fit Wamba, roi des Wisigoths. D'après les témoignages les plus authentiques, Maguelone était déjà érigée en cité depuis plus d'un siècle; elle avait sa cathédrale, et son évêque lui-même paraît avoir pris une part active à la révolte.

Les Sarrasins, maîtres alors de l'Espagne, convoitaient la conquête de la Gaule méridionale. Maguelone était pour eux une position stratégique de premier ordre; située en face de l'Afrique et des Baléares, elle pouvait devenir entre leurs mains une place forte et un port d'une extrême importance. Pillards et commerçants, ils eurent bientôt mis la main sur le précieux îlot et en firent un de leurs meilleurs refuges. Le port, creusé ou agrandi, prit le nom de *Port Sarrasin*, *Portus Sarracenorum*, qui a survécu à l'occupation mahométane, et devint en peu de temps le centre d'un trafic considérable entre l'Europe, l'Asie et l'Afrique. Mais les déprédations continuelles de ces forbans de la côte de Languedoc attirèrent sur la malheureuse ville une terrible exécution.

En 737, Charles Martel, qui venait de brûler Nîmes, Agde et Béziers, ne trouva rien de mieux, pour chasser les pirates de cette partie du littoral, que d'anéantir l'objet de leurs convoitises. Il détruisit jusqu'à la dernière pierre la ville, les principaux édifices et les remparts, et ne laissa subsister que la vieille église de Saint-Pierre, dont le grand œuvre fut à peine entamé. L'évêque dépouillé se réfugia à Villeneuve-lez-Maguelone, sur l'autre rive de l'étang; le siège de l'évêché fut transporté à *Substantion* (*Sextantio*, Castelnau), près Montpellier, sur la voie Domitienne. Pendant plus de trois siècles, l'île abandonnée et déserte ne fut plus qu'un monceau de ruines, et le squelette de l'ancienne cathédrale n'abrita plus que les corsaires et les oiseaux de mer.

La restauration de la ville insulaire eut lieu dans le courant du onzième siècle, par les soins du généreux Arnaud, l'un de ses plus illustres évêques. Arnaud obtint d'abord l'intervention pontificale, qui se traduisit par une bulle d'indulgences pour tous ceux qui contribueraient par leurs offrandes à réédifier la ville détruite. Les murailles furent rebâties et flanquées de tours; une immense jetée, coupée par une série de petits ponts en bois, fut jetée à travers l'étang pour joindre l'île au bourg de Villeneuve. L'ancien grau, qui pouvait donner encore accès aux pirates sarrasins, fut fermé; un autre fut ouvert plus près de l'île; et bientôt la nouvelle ville, resplendissante de jeunesse, devint un des lieux les plus fréquentés de la côte. Le port de Maguelone fut alors pendant quelque temps le premier de la province. Le pape Gélase II, qui avait abordé à Saint-Gilles en 1118, se rendit par mer à Maguelone. En 1162, le pape Alexandre III, obligé de sortir de Rome, se réfugiait à l'abri de la vieille nef de Saint-Pierre, et Bernard de Tréviès, chanoine de l'église cathédrale de Maguelone, en composant en 1178 son roman de *Pierre de Provence et de la belle Maguelone,* pouvait parler avec autorité de son port, qu'il désignait toujours sous le nom de *Port-Sarrasin,* et qui était, disait-il, en relations fréquentes avec presque toutes les côtes de la Méditerranée, parce qu'*illec toutes fustes marchandes arrivaient.*

Alors commença pour la ville épiscopale une ère de prospérité dont l'aspect désolé des lieux ne permet pas aujourd'hui de se faire une idée. Un groupe assez considérable d'édifices entourait l'immense cathédrale; un mur d'enceinte continu, des portes tourelées, un pont-levis faisaient de la ville une véritable place forte; à l'intérieur, se trouvaient plusieurs églises : Saint-Pierre, l'église mère, dont il ne reste aujourd'hui qu'une partie de la nef principale, flanquée alors de plusieurs tours, était sans contredit un des types les plus complets de ces églises fortifiées du moyen âge échelonnées le long du littoral; à ses côtés, les églises de Saint-Augustin et de Saint-Pancrace, et un cloître dont on distingue encore les vestiges. Sur le périmètre de l'enceinte crénelée, se dressait un fort, contigu à la façade de la cathédrale et surmonté d'un donjon, au haut duquel veillait constamment un garde chargé d'annoncer à son de trompe les heures du jour et de la nuit, et de signaler en même temps l'approche des navires suspects de piraterie.

Tout a été détruit, à l'exception de la grande nef de la cathédrale, qu'une moderne restauration vient de préserver d'une ruine complète. L'église de Saint-Pierre est, comme toutes les églises de l'époque, régulièrement orientée; sa forme générale est celle d'une croix latine, ses arcs en plein cintre sont légèrement ogivés, ses rares fenêtres romanes, ses machicoulis cintrés allant d'un contrefort à l'autre, sa plateforme dallée, lui donnent l'aspect d'une véritable forteresse.

« Il fallait, en effet, à cette extrémité de la France, en face des corsaires mahométans d'Afrique et d'Espagne, se mettre en état de résister à d'hostiles attaques. Nulle église peut-être ne fut mieux appropriée à sa destination. Un édifice plus svelte, à flamboyants vitraux, eût été d'un ruineux entretien aux époques de tourmente maritime où la violence du vent rendait parfois périlleux le simple passage du pont sur l'étang. Avec quelles ressources y eût-on subvenu? et comment, en cas de descente de l'ennemi, eût-on pu se tirer d'affaire?

» L'église de Maguelone, avec sa lourde masse et sa toiture de dalles à l'épreuve des plus rudes tempêtes, où l'on pouvait installer des engins de guerre, si la nécessité se présentait d'y soutenir un siége, offrait, au contraire, de merveilleux moyens de résistance. Aussi est-elle parvenue jusqu'à nous presque intacte dans son gros œuvre, et a-t-elle imposé à Richelieu lui-même, — si jaloux pourtant de faire disparaître tout ce qui, sur ce point du littoral, était propre à favoriser un débarquement ou une opposition quelconque, — le respect de ses vieux murs. Le puissant cardinal-ministre a tout rasé à l'entour de la vénérable église; mais l'église elle-même a comme défié le marteau des démolisseurs. Richelieu n'a pas osé se montrer envers elle plus dur que les protestants, dont le vandalisme, si barbare ailleurs, l'avait épargnée. Il a craint, on le dirait, d'encourir, en la détruisant, la colère des saints apôtres, qui, sculptés à la façade du monument, semblent, avec leurs symboliques attributs des clefs et du glaive, en garder la porte et en protéger l'enceinte.

» Respectons-la, nous aussi, en lui conservant, quoique vide de son ancienne splendeur, les sentiments de pieux souvenirs qui inspiraient à Bernard de Treviès, en 1178, l'inscription encore subsistante au seuil de la nef :

AD PORTVM VITE SITIENTES QVIQVE VENITE.
HAS INTRANDO FORES, VESTROS COMPONITE MORES.
HINC INTRANS ORA, TVA SEMPER CRIMINA PLORA.
QVIDQVID PECCATVR LACRIMARVM FONTE LAVATVR.

« Combien d'hommes, combien de pèlerins ont lu et médité ces vers ! N'est-ce pas depuis bientôt sept siècles une sorte de prédication en permanence? Qu'elle y reste toujours, par manière de précieux témoignage de la foi de nos ancêtres et en mémoire de la sainteté du lieu qu'elle recommande au culte de leurs descendants. On aura toujours soif de vie morale et toujours besoin d'expiation, tant qu'il y aura des hommes (1). »

---

(1) A. GERMAIN, *Maguelone sous ses évêques et ses chanoines*, Montpellier, 1859.

III

Pendant plusieurs siècles, la communauté magalonaise a été une quasi-république, dans laquelle l'évêque, *primus inter pares*, remplissait le rôle de président électif (1). Ce petit monde sacerdotal devint bientôt d'une excessive richesse, et constitua, sur cette partie du littoral du Languedoc, une sorte de pendant à la société des moines de Lérins, si célèbre sur les côtes de Provence. Ce fut à la fois un lieu de retraite pour les érudits, un séjour de prière pour les religieux et un asile de charité pour les pauvres et les malades. L'étonnante fortune dont Maguelone a joui pendant près de cinq siècles a donné prise à d'injustes reproches et à de calomnieuses imputations. Mais la prospérité a ce juste revers, d'engendrer, dès qu'elle dépasse certaines limites, le relâchement et la corruption; et l'étude consciencieuse publiée par l'éminent historien de Maguelone nous révèle à ce sujet des abus regrettables et de tristes écarts.

Il est difficile de disculper l'évêque Bérenger de Fredol, qui, en sa qualité de comte de Melgueil, faisait frapper en plein treizième siècle des monnaies au type de Mahomet. Cet acte de haute

---

(1) Voir les statuts de 1331, *de preposito*, dont le manuscrit est conservé à la bibliothèque de Montpellier.

inconvenance ne tarda pas d'ailleurs à être réprimé par le pape Clément IV (1), qui, originaire de Saint-Gilles, se trouvait dans des conditions uniques pour être au courant de ce qui pouvait survenir dans le comté de Melgueil, placé à quelques lieues de sa ville natale. Toutefois, des faits de cette nature étaient fréquents à cette époque, et les monnaies melgoriennes, frappées par des princes chrétiens avec légendes arabes abondent dans toutes les collections numismatiques. L'évêque d'Agde avait été aussi condamné par le même pape Clément IV pour un grief identique. Le comte de Toulouse, Alphonse II, fut à son tour censuré par son frère le roi saint Louis pour avoir laissé battre, dans le comtat Venaissin, une monnaie dont la légende donnait à Mahomet le nom de « *Prophète de Dieu* (2) ». Ces abus avaient

---

(1) « *Sane de moneta miliarensi, quam in tua diocesi cudi facis, miramur plurimum cujus hoc agis consilio; non quod injuriam facias dicto regi (Francorum), si in fundis non fabricatur ipsius, sed Regis gloriæ, extra cujus dominium nec hoc potes, nec aliud operari. Quis enim catholicus monetam debet cudere cum titulo Mahometi? Quis etiam licite esse potest monetæ alienæ percussor, cum enim nulli liceat eam cudere, nisi cui vel Summi Pontificis, vel Principis auctoritate conceditur; quam nullus usquam sic effuse concessit, ut omnis generis monetam faceret?* » (Lettre du pape Clément IV à l'évêque de Maguelone, 16 septembre 1266.)

(2) A. GERMAIN, *de la Monnaie mahométane attribuée à un évêque de Maguelone.* (Mémoires de la Société archéologique de Montpellier, 1854.)

cependant leur raison d'être; car les Sarrasins n'étaient pas seulement des pirates, mais encore les plus hardis et les plus actifs commerçants de la Méditerranée; et la monnaie la plus commode pour les échanges de toute nature, la plus répandue et le mieux acceptée, était celle qui circulait par leur intermédiaire sur toutes les places maritimes de l'Italie cosmopolite, de l'Espagne alors mahométane, de l'Afrique et de l'Asie.

Quant au reproche d'affaiblissement de la discipline, si souvent fait aux religieux de Maguelone, il semble prendre son origine dans l'interprétation malveillante de ces statuts de 1331 où le détail de la vie domestique du monastère était réglé avec le soin le plus minutieux. Le manuscrit d'Apicius (*de Re culinaria; — de Obsoniis*), découvert dans la magnifique bibliothèque de l'évêché, ne prouve pas le moins du monde que les chanoines de l'époque fussent des épicuriens consommés; et ce qui ressort surtout de la lecture impartiale de ces statuts si remarquables, c'est que la plus large hospitalité était pratiquée par les religieux sur cette plage infestée par la piraterie. Les pauvres, les lépreux, les infirmes étaient accueillis et soignés au monastère avec une exquise charité, et ce n'est pas une petite gloire pour les évêques de Maguelone que d'avoir, pendant plusieurs siècles, su conserver un asile de paix et de prière, un sanctuaire de travail et une hôtellerie chrétienne, dans le sens le plus élevé du mot, sur cette côte qui n'était partout ailleurs qu'un champ de pillage, de meurtres et de déprédations de toute nature (1).

Maguelone avait été une première fois ruinée de fond en comble par Charles Martel. Louis XIII et les États généraux de Languedoc furent les auteurs de sa seconde et définitive destruction. Le roi très-chrétien respecta toutefois l'église; le fort, les tours et l'enceinte, qui avaient servi de place d'armes aux religionnaires, furent abattus; le monastère fut démantelé et les principaux édifices à moitié démolis. Quelques-uns subsistaient encore en 1708, mais, à cette époque, on construisait le canal des étangs qui longe la plage depuis Cette jusqu'à Aiguesmortes; et ce qui restait de l'ancienne ville épiscopale devint, pendant plusieurs années, une carrière de pierres toutes taillées, qui fournit aux travaux modernes plus de six mille mètres cubes. — Ce fut la fin.

« Une église et des archives, dit M. A. Germain, en terminant son intéressante étude, voilà tout ce que les révolutions ont respecté de la fortune d'un des principaux centres monastiques, —

---

(1) Il nous est impossible d'analyser ici toutes les dispositions de ces curieux statuts de 1331. Ils sont remplis de détails vraiment touchants; et c'est en réalité la mise en pratique de l'Évangile et de l'admirable règle bénédictine: *Omnes supervenientes hospites tanquam Christus suscipiantur; quia ipse dicturus est:* « *Hospes fui, et suscepistis me.* » (Voir *Pièce justificative XII.*)

une église aujourd'hui sans culte, et des archives incomplètes. Il n'est pas jusqu'aux cimetières qui n'aient disparu à Maguelone, — comme si la mort avait craint de se rencontrer avec elle-même dans ce désert, en y laissant subsister autre chose que le squelette de la vieille cathédrale! Et que de poussière humaine, cependant, recèle le sol de cette île, phénicienne, grecque, celtique, romaine, chrétienne, mahométane, française, où, s'abandonnant aux promesses pontificales d'éternelle bénédiction, ont, durant cinq à six siècles, choisi leur sépulture tant de pieux catholiques! Quelques rares tombes, échappées çà et là aux chercheurs de pierres de 1708, et moins d'épitaphes encore, en dehors de celles des évêques ou autres personnages admis à être inhumés dans l'intérieur de l'église : quelle écrasante, quelle irréfutable démonstration du *Pulvis es*, imposé à tout homme ici-bas, et du *Sic transit gloria mundi!* »

IV

Le premier grau que l'on rencontre en laissant Maguelone est celui de la petite rivière du Lez, qui porte le nom languedocien de *grau de Palavas*. Après avoir quitté une ruine vénérable et un désert plein de souvenirs, on tombe sans transition au milieu d'un petit port de pêche assez animé, peuplé de villas polychromes d'un goût plus qu'équivoque. La dorure du temps et du soleil est remplacée par le badigeon. Nous avons à peine parcouru deux kilomètres, mais nous avons en réalité franchi plusieurs siècles. Un railway de plaisance conduit en quelques minutes de la plage de Palavas au cœur même de la ville de Montpellier, et la petite station balnéaire est devenue une sorte de faubourg maritime — et pour ainsi dire la piscine d'été de l'ancienne capitale des États de Languedoc.

En traversant ce sol marécageux et ces prairies séparées par de profondes roubines et récemment conquises sur les étangs, on aperçoit au milieu des saules les restes mutilés de l'ancien château de Lattes, que plusieurs commentateurs ont confondu à tort avec le *Castellum Latera* dont parle Pomponius Méla (1). « Lates, *Castellum Latara,* disent les Bénédictins (2), était un château situé dans une île formée par la petite rivière du Lez, *Ledum flumen*, vers son embouchure dans l'étang de Tau, qu'un ancien appelle *Taphrum*, et qu'on nomme aujourd'hui l'étang de Pérols. Ce château, éloigné d'un peu plus d'une lieue au Midi de Montpellier, prit dans la suite le nom de *Palude*, la Palu, à cause de sa situation. Il est à présent ruiné. »

Ces lignes concises suffisent à l'histoire de Lates et fixent très-exactement sa position géographique

---

(1) Pomp. Mela, *de Situ orbis*, l. II, c. v.
(2) *Histoire générale du Languedoc*, liv. II, ch. xxii.

au milieu des étangs imparfaitement desséchés. Tant que le port de Cette n'était pas fondé, Lates, baigné par les eaux de l'étang et communiquant avec Montpellier par une rivière navigable et canalisée, a joué un rôle assez important (1). La riche cité qui avait recueilli les émigrés de Maguelone a été, pendant plus de six siècles, la ville la plus commerçante de la province, et ce commerce était presque exclusivement maritime. Maguelone, Lates et Aiguesmortes étaient pour ainsi dire les trois ports de Montpellier, qui monopolisait toutes les opérations d'échanges avec les républiques italiennes et les principales villes de l'Orient (2). Les navires s'arrêtaient en mer, en face de ces graus, aussi nombreux qu'éphémères,

---

(1) *Deinde transierunt prope Villenove, episcopatum de* Magalona, *et prope inde est* portus *de Montepessolano, qui dicitur Lates.* (ROGER DE HOVEDEN, *Annales,* ann. 1191.)

(2) « Comme la ville de Montpellier était à près de deux lieues de la mer, on s'y servait pour le commerce des ports les plus proches, c'est-à-dire de celui de Maguelone, seul au commencement, et dans la suite, de celui d'Aiguesmortes ou de celui de Maguelone indifféremment. Les marchandises, débarquées sur des bateaux plus plats, passaient de là sur l'étang jusqu'à l'embouchure du Lez, où était le port de Lates ou de Montpellier, *Portus de Montepessolano,* d'où on les amenait, par le lit de cette rivière, jusqu'au *Pont Juvenal,* près de Montpellier... On avait soin de veiller à tout ce qui intéressait la sûreté, la facilité et la régularité du commerce, et pour cette raison on nommait tous les ans à Montpellier quatre consuls particuliers, qu'on appelait *consuls de mer.* » (ASTRUC, *Mémoire pour l'histoire naturelle de Languedoc.*)

qui tronçonnaient le *lido;* l'insuffisance de profondeur des étangs et des passes les empêchait d'aller plus avant; les marchandises transbordées sur des alléges traversaient ainsi la lagune, remontaient le Lez, et étaient conduites jusqu'au port d'arrivage, situé presque sous les murs de la grande ville, à peu près à l'emplacement où nous voyons aujourd'hui le *Pont* et le *Port Juvénal.*

Quant au *Castellum Latera* de Mela, il est probable qu'il faut le chercher dans cette partie de la ville de Montpellier qu'on appelait autrefois la *Part antique,* et qui correspond assez bien à la citadelle moderne construite par Louis XIII. Il y a là, en effet, une sorte de position stratégique qui mérite le nom de *Castellum,* presque exclusivement appliqué autrefois aux plateaux fortifiés.

LE LITTORAL ET LA LAGUNE ATTERRIE D'AIGUESMORTES

CHAPITRE ONZIÈME.

AIGUESMORTES.

Distance d'Aiguesmortes à la mer. — Réfutation de la théorie du reculement de la plage. — Les quatre cordons littoraux de la lagune d'Aiguesmortes. — La flore des dunes et la flore des marais. — Choix d'Aiguesmortes pour l'embarquement des croisés. — Le *Canal-Viel* : itinéraire de saint Louis. — *Le Grau-Louis*, son abandon. — Le Grau de *Croisette* : itinéraire de Charles-Quint. — La digue de la *Peyrade*. — Le chenal maritime actuel et le *Grau-du-Roi*. — Les remparts d'Aiguesmortes et la tour de Constance. — Analogie avec les citadelles chrétiennes de l'Orient. — La campagne d'Aiguesmortes.

I

De Maguelone à l'embouchure du petit Rhône la plage est coupée par une innombrable série de petits graus. Nous ne fatiguerons pas le lecteur en en faisant la trop longue énumération. Ils existaient hier, ils seront peut-être fermés demain ; de nouvelles coupures les remplaceront pour être oblitérées à leur tour ; et ce régime durera jusqu'à ce que les étangs littoraux placés derrière le *lido* soient définitivement atterris.

Il est cependant une légère dépression de cette côte qui rappelle de trop glorieux souvenirs pour ne pas être signalée. C'est le *Grau-Louis*. Notons avec un soin tout particulier et une fidèle exactitude l'emplacement de ce point spécial de notre rivage, qui a été deux fois le théâtre de l'embarquement des croisés pour la Terre Sainte. Le Grau-Louis est à égale distance du Grau-du-Roi et du grau de Melgueil, *Mauguio,* aujourd'hui comblé, c'est-à-dire à sept kilomètres de l'un et de l'autre de ces deux graus. C'est l'embouchure aujourd'hui fermée et déserte de l'ancien chenal, le *Canal-Viel,* qui serpentait à travers la lagune d'Aiguesmortes, dont les remparts crénelés et la massive tour de Constance se détachent à l'horizon.

Le pays s'ouvre devant nous : le grand cordon de dunes s'éloigne de plus en plus de la côte et dessine au loin une crête ondulée couronnée de pins parasols. Nous entrons dans cette vaste zone que les Rhônes morts couvraient encore hier de leurs eaux chargées d'alluvions, et qui n'est pas moins remarquable par ses souvenirs historiques que par le développement et la disposition spéciale de son appareil littoral.

Au premier abord, les étangs et les marécages qui environnent la cité de saint Louis semblent présenter un enchevêtrement confus et tout à fait arbitraire. Il n'en est rien, et on peut grouper ces différents bassins en trois zones parfaitement distinctes, orientées suivant la direction de la plage et correspondant à trois déplacements nettement déterminés du rivage de la mer. Mais ces déplacements sont tous antérieurs à l'époque des croisades ; et il est absolument certain et démontré aujourd'hui que la plage actuelle n'a que très-peu varié depuis l'origine de notre ère.

La multiplicité des auteurs qui ont répété que la ville d'Aiguesmortes se trouvait autrefois sur le bord même de la Méditerranée et que les vagues venaient battre le pied de ses murailles est loin d'être une preuve de l'exactitude de cette assertion ; on sait avec quelle prodigieuse facilité une erreur historique ou géographique, dès qu'elle a pris pied dans ce qu'on appelle un peu pompeusement « le domaine de la science », est adoptée sans contrôle et passe à l'état de vérité parfaitement établie : c'est ce qui est arrivé pour Aiguesmortes.

Guillaume Catel et Pierre Andoque, dans leurs *Mémoires sur l'histoire de Languedoc*, publiés vers le milieu du dix-septième siècle, sont les premiers qui, frappés de la distance qui sépare Aiguesmortes de la mer, cinq kilomètres environ, ont cru pouvoir naturellement en conclure que la plaine marécageuse occupée par les étangs de la Ville, de la Marette et du Repausset était de formation récente, n'existait pas à l'époque de l'embarquement de saint Louis, et faisait partie du domaine maritime. (Voir *Pièce justificative XIII*.) Un plus sérieux examen des lieux ou une étude plus consciencieuse des premiers documents de l'histoire d'Aiguesmortes aurait sans doute complétement modifié leur opinion.

Après eux et sans autre examen, un nombre considérable d'historiens et de géographes ont trouvé fort commode de s'en rapporter simplement à l'opinion de leurs devanciers et se sont contentés de faire varier à leur gré, dans des limites souvent très-élastiques, la distance qui sépare Aiguesmortes de la mer. Ainsi, Ducange, dans ses *Observations sur les Mémoires de Joinville* (1668), dit que la mer ne venait plus de son temps qu'à une demi-lieue d'Aiguesmortes; et on lit, dans l'*Histoire des chevaliers de Malte,* par Vertot (1726), que « saint Louis s'embarqua à Aiguesmortes, » port fameux alors, mais qui, par le retrait de la » mer, qui s'en est éloignée de quatre lieues, se » trouve aujourd'hui dans les terres. »

L'écart entre ces deux opinions et cette variation *dans la proportion de un à huit* sur l'estimation de la distance qui sépare Aiguesmortes du rivage sont assurément faits pour nous fixer sur le degré de confiance que l'on doit accorder à de pareils documents, et il serait superflu d'appeler encore l'attention sur ce point, si cette erreur n'avait pas été tour à tour reproduite dans les dictionnaires géographiques les plus autorisés, les plus récents, et les plus répandus, et jusque dans certains recueils qui revêtent un caractère tout à fait officiel, de manière qu'il est aujourd'hui à peu près universellement admis par tous ceux qui n'ont pas une connaissance spéciale du pays, qu'Aiguesmortes était, en 1248, une ville située au bord de la mer, que peu à peu les ensablements ont comblé son port, que les eaux ont obéi à un mouvement rétrograde continu, et qu'il s'est formé ainsi, autour de la ville, une plaine basse, coupée d'étangs et de marais, et terminée, du côté de la mer, par une plage sablonneuse dont le contour très-variable tend à s'avancer tous les jours vers le large.

Il est possible de démontrer combien cette manière de voir est en contradiction avec tous les actes authentiques qui constituent les archives de la ville d'Aiguesmortes, et que la plupart des historiens ont sans doute négligé de consulter.

Il n'est pas dans notre intention d'aborder ici cette étude; nous ne pouvons cependant nous empêcher de rappeler que, au mois de mai 1246, le roi saint Louis avait accordé à Aiguesmortes ses premières lettres patentes contenant les divers priviléges de la ville et la forme de l'administration de la justice, que ces lettres patentes furent non-seulement confirmées par son fils Philippe III le Hardi, mais encore par quatorze de ses successeurs sur le trône de France, et que toutes font mention des étangs et des salines situés au Sud d'Aiguesmortes, c'est-à-dire entre cette ville et la mer (1).

---

(1) Voir *Archives d'Aiguesmortes, manuscrit Esparron* (1777). Ce précieux manuscrit est un recueil très-complet des principaux titres et actes déposés dans les archives de la ville d'Aiguesmortes; il a été dressé en trois expéditions

Il y a plus, on a retrouvé, dans différents actes du quatorzième, du quinzième et du seizième siècle, la désignation nominative des deux étangs de la *Marette* et du *Repausset*, placés entre Aiguesmortes et la mer. La mention très-précise qui y est faite de la plage située entre la mer et le dernier de ces étangs, qui porte encore aujourd'hui son ancien nom de *Boucanet*, nom que l'on retrouve dans un acte authentique de 1363; enfin, les conventions de 1284 et 1301 relatives à l'étang des *Caïtives* et aux pêcheries situées aux abords de l'ancienne roubine ou *Canal-Viel*, qui faisait communiquer la ville avec la mer, sont autant de preuves irréfutables que la situation géographique des lieux n'a pour ainsi dire pas changé depuis saint Louis, et que les modifications qui y ont été apportées sont l'œuvre de l'homme et non de la nature. Aiguesmortes, comme Narbonne et Fréjus, était donc un port reculé dans l'intérieur des terres, auquel on arrivait par un large canal qui traversait la lagune; et, depuis un temps immémorial, aucun mouvement rétrograde de la mer n'a été constaté sur cette partie du littoral de la Méditerranée.

---

par M. Alexandre Esparron, juge royal ordinaire et lieutenant général de l'amirauté. Deux de ces exemplaires ont été par lui remis, l'un aux archives de la ville d'Aiguesmortes, l'autre à celles du diocèse de Nimes.

II

Nous n'avons pas à faire ici l'histoire d'Aiguesmortes. Cette histoire a été faite et très-bien faite (1). Notre but est seulement de rétablir exactement le tracé de ce *Canal-Viel*, qui a été l'ancien chenal maritime suivi par les croisés, entre le port, situé près de la ville, et le grau de la plage aujourd'hui ensablé, désert et complétement oublié.

Les plus anciennes cartes nous montrent Aiguesmortes baigné par l'un de ces nombreux bras du Rhône aujourd'hui atterris et désignés sous le nom de *Rhônes morts*. Nous avons vu, en effet, qu'après avoir jeté longtemps ses eaux dans l'étang de Mauguio, le grand fleuve s'était peu à peu avancé vers l'Est, que les anciens Rhônes avaient été remplacés par le Rhône-Vif, celui-ci par le Petit-Rhône, et qu'enfin le grand courant avait fini par s'établir dans le Rhône d'Arles actuel (2).

Un autre phénomène non moins curieux est celui de la formation d'une série de cordons littoraux parallèles entre eux, et qui ont successivement détaché du domaine maritime les trois zones d'étangs qui séparent Aiguesmortes de la mer.

---

(1) F. Em. DI PIETRO, *Histoire d'Aiguesmortes*, Paris, 1849. — Marius TOPIN, *Aiguesmortes*, Nimes, 1865.

(2) Voir seconde partie, chapitre IX, vi, et les cartes des pages 79, 123 et 141.

Il est évident que, dans la période antéhistorique, toute la plaine d'Aiguesmortes, entièrement formée par les alluvions fluviales, paludéennes et maritimes, était recouverte par les eaux.

Le premier cordon littoral, situé au Nord de la ville et qui forme le massif de la Sylve-Godesque, marque d'une manière fort nette la limite la plus ancienne du rivage. C'est ce cordon originaire qui commence aux plages de Mauguio et de Pérols, traverse toute la Camargue et vient se terminer à la montagne de Fos. Il est formé d'une suite presque ininterrompue de collines de sable couronnées encore par une assez riche végétation; le peuplier blanc, le pin d'Alep et surtout le pin parasol dessinent cette grande ligne au pied de laquelle se trouvait l'ancien rivage. Dès qu'on a franchi ce premier cordon, on entre pour ainsi dire dans la mer préhistorique; le sol devient horizontal, et, malgré des défrichements récents, on reconnaît sans peine que l'on foule aux pieds une zone anciennement occupée par les eaux, où alternent aujourd'hui des mares couvertes de joncs et des alluvions tout à fait récentes. C'est le *grand palus* ou *étang de Leyran,* qui, dans quelques années, sera presque entièrement envahi par la culture (1).

Si l'on continue à se diriger du côté de la mer,

---

(1) Voir la carte de la page 351.

on franchit bientôt un second cordon littoral, moins nettement dessiné que le premier, mais cependant très-reconnaissable à la ligne de montilles sablonneuses recouvertes d'une végétation souffreteuse et rabougrie. C'est la deuxième station du rivage de la mer.

Puis vient un troisième cordon qui présente exactement la même physionomie et isole le groupe des étangs de la *Marette,* des *Caïtives,* de la *Ville* et du *Roi.*

Un quatrième et dernier cordon, qui n'est autre que la plage actuelle, complète l'appareil littoral et a donné naissance aux étangs du *Repausset* et du *Repos.* Ce dernier travail de la mer, œuvre récente pour le géologue, mais qui, pour l'historien, remonte aux époques les plus éloignées, était déjà consommée depuis plusieurs siècles à l'origine de notre ère.

Tout n'est pas fini ; et la mer n'a pas dit son dernier mot. L'avancement continu de la pointe de l'Espiguette finira par produire une flèche de sable orientée dans la direction du courant dominant de l'Est à l'Ouest, et qui fermera de plus en plus le golfe d'Aiguesmortes. Il est probable, pour ne pas dire certain, qu'après une période plusieurs fois séculaire, il se formera entre la pointe de l'Espiguette et le grau de Palavas un cinquième et dernier cordon littoral. Le golfe d'Aiguesmortes, dont la superficie est de plus de quatre mille hectares et dont les profondeurs varient de quatre à dix-sept mètres sur des fonds de bonne tenue, deviendra donc, dans la suite des temps, une sorte de bassin intérieur dont les conditions nautiques seront aussi bonnes que celles de l'étang de Berre. Combien de temps faudra-t-il pour que ce bras de mer se transforme en une immense lagune? Il est impossible de le prévoir, même avec une très-large approximation; mais, si l'on observe que l'avancement régulier de la plage de l'Espiguette est de dix mètres environ par an, on peut évaluer sans trop de témérité à trente ou quarante siècles le temps nécessaire pour que le *lido* de l'Espiguette à Pérols ou à Palavas soit entièrement formé. A partir de ce moment, la grande lagune détachée du domaine maritime commencera à se combler; elle se transformera progressivement en marais, deviendra une lagune morte, puis une plaine d'alluvions et augmentera la largeur de cet appareil littoral qui a pris déjà, sur cette partie de nos côtes, un si vaste développement.

III

Les lignes de dunes et les bas fonds qui les séparent sont caractérisés par des flores tout à fait distinctes. Les pins, les ailantes et les peupliers blancs demandent que leurs racines plongent dans un terrain imprégné d'eau douce; et l'eau de pluie, qui filtre à travers les sables, se retrouve en effet à très-peu de profondeur au-dessous du sol. — L'eau des bas-fonds est, au contraire, très-saumâtre, quelquefois salée ; et la flore très-pauvre de ces anciens lits desséchés de la lagune ne se compose que de joncs, de soudes et de salicornes au feuillage terne et aux fleurs indécises.

Pour bien saisir la physionomie de cette étrange partie de notre territoire, il faut faire l'ascension de la tour de Constance, qui occupe, à l'angle Nord de l'enceinte d'Aiguesmortes, la place de l'ancienne tour Matafère, cédée par Charlemagne au monastère de Psalmodi. Du haut de cet observatoire de quarante mètres de hauteur, on embrasse une plaine immense, et on voit très-bien se dessiner, au milieu des étangs et des marais, les courbes sinueuses des quatre cordons que nous venons de décrire. L'imagination se reporte aux temps peu éloignés de nous où les eaux mélangées des Rhônes et de la mer couvraient cette vaste superficie ; et ce dut être un spectacle saisissant que de voir encore, en 1840, le grand fleuve qui venait de rompre ses digues, reconquérir son ancien domaine et baigner les murailles de la ville subitement transformée en île ; les portes furent fermées ; et, pendant plusieurs jours, les plus gros bateaux du Rhône vinrent accoster les remparts comme de véritables quais, et purent ainsi ravitailler la population protégée par son enceinte contre cet ennemi d'une autre nature.

Ces inondations, très-rares de nos jours, étaient fréquentes autrefois, lorsque le Rhône, dépourvu de digues ou imparfaitement encaissé, se répandait à la surface de son ancien delta et projetait jusqu'aux abords de la ville ses branches parasites des Rhônes morts, dont nous apercevons encore les anciens rameaux. Toute la plaine était alors recouverte d'eau, et l'abbaye de Psalmodi, entourée de marécages, justifiait ainsi le nom d'*île de la Méditerranée,* que l'on retrouve dans les chartes du moyen âge. (Voir *Pièce justificative XIV.*)

On voyait seulement émerger au-dessus de cette vaste nappe les quatre grands cordons recouverts d'une végétation bien supérieure à celle de nos jours. La Sylve-Godesque, *Sylva Gothica,* Sylve-Réal, *Sylva Regalis*, les Pinèdes, etc., dont les noms témoignent de l'ancienne richesse forestière de notre littoral, étaient alors de véritables forêts, baignées de toutes parts par les eaux de la lagune; et le Rhône, en se retirant, déposait tout autour de ces dunes des franges de limons dont la culture pouvait immédiatement s'emparer.

IV

La ville d'Aiguesmortes est située entre le second et le troisième cordon littoral. Les étangs de la Marette et de la Ville, alors plus étendus, se rejoignaient, au treizième siècle, presque au pied de l'enceinte, qui était ainsi entourée par l'eau du côté de l'Ouest, du Sud et même en partie du côté de l'Est. Il n'y avait pas à proprement parler de port ; les navires venaient mouiller dans la lagune, le plus près possible des remparts, et s'amarraient à de gros anneaux en fer dont on voit encore la trace fort nette tout le long des courtines qui longent l'étang de la Ville. Ce sont ces fameux anneaux si souvent invoqués par les partisans du reculement de la mer depuis l'époque des croisades. Qui n'a pas entendu dire et peut-être répété que les galères de saint Louis étaient attachées aux remparts d'Aiguesmortes battus par les vagues de la mer? Rien n'est moins vrai : la mer était alors comme aujourd'hui à cinq kilomètres de la ville ; et les remparts eux-mêmes n'existaient pas, puisqu'ils ne furent construits que par l'ordre de Philippe le Hardi, fils et successeur de saint Louis.

Dès que le roi de France eut fait vœu de prendre la croix (1244), son premier soin fut de se procurer, sur le rivage de la Méditerranée, un territoire et un port suffisants pour lui permettre de concentrer les troupes de son expédition. La difficulté était grande. Le roi n'était que suzerain des provinces méridionales de la France et ne possédait en propre aucune des villes du Midi. Le port de Narbonne était ensablé et appartenait d'ailleurs aux vicomtes de cette ville. Le Port-Sarrasin de Maguelone avait son évêque pour seigneur. Les graus de Montpellier relevaient des rois d'Aragon. Les ports d'Agde et de Saint-Gilles appartenaient aux comtes de Toulouse, et la Provence indépendante ne devait être réunie à la couronne que trois siècles après. Seul, le territoire marécageux d'Aiguesmortes était libre; il était possédé par les moines de Psalmodi, dont l'abbaye, située sur un petit monticule, au milieu des étangs, était une des plus riches résidences monacales de l'époque. Saint Louis traita avec l'abbé de Psalmodi; et, en échange de quelques terres royales qui lui appartenaient près de Sommière, acquit la ville d'Aiguesmortes et toute la zone des étangs jusqu'à la mer. (Voir *Pièce justificative XV.*)

En fait de fortifications, il n'existait alors que la vieille tour Matafère, *turris Matafera,* établie depuis près de cinq siècles au milieu des marais et des forêts de pins, et qui servait de refuge et de défense contre les incursions sarrasines. Saint Louis restaura cette tour, la reconstruisit même presque en entier et lui donna ces proportions grandioses que nous admirons aujourd'hui. Un petit farot fut établi sur la plate-forme; les étangs de la Marette et de la Ville furent recreusés; et le chenal sinueux, qui conduisait d'Aiguesmortes à la mer, fut régularisé et approfondi. Ce fut le Canal-Viel. On n'en retrouve plus aujourd'hui que des vestiges, quelques pilotis, des débris d'enrochements, une ancienne sépulture de la famille des Porcelets, dont quelques membres faisaient partie de l'expédition et moururent avant le départ. Le fond des étangs s'est considérablement exhaussé depuis six siècles; et la majeure partie de ce territoire, autrefois submergé et navigable, est livrée à la culture et au défrichement. Mais, au milieu de ces champs indéfinis qui furent une petite mer, on voit encore très-nettement serpenter l'ancienne route suivie par les vaisseaux depuis la tour Matafère, devenue la tour de Constance, jusqu'au Grau-Louis. L'existence de cet ancien chenal est la meilleure preuve que l'on puisse opposer à ces théories bizarres du reculement de la mer, qui ont trouvé et trouvent encore un accueil que rien ne justifie. Ne craignons pas de l'affirmer, aucun de ceux qui ont avancé une pareille erreur n'a pris la peine de suivre l'itinéraire que parcoururent les galères du treizième siècle. La route est, en effet, longue (douze kilomètres), quelquefois incertaine, toujours pénible; il faut traverser des marais envasés, franchir plusieurs lignes de dunes, se perdre souvent au milieu des joncs et des broussailles; mais, quelque fatigante que soit cette excursion, on éprouve une émotion d'une nature toute particulière en foulant aux pieds le plafond de cet ancien canal atterri; c'est presque une voie sacrée que l'indifférence des populations et le colmatage naturel du sol condamnent à un oubli prochain et définitif. Nous avons eu soin d'en relever consciencieusement le tracé, et nous espérons qu'il sera désormais possible à l'archéologue et au pèlerin de retrouver les vestiges de ce glorieux passé. Nous n'entrerons pas dans de plus longs détails à ce sujet : l'étude du Canal-Viel a déjà fait l'objet d'un travail spécial (1), et les lignes qui précèdent suffisent pour donner une idée de la manière dont la ville d'Aiguesmortes communiquait avec la mer à l'époque des croisades.

Comme Narbonne romaine, comme la Ravenne de l'époque impériale et la Venise du moyen âge et de nos jours, Aiguesmortes ne pouvait vivre que par sa lagune et devait mourir avec elle. Les conditions nautiques de toutes ces villes littorales sont absolument les mêmes, et la navigation que nous faisons aujourd'hui du quai de la Piazzetta à Malamocco, à Chioggia et à Brondolo, est en tous points semblable à celle qui avait lieu dans le lac Rubrésus, dans la grande lagune de Comacchio et dans celle d'Aiguesmortes. Il est même assez curieux de remarquer que les anciens canaux navigables de Narbonne et d'Aiguesmortes à la mer présentent, dans leur tracé, les mêmes dispositions que celui de Venise à son littoral. Même courbure et mêmes inflexions; c'est toujours la forme d'une grande S allongée, qui se

---

(1) Ch. LENTHÉRIC, *le Littoral d'Aiguesmortes au treizième et au quatorzième siècle, avec un relevé de l'itinéraire de saint Louis entre Aiguesmortes et la mer*. Nimes, 1870.

dirige de l'Est à l'Ouest, rase le contour intérieur des cordons littoraux et débouche ensuite presque normalement à la plage. Le plus sommaire examen des cartes comparatives des trois lagunes permet de constater cette singulière conformité (1).

V

Après avoir franchi la dernière ligne des dunes, le Canal-Viel entrait dans la mer en face d'un rocher sous-marin, distant du rivage de mille cinq cents mètres environ, sur lequel viennent se briser les vagues du Sud et du Sud-Est, et qui forme ainsi, au-devant de la plage, une petite rade à l'abri des grosses mers du large. (Voir *Pièce justificative XVI*.) C'est ou plutôt c'était le *Grau-Louis*. Il est aujourd'hui atterri et complétement oublié; pas la moindre borne, pas le plus petit piquet ne signalent son emplacement; le pêcheur et le douanier sont depuis longtemps les seuls êtres humains qui foulent au pied cette grève déserte, et pourtant illustre.

Les sables des dunes chassés par le vent l'ont déjà envahie et comblée; et, dans un très-petit nombre d'années, il sera tout à fait impossible d'en retrouver la trace. N'aurions-nous pas dû, depuis longtemps, jaloux de nos traditions nationales et chrétiennes, signaler cette pauvre plage

---

(1) Voir les cartes des pages 203, 351 et 367.

par un modeste monument, destiné à perpétuer le souvenir des grands événements dont elle a été le théâtre? Nous avons déjà soulevé cette question; notre appel n'a pas été entendu. Puisse-t-il l'être un jour et ce jour être proche! car le temps fait son œuvre, et tout aura bientôt disparu. La terre de France ne saurait être moins hospitalière que le désert de l'Afrique. A côté des ruines de Carthage, à l'endroit même où le roi croisé, couché sur la cendre, rendait le dernier soupir, un de ses successeurs a fait ériger une chapelle et une croix. Puisse ce noble et pieux exemple nous tracer notre devoir de Français et de Chrétien, et nous rappeler que cette pauvre grève a été pour ainsi dire deux fois consacrée par le plus illustre et le plus éclairé de nos rois, un des rares souverains que l'Église a pu mettre au rang des saints et que la Philosophie elle-même, par l'organe de son sceptique patriarche, a honoré en disant de lui « qu'il n'avait été donné à personne de pousser plus loin la vertu ! »

VI

Le Canal-Viel n'a eu qu'une existence éphémère. Après chaque inondation des Rhônes morts, toute la lagune éprouvait des variations de profondeur considérables, et le chenal était bouleversé. Sans pouvoir préciser l'époque de la fermeture du Grau-Louis, on doit considérer comme certain qu'il ne fonctionnait plus comme passe navigable au seizième siècle, lorsque Charles-Quint se rendit à Aiguesmortes à la rencontre de François Ier.

Le chenal maritime, complétement différent de celui que suivirent les croisés, aboutissait à un nouveau grau, le Grau-de-Croisette, qui venait de s'ouvrir plus près de la ville. Le port, qui occupait les parties profondes de l'étang de la Marette et baignait le pied de la tour de Constance, fut déplacé; et la relation de l'entrevue de 1538 nous indique assez clairement qu'il devait se trouver le long de la grande façade Sud des remparts, et qu'on y accédait par la porte de la Marine. (Voir *Pièce justificative XVII*.)

Ce nouveau chenal ne devait pas se maintenir beaucoup plus longtemps que le Canal-Viel. Après chaque invasion des eaux du Rhône, certaines parties de l'étang étaient affouillées; d'autres au contraire étaient comblées et transformées presque subitement en hauts fonds. On peut juger de la prodigieuse rapidité des atterrissements par l'état de culture dans lequel se trouve aujourd'hui une partie de l'étang du Repausset, qui a été, à l'époque de saint Louis, une véritable petite mer avec des profondeurs de six à dix mètres.

Au milieu de cet étang, existait alors une sorte de digue ou brise-lames, appelée *la Peyrade*, dont le développement était de près d'un kilomètre, solidement construite en maçonnerie de moellons de fortes dimensions et dont les murs de quai, avec leurs bossages et leurs ciselures, étaient absolument semblables aux remparts d'Aiguesmortes. Ce brise-lames était protégé, du côté du large, contre le choc ou le ressac des vagues par d'énormes blocs dont quelques-uns n'avaient pas moins de douze mètres cubes ; on les extrayait des environs de Beaucaire ; ils descendaient les différents bras du Rhône et traversaient les étangs sur des barques qui les échouaient à pied d'œuvre. Il y avait donc, en cet endroit du Repausset, une profondeur considérable, puisqu'on avait jugé nécessaire de protéger la digue de la Peyrade par les procédés employés pour les travaux à la mer.

La culture a envahi aujourd'hui cette partie de l'étang ; on défriche les alluvions tout autour des vieux pilotis ; on sème et on récolte au-dessus des enrochements ; et, dans quelques années, ce magnifique vestige de l'ancienne navigation à travers la lagune d'Aiguesmortes aura complétement disparu (1).

La Peyrade était non-seulement un brise-lames, mais un véritable quai de stationnement et un môle d'abri destiné à protéger la navigation dans l'étang du Repausset. On y retrouve

---

(1) Ch. Lenthéric, le Littoral d'Aiguesmortes au treizième et au quatorzième siècle.

encore les traces du séjour des anciens navires, et nous y avons recueilli en plusieurs endroits des amas de cailloux de serpentine dont la provenance est soit la Corse, soit plutôt les Apennins ou les environs de Gênes. Ce sont de véritables dépôts qui ne peuvent être considérés comme des apports dus à une cause physique naturelle; et il est hors de doute qu'ils ont été accumulés à la Peyrade par le fait de l'homme, puisque tout le littoral en est absolument dépourvu et n'est formé que d'alluvions. Il est donc très-vraisemblable que ces dépôts ne sont autre chose que des restes d'anciens délestages, et qu'ils proviennent du déchargement à la Peyrade des bâtiments génois qui ont fréquenté si assidûment le port d'Aiguesmortes, pendant le treizième et le quatorzième siècle.

Cependant la navigation dans ces étangs était toujours précaire; et, sous François Ier, les inondations du Rhône bouleversèrent tellement les marais salants, l'un des principaux revenus de la Couronne, qu'on résolut de rejeter tout le fleuve à l'Est (1). Cette dérivation s'appela le *Rhône-*

---

(1) « Ces réparations consistèrent à ouvrir un grau à la mer, qu'on appelle le *Grau-Naou*, vis-à-vis de Peccais, par un nouveau canal qu'on creusa, et à y jeter les eaux de la brassière du Rhône, qui passaient à Peccais, et qui, s'écoulant à la mer par l'ancien lit qu'on appelle aujourd'hui le Rhône mort, en passant dans le Repausset, comblaient les canaux par les limons qu'elles y déposaient. Le

Vif, et les anciens bras délaissés du fleuve devinrent alors les *Rhônes-Morts*. Le Rhône-Vif débouchait à la plage par le *Grau-Neuf*, qui a été pendant longtemps en pleine activité; aujourd'hui ce Grau-Neuf lui-même est obstrué par les sables et ne fonctionne que pendant les grandes crues du fleuve, et les deux anciens bras du Rhône atterris portent les noms de *Rhône-Mort de la Ville* et *Rhône-Mort de Saint-Roman*.

VII

L'amélioration qui résulta de l'ouverture du Rhône-Vif fut peu durable; la lagune s'envasait de plus en plus; et le port d'Aiguesmortes dépérissait chaque jour; la création du port de Cette (1666) lui porta le coup de grâce. Tout le commerce de Montpellier déserta l'ancienne ville de saint Louis. C'est en vain qu'un arrêt du Conseil du 14 août 1725 ordonna la construction d'un chenal presque direct de la ville à la mer, que deux chaussées insubmersibles furent élevées à

---

bail de ces réparations fut passé à François Conseil, greffier des États, le 20 octobre 1532, et ce bail fut ensuite approuvé par lettres patentes du mois de décembre suivant. Le *Grau-Naou* s'est depuis fermé, parce que les eaux de la brassière du Rhône ont depuis pris leur direction vers l'étang d'Orgon, où elles forment le grau qui porte ce nom. » (*Mémoire sur la ville d'Aiguesmortes*, manuscrit *Esparron.*, 1777.)

travers l'étang du Repausset, et qu'un grau artificiel, le *Grau-du-Roi,* fut ouvert à grands frais et maintenu entre deux môles enracinés à la plage. Tout mouvement maritime avait disparu.

Le chenal actuel a aujourd'hui une longueur de cinq mille six cents mètres; sa largeur varie de quarante à cinquante mètres, et, dans la traversée du Grau-du-Roi, elle augmente d'une manière progressive jusqu'à atteindre soixante mètres entre les deux musoirs. Deux feux de port signalent l'entrée. La profondeur du chenal est partout supérieure à trois mètres; la baie est tranquille; l'entrée est sûre pour les petits navires; l'ensemble de ces conditions, très-favorables à la navigation, aurait donc pu permettre au petit cabotage de choisir Aiguesmortes pour l'un de ses principaux ports; mais l'esprit d'entreprise et l'activité commerciale font absolument défaut dans cette ville déchue; et le tonnage maritime a suivi depuis quarante ans une décroissance inouïe. Malgré les améliorations qu'on n'a cessé de faire à Aiguesmortes, malgré l'établissement d'un chemin de fer dont les wagons peuvent accoster les navires, le port est toujours désert; et c'est à peine si les relevés officiels y constatent un mouvement de trois mille tonnes, fournies presque exclusivement par des tartanes espagnoles chargées d'oranges des Baléares.

Le Grau-du-Roi, faubourg maritime d'Aiguesmortes, est, au contraire, un petit port de pêche assez actif. Il abrite quarante de ces gros *bateaux-bœufs* à voile latine, qui ne sortent que par couple et balayent de leurs filets traînants tout le plafond du golfe depuis Cette jusqu'aux Saintes-Maries; plus de quatre-vingts *moures de porc*, d'un plus petit modèle, sont affectés à la pêche du maquereau et du thon; les Génois, enfin, dont les barques se rencontrent dans toutes les criques de la Méditerranée, se livrent sous nos propres yeux à la pêche fructueuse de la sardine, qui exige des habitudes de mer, un tempérament énergique et une sobriété malheureusement de plus en plus rares chez nos populations littorales. L'importance de la pêche française se chiffre par une recette annuelle de plus de six cent mille francs; ce serait, on le voit, une véritable fortune pour cette petite agglomération de marins, si l'abus toujours croissant des narcotiques et des spiritueux ne les condamnait à une misère incurable.

En résumé, le port d'Aiguesmortes n'existe pour ainsi plus aujourd'hui que de nom. La communication avec la mer a traversé trois phases distinctes.

C'était d'abord le Canal-Viel, suivi par saint Louis, et aboutissant au grau dont nous avons signalé le lamentable abandon.

Ce fut ensuite un chenal plus court, que parcoururent, en 1538, les galères de Charles-Quint, qui longeait la Peyrade et débouchait en mer au grau de Croisette, dont les traces sont aussi très-peu reconnaissables.

C'est enfin le chenal actuel construit sous le règne de Louis XV et se terminant au hameau du Grau-du-Roi, qui n'est qu'un petit port de pêche côtière et une modeste station balnéaire, fréquentée seulement pendant trois mois de l'année.

VIII

Sans la production du sel, que l'on récolte en abondance à la surface de tous les marais du littoral et qui dépasse annuellement soixante mille tonnes, la vie semblerait absolument éteinte autour de la vieille cité de saint Louis.

Mais cette solitude et cet abandon sont en parfaite harmonie avec la paisible majesté de cette enceinte fortifiée, intacte depuis six siècles et que la main de l'homme a jusqu'à présent respectée. Aiguesmortes a eu, en effet, cette double fortune d'échapper à la fois au vandalisme des démolisseurs et au zèle des restaurateurs.. Il n'existe certainement aucune enceinte en Europe, et peut-être au monde, qui ait été conservée dans une aussi parfaite intégrité.

Les monuments des âges passés sont, surtout dans cette partie délaissée de notre littoral, soumis à des vicissitudes de toutes sortes. Les tours du Rhône, qui signalent les diverses embouchures du fleuve et les limites variables de la mer, sont dans un état de délabrement et d'abandon qui provoquera leur destruction à bref délai. Le fort de Sylve-Real, qui protégeait autrefois la Sylve-Godesque, a été vendu récemment par l'administration des domaines pour quelques centaines de francs et exploité comme carrière de matériaux de construction. Tous ces petits fortins de la côte de Languedoc, Peccais, Palavas, le Grand-Travers, remontent au dix-septième siècle. Quatre gros murs épais, aux talus fortement inclinés, percés de meurtrières et flanqués de petites échauguettes, donnent à ces constructions d'une autre époque une certaine originalité. Ils rappellent les points occupés autrefois par les postes militaires des agents royaux de la Gabelle.

Triste mesure que celle qui consiste à détruire ainsi tous les souvenirs de notre passé pour des avantages pécuniaires minimes et souvent fort contestables! et il est permis de se demander si l'autorité militaire ne devrait pas prendre à sa charge l'entretien de ces citadelles-miniatures, encore très-solides, comme elle le fait depuis longtemps des remparts d'Aiguesmortes avec autant de conscience que de discernement et de modération. Ces fortins pourraient, ce nous semble, être toujours utilisés, sinon comme centres de résistance, du moins comme postes d'observation, et entrer ainsi d'une manière très-rationnelle dans un plan général de défense de notre zone frontière. Si l'on n'y prend garde, ils disparaîtront prochainement de notre littoral; et c'est presque par hasard que la tour Carbonnière, un des plus magnifiques postes avancés du moyen âge, qui commandait l'entrée d'Aiguesmortes du côté des marais du Vistre, a été préservée. (Voir *Pièce justificative XVIII*.)

Tout le monde sait qu'à Narbonne, toute une ville romaine, plusieurs temples, un amphithéâtre, un nombre considérable d'édifices publics de toute nature ont été mis à l'état de véritables carrières, et que François Ier, le *restaurateur des arts et des lettres*, en a utilisé les matériaux pour la construction d'une enceinte continue autour de la ville, qui est d'ailleurs sur plusieurs points aujourd'hui en cours de démolition. Ces fortifications du seizième siècle forment ainsi une sorte de musée épigraphique en plein air que l'archéologue et l'artiste ne peuvent encore parcourir sans douleur, en songeant à tout ce que ce développement de métopes, de bas-reliefs, de corniches et d'inscriptions lapidaires représente de monuments détruits.

Avec le goût des solutions extrêmes, qui est le fond de notre caractère national, nous passons sans transition de la destruction complète au système de la restauration à outrance. Nous démolissons ou nous reconstruisons; et, pendant que nous portons le pic et la pioche sur des monuments d'un autre âge pour en aliéner les matériaux à vil prix, nous n'hésitons pas à dénaturer, certaines ruines par des réparations soi-disant confortatives qui équivalent à des reconstructions, et enlèvent à ces magnifiques débris du temps passé le caractère respectable et le relief artistique que les siècles leur avaient donnés.

Les remparts d'Aiguesmortes ont été sauvés et sont restés tels que Philippe le Hardi les a laissés. L'enceinte, presque exactement quadrangulaire, est formée de moellons de gros appareil, à bossages et ciselures, criblés de signes lapidaires. Quinze tours s'élèvent, soit aux angles et aux côtés des portes, soit à des distances inégales, sur le flanc des courtines, et protégent l'ensemble de la fortification. Neuf portes sont ouvertes sur les quatre faces du quadrilatère. Les deux principales étaient celles *de la Gardette* ou *Porte-Vieille*, qui conduisait à la tour Carbonnière, au milieu des marais du Vistre, à peu de distance de l'abbaye de Psalmodi; — et la porte *de la Marine*, qui donnait accès sur le port, ainsi que le témoigne le récit détaillé de l'entrevue de François Ier et de Charles-Quint; c'est principalement à droite et à gauche de cette porte que se trouvaient les fameux anneaux de fer dont nous avons parlé. — Puis venait la porte *de Montpellier*, qui conduit au bassin actuel, et la porte *de la Reine* ou *de l'Est*, qui s'ouvrait sur la Camargue.

Le type de cette fortification est exactement celui que les Croisés ont adopté pour toutes leurs

ENCEINTE D'AIGUESMORTES
État actuel
Échelle de 1 à 8.000ᵐ

Canal du Bourgidou

Ancien étang de la Ville à l'état de marécage

Tours & Portes

1 — T. de Constance
2 — P. de Nîmes
12 — P. des Galions
13 — P. des Moulins

forteresses et leurs châteaux en Syrie, dans l'île de Chypre et dans tout l'Orient. Ce sont des murs crénelés, en général dépourvus de machicoulis, percés de longues meurtrières et de trous carrés permettant de disposer des balcons de bois, appelés *hourds*, qui commandaient le pied du rempart, et empêchaient les pionniers de le saper et d'y appliquer des échelles. De distance en distance, des machicoulis absolument semblables à ceux de Tortose, de Safita d'Athlit (Château Pèlerin), de Sagette, d'Antioche, d'Ascalon, de Césarée, etc... Toutes ces constructions féodales du douzième et du treizième siècle sont en ruine aujourd'hui; Aiguesmortes seul est debout, intact et tel que le Génois Bocanegra l'avait construit d'après les indications de Philippe le Hardi, et sous l'impression toute récente des grandes citadelles chrétiennes de l'Orient.

On a répété à satiété que les fortifications d'Aiguesmortes présentaient en plan la même disposition que Damiette : c'est se méprendre un peu sur la signification de ce mot *plan*. Le tracé d'une ville fortifiée est, en général, commandé par la forme de la ville elle-même; et, si Aiguesmortes a une figure quadrangulaire si géométrique, c'est que l'enceinte avait été disposée en prévision d'un développement qui ne s'est jamais produit. Le tiers environ de la surface enveloppée par les remparts est occupée par des terrains vagues et des jardins à peine cultivés. La population, qui était au treizième siècle de quinze mille âmes, est descendue à trois mille cinq cents, et paraît devoir rester tout au plus stationnaire.

Comme aspect général, Aiguesmortes ressemble tout aussi bien à Damiette qu'à Saint-Jean d'Acre, Jérusalem ou toute autre ville de l'Orient. Des courtines flanquées de tours rondes, avec un fossé au-devant, voilà le caractère de toutes les enceintes fortifiées du moyen âge; et, si l'on y ajoute un crénelage continu et des moucharabis plaqués sur les courtines ou en surplomb au-dessus des portes, on aura une reproduction assez fidèle de la plupart des places de guerre de l'époque des croisades. De toutes ces villes, celle dont Aiguesmortes rappelle le mieux la physionomie est assurément Antioche; la figure que nous en donnons, d'après un manuscrit du treizième siècle, indique des dispositions d'enceinte, de portes et de créneaux absolument identiques; et la ressemblance serait complète sans cette fière tour de Constance, qui donne à Aiguesmortes un caractère tout spécial; mais cette tour elle-même, avec la petite tourelle qui la surmonte, ne fait pas partie intégrante de la fortification, est tout à fait extérieure à l'enceinte et ne communique avec elle que par deux arceaux qui traversaient les anciens fossés de la ville. C'est d'ailleurs la seule partie d'Aiguesmortes qui soit contemporaine de saint Louis. Un bref du pape Innocent IV, de 1246, et une lettre du pape Clé-

Pl. 14

ANTIOCHE AU XIIIe SIÈCLE
d'après un manuscrit du temps
Biblioth. Nat.^{le} N°4939

flum perlabens ciuitat q antiochia

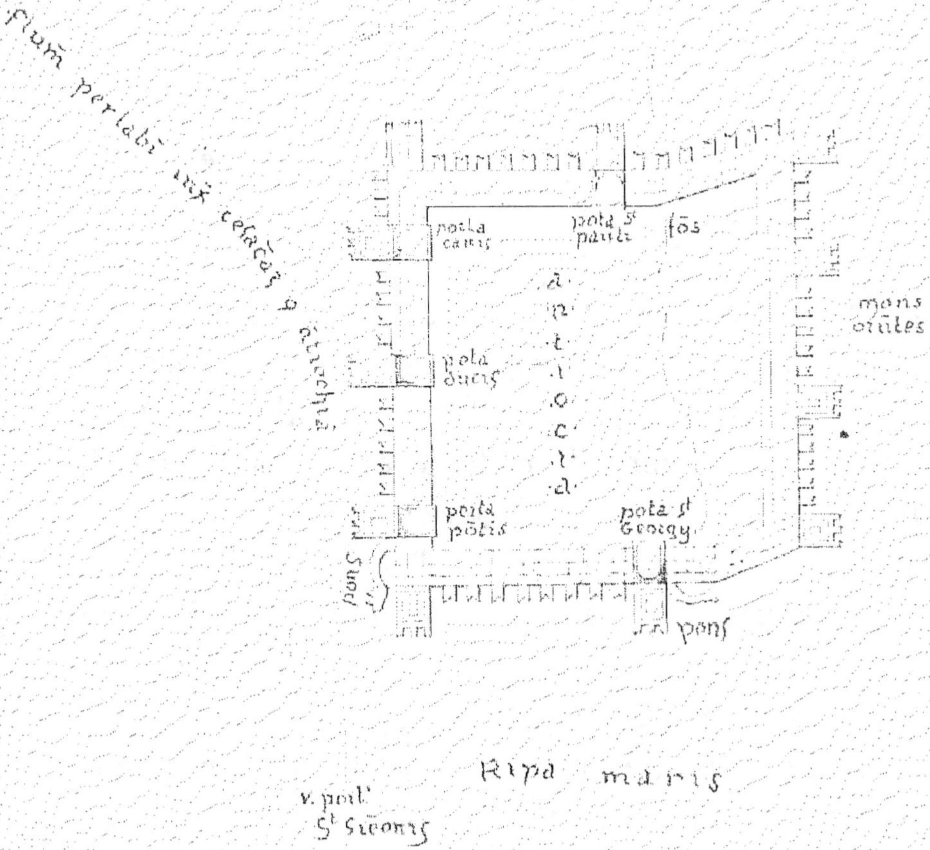

porta canis · porta S. pauli · fōs

porta ducis

a n t i o c h i a

mons orotes

porta potis · porta S. Georgy

pons

pons

Ripa maris

v. port
S. Simons

Gravé par L. Sonnet, Paris

Imp. Becquet

ment IV faisaient mention de la grosse forte tour, *quoddam castrum*, destinée à protéger les pèlerins, et que le saint roi avait fait construire avant de partir pour l'Afrique.

La tour de Constance offre le type sévère de la fortification européenne du onzième au treizième siècle; les remparts, au contraire, sont une véritable réminiscence de l'Orient.

IX

La solitude et le désert qui environnent Aiguesmortes font ressortir, d'une manière saisissante, les grandes lignes de son enceinte. Le pays est plat; les arbres y sont rares; quelques tamaris, très-peu de figuiers, des pins d'Alep et des ailantes sur les dunes, et au fond un rideau de pins parasols qui se perd dans la forêt de Sylve-Réal, aujourd'hui en voie de dépérissement.

Cette ancienne Sylve-Godesque, aujourd'hui très-éclaircie, a été certainement autrefois en pleine prospérité agricole et forestière. Des découvertes récentes ont ramené au jour un nombre assez considérable de pièces de monnaie portant les effigies des empereurs du second siècle, et d'un autel votif (1) qui consacre à

---

(1) SILVANO
VOTVM . PRO
ARMENTO
Inscription d'un autel votif trouvé dans la Sylve-Godesque.

Sylvain des troupeaux de gros bétail; le désert d'aujourd'hui était donc autrefois un territoire boisé, livré à l'agriculture et à la dépaissance.

Le campagne d'Aiguesmortes est d'une incomparable tristesse; les marais qui couvrent le sol à perte de vue frangent l'horizon dont les lignes sont brouillées par des effets de mirage assez confus. Le sol, pénétré de sel marin, ne donne naissance qu'à des plantes ternes, aux feuilles grasses, aux fleurs incolores, des joncs, des soudes, des salicornes, émaillés çà et là de quelques lis marins. La terre végétale n'existe pas encore, et il faudra peut-être des siècles pour que la culture prenne possession des bas fonds de ces étangs saumâtres, dernières lagunes d'une mer disparue. Les blanches mouettes et les flamants roses, si nombreux en Égypte, animent seuls la surface de ces immenses flaques d'eau, sur les rives desquelles on voit errer silencieusement des troupeaux nomades de taureaux noirs et de chevaux camargues, qui ont conservé l'allure sarrasine de leurs ancêtres ramenés par les croisés.

Tout est mort autour de cette ville morte; en présence de cette enceinte d'un autre temps et d'un autre monde, rien ne rappelle l'Europe moderne; et on se croirait transporté dans ces lumineuses et tristes contrées de l'Afrique et de l'Orient, qui, comme Aiguesmortes, ne vivent plus que par leur passé.

Mais les émotions qu'on y éprouve sont graves

et profondes. Que de fois, à l'entrée de ces nuits sereines de l'été, lorsque les dernières clartés du jour s'éteignaient en face de cette mer paisible et de cette plage abandonnée, n'avons-nous pas goûté le charme étrange de ces immenses solitudes et de cette nature silencieuse et profondément attachante. C'est un désert, mais de quels souvenirs ne l'avons-nous pas peuplé! et quelle douce lumière dans cette nuit du passé!... Malgré la tristesse qui l'enveloppe et l'abandon qui semble être son partage depuis plusieurs siècles, à cause peut-être de cette tristesse et de cet abandon, Aiguesmortes ne peut pas, ne doit pas périr; et, quelles que soient les vicissitudes de cette côte instable et aride, il restera toujours à la vieille cité de saint Louis un magnifique diadème architectural, et à cette plage déserte une auréole plus radieuse encore de glorieux et touchants souvenirs..

CHAPITRE DOUZIÈME.

ARLES ET LES SAINTES-MARIES.

Saint-Gilles, *Rhodanusia* et *Héraclée*. — Origine ancienne d'Arles. — *Arélaté* ou *Théliné*. — Aspect du delta et de la plaine avant l'établissement des digues du Rhône. — Les étangs navigables, les marais et leurs îles. — Navigation autour d'Arles. — Les nautonniers du Rhône et les *utriculaires* des Durances. — Les deux ports d'Arles; analogie avec Alexandrie d'Égypte. — Les *Fosses Mariennes*. — Communication d'Arles avec la mer. — Décadence de la ville impériale.

Le petit Rhône et les Saintes-Maries. — La tradition chrétienne. — La légende des Baux : les *Gaïé* et les *Trémaïé*. — Marius, Marthe et Julie. — Confusion entre la prophétesse Marthe et la Marthe de l'Évangile. — Existence de la plage des Saintes Maries à l'origine de notre ère. — L'église-forteresse des Saintes. — De la valeur scientifique des objections faites à la tradition chrétienne.

ARLES

I

Aiguesmortes est le point de concentration de plusieurs canaux de navigation : la Radelle conduit à Mauguio, à Cette, à Agde, de là à Toulouse, et par voie de suite jusqu'à Bordeaux; le Bourgidou se dirige à travers la Sylve-Godesque jusqu'au Petit-Rhône; le canal de Beaucaire enfin se développe au Nord de la grande plaine d'alluvion du Rhône et marque d'une manière très-précise la limite des terrains diluviens et de la région des marais. Tout ce territoire, envahi autrefois par le grand fleuve, était couvert de marais pestilentiels à une époque encore peu éloignée de nous; les premières tentatives d'assainissement remontent au moyen âge; mais des travaux sérieux ne furent entrepris que sous Henri IV, et ne donnèrent tout d'abord que des résultats fort médiocres. Ce n'est qu'en l'an IX que la concession de la mise en culture des étangs insalubres fut faite à une compagnie qui établit un canal navigable au pied des collines du diluvium, sur le flanc desquelles sont bâties les petites villes de Bellegarde et de Saint-Gilles. On retrouve, sur cette frontière littorale, les ruines des abbayes de Psalmodi, de Franquevaux (*Sancta-Maria de Francis vallibus*), de Saint-Gilles; et il est incontestable que toutes ces résidences monacales ont été de véritables ports intérieurs aujourd'hui complétement disparus.

Le port de Saint-Gilles a eu même, pendant plusieurs siècles, une importance réelle. Les marais de Scamandre et de l'Hermitane formaient, au sud de la ville, une rade sûre; et les navires de Venise, de Gênes, de Pise, de Tyr et d'Alexandrie venaient mouiller presque sous les murs de l'ancienne abbaye, dans cette vaste lagune depuis lors transformée par la culture. Le pape Gélase II y abordait en 1118, et le pape Innocent II en 1130; et ce fut, dans le douzième siècle, avant la création du port d'Aiguesmortes, le point d'embarquement et de débarquement le plus fréquenté par les convois et les pèlerins de la Terre sainte. Saint-Gilles, aujourd'hui isolé du

Rhône et de la mer, est en pleine décadence. L'abbaye est détruite; le port n'existe plus; et, ni le canal de Beaucaire, qui coule au pied de sa colline, ni le chemin de fer, qui traverse ses faubourgs, ne feront renaître la vie à jamais éteinte dans cette ville, morte depuis plusieurs siècles et presque complétement oubliée.

L'origine de Saint-Gilles se perd dans la nuit la plus reculée du passé; il est probable que la ville du moyen âge est bâtie sur l'emplacement de l'antique *Héraclée*, déjà disparue du temps de Pline (1). Héraclée et *Rhodanusia* ont été, en effet, deux villes grecques en pleine prospérité vers le cinquième siècle avant notre ère (2); et

---

(1) *Sunt auctores et Heraclæam oppidum in ostio Rhodani fuisse.* (PLINE, liv. III, ch. v.)
Voir GERMER-DURAND, *Inscriptions grecques trouvées à Saint-Gilles (Héraclée)*. (Mémoires de l'Académie du Gard, 1868-1869.)

(2) Il est certain que, outre la ville d'Agde, il y avait une autre ville grecque située sur le bord occidental du Rhône, appelée *Rhode*, ce qui a donné lieu à Pline et à saint Jérôme de croire que les Rhodiens en avaient été les fondateurs. D'autres (Marcius d'Héraclée, Étienne de Byzance) croient, avec plus de fondement, que cette ville de Rhode est la même que *Rhodanusia,* située sur le bord du Rhône, dont quelques anciens font mention, et où les Marseillais établirent une de leurs colonies. *Héraclée* était aussi une autre colonie grecque, située à l'embouchure du Rhône, et qui fut détruite, ainsi que celle de Rhode, avant le temps de Pline. On conjecture que c'est sur les ruines de la première que la ville de Saint-Gilles a été bâtie. (*Hist. gén. de Languedoc*, liv. I, ch. iv.)

leurs ruines à peine reconnaissables seront longtemps l'objet de discussions de la part des érudits et des archéologues.

Il paraît certain cependant que la première a été le berceau de Saint-Gilles; et, quant à *Rhode*, *Rhoda* ou *Rhodanusia*, établie aussi sur la rive gauche du Rhône dont elle a pris le nom, sa position semble devoir être reportée aux environs de Beaucaire, près de la petite chapelle et du cimetière de Saint-Montan, autour desquels on a trouvé de nombreuses antiquités assez mal définies (1).

Tout ce passé est mort et reste enveloppé d'une certaine obscurité; les étangs ont disparu; le sol a été complétement remanié par la culture; et c'est à peine si l'on retrouve aujourd'hui quelques traces de ces anciennes colonies grecques qui ont été tour à tour des comptoirs, des ports en rivière, des forteresses et des abbayes.

---

(1) L'existence de la foire de Beaucaire, dont l'origine se perd dans la nuit des temps et qui s'est perpétuée à travers les siècles jusqu'à nous, permet de supposer qu'il a peut-être existé en ce lieu, de toute antiquité, un *emporium* ou marché important de création phénicienne, grecque ou romaine. On a de tout temps trouvé à Saint-Montan de nombreuses antiquités, restes très-probables de la ville grecque de *Rhodanusia*. (G. CHARVET. *Les voies romaines chez les Volkes Arékomiques.* — GERMER-DURAND, *Dict. top. du dép. du Gard.*)

II

Les embouchures du Rhône sont la limite orientale du golfe de Lyon; et nous devrions terminer ici la monographie des villes mortes de ce littoral. Mais nous ne saurions quitter la plaine du bas Rhône sans embrasser d'un coup d'œil d'ensemble cet immense territoire que le fleuve a tour à tour bouleversé, enrichi et si profondément modifié. Le plateau d'Arles, dont l'altitude est de quarante-huit mètres, domine toute cette zone de marais imparfaitement desséchés, de landes stériles et de prairies récentes. Entrons dans la ville impériale; du haut des tours qui dominent son magnifique amphithéâtre, la vue s'étend sur toute la grande île de la Camargue jusqu'au Valcarès, et perçoit très-nettement, à la limite extrême du delta, les saillies des deux embouchures et la plage sablonneuse de Faraman, chaque jour rongée par l'action de la mer.

La plaine verdoyante qui entoure Arles ne ressemble en rien à ce qu'elle était à l'époque de la domination romaine. La ville moderne, accessible aujourd'hui de tous côtés par voie de terre, est seulement divisée en deux par le grand bras du Rhône; dans les temps anciens, ce territoire, aujourd'hui livré à la culture, était presque entièrement submergé; et la métropole des Gaules avait un véritable port intérieur sur le bord des étangs et du Rhône, qui formaient autour de ses murailles une ceinture navigable à peu près continue.

L'origine ancienne de la ville d'Arles a été quelquefois contestée. Cette ville n'est mentionnée ni par Tite-Live, ni par Polybe, ni par Plutarque, qui a fait un récit détaillé de la célèbre campagne de Marius, dans cette partie de la Gaule (104-102 ans avant Jésus-Christ); et elle n'apparaît que dans les Commentaires de César (1), dans Strabon (2) et dans Pomponius Méla, qui la désigne sous le nom de « colonie romaine des vétérans de la sixième légion, *Arelate Sextanorum* ». César y avait en effet établi une colonie militaire, *colonia Julia Paterna*; mais il est certain, ainsi que le fait très-judicieusement observer Anibert (3), qu'Arles était à cette époque, et probablement depuis très-longtemps déjà, une cité considérable; car on n'envoyait pas des colonies dans des bourgades; et ce fut, après Narbonne, la première ville des Gaules à laquelle cet honneur fut accordé. « Et si, ajoute cet auteur, on interroge le livre Ier des Commentaires de César

---

(1) *Naves longas Arelate numero duodecim facere instituit.* (CÆSAR, *de Bello civili*, I, 36.)

(2) Πρὸς δὲ τῷ Ῥοδάνῳ ἐμπόριον οὐ μικρὸν Ἀρέλατε. (STRABON, *Géogr.*, liv. V, ch. 1, § 6.)

(3) ANIBERT, *Mémoires historiques sur l'ancienneté de la république d'Arles*. Yverdon, 1779.

sur *la Guerre civile*, on voit que, tandis que son armée assiégeait Marseille, ce général faisait construire à Arles douze vaisseaux de guerre, *naves longæ*, qui furent prêts et armés en trente jours ; et, à la manière dont l'historien expose ce fait, il paraît que les soldats, déjà occupés aux travaux du siége, ne purent être employés à la construction des navires. Les ouvriers, ou du moins la plus grande partie, furent donc pris parmi les habitants d'Arles ; ce qui suppose la population et toutes les ressources d'une grande cité (1). »

Le nom d'Arles a soulevé de grandes discussions parmi les étymologistes ; les uns y voient une origine grecque, Ἄρης, *Mars, peuple de Mars* ; d'autres le regardent comme latin, *ara lata*, autel élevé, parce que les Romains y auraient trouvé un autel consacré à Diane d'Éphèse par les Phocéens de Marseille ; d'autres enfin comme celtique, *ar-lath*, lieu humide, à cause des marais au milieu desquels se serait établie la population de la ville primitive. Il est assez évident que le nom d'*Arelate* n'a une physionomie ni grecque ni romaine ; et le radical *Ar* que l'on retrouve, non-seulement dans le nom des Volkes *Arékomiques*, mais encore dans celui de plusieurs peuplades de la même contrée, les *Arne-*

---

(1) ANIBERT, *Mémoire sur l'ancienneté d'Arles*. Arles, 1782.

metici, les *Arandunici* (1), etc...., permet d'affirmer que cette ville était contemporaine de ces anciennes peuplades et existait déjà dans le cinquième siècle avant notre ère. Aviénus la désigne sous le nom de Théliné (θηλή, mamelle) (2), faisant ainsi allusion à la richesse de son terroir. Arles était alors située, comme de nos jours, à la pointe de cette Camargue fiévreuse, marécageuse, mais éminemment fertile, et qu'on appelait à juste titre le grenier de l'armée romaine, *horrea ac cellaria totius militiæ romanæ.*

Il est donc possible que l'ancienne Théliné ait eu une réelle importance vers le cinquième ou le quatrième siècle avant notre ère, à l'époque où les colonies grecques sont venues s'établir sur le littoral, qu'elle ait ensuite décliné, et que, rajeunie plus tard par la colonie romaine de Jules César, elle ait repris un nouveau mouvement ascensionnel jusqu'au siècle de Constantin, où elle a atteint son apogée.

III

L'origine très-ancienne d'Arles est donc de la plus grande probabilité ; mais ce qui est tout à

---

(1) GERMER-DURAND, *Mémoires de l'Académie du Gard*, années 1863 et 1871.

(2)   *Arelatus illic civitas attollitur,*
      Theline vocata, sub priore sæculo,
      Graio incolente.
           (AVIEN., *Ora marit.*, v. 679-681.)

fait certain, c'est qu'en ces temps éloignés les eaux du Rhône et des étangs venaient battre de tous côtés les murs de la ville et lui donnaient une physionomie maritime très-accentuée. Pour se rendre bien compte de cette topographie ancienne, il faut observer que le niveau de la campagne d'Arles était presque partout inférieur à celui des eaux moyennes du Rhône, et qu'à l'origine de notre ère le fleuve n'était pas contenu, comme nous le voyons aujourd'hui, dans un lit parfaitement défini; les digues n'existaient pas; et, à la moindre crue, les eaux s'écoulaient librement sur toute l'étendue du territoire.

Il est difficile de dire si cette protection artificielle de la campagne d'Arles et du delta du Rhône a été un véritable bienfait. Lorsque la grande ville *Constantinienne* était entourée par les eaux du Rhône et de sa mer intérieure, la salubrité était certainement beaucoup plus grande que de nos jours; les marais, imparfaitement desséchés, donnent toujours naissance à des miasmes pestilentiels; et il est constant que, depuis l'endiguement du Rhône, la ville d'Arles est en pleine décroissance.

Au point de vue agricole, il est permis de se demander si le système de la submersion, employé par les Égyptiens depuis des centaines de siècles, et qui consiste à laisser les eaux limoneuses du Nil s'étaler, pendant les crues, à la surface du delta qu'elles ont ainsi peu à peu exhaussé et rechargé d'une terre végétale de premier ordre, n'eût pas donné, pour la campagne d'Arles et toute l'île de la Camargue, des résultats beaucoup plus satisfaisants. « Quand le Rhône submerge un terrain sans rencontrer d'obstacles, il s'épanche au loin, perd sa rapidité en s'étendant et laisse déposer sur son passage le limon qu'il entraîne avec lui. Les terres exhaussées par les crues se trouvent généralement plus élevées que celles qui sont garanties par les chaussées; elles restent donc bien moins longtemps sous l'eau que ces dernières, lorsqu'elles sont inondées par la rupture de leurs défenses. Et en comparant leur situation respective : d'un côté, les risques d'inondation, mais une richesse naturelle, qui rend la culture des terres indépendante des engrais; de l'autre, des chances moins fréquentes de dégâts, mais aussi l'obligation de fumer et de payer les frais d'entretien des digues, on trouve que les terres non défendues valent la moitié en sus et souvent le double des terres couvertes par les chaussées. On se demande dès lors par quelle singulière aberration des populations entières se sont soumises à un pareil régime et ont accepté un traité qui consiste à être assuré, chaque année, d'une récolte d'une valeur moitié moindre, au lieu d'obtenir une récolte qui, toutes pertes compensées, finit par être d'une valeur double (1). »

---

(1) DE GASPARIN, *Mémoire sur les débordements du*

Les digues ont été construites sous l'empire d'une peur irréfléchie; et, comme il est impossible d'affirmer qu'un jour ou l'autre, à la suite d'une crue persistante ou exceptionnelle, quelque partie de cette défense artificielle ne sera pas emportée par les eaux, on doit s'attendre à voir le torrent déboucher un jour subitement par quelque brèche dans la grande plaine et y produire des désordres incalculables. Le Rhône, qui, comme le Nil, aurait dû être une source de bienfaits, est considéré aujourd'hui à juste titre comme un danger permanent pour les populations riveraines; et ses riches limons, au lieu d'être, selon la belle expression d'Hérodote, « un présent du fleuve (1) », vont se déposer sur la barre, obstruent les embouchures, arrêtent la navigation et deviennent un véritable fléau.

Les dépenses si considérables de premier établissement et d'entretien des digues ne sont justifiables que pour les enceintes des villes où, sur une surface restreinte, il y a de grandes richesses à protéger; mais il eût été évidemment plus sage de laisser le fleuve envahir librement et lentement toute la surface de son vaste territoire aux époques des grandes crues; et, mieux que tous les projets des ingénieurs et des agronomes mo-

---

Rhône. (Compte rendu de l'Académie des sciences, t. XVIII, année 1844.)

(1) Δῶρον τοῦ ποταμοῦ. (Hérodote.)

dernes, il se serait chargé d'assainir et d'exhausser la plaine submersible, et aurait été le meilleur agent de dessalement et de fertilisation.

Ce n'est pas cependant à l'endiguement seul qu'il faut attribuer la transformation de la campagne d'Arles. L'exhaussement continu du sol est un phénomène commun à tous les marais du littoral. Comme toutes les lagunes, ce vaste bassin doit passer par trois phases parfaitement distinctes; la première est la phase *maritime*, aujourd'hui révolue, qui a duré tant que la navigation a été possible sur les étangs, qui paraît avoir atteint son apogée sous la domination romaine, vers le quatrième siècle, et s'est prolongée presque dans le seizième, époque où les étangs, transformés en marais pestilentiels, ont été l'objet des premières études de desséchement.

Le sol s'est ensuite graduellement colmaté; les pluies ont entraîné dans les parties basses les terres qu'elles avaient détachées des parties les plus élevées; les inondations successives du Rhône et de la Durance ont déposé, depuis vingt siècles, une prodigieuse quantité d'atterrissements; les étangs, qui communiquaient entre eux, ont été isolés et se sont trouvés réduits à l'état de mares croupissantes; une grande partie des terrains autrefois noyés a émergé pendant les sécheresses, en produisant des émanations malsaines; c'est la période *marécageuse* ou *paludéenne,* et que nous pourrions à juste titre appeler aussi *période pes-*

tilentielle; Arles la traverse en ce moment; et, bien qu'elle semble toucher à sa fin et que l'état sanitaire soit incontestablement supérieur à celui des trois derniers siècles, il est probable qu'il faudra attendre encore assez longtemps avant d'entrer définitivement dans la troisième et dernière période, qui sera la *période agricole*.

Les marais d'Arles forment donc aujourd'hui, et formaient surtout, à l'époque romaine, un immense bassin qui commençait à Tarascon, s'étendait au Sud de la chaîne des Alpines, aux confins de la Crau et se prolongeait jusqu'au golfe de Fos; ce n'était qu'une succession d'étangs navigables pour la plupart, qui communiquaient tous entre eux et se terminaient au Grau-de-Galéjon qui leur ouvrait la route de la mer.

IV.

Une situation analogue existait au Nord de la chaîne des Alpines. La Durance n'avait pas un seul lit, comme nous le voyons aujourd'hui. Une seconde branche assez importante, appelée au moyen âge la *Duransole*, passait entre Rognonas et Château-Renard, traversait les territoires de Graveson et de Maillane, et, doublant le promontoire Est des Alpines, où se trouvait la ville d'*Ernaginum* (Saint-Gabriel), jetait ses eaux dans les étangs d'Arles.

Le nom des localités situées dans la vallée de

la basse Durance rappelle d'ailleurs assez bien l'ancien état des lieux. *Graveson* était établi sur un sol de *gravier* charrié par les inondations de la rivière et déposé sur ses bords; le territoire de *Rognonas* était autrefois divisé en plusieurs îles par divers bras de la Durance; et c'est le desséchement de quelques-uns de ces bras qui a produit la plaine grasse et fertile dont l'étymologie est facile à retrouver (*rognonas*, gras, terre grasse, idiome provençal). La station de *Bellinto*, Barbentane, établie sur la route de Tarascon à Orange, était une véritable île, *insula Barbentina*, au milieu de la Durance, et qui n'a été reliée que beaucoup plus tard à la terre ferme sur la rive gauche.

Il en était de même pour le Rhône; un nombre indéfini d'îles de toutes dimensions était échelonnées le long de son cours sinueux. L'ancienne ville de Tarascon, qui a été, dans le principe, un comptoir des Massaliotes, était autrefois entourée de tous côtés par les eaux du fleuve. Il existait alors, vis-à-vis de Beaucaire, *Ugernum*, une île considérable qui a été successivement appelée *Ugernia*, *Ugernica*, *Gernica*, et que d'intrépides étymologistes écrivent *Jarnica* et même *Jovarnica* et traduisent par *Jovis arx in aqua* (citadelle de Jupiter dans l'eau). Cette île a été le berceau de Tarascon, et a même joué un certain rôle pendant le moyen âge. Plusieurs conventions y ont été passées; un traité de paix y a été conclu, en 1177, entre le comte de Toulouse et le roi d'Aragon; elle est mentionnée dans un acte de 1298 sous le nom d'*île Gernique;* elle renfermait les couvents des Cordeliers et des Jacobins (1); ces couvents existaient avant 1789, et on en retrouve encore des vestiges dans le faubourg actuel de la *Gernègue,* dont le nom a très-bien conservé, comme on le voit, la physionomie de l'ancienne île *Ugernia.*

Toute la plaine d'Arles à la mer était donc, à l'époque romaine, à peu près recouverte par les eaux qui s'introduisaient à la partie supérieure soit par le Rhône, soit la Durance, descendaient, parallèlement à la rive gauche du grand fleuve, le long des bas fonds du Plan-du-Bourg, et s'écoulaient naturellement à la mer par le Grau-de-Galéjon, alors beaucoup plus ouvert que de nos jours. L'alimentation de cette grande lagune avait donc lieu à la fois par le Nord et par le Sud; car, lorsque les vents du large faisaient gonfler les eaux de la mer, un courant énergique s'établissait dans le Grau-de-Galéjon; les eaux salées remontaient les

---

(1) Acte de 1298 par lequel Charles II, roi de Jérusalem, de Naples et de Sicile, et comte de Provence, donne à Berenger Catelan un droit annuel à prendre sur l'île Gernique, *où sont,* est-il dit dans l'acte, *les couvents des Cordeliers et des Jacobins.* Cet acte est visé dans l'arrêt du conseil du 8 mai 1681, rendu au sujet des îles du Rhône. (ASTRUC, *Mémoire pour l'histoire naturelle de la province de Languedoc,* part. I, ch. VIII, X.)

étangs, exhaussaient le niveau des marais d'Arles et produisaient une sorte de petite marée dont la hauteur dépassait quelquefois soixante centimètres (1).

On conçoit dès lors l'aspect que devait présenter la ville impériale, dont le plateau, entouré du côté de l'Ouest par le grand bras du Rhône, était baigné, du côté de la Crau, par une véritable mer intérieure. Tous ces terrains, que l'on nomme aujourd'hui dans le pays des *coustières*, et qui sont intermédiaires entre les marais et les prairies, dont le niveau est déjà assez élevé pour qu'on ne puisse pas les assimiler à des marais, mais qui cependant sont encore trop bas et trop humides pour être cultivables, étaient complétement submergés.

Le village de *Castelet*, le *Mont-d'Argent*, *Pierre-Feu*, *Trébousille*, la montagne de *Cordes*, *Montmajour* étaient des îles; et la communication d'Arles avec ce petit archipel ne pouvait avoir lieu que par bateaux. Cette navigation elle-même était d'une nature toute spéciale; la profondeur très-variable des étangs ne permettait pas l'accès des navires de charge; dans la plupart des cas, ces nappes d'eau étaient seulement flottables; et il eût été absolument impos-

---

(1) Voir, dans les *Archives des Ponts et Chaussées*, à Arles, le Rapport de M. l'ingén. Gorsse, au sujet de l'introduction des eaux de la mer dans les marais d'Arles 1806.

sible de s'y engager avec des bateaux calant seulement un mètre d'eau. On y pénétrait alors au moyen de radeaux de formes et de dimensions diverses, et qui étaient soulevés sur des outres de manière à ne déplacer qu'une tranche d'eau tout à fait insignifiante. C'est ainsi que les riverains de l'Euphrate sillonnent encore aujourd'hui le cours de leur fleuve et les marais qui l'environnent; de simples plates-formes, formées de planches reliées entre elles par des cordes ou même des lianes flexibles, sont portées sur des outres qu'il est possible de gonfler d'air par une insufflation directe; et ces bateaux improvisés naviguent ainsi sur des marais dont la profondeur n'est, en certains points, que de quelques centimètres. Ce n'était pas seulement les marais d'Arles, de Montmajour et des Baux que parcouraient ainsi ces *utriculaires, utriculariæ naves*; la Durance, qui n'est pas même aujourd'hui flottable, était navigable sur une certaine partie de son cours; un chantier important de construction de barques existait à Perthuis (1); et les branches au-

---

(1) Plusieurs chartes des dixième et onzième siècles font mention de la navigation des *utriculaires* sur la Durance et de barques achetées à Perthuis.

La Durance était encore navigable vers la fin du onzième siècle, puisque nous avons un acte de 1194 par lequel Étiennette, mère du comte Bertrand, conjointement avec Raymond de Saint-Gilles, exempte l'abbaye de Saint-Victor des droits que les comtes de Provence avaient coutume de

jourd'hui atterries, la *Duransole*, le *Vigueirat*, ainsi que tous les étangs disparus qui se trouvaient alors au Nord de la chaîne des Alpines, étaient, pour ainsi dire, peuplés de ces singuliers nautonniers dont le siége principal paraît avoir été *Ernaginum*. On a retrouvé en effet, dans la petite église romane de Saint-Gabriel, qui forme du côté de Tarascon le cap avancé de la chaîne des Alpines, une inscription pleine d'intérêt, incrustée dans un des bas côtés du chœur, et qui fait mention des corporations de mariniers d'Arles, des Durances et d'Ernaginum. (Voir *Pièce justificative XIX*.)

L'existence de ces corporations distinctes nous est encore révélée par diverses inscriptions connues depuis longtemps du monde savant; et on peut conclure très-sûrement que la navigation, dans la région d'Arles, était, à l'époque impériale, divisée en trois catégories parfaitement définies. C'étaient d'abord les *navicularii marini* d'Arles, dont les navires pouvaient tenir la mer et se rendaient jusqu'à Marseille; puis venaient les *nautæ* ou nautonniers des Rhônes et des Durances; enfin, on comptait un nombre considérable d'utriculaires, *utricularii*, qui naviguaient à la surface de tous les étangs. Il y avait donc

---

lever sur les bateaux chargés de sels ou de marchandises qui remontaient ou descendaient le Rhône et la Durance. (*Statistique des Bouches-du-Rhône*, t. II.)

simultanément une flotte maritime, une flotte fluviale et une flotte paludéenne.

On conçoit l'activité maritime et commerciale qui devait en résulter, dans les premiers siècles de notre ère, pour la métropole des Gaules. A cheval entre son fleuve et sa mer intérieure, Arles avait, en effet, deux ports, comme elle avait deux villes. Sur la rive gauche du Rhône, était la ville patricienne avec ses palais et ses temples, son amphithéâtre, son théâtre et son cirque, le forum, les thermes, des arcs de triomphe, des statues, et cette multitude d'édifices publics que nous avons retrouvés à Narbonne et qui faisaient de toutes les colonies romaines une sorte de reproduction de Rome. Sur la rive droite, au contraire, était la ville des gens d'affaires, des mariniers et du peuple. Plus considérable autrefois que la ville patricienne, *Trinquetailles* n'est aujourd'hui que le faubourg maritime de la ville moderne. Un pont de bateaux reliait les deux villes, et Constantin le fit remplacer par un pont en maçonnerie dont on aperçoit encore les amorces sur les quais du Rhône. Des eaux de source étaient amenées à travers les marais; une canalisation les distribuait dans la ville patricienne; et elles traversaient en siphon le grand bras du fleuve au moyen de tuyaux en plomb, dont on a conservé de curieux spécimens, portant encore les marques de fabrique et les noms des fondeurs.

L'antique Alexandrie, bâtie sur la digue qui sépare la mer du lac Maréotis, se composait aussi autrefois de deux villes, l'une dans la célèbre île de Pharos, et l'autre sur le cordon littoral; les deux cités étaient reliées par une immense jetée artificielle, l'*Heptastade*, transformée aujourd'hui par les atterrissements de la branche Canopique en isthme sablonneux. Un port intérieur existait dans le lac Maréotis; un port extérieur s'ouvrait sur la mer; et cette situation privilégiée, unique alors dans le monde, lui avait assuré pendant de longs siècles tout le commerce de la Méditerranée.

La situation de la ville d'Arles était en quelque sorte comparable à celle de la ville d'Alexandre et des Ptolémées. « Arles, s'écriait le poète Ausone au quatrième siècle, Rome des Gaules, toi qui es double, ouvre tes ports hospitaliers (1). » La ville *Constantinienne* avait bien ses deux ports distincts; le port en rivière établi sur les deux rives du Rhône lui ouvrait, par la remonte du fleuve, l'accès de toute la Gaule; mais la route de la mer lui était fermée de ce côté par cette barre du Rhône qui a résisté jusqu'ici aux siècles et aux hommes. « Les embouchures du Rhône, disait Vauban, sont et seront toujours incorrigibles »; et il a été de tout temps impossible aux navires

---

(1) *Pande, duplex Arelate,* tuos *blanda hospita* portus, *Gallula Roma, Arelas......* (Auson., *De clar. urb.*)

calant plus d'un mètre d'eau de passer du fleuve dans la mer. La difficulté, que nos ingénieurs ont tournée aujourd'hui par l'ouverture du canal maritime de la tour Saint-Louis au golfe de Fos, avait été résolue par les anciens d'une manière beaucoup plus heureuse; et le second port d'Arles, le port intérieur, ouvert sur les étangs, permettait aux navires de charge de descendre jusqu'au Grau-de-Galéjon, « où, dit Plutarque, se trouve une embouchure profonde capable de recevoir les plus grands navires, calme et à l'abri du choc des vagues. » Puis on entrait en mer.

V

On voit d'ici dans quelle merveilleuse situation maritime se trouvait Arles au quatrième siècle de notre ère. La route de la mer, qui lui était fermée par la barre du Rhône, lui était ouverte par les étangs et le Grau-de-Galéjon; et c'est ici le lieu de faire remarquer que les fameuses *Fosses Mariennes* n'ont été et ne pouvaient être que la régularisation d'un chenal navigable au milieu de tous ces étangs parallèles au Rhône, de manière à permettre aux navires de charge de remonter de la mer jusqu'à Arles et à Ernaginum, et de venir ravitailler l'armée de Marius campée sur le plateau des Alpines.

La campagne de Marius dans les Gaules a soulevé récemment, dans le monde des archéologues, des polémiques d'une certaine vivacité; les solutions les plus extrêmes ont été données; et il n'est pour ainsi dire pas un seul point du territoire d'Arles, depuis la Camargue jusqu'à la Durance, où l'on n'ait voulu placer le camp dans lequel l'armée romaine a attendu l'arrivée des Barbares. Cette variété d'opinions n'a rien qui doive surprendre. L'archéologie n'est pas une science positive, et les grands hommes ont eu d'ailleurs de tout temps le don d'ubiquité. — L'emplacement officiel d'Alésia est loin d'être uniformément adopté; et il ne serait pas impossible que la statue de Vercingétorix, qui couronne aujourd'hui l'oppidum gaulois d'Alise-Sainte-Reine, ne fût un jour dirigée vers une autre destination. On ne compte pas moins de vingt endroits différents où Annibal a dû passer le Rhône, et peut-être tout autant de défilés où il a franchi les Alpes; il n'est pas un gouffre du fleuve, ni un sentier de la grande montagne qui ne soit, pour d'ingénieux érudits, la route obligée des fameux éléphants et de tous les *impedimenta* de l'armée carthaginoise (1).

Ne nous étonnons donc pas de la multiplicité des emplacements proposés pour le camp de

---

(1) DAUDÉ DE LAVALETTE, *Recherches sur l'histoire du passage d'Annibal d'Espagne en Italie à travers les Gaules.* Montpellier, 1838.

I. GILLES, *Annibal et P. C. Scipion. Passage du Rhône.* Paris-Marseille, 1872.

Marius, et des diverses interprétations auxquelles ont donné lieu les Fosses Mariennes; et, sans prendre part à un débat souvent très-passionné, contentons-nous de dire que la solution la plus rationnelle est celle qui place ce camp sur la partie occidentale de la chaîne des Alpines, près d'Ernaginum, aujourd'hui Saint-Gabriel. Il résulte très-nettement d'un remarquable travail de critique de M. l'ingénieur Aurès (1) que cet emplacement est le seul, parmi tous ceux qu'il est possible de concevoir entre la Durance et la mer, qui réunisse toutes les conditions de sécurité indispensables pour un établissement de cette nature et qui soit en harmonie avec le texte de Plutarque. « Et cet emplacement, ajoute M. Aurès, présentait encore à Marius un autre avantage que la vue des lieux peut seule rendre sensible, et qui devait être immense aux yeux du général romain. Car la surface de la plaine est tellement disposée autour du plateau sur lequel le camp d'Ernaginum était établi, qu'elle y est visible tout entière et jusque dans ses moindres détails, depuis la Durance jusqu'à la mer. Le Rhône surtout peut être suivi, du haut de cet observatoire naturel, dans toutes les parties de son cours; et, quand le soleil en l'éclairant lui donne l'aspect

---

(1) A. AURÈS, *Nouvelles recherches sur le tracé des Fosses Mariennes et sur l'emplacement du camp de Marius.* Nimes, 1873.

d'une large bande argentée; la moindre barque y devient aussitôt visible, comme une tache noire sur un fond blanc. »

Quant aux Fosses Mariennes, il est évident qu'elles n'étaient qu'une série de communications entre les étangs échelonnés le long du Rhône, et n'avaient d'autre but que de permettre aux navires de charge, *onerariæ naves*, que la barre empêchait de pénétrer de la mer dans le fleuve, de remonter jusqu'à Arles et au camp de Marius. Le port des Fosses Mariennes, que la vignette de la carte de Peutinger représente aux embouchures du Rhône, est de beaucoup postérieur à Marius et n'a été établi que sous la domination marseillaise, lorsque le trafic des Fosses Mariennes a commencé à devenir important. Ce n'était pas une ville proprement dite, mais seulement l'entrée et en quelque sorte la tête de ligne du chenal maritime qui traversait les étangs; et l'absence complète de ruines permet d'affirmer qu'il n'y a jamais eu aux Fosses Mariennes d'agglomération considérable. La véritable ville était Arles; et c'était sous les murs de son enceinte, soit dans le port du Rhône, soit dans le port intérieur des étangs, que venaient mouiller les navires des trois flottes et qu'était concentré tout le mouvement maritime. Le port des Fosses Mariennes n'était qu'un point de passage, et non un lieu de stationnement.

L'activité maritime des anciens temps n'existe

plus aujourd'hui. Là batellerie du Rhône a été tuée par l'établissement du chemin de fer; les étangs atterris se sont transformés en marais croupissants et en prairies verdoyantes et malsaines. La physionomie de la campagne d'Arles s'est profondément modifiée, et tout est devenu vulgaire dans cette ville éminemment patricienne. Le costume national a disparu; le type fin et délicat de l'hétaïre grecque s'efface chaque jour et ne se retrouve plus que de loin en loin chez quelques sujets de plus en plus rares; la splendeur de la ville impériale ne se révèle plus à nous que par des ruines. Arles, avec sa population remuante de plus de vingt-cinq mille âmes, n'est pas une ville morte; mais c'est une reine déchue.

LES SAINTES-MARIES

I

Lorsqu'on descend le cours sinueux du Petit Rhône ou Rhône de Saint-Gilles, on voit peu à peu l'horizon s'élargir d'une manière démesurée; les montagnes s'abaissent et s'effacent; le pays devient désert et la végétation appauvrie s'étiole de plus en plus à mesure qu'on approche de cette mer illustre entre toutes, et qui est encore le centre du monde civilisé. Bientôt le courant du Rhône semble mourir; les eaux du fleuve, celles des étangs qui s'étalent sur les deux rives et la mer elle-même paraissent se confondre en un seul plan horizontal. La nature entière est endormie et comme figée; les eaux ternes et mates des marais, striées par d'étroites flèches de vase, s'étendent de tous côtés jusqu'à l'horizon lointain. Partout des effets de mirage assez confus; et l'on a peine à distinguer si la mer et les étangs réfléchissent le ciel, ou si ce n'est pas plutôt le ciel qui réfléchit l'immense lagune. Rien n'est plus triste et plus désolé que cette surface nue, silencieuse, dont la végétation maladive se réduit à quelques touffes de joncs et de tamaris sur un sol grisâtre et fangeux. Tout à coup on voit se

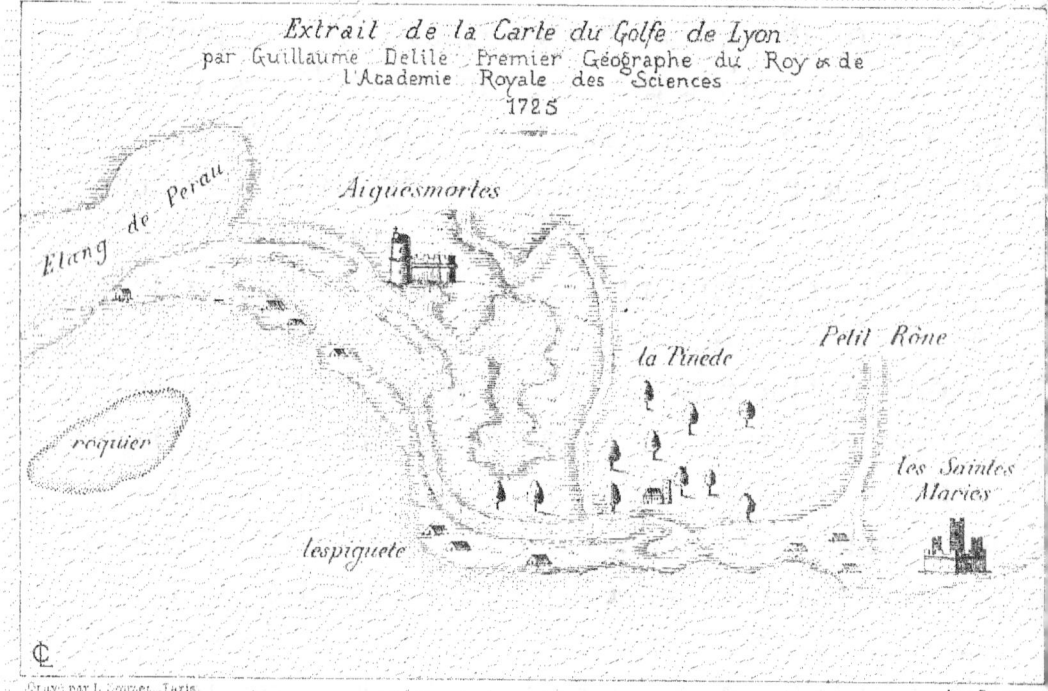

dresser au-dessus de la plaine marécageuse un édifice étrange aux allures de forteresse et de cathédrale, et dont la masse imposante contraste avec les chétives maisons groupées sans ordre sous la protection de ses épaisses murailles.

Cet édifice et ce hameau s'appellent indifféremment les *Saintes-Maries*, les *Trois-Maries* ou *Notre-Dame de la Mer*.

Il n'existe peut-être pas au monde de pays d'apparence plus pauvre. Le village est situé à l'extrémité occidentale de la Camargue, près de l'embouchure du grau d'Orgon, à deux kilomètres environ de la rive gauche du Rhône. On n'y arrive que par une seule route à peine carrossable, très-souvent impraticable en hiver, qui traverse, au Sud d'Arles, le marais de la Grand-Mar, côtoie ensuite la digue du fleuve et se dessine vaguement au milieu de lambeaux de terres incultes, de landes stériles et d'un nombre infini de petits étangs assez poissonneux, maigre patrimoine d'une population dégénérée. La pêche seule donne un peu de vie à cette misérable bourgade, isolée du continent par un désert détrempé, boueux et malsain; mais il n'existe pas de port aux Saintes-Maries. Une grande plage et de petites dunes séparent le village de la mer; et c'est sur cette grève basse et sablonneuse que les pêcheurs viennent échouer leurs barques, lorsque le temps est assez calme pour leur permettre d'approcher sans danger de la côte; le plus souvent, ils mouillent au large ou stationnent au Grau-du-Roi, qui est leur véritable port d'attache; aussi, bien que la population officielle des Saintes-Maries soit de près de mille habitants, ce nombre est-il considérablement réduit par l'absence à peu près continue d'une notable fraction de ses hommes valides, qui vivent en partie sur mer et, le plus souvent, au Grau-du-Roi ou dans tous les cabarets de la côte.

Cette description est peu séduisante. Et cependant ce coin de terre est marqué d'une empreinte sacrée, et le temple qui protége et domine ce désert est peut-être le plus illustre qui soit au monde, comme il en est un des plus oubliés. Il s'est passé, en effet, sur cette grève abandonnée, un événement qui, pour la Gaule et pour une grande partie de l'Europe occidentale, a marqué la limite de l'ancien monde et du nouveau. C'est là que, quelques années après la mort de Jésus-Christ, ont abordé les principaux membres de cette famille de Béthanie qui avaient eu, pendant trois ans, le fils de Dieu pour hôte et pour ami, et qui l'avaient accompagné jusqu'au lieu de son supplice et de son tombeau. Chassés de la Judée par la persécution dont les premiers apôtres avaient été déjà victimes, vers l'an 40 de notre ère, ils se confièrent à la mer, mirent le cap sur l'Occident, vinrent se réfugier sur la terre hospitalière de Provence et se répandirent tout d'abord sur notre frontière littorale et dans la vallée du Rhône, pour témoigner de ce qu'ils avaient vu.

Je ne sais ce que ce souvenir peut faire naître de pensées dans l'esprit des autres; mais, pour moi, j'estime que la terre qui la première a recueilli de pareils hôtes est, malgré sa misère et son abandon, la plus noble et la plus digne de respect de notre territoire.

Les deux femmes qui ont donné leur nom à ce pays n'étaient rien moins que la sœur de la Vierge, mère du Christ, Marie Jacobé, mère elle-même de Jacques le Mineur, — et Marie Salomé, mère des apôtres Jacques et Jean. La tradition leur donne pour compagne une humble servante, nommée Sara, qui est restée en Camargue la patronne légendaire des bohémiens, et reçoit d'eux, dans la crypte de l'église de Notre-Dame de la Mer, un culte et un hommage d'une originalité toute particulière. Avec ces trois femmes se trouvaient Maximin et Lazare le ressuscité, Marthe sa sœur, et quelques autres chefs de la jeune milice chrétienne; venait enfin la plus aimante et la plus aimée de toutes ces femmes qui avaient suivi et servi le Galiléen, celle qui avait entouré son gibet, recueilli et parfumé sa dépouille immortelle; je veux parler de Marie de Magdala, que le monde entier connaît sous le nom de *Madeleine,* et se représentera éternellement arrosant de ses larmes et essuyant de sa blonde chevelure les pieds du maître qu'elle avait si souvent écouté dans les ravissements d'une tendresse surnaturelle.

Combien de temps cette petite colonie resta-t-elle sur cette plage déserte? Il est impossible de le dire; mais il est probable que ce séjour fut de peu de durée. Maximin se dirigea vers Aix; Lazare se rendit à Marseille, Marthe à Tarascon, Marie-Madeleine à la Sainte-Baume; les deux autres Maries, avec leur servante Sara, restèrent seules sur cette plage qu'elles trouvèrent sans doute en harmonie avec la tristesse qui remplissait leurs âmes; c'est là qu'elles vécurent, pauvres, ignorées, absorbées dans le souvenir des grands événements auxquels elles avaient pris part; c'est là enfin qu'elles rendirent le dernier soupir, et que de rares chrétiens viennent encore quelquefois visiter leurs tombeaux.

Les Saintes-Maries ou les Trois-Maries, tel est le nom que les populations donnent aujourd'hui à ce petit bourg de la côte, confondant ainsi dans une même vénération les deux saintes femmes qui y ont laissé leurs cendres et la créature privilégiée qui ne l'a traversée que pour aller mourir au désert de la Sainte-Baume, au milieu de l'extase de son amour purifié...

Voilà ce que nous apprend la tradition, appuyée sur des témoignages historiques d'une incontestable valeur. L'érudition moderne a naturellement protesté contre ces croyances séculaires, et traité assez cavalièrement tous ces faits de légendes poétiques et de véritables malentendus.

Nous n'entrerons pas ici dans une discussion très-délicate et qui depuis quelque temps s'est singulièrement envenimée. L'homme d'étude consciencieux qui désirera se faire sur ce grave sujet une opinion personnelle devra consulter les précieux documents recueillis et publiés en 1848 par un érudit Sulpicien (1), qui a consacré une partie de sa vie à la recherche des origines du christianisme en Provence. Sa conviction sera, nous n'en doutons pas, très-nettement établie.

Mais, s'il n'entre pas dans le cadre de notre travail d'examiner et de discuter les différentes objections faites à la tradition des Saintes-Maries, nous croyons cependant devoir dire quelques mots au sujet de l'étrange confusion qu'on a cherché récemment à établir entre quelques-uns des membres de la famille de Béthanie et certains personnages qui, près de cent cinquante ans auparavant, avaient accompagné Marius dans sa campagne de la Gaule.

---

(1) L'abbé FAILLON, *Monuments inédits sur l'apostolat de sainte Marie-Madeleine en Provence, et sur les autres apôtres de cette contrée, saint Lazare, saint Maximin, sainte Marthe, et les saintes Marie Jacobé et Salomé.* Deux volumes in-4°, Paris, 1848.

II

Il existe, au milieu de la chaîne des Alpines, un village unique peut-être en son genre et qu'on appelle *les Baux*. Les remparts de ce bourg, ville autrefois florissante, ses maisons avec leurs façades élégantes du quinzième et du seizième siècle, son château qui était au dixième siècle le plus considérable de la Provence, tombent en ruine; tous ces édifices, taillés dans des masses de calcaire tendre et friable, sont aujourd'hui abandonnés; et ces grands murs, rongés par le temps et décomposés à l'air, présentent les découpures les plus fantastiques. La ville est déserte; la population a presque disparu; on y compte à peine trois ou quatre cents habitants; et l'étrange ville, avec ses maisons effondrées et ses rues dépeuplées, semble avoir été hier l'objet d'une véritable dévastation et d'un délaissement absolu.

A côté des Baux, deux bas-reliefs, extrêmement frustes, taillés dans le rocher, et dont l'origine ancienne est incontestable, ont été récemment signalés; on les nomme les *Trémaïé* et les *Gaïé*; ils sont situés à deux cent cinquante mètres l'un de l'autre, à trente mètres environ en contrebas du village. Les *Trémaïé* (*tres Marii imagines?*) représentent trois personnages debout, en pied, drapés de longues tuniques, très-mutilés, mais d'un assez beau caractère; les *Gaïé* ou *Caïé* (*Caii imagines?*) sont beaucoup moins bien conservés; et c'est à peine si l'on distingue deux formes humaines, à mi-corps seulement, et recouvertes, comme les précédentes, de larges vêtements.

Les Baux sont situés dans une des gorges profondes qui ravinent le plateau des Alpines; c'était sur ce plateau qu'était campée l'armée de Marius; et rien d'impossible à ce que cette armée ait pu laisser sur la pierre des souvenirs de son passage; une inscription très-dégradée, et dont on n'a pu déchiffrer que quelques mots tronqués, a permis aux épigraphistes de conjecturer que les Trémaïé avaient été élevés en l'honneur de Marius par un certain Caldus, l'un de ses lieutenants (1). Cette hypothèse est parfaitement admissible. Quant aux personnages représentés sur les deux stèles, ils ont donné lieu à des méprises et à des confusions singulières.

« Marius, écrit Plutarque, menait partout avec lui une femme syrienne, nommée *Marthe*, qui passait pour une habile prophétesse. On la portait en litière avec de grands honneurs et de grands respects; et Marius ne faisait des sacrifices que quand elle l'ordonnait. D'abord elle avait demandé audience au sénat pour lui communiquer des prophéties, et le sénat l'avait rebutée sans vouloir l'écouter. Mais, s'étant adressée

---

(1) .... F. CALDVS
..... Æ POSVIT . P.....

aux femmes, elle leur donna des preuves de sa science dans l'avenir. Et un jour, dans l'amphithéâtre, s'étant trouvée assise aux pieds de la femme de Marius pour voir le combat de deux célèbres gladiateurs, elle lui nomma heureusement celui qui remporterait la victoire. La femme de Marius, charmée, l'envoya à son mari, qui témoigna une grande admiration et une espèce de vénération pour elle. On la voyait tous les jours se promener en litière dans le camp; et, quand elle allait assister aux sacrifices, elle avait une grande mante de pourpre qui s'attachait à sa gorge avec des agrafes; et elle portait à la main une pique environnée de bandelettes et de couronnes de fleurs. — Cette comédie donna à la plupart des gens sujet de douter si Marius produisait cette femme, véritablement persuadé qu'elle avait le don de prophétie, ou s'il faisait semblant de le croire pour aider à une fourberie dont il espérait tirer de grands secours (1). »

Sur la foi de ce texte de Plutarque, et après un examen approfondi des restes mutilés des sculptures qui décorent les deux rochers des Baux, un archéologue distingué, M. I. Gilles, croit pouvoir affirmer que les Trémaïé représentent Marthe la Syrienne, ayant à sa droite Marius lui-même, et à sa gauche Julie, matrone romaine, femme

---

(1) PLUTARQUE, *Vie de Marius*, traduction Dacier. Paris, 1762.

de Marius (1). Les Gaïé seraient de même une seconde édition de Marius et de la prophétesse. Les draperies de Marthe lui paraissent parfaitement en harmonie avec les traditions de l'époque; la main en avant semble tenir cette lance ornée de bandelettes et de fleurs dont parle Plutarque; et la forme de la tête surtout lui rappelle la « tiare en poils de chameau » qui caractérise les coiffures d'origine syrienne. C'est peut-être un peu risqué; mais à défaut de meilleure solution, il n'y a rien dans cette interprétation qui puisse effaroucher les archéologues dont les opinions s'établissent souvent sur des bases beaucoup plus fragiles. Malheureusement, une légende locale est venue jeter dans ce débat une certaine confusion. Les Trémaïé (*tres Marii imagines*) sont bientôt devenues, dans l'imagination populaire, les *Trois-Maries*; et des croyants, aussi sincères que peu éclairés, ont bâti alors une véritable légende, d'après laquelle la mer serait venue, il y a dix-huit cents ans, battre le pied des derniers contreforts de la chaîne des Alpines; les saintes femmes et les premiers apôtres auraient dès lors abordé aux environs des Baux; et les sculptures frustes des deux stèles seraient la représentation naïve des trois illustres réfugiées.

---

(1) I. Gilles, *Campagne de Marius dans la Gaule, suivie de Marius, Marthe, Julie, devant la légende des Saintes-Maries*. Paris, 1870.

Cette version est contraire à l'évidence des faits, à la topographie locale et à la tradition constante qui précise l'embouchure du Rhône comme le point du débarquement; mais elle a donné lieu à une véritable campagne de la science contre la tradition, et à une substitution de personnes tout à fait inconsidérée.

Tous ceux qui ont étudié les origines du Christianisme en Gaule savent que la biographie de sainte Marthe et de sainte Marie-Madeleine a été écrite au neuvième siècle par un érudit nommé *Raban Maur*, archevêque de Mayence; et que ce précieux document est appuyé sur des écrits qui remontent au cinquième siècle, c'est-à-dire à une époque où tous les monuments de l'apostolat de ces deux illustres femmes et de leurs compagnons en Provence étaient pour ainsi dire contemporains, et où les invasions des barbares et des Sarrasins n'avaient encore rien détruit des titres des églises primitives. Or, le nom de Marthe est d'origine essentiellement syrienne (1); et, entre autres particularités que nous a laissées Raban

---

(1) Martha, *Syriacum nomen*, d'après Grotius.
Une lampe de terre trouvée en Phénicie, parmi les ruines de Tyr, porte l'inscription suivante :

Μάρθα ἐκ τῶν ἰδίων ἀνέθηκε θεῷ βεελμάρι.

« Marthe, à ses frais, l'a offerte au dieu Beelmar. »

M. J.-B. de Rossi pense que ce dieu Beelmar n'est autre que le dieu Baal. (Voir le Bulletin, mars 1875, de l'*Institut de correspondance archéologique de Rome*.)

sur la vie en Provence de la célèbre hôtesse de
Jésus-Christ, il cite cette fameuse coiffure en poil
de chameau, spéciale aux femmes de l'Orient, et
que M. I. Gilles reconnaît sur la tête du personnage principal des Trémaïé. C'est sur cette
similitude de nom et de costume, qui n'a rien
d'invraisemblable, puisque la prophétesse de
Plutarque et la femme de l'Évangile étaient du
même pays, que cet archéologue s'appuie pour
avancer hardiment que la tradition chrétienne
n'est qu'une « légende entée sur la stèle des
Baux ». Marthe, Madeleine et Lazare ne sont
alors pour lui que la transformation de l'aventu-
rière qui accompagnait Marius, de Marius lui-
même et de sa femme Julie; et ces trois personnages ont été en quelque sorte adaptés aux besoins
de la religion nouvelle.

On nous permettra de ne pas discuter longuement et de poser seulement les deux termes du
débat. D'un côté, nous avons des documents
écrits remontant au cinquième siècle, la tradition
constante de plusieurs générations, la croyance
énergique de tout un peuple qui a gardé fidèlement dans son cœur la mémoire de ses premiers
apôtres, et qui, depuis près de quinze siècles, n'a
pas varié sur les moindres incidents qui se lient
au grand fait de son évolution morale et religieuse; de l'autre, une identité de nom parfaitement explicable par la vulgarité du nom lui-
même et le relief assez confus d'une coiffure

étrange qu'on attribue à une Syrienne équivoque, à peine reconnaissable sur deux blocs mutilés. A chacun de juger et de conclure.

III

L'assimilation des trois Maries avec l'entourage de Marius n'est pas, croyons-nous, de nature à faire de nombreux adeptes et à ébranler beaucoup de convictions; mais il est un autre genre d'arguments beaucoup plus sérieux en apparence et qui, sous le couvert trompeur de la science, porteraient, s'ils n'étaient pas réfutés, une atteinte très-grave à l'authenticité de la tradition.

La Camargue, ainsi que nous l'avons dit plusieurs fois, est un territoire tout à fait récent. Dans les temps préhistoriques, elle n'existait pas; et, là où nous voyons une plaine, se trouvait un golfe; ce n'est que peu à peu que les apports du Rhône ont comblé cet estuaire et que le delta s'est dessiné; les embouchures se sont avancées en mer, et l'île de la Camargue s'est successivement développée. — Ce développement continue tous les jours; et les vingt et un millions de mètres cubes de matières minérales que le fleuve dépose annuellement à ses embouchures augmentent d'autant la superficie du delta.

La Camargue, prise dans son ensemble, gagne donc, chaque année, sur la mer; et, si l'on observe que le village et l'église des Saintes-Maries sont à peine distants du rivage de quatre à cinq cents mètres, il semble, au premier abord, assez logique de conclure qu'en remontant à dix-huit cents ans, ce territoire était entièrement submergé, et que la limite de la côte devait se trouver au moins à cinq ou six kilomètres au-dessus. Cette conclusion serait exacte si, en réalité, toute la plage de la Camargue, depuis le golfe d'Aiguesmortes jusqu'au golfe de Fos, avançait d'une manière uniforme; mais les choses sont loin de se passer ainsi; l'étude des variations du littoral a été faite et très-bien faite; et on sait aujourd'hui, à n'en pas douter, que, si certaines parties de la base du delta s'avancent en mer d'une quantité considérable, d'autres ont une progression beaucoup plus lente, et d'autres enfin, loin de se développer, sont rongées par la mer. Nous ne reviendrons pas sur ce que nous avons dit à ce sujet (voir plus haut, *la Crau et le littoral du bas Rhône*, chap. IX, § VIII); nous rappellerons seulement que la plage des Saintes-Maries est, comme celles de Faraman et d'Aiguesmortes, affouillée et non atterrie; et que cet affouillement, qui dure au moins depuis vingt siècles, démontre de la manière la plus évidente qu'à l'origine de notre ère, non-seulement le territoire existait, mais même qu'il s'étendait beaucoup plus avant dans la mer que nous le voyons aujourd'hui; on peut donc regarder comme tout à fait certain que, lorsque les premiers apôtres mirent le pied sur l'île de la Camargue, le campement qu'ils établirent à l'endroit où s'élève aujourd'hui le hameau des Saintes-Maries était éloigné du rivage de mille à quinze cents mètres.

Il était nécessaire, croyons-nous, de préciser ce point important. Il est en effet évident que, si l'on parvenait à établir que le territoire des Saintes-Maries n'existait pas vers l'an 40 de notre ère, on porterait le plus rude coup à la tradition chrétienne, et qu'on serait contraint d'avouer qu'elle n'est qu'une légende plus poétique que vraie. Nous ne craignons pas de dire qu'un certain nombre des dernières publications archéologiques et historiques faites sur le delta du Rhône et la Camargue sont de nature à propager cette erreur à la fois géographique et géologique. A la suite d'un remarquable travail sur les Fosses Mariennes et le canal du bas Rhône (1), M. Ernest Desjardins a dressé différentes cartes où il a représenté l'état comparatif du littoral actuel et du littoral au quatrième siècle. Les cartes sont un moyen de vulgarisation beaucoup plus actif que les livres écrits ; il est plus aisé de regarder des planches que d'étudier un texte ; et les impressions qu'on reçoit par les yeux sont de celles qui

---

(1) Ernest DESJARDINS, *Aperçu historique sur les embouchures du Rhône*. Paris, 1866.

s'effacent difficilement (1). Outre ce premier avantage, les cartes ont encore pour elles une sorte de présomption d'exactitude scientifique qui en impose toujours au vulgaire. C'est le cas qui se présente pour la magnifique carte publiée par M. Ernest Desjardins sous le nom de « *Carte comparée des bouches du Rhône anciennes et modernes et des environs des Fosses Mariennes au quatrième siècle de notre ère* ». M. Desjardins ne dit pas un mot de la tradition des Saintes-Maries, et ce silence est presque une attaque; il se contente d'indiquer par un trait fort net la limite du rivage au quatrième siècle et de marquer, en avant de cette limite, par une teinte coloriée d'une manière toute spéciale, toute la zone littorale de la Camargue, qui, d'après lui, est postérieure à cette époque : le territoire des Saintes-Maries fait naturellement partie de ces terrains récents; pour M. Ernest Desjardins, ils n'existaient ni au premier, ni au second, ni au troisième siècle de notre ère, et n'appartiennent qu'au quatrième. La conclusion est facile à tirer : la tradition des Saintes-Maries n'est qu'une légende inconciliable avec l'état des lieux à l'origine de l'époque chrétienne.

Nous n'avons pas l'intention d'analyser ici le

---

(1) *Segnius irritant animos demissa per aurem*
Quam quæ sunt oculis subjecta fidelibus...
(Horace, *Art poétique*.)

travail de M. Ernest Desjardins; d'autres l'ont fait avec un plein succès (1), et n'ont pas eu de de peine à établir que l'emplacement du camp de Marius ne pouvait être sur les bords du Rhône, à moitié chemin entre Arles et la mer; que les Fosses Mariennes n'étaient pas un canal directement ouvert du fleuve au golfe de Fos, comme notre canal d'Arles à Bouc; et que les débris qu'on a tour à tour pris pour des digues du canal de Marius ou des vestiges de chaussée romaine, ne sont que des fragments de l'ancien cordon littoral formés de cailloux roulés arrachés par les vagues aux falaises de Saint-Gervais (2).

---

(1) A. Aurès, *Nouvelles recherches sur le tracé des Fosses Mariennes et sur l'emplacement du camp de Marius.* Nimes, 1873.

I. Gilles, *Campagne de Marius dans la Gaule.* Paris, 1870.

(2) ... Ce sont les falaises garumniennes * de la pointe Saint-Gervais qui fournissent à la mer actuelle les matériaux roulés que l'on remarque dans le cordon littoral du golfe de Fos et qui les ont fournis à d'autres cordons littoraux plus anciens, engagés dans l'intérieur des terres, cordons désignés par le mot provençal *coudoulière*, amas de cailloux, et que les archéologues ont considéré, les uns, comme des chaussées élevées de main d'homme, destinées à protéger contre les attaques de la mer le canal de dérivation creusé par Marius, et les autres comme une grande voie romaine qui aurait abouti au marais impraticable du Galéjon, où tout établissement était impossible, et de

* Le système garumnien comprend une série de couches de composition complexe (argiles rubiennes, brèches et poudingues) placées entre la craie supérieure de Maëstricht et la formation tertiaire éocène.

Mais ce que nous pouvons et devons dire, c'est que la plage des Saintes-Maries n'est pas une plage moderne, qu'elle existait à l'origine de notre ère, que l'étude géologique et hydrographique des variations du littoral de la Camargue démontre de la manière la plus nette que, loin de s'avancer en mer, cette partie du littoral recule d'une manière lente et continue, et que ce régime est établi depuis près de vingt siècles. Nous sommes donc en droit de conclure que le débarquement de nos premiers apôtres est un fait géologiquement possible.

Et, puisque nous nous trouvons en présence d'un document qui, sous l'apparence de la science, ne tend à rien moins qu'à infirmer la tradition la plus respectable et la plus touchante de notre histoire religieuse, nous croyons devoir ajouter que ce document, très-répandu aujourd'hui et

---

plus sans utilité..... Dire que ces prétendues digues sont formées de cailloux de très-petites dimensions, arrachés par la mer aux falaises de Saint-Gervais et non point des cailloux de la Crau; qu'ils sont mélangés avec du sable du rivage et des débris roulés de coquilles marines; ajouter que la mer, quand les vents du midi soufflent, n'avait besoin que d'une seule vague pour balayer et précipiter dans le canal le frêle édifice destiné à le protéger; c'est démontrer suffisamment l'infirmité des déductions imaginées par les deux savants archéologues (MM. Saurel et Desjardins) dont nous venons de reproduire l'opinion. (COQUAND, *La Crau, sa composition géologique et son origine*. Bulletin de la Société géologique de France, tome XXVI.)

auquel une élégante chromolithographie donne un véritable attrait, se fait surtout remarquer par une indépendance complète des notions géologiques les plus élémentaires. Les îles de Pomègue et de Ratonneau, par exemple, dont les massifs calcaires émergent au milieu de la rade de Marseille et dont tous les touristes connaissent les crêtes rocheuses, y sont indiquées comme des dépôts vaseux et des atterrissements tout à fait récents, de même formation et de même date que la plage des Saintes-Maries, postérieurs par conséquent, d'après M. Ernest Desjardins, au quatrième siècle. Cette confusion entre les terrains d'alluvions et les terrains de l'époque secondaire nous autorise à dire que la carte à effet, destinée à reproduire l'ancien état des lieux pendant la campagne de Marius et la limite du rivage cinq siècles après cette campagne, est une œuvre d'imagination qui laisse beaucoup à désirer sous le rapport de l'exactitude scientifique.

IV

L'étude hydrographique du rivage et des oscillations de la côte permet d'affirmer l'existence de la plage des Saintes-Maries au premier siècle de notre ère; et c'est le seul point que nous avons voulu établir. Aujourd'hui le village est un vrai désert; la misère et la tristesse enveloppent ce malheureux pays; et ce serait le lieu du monde le moins visité et le moins digne de l'être, si l'on ne s'y sentait invinciblement attiré par la pieuse tradition que dix-huit siècles n'ont pas altérée. Les Saintes, comme on les appelle vulgairement, ne sont qu'une agglomération désordonnée de maisons étriquées et de cabanes informes de l'effet le plus pitoyable. — Ni arbres, ni jardins, ni campagne, ni rues, ni places, ni marché, ni port; rien qu'une église fortifiée, entamée déjà par le temps, — mais quelle église et quel souvenir!

Laissons la parole au poëte provençal, qui, dans cette langue *romane* flétrie sous le nom de patois, a décrit avec tant de charme et d'harmonie l'étrangeté de cette contrée semi-orientale. La jeune Mireille, éperdue d'amour, vient prier et mourir devant la châsse des Saintes.

« Déjà, chante Mistral, des grandes Saintes — elle voyait l'église blonde, — dans la mer lointaine et clapoteuse, — croître, comme un vaisseau qui cingle vers le rivage (1).

. . . .

» Dans la partie haute de l'église, — sont trois autels, trois chapelles — bâties l'une sur l'autre, en blocs de rocher vif. — Dans la chapelle souterraine — est sainte Sara, vénérée — des bruns

---

(1) Deja, deja, di gràndi Santo
  Vesié la glèiso roussejanto,
  Dins la mar liuencho flouquejanto
 Crèisse, coume un veissèu que poujo au ribeirés.
   (F. MISTRAL, *Mirèio*, cant X.)

bohémiens; plus élevée, — la seconde renferme l'autel de Dieu.

» Sur les piliers du sanctuaire, — l'étroite chapelle mortuaire — des Maries élève sa voûte dans le ciel, — avec les reliques, legs sacrés — d'où la grâce coule en pluie... — Quatre clefs ferment les châsses, — les châsses de cyprès avec leurs couvercles.

» Une fois chaque cent ans on les ouvre. — Heureux, heureux, lorsqu'on les découvre, — celui qui peut les voir et les toucher! Beau temps aura sa barque, et bonne étoile, — et de ses arbres les pousses — auront du fruit à corbeillées, — et son âme croyante aura les biens éternels (1). »

---

(1)   De pèr d'aut de la glèiso bello,
       L'a tres autar, i'a tres capello
Bastido une sus l'autro en blo de roucas viéu.
      Dins la capello sous terrado
      L'a Santo Saro, venerado
      Di bruns Boumian; mai au bourado,
La segoundo es aquelo ountè éi l'autar de Dieù.

      Sus li pieloun d'ou santuàri,
      La capeleto mourtuari
Di Mario, amoundaut, s'enarco dins lou céu,
      Mé li relicle, sànti laisso
      D'ounte la gràci coulo à raisso...
      Quatre clau pestellon li caisso,
Li caisso de ciprès emé si curbécèu.

      Un cop, chasque cènt an, li duerbon.
      Urous, urous, quand li descuerbon,
Aquèu que pòu li vèire et li touca, bèu tems
      Aura sa barco e bono estello,
      E de sis aubre li jitello

Le vaisseau actuel occupe l'emplacement d'une église primitive détruite par les Sarrasins. La nef du dixième siècle se compose de cinq grandes travées insensiblement ogivales. L'édifice est sévère, sombre, flanqué de contreforts, couronné de machicoulis et d'un crénelage continu; c'est le type roman de toutes les églises fortifiées du littoral. Quelques débris de construction plus anciennes sont encastrés dans les grands murs du monument. Aux deux pieds-droits d'une porte latérale, on voit encore deux lions en marbre de Paros, corrodés par l'air salé de la mer, et dont le style et l'origine sont impossibles à définir; peut-être faisaient-ils partie de l'église primitive, peut-être même de l'ancien temple de Diane d'Éphèse construit par les Marseillais sur le littoral de l'île de la Camargue (1).

Mais ce qui donne à Notre-Dame de la Mer un caractère des plus étranges, c'est cette crypte grossière et vénérable; ce puits, unique peut-être dans le monde et situé au centre même du grand vaisseau de l'église, et cette chapelle Saint-Michel, placée au-dessus de l'abside entre le ciel et la terre. L'église des Saintes-Maries présente donc, en réalité, un triple sanctuaire : une chapelle souterraine qui a été le refuge de ces pre-

---

Auran de frucho à canestello,
E soun amo cresento aura lou bon tous téms.
(F. Mistral, *Mireio*, cant XII.)

(1) Strabon, *Géogr.*, l. IV. — Voir la note de la page 325.

miers chrétiens; — une chapelle aérienne qui est leur tombeau; — une vaste nef enfin, au niveau du sol, qui est l'église ordinaire des fidèles depuis le neuvième siècle.

Nous ne reviendrons pas sur tous les souvenirs que réveillent cette grève, ce puits et ce temple à trois étages. Ce fut pour ainsi dire l'embryon de l'église de France, et ce campement de la famille de Béthanie semble porter la dernière empreinte de la vie de Jésus-Christ parmi les hommes.

Nous espérons que le lecteur nous pardonnera de l'avoir entraîné jusque dans ce désert. Notre intention était d'abord de nous arrêter avec lui sur la berge du Rhône. Nous avons été insensiblement attiré par cette Camargue morne, silencieuse, aux horizons indécis, mais dont la solitude est peuplée de si touchants souvenirs: C'est, en réalité, un pays sans vie et dont l'aspect est en parfaite harmonie avec celui de toutes ces villes mortes échelonnées sur notre littoral, et qui dorment, oubliées ou méconnues, au milieu de nos steppes sablonneuses.

Ce sera notre excuse; et notre but sera rempli si nous avons pu, pour quelques instants, arracher à l'indifférence et à l'oubli ces ruines d'un monde éteint, ensevelies sous les mêmes couches de sable que les générations disparues dont nous avons à peine conservé le souvenir.

CHAPITRE TREIZIÈME.

LA DÉCADENCE ET LA RÉGÉNÉRATION DU LITTORAL.

Les anciennes villes littorales. — La voie Domitienne et la voie Aurélienne. — L'archipel littoral et les forêts disparues. — État sanitaire ancien et moderne. — Possibilité de la reconstitution forestière des dunes. — Nécessité de l'ouverture et de l'entretien des graus d'alimentation des étangs. — Dépérissement de la pêche côtière et de la population maritime ; ses causes ; moyens d'y remédier. — La houille considérée comme fret de sortie. — Prospérité de la marine britannique. — La houille du Gard et le port d'Aiguesmortes. — Nécessité de ports de refuge dans le golfe de Lyon. — Conclusions.

I

Nous avons fini ; et, quelque pénible que soit pour les hommes de progrès l'impression qui résulte de notre étude, nous devons à la vérité de ne la cacher ni ne l'affaiblir.

Faisons donc un aveu sincère : notre littoral est, depuis deux mille ans, en décadence. Sous la domination romaine, et même longtemps avant cette domination, contemporaine des premières années de notre ère, un nombre considérable de colonies florissantes étaient échelonnées sur le pourtour du golfe de Lyon et aux embouchures de toutes les rivières. La plupart de ces villes prospères ont disparu, et nous en retrouvons à peine les ruines. Un seul point de la côte, le port de Cette, autrefois désert, semble avoir absorbé à son profit l'activité commerciale de toute la région; et partout ailleurs la vie maritime paraît éteinte sur l'immense plage qui s'étend à droite et à gauche de la montagne de Saint-Clair, depuis Port-Vendres jusqu'au golfe de Fos.

La nature a contribué d'ailleurs elle-même, et dans une très-forte proportion, à cette décadence. Ce n'est, pour ainsi dire, que depuis hier qu'est complétement terminée la formation de ce *lido* sablonneux et infertile, qui donne au contour du golfe de Lyon un galbe si pur en même temps qu'une si désespérante monotonie.

A une époque relativement peu éloignée de nous, les étangs étaient plus profonds, les baies plus ouvertes, les estuaires des cours d'eau plus larges et presque toujours navigables. La limite du continent était réellement formée d'un double rivage, l'un baigné par la mer, l'autre par les lagunes intérieures. La grande et la petite mer étaient séparées par les tronçons du *lido* actuel, dont le développement beaucoup moins complet et les larges coupures permettaient aux eaux marines d'aviver continuellement les lagunes ouvertes à la navigation. Cette situation, tout à fait comparable à celle de Venise, protégée du côté de l'Adriatique par un littoral coupé de plusieurs ports ou passages, avait favorisé l'éclosion de toutes nos villes maritimes : *Illiberris*, à l'embouchure du Tech; *Ruscino*, à celle de la Têt, Narbonne sur l'*Atax*; Béziers sur l'Orb; Agde sur l'Hérault; Aiguesmortes, Saint-Gilles, *Héraclée*, *Rhodanusia* et Arles sur les différents bras du Rhône (1). Alimentées par leurs fleuves respectifs, nées pour ainsi dire de la lagune, elles ont décliné et sont mortes avec elle; et le fleuve, en suivant un autre cours, les a condamnées presque toutes à un irrémédiable amoindrissement. Aujourd'hui les étangs sont transformés sur bien des points en mares plus ou moins infectes; les alluvions ont envahi la plus grande partie des lagunes; dans quelques siècles seulement, le colmatage de toutes ces cuvettes, qui ont été de petites mers, sera terminé; la culture pourra alors prendre possession de cette zone littorale jadis sillonnée par de nombreux navires; mais, pour le moment, la navigation et la végétation y sont également impossibles; nous sommes en plein travail d'atterrissement et dans une véritable période de transition. Nous avons perdu un domaine maritime, et n'avons pas encore reçu en échange un domaine agricole.

II

On conçoit sans peine tout ce que la disposition de ces anciennes villes, assises au fond de leurs lagunes, baignées par les eaux de leurs

---

(1) Voir la *Carte du littoral ancien du golfe de Lyon* placée au commencement du volume.

fleuves, dont elles avaient presque toutes pris le nom, devait donner de vie et d'importance à notre golfe de Lyon, alors golfe Gaulois, *sinus Gallicus*. Toutes ces villes, en communication directe avec la mer par les fleuves et les étangs, étaient en outre reliées entre elles par une grande voie littorale, dont l'ancienneté se perd dans les profondeurs des temps les plus reculés.

Les populations primitives, celtiques ou ibériennes, durent très-certainement songer de très-bonne heure à établir entre elles, et par voie de terre, un chemin plus sûr que la mer, toujours incertaine ; et ce fut très-probablement une route de cette nature qu'Annibal suivit avec son armée, lorsqu'il traversa l'Espagne et le midi de la Gaule pour se rendre en Italie.

Mais il appartenait aux Romains de concevoir et de mettre en pratique l'idée d'un système complet de grandes artères destinées à relier la métropole avec les provinces les plus reculées de l'empire. Civilisation et circulation sont deux mots synonymes ; et le peuple civilisateur par excellence apporta tous ses soins à l'établissement et à l'entretien de ses magnifiques routes militaires et commerciales, véritables constructions à plusieurs assises, dont le sous-sol a résisté à l'usure de dix-huit siècles. La voie Appienne est restée le type de ces routes grandioses ; et l'une des plus remarquables par son importance et son étendue est celle qui côtoyait tout le littoral de la Méditerranée. On la divisait en deux parties : c'était d'abord « la voie *Aurélienne* qui, partant de la porte du Janicule, conduisit d'abord dans l'Étrurie, fut ensuite continuée jusqu'à Gênes, après la conquête de la Ligurie, et plus tard prolongée jusqu'à Arles ; on en retrouve en Provence des vestiges importants, désignés sous le nom de *Camin Aurélian*.

» Puis venait la voie *Domitienne*, qui prenait son origine à Arles, franchissait le Rhône à Beaucaire, traversait la Narbonnaise et l'Espagne, et aboutissait à Cadix (1). »

Nous donnons, sur notre carte générale du golfe de Lyon, le tracé de cette grande voie littorale et de ses principales stations (2). La route pénétrait en Gaule, du côté de l'Espagne, par le *Summum Pyrenæum*, col de Pertuis, près Bellegarde ; passait au château de Réart ; franchissait le Tech à Saint-Martin, près le Boulou, *ad Centuriones* ; passait à *Illiberris*, Elne ; à *Ruscino*, Castel-Roussillon ; au pont de Treilles, *ad Vicesimum*, près l'étang de la Palme, et entrait à Narbonne. Elle traversait ensuite l'*Atax* entre Cuxac et Coursan ; franchissait l'étang de Capestang, *Caput stagni*, sur le pont Serme, *pons Septimus*, et pénétrait dans Béziers ; puis elle

---

(1) Gr. CHARVET, *les Voies Romaines chez les Volkes Arékomiques.*

(2) Voir la Carte générale et la Pièce justificative IV.

franchissait l'Hérault à Saint-Thibéry, l'antique *Cessero*; passait à *Forum-Domitii*, sur l'emplacement duquel on n'est pas parfaitement fixé, mais qui, suivant Marca et d'Anville, devait être Frontignan; franchissait le Lez, près de Montpellier, à *Sextantio*, aujourd'hui Castelnau; traversait le Vidourle à *Ambrussum*, près de Lunel, et arrivait enfin à *Nemausus*, Nimes, capitale des Volkes Arékomiques. On entrait à Nimes par la porte d'Espagne, *porta Hispana*; aujourd'hui porte de France; on en sortait par la porte d'Arles, *porta Arelatensis*, aujourd'hui porte d'Auguste, et on se dirigeait en droite ligne sur Beaucaire, *Ugernum*.

Entre Nimes, Beaucaire et Arles, la route a subi plusieurs variations; et il résulte des recherches de M. A. Aurès (1) que le tracé de la voie Domitienne, entre Nimes et le Rhône, a été modifié à trois reprises différentes. A une première époque, la voie ouverte de Nimes à Beaucaire traversait le Rhône entre cette dernière ville et Tarascon; mais cette traversée s'effectuait d'une manière très-primitive, à l'aide de bateaux ou même de simples radeaux; car il n'a jamais existé de pont ancien sur cette partie du fleuve. A une seconde époque, on arrivait jusqu'à Beau-

---

(1) A. Aurès, *Rapport sur le tracé de la voie Domitienne entre Nimes et le Rhône.* (Mémoires de l'Académie du Gard, 1865.)

caire, mais on n'y traversait plus le Rhône; on longeait alors, de Beaucaire à Arles, la rive droite du fleuve, et on le franchissait ensuite à Arles sur un pont dont l'existence a été plusieurs fois historiquement constatée, et dont les culées subsistent encore en face de la pointe septentrionale du delta de la Camargue; il est même probable qu'un pont en bois existait dans le voisinage de Trinquetailles, faubourg alors très-populeux de la ville d'Arles, pour permettre le passage du petit Rhône (1). Enfin, à une troisième époque, postérieure peut-être à l'occupation romaine, une voie directe, mentionnée dans l'itinéraire de Bordeaux à Jérusalem, fut ouverte entre Nimes, Bellegarde et Arles, et traversait à Bellegarde, *pons Ærarius*, la région des étangs sur une chaussée ou *levade* commandée par un pont à péage.

Quel que soit le point adopté pour franchir le Rhône, Beaucaire ou Arles, deux voies principales conduisaient d'Arles en Italie : la première traversait la Durance et gravissait les Alpes Cottiennes au mont Genèvre; la seconde, la voie *Aurélienne*, était la voie littorale, celle que nous appellerions aujourd'hui la *route de la Corniche*; elle descendait à Fos, *Fossæ Marianæ*, desservait ensuite Marseille et les autres ports de la

---

(1) H. Révoil, *Mémoires de l'Académie du Gard*, 1863-1864.

côte ligurienne, et entrait enfin en Italie presque à l'embouchure du Var.

Cette grande voie Domitienne, tracée très-sensiblement le long du second rivage des lagunes intérieures, était donc merveilleusement disposée pour assurer les communications de toutes les villes maritimes de la Narbonnaise.

III

L'ensemble de la zone frontière était loin de présenter alors l'uniformité désolante que nous lui voyons aujourd'hui. La côte beaucoup plus dentelée, les lagunes plus profondes et plus nombreuses, le golfe de Narbonne largement ouvert, les montagnes d'Agde et de Cette presque isolées en mer, les diverses branches du Rhône sillonnant tout le territoire jusqu'à Mauguio, la Camargue enfin parsemée de lacs et d'îles, devaient donner à toute cette zone un relief et une variété d'aspects que nous ne retrouvons plus. Les îles, a-t-on dit souvent, sont la parure de l'Océan. Le grand golfe gaulois avait ses îles. Nous avons déjà mentionné un petit archipel dans la lagune de Narbonne; l'Hérault projetait autrefois ses deux bras autour du volcan d'Agde, entouré ainsi de tous côtés par les eaux, et dont Brescou était l'îlot avancé. Le *lido* d'Agde à Cette était à peine formé; et le rocher du cap *Sigion* était battu, sur toutes ses faces, par les vagues de la mer et du *Taphron* (étang de Tau). Il en était de même de la vieille cité de Maguelone, noyée au milieu de son étang qui ne faisait pour ainsi dire qu'un avec la mer, dont il n'était séparé que par une mince flèche de sable. A partir de Mauguio jusqu'à Arles, toute la plaine du Rhône était parsemée d'étangs et de lagunes dont les profondeurs très-variables permettaient aux navires de l'époque de s'engager dans un dédale de passes à chaque instant modifiées. Tout le reste était flottable et *flotté* par ces corporations d'*utriculaires* dont nous avons mentionné l'existence (voir *Pièce justificative XIX*); et c'était au milieu de cette mer marécageuse et dans cette zone qu'on appelait *littoraria*, qu'émergeaient la ville d'Aiguesmortes, les abbayes de Psalmodi et de Montmajour, les îles de Cordes, de la Roche Saint-Sixt, de Saint-Roman-de-l'Aiguille, de la Sylve-Godesque, etc., entourées de pins et de peupliers, véritables oasis flottantes qui constituaient une sorte d'archipel littoral dont nous avons de la peine aujourd'hui à nous figurer l'existence.

Une autre particularité donnait à cette région littorale une physionomie très-caractéristique; c'était la présence de ces forêts séculaires que des dévastations successives ont fait disparaître à tout jamais. Il n'existe aujourd'hui sur la plage qu'une végétation très-clairsemée et des plus rabougries; et la plupart des marais atterris sont à peine recouverts de joncs et de tamaris étiolés qui se dessèchent sur place. La situation était tout autre dans les temps anciens. Sur plusieurs points le tapis végétal s'étendait jusqu'au rivage; les prairies littorales du lac de Leucate, les oseraies de l'étang de Vendres, les bois de pins qui couvraient les embouchures de l'Hérault et la montagne de Cette, les noms de *Pinèdes*, de *Sylve-Réal*, de *Sylve-Godesque*, donnés à toute la partie de ce territoire qui s'étendait au Nord et à l'Est d'Aiguesmortes, les débris très-nombreux encore de ces anciennes forêts de pins maritimes et de pins parasols, tout indique que ces steppes, sablonneuses et incultes aujourd'hui, possédaient autrefois des richesses forestières considérables. Le sous-sol des cordons littoraux est, en effet, imprégné d'eau douce; et, malgré l'âpreté du climat, la fréquence et la sécheresse de l'impétueux mistral, les dunes ont été longtemps recouvertes de forêts vierges. L'homme, qui ne les avait pas plantées, les a arrachées et brûlées à plusieurs reprises; les dévastations des troupeaux ont fait le reste; et la plage, nue et déserte, est devenue un véritable manteau de sable mouvant, d'une stérilité presque absolue.

On le voit : la comparaison du littoral actuel avec le littoral ancien est loin d'être à l'avantage des temps modernes; et il faut toute la valeur des témoignages historiques les plus irrécusables, appuyés sur des observations précises et sur les déductions certaines de la science géologique et hydrographique, pour permettre d'affirmer que, dans une période de temps relativement assez courte, une pareille modification ait pu se produire. Deux mille ans à peine ont suffi pour convertir ces lagunes jadis navigables en flaques d'eau pestilentielles, anéantir cette végétation séculaire, transformer en steppes arides ce gracieux archipel d'îles verdoyantes et boisées, et dessiner ce cordon littoral d'une sécheresse désespérante et d'une implacable monotonie.

IV

Ne nous laissons pas aller cependant à un excès de découragement, car nous sommes peut-être aujourd'hui en voie de régénération; et, si les premiers siècles de notre ère ont été l'époque brillante et prospère de notre zone maritime, la période du treizième au dix-huitième siècle a été tellement désastreuse que nous pouvons à bon droit nous considérer comme en progrès relatif.

Nous avons déjà eu l'occasion de dire que les transformations des lagunes devaient nécessairement passer par trois phases distinctes : une période maritime, une période paludéenne, et enfin une période agricole. Dans la partie de nos côtes qui nous occupe, la période maritime paraît avoir pris fin vers le cinquième ou sixième siècle; à partir de cette époque, les atterrissements ont rendu la navigation de plus en plus difficile; et, dès le quatorzième siècle, toutes les villes littorales, Narbonne, Maguelone, Agde, Arles, Saint-Gilles, Aiguesmortes, étaient frappées à mort. Les étangs devenaient peu à peu des foyers d'infection; la santé publique était profondément altérée; des fièvres et des pestes naissaient chaque jour des émanations des eaux stagnantes et corrompues; et, de 1398 à 1792, on eut à supporter trente épidémies, dont quelques-unes ont eu une durée de cinq à sept ans.

Dans la ville d'Arles, jadis si florissante, l'influence des marais entretenait des maladies qui dévoraient périodiquement les habitants pendant le tiers de l'année.

Aiguesmortes était déjà en 1280, sous Philippe le Hardi, tellement insalubre que l'on craignit un moment l'émigration entière de ses habitants; malgré tous les efforts de l'autorité royale, les sacrifices et les priviléges de toute nature, sa décadence fut rapide. Sa population, qui avait été de près de quinze mille habitants, était descendue au dixième et n'était plus, en 1744, que de quinze cents âmes. Les fièvres, selon l'expression exacte d'un de ses habitants (1), y tenaient leurs assises printanières; et on ne comptait pas moins de cinq à six victimes par jour.

Saint-Gilles, qui avait au dixième siècle plus

---

(1) VIGNE-MALBOIS, *Notice sur Aiguesmortes.*

de trente mille feux, qui possédait un port, une véritable cour souveraine sous la domination des comtes de Toulouse, un hôtel des monnaies, une abbaye des plus prospères, et un grand prieuré de l'ordre de Malte, déclina rapidement; et sa population fut réduite à cinq mille habitants, à peu près ce qu'elle est de nos jours.

Frontignan avait aussi un port; les navires y arrivaient par le grau situé presque en face de la ville, et passaient ensuite dans l'étang *des Eaux Blanches,* qui leur donnait accès dans l'étang de Tau. Au quinzième siècle, on y comptait encore une petite flottille de cinquante bateaux et une population de plus de six mille habitants; c'est à peine si l'on en trouverait le quart aujourd'hui. Les fièvres y étaient si meurtrières, qu'au rapport de Chaptal on s'était vu souvent obligé de laisser les morts sans les inhumer, faute de bras, et que, pendant le mois d'août, on ne comptait que deux ou trois personnes qui eussent été préservées des épidémies.

Une effrayante mortalité envahit ainsi toute la zone des marais depuis les bouches du Rhône jusqu'à Narbonne; et le littoral, sous l'influence endémique des maladies les plus pernicieuses, devint de plus en plus inhabitable et inhabité.

Il est incontestable que, depuis la fin du dix-huitième siècle, la situation s'est considérablement améliorée; et nous semblons être définitivement sortis de cette période pestilentielle pour entrer dans la période agricole. Le bien-être des populations s'est réellement accru; l'hygiène mieux comprise et plus généralement suivie, l'usage très-répandu de la quinine, et surtout la transformation continue des marécages en terres arrosables et cultivées, sont les éléments certains, mais extrêmement lents, de cette régénération; et il faudra bien quelques siècles avant que la végétation ait pris possession de ces vastes surfaces recouvertes de flaques d'eau saumâtre, et que l'action pernicieuse du sel rendra pendant longtemps encore rebelles à une culture sérieuse.

V

En attendant cette régénération agricole de notre littoral, qui sera l'œuvre du temps, nous avons des améliorations importantes à réaliser; et celles-ci ne dépendent que de nous.

La première est de reconstituer ces richesses forestières perdues, que la nature nous avait données et que la main de l'homme a brutalement détruites. Notre littoral présente en effet un aspect désolé; et rien n'est plus triste que cette interminable bande de sable sec et aride dont les ondulations se déroulent sous l'action du vent. La moindre construction, quelquefois même un simple piquet, suffit pour arrêter le courant de cette rivière sablonneuse, et déterminer la formation d'une nouvelle dune; et la plage se développe ainsi quelquefois sur plusieurs kilomètres de longueur suivant une succession indéfinie de monticules mouvants, à peine recouverts par quelques touffes de gazon jaunies par le soleil et desséchées par le vent.

La fixation et l'ensemencement de ces dunes serait donc un véritable bienfait; et, quelques difficultés que présente cette entreprise, nous ne la croyons pas irréalisable. Le sable n'est pas par lui-même absolument infertile; les débris de coquillage et les restes d'infusoires dont il est mélangé en font au contraire un terrain assez propre à la culture; l'eau douce, qu'il contient à une très-faible profondeur, permettrait le développement rapide des grands végétaux; et d'ailleurs, sans entrer dans de grands raisonnements, il est de la dernière évidence que les conditions physiologiques de la vie des arbres et des plantes n'ont pas changé depuis dix siècles, et que les forêts qui existaient à cette époque peuvent renaître aujourd'hui. On objectera que les essais partiels qu'on a faits jusqu'à présent ont en général assez mal réussi; mais il est juste aussi de reconnaître que presque partout les premiers semis et les plantations ont été l'objet de dévastations inconsidérées. Sur une partie de cette plage où nous avions entrepris de fixer avec des fascines et des fagots[1] et d'ensemencer de pins et de gourbets une zone assez étendue de dunes mobiles, qui menaçaient d'envahir un hameau d'une certaine importance (le Grau-du-Roi), nous avons vu la population arracher les piquets et les branchages, emporter les fagots et les fascines, et se livrer à une véritable maraude d'autant plus fructueuse que le bois, très-rare sur le bord de la mer, se trouvait ainsi tout transporté et rendu gratuitement à la porte même des habitants. Après les hommes, les animaux. Des troupeaux sont venus brouter les herbes naissantes, bouleverser les semis de pins et, par leur piétinement répété, rendre au sable cette mobilité qui est la mort de toute végétation. Avec de pareils errements et une inintelligence aussi complète du bien public, il n'est pas étonnant que des essais partiels n'aient donné que des résultats insignifiants.

Tout le monde sait cependant que les Hollandais ont fixé leurs sables avec des forêts de sapins et d'érables, et que le célèbre Brémontier a couvert de pins maritimes les dunes mouvantes de la Gascogne, dont la marche progressive menaçait de transformer en marécages les belles campagnes du Bordelais, et d'envahir même la ville de Bordeaux dans un temps relativement assez court. Une entreprise de même nature dans le golfe de Lyon, conçue sur un plan d'ensemble, ne pourrait manquer de réussir; et le succès obtenu déjà à la tamarissière d'Agde, sur la rive droite de l'Hérault, paraît d'un excellent augure. Que l'on confie ces études et ces travaux à l'administration des ponts et chaussées ou à l'administration des forêts, peu importe. Le point essentiel, c'est d'entreprendre avec l'esprit de suite, qui nous fait si souvent défaut; et dans moins d'un siècle nous aurons reconquis à la culture ces cordons littoraux autrefois boisés, et cette plage aride et brûlante, qui ne sera jamais qu'un désert tant que son sable n'aura pas été fixé.

Il y a même lieu d'espérer que l'on ne rencontrera pas dans l'exécution ces difficultés et ces résistances que nos agents forestiers surmontent avec tant de peine dans leurs reboisements de montagnes. Le reboisement des hauts plateaux est, en effet, une véritable servitude pour les communes; elle les prive en fait de la majeure partie de leurs ressources actuelles, qui est le pâturage; aussi les populations sont-elles, en général, très-peu touchées d'un accroissement de richesse dont elles ne jouiront pas et qui ne profitera qu'aux générations futures. La mise en culture des dunes ne saurait soulever aucune opposition; car ces monticules de sable sont en l'état absolument improductifs; on ne sacrifie donc rien dans le présent, et on a tout à attendre de l'avenir. C'est donc à l'État, qui, dans notre organisation actuelle, a absorbé, à tort ou à raison, presque toute l'activité sociale, qu'incombent aujourd'hui le soin et la responsabilité de cette grande œuvre de la reconstitution agricole et forestière de notre littoral du golfe de Lyon, — œuvre ingrate et pénible sans doute, mais qui exigera plus de patience et de volonté que de génie ; car le succès est certain si l'on examine les résultats obtenus en Hollande, en Gascogne, et, mieux encore, si l'on interroge les témoins et les souvenirs de nos anciennes richesses forestières, qui n'ont disparu qu'à la suite des désordres et des dévastations causés par l'imprévoyance et l'aveugle fureur des hommes.

VI

Nous avons vu qu'une des principales causes de la dégénération de notre littoral était la diminution progressive des étangs et le comblement graduel de la plupart des graus de la plage. Il est sans doute impossible de s'opposer à l'action lente et fatale des atterrissements ; mais on peut les régler. Ces alluvions seront d'ailleurs un jour notre fortune ; et tous ces marécages deviendront, dans la suite des temps, des terres de premier ordre, dont la fertilité sera d'autant plus grande que le sol n'aura pas été épuisé par des récoltes antérieures. Toutefois la transformation en marais de la plus grande partie des étangs navigables, combinée avec la fermeture des graus d'alimentation des étangs, a eu pour résultat d'accroître l'intensité des épidémies paludéennes et de diminuer d'une manière notable l'importance de la pêche littorale ; et, si l'état sanitaire de uotre zone forestière s'est aujourd'hui considérablement amélioré, on n'en saurait dire autant de la situation de la petite pêche, qui est en décroissance très-marquée. Or, le personnel de la petite pêche est la pépinière de notre marine marchande et de notre marine de guerre, et par suite un des éléments indispensables de notre puissance nationale. Il suffit d'effleurer ce sujet pour en faire comprendre toute la gravité. Il est inutile d'ailleurs de se dissimuler le mal : avec la disparition des graus et la perte des étangs, le littoral devient un foyer d'infection, la petite pêche se meurt, et avec elle la population et les mœurs maritimes. Si donc tout ce que nous avons dit plus haut sur la division de notre zone frontière en lagune morte et en lagune vive n'est pas complétement oublié, on doit sentir tout l'intérêt qui s'attache à la mise en culture de tous les marais déjà envahis par les atterrissements, et à la conservation maritime de tous les étangs encore navigables. En un mot, assécher, dessaler, arroser et cultiver le plus tôt possible les marécages qui constituent la lagune morte, et conserver le plus longtemps possible à la navigation et à la petite pêche la lagune vive, tel est le double but qu'il s'agit d'atteindre. Ces questions sont essentiellement du domaine de l'ingénieur, et nous ne pouvons mieux faire que de renvoyer aux études si complètes de MM. Régy et Duponchel, dans lesquelles nous avons puisé les plus précieux renseignements (1). La conservation des graus de la plage se lie d'ailleurs d'une manière intime à la salubrité du littoral; et cette connexité des intérêts sanitaires et maritimes est, nous l'espérons du moins, de nature à appeler sur ce point d'une manière sérieuse l'attention et la sollicitude de qui de droit.

VII

Le dépérissement de notre population maritime est la conséquence toute naturelle de l'abandon de la plupart des ports de second ordre. Si l'on jette un regard sur les trois cents kilomètres que baigne le golfe de Lyon, on est, à première vue, frappé de ce fait qu'un seul point de ce littoral paraît avoir absorbé toute la vie commerciale de la région. Port-Vendres, La Nouvelle, Agde, Aiguesmortes ne sont que des ports de petit cabotage de plus en plus languissants. Tout le mouvement est concentré à Cette, qui est en réalité l'unique port du golfe. Ce résultat, ne craignons pas de le dire, est extrêmement fâcheux. Le transport par chemin de fer a déjà porté un rude coup au cabotage, qui finira par

---

(1) REGY, *Amélioration du littoral de la Méditerranée dans le département de l'Hérault.* 1863.

DUPONCHEL, *Hydraulique et Géologie agricoles.* Paris, 1868.

disparaître, et avec lui cette population maritime déjà fort éprouvée par le dépérissement de la pêche côtière. Quels que soient les progrès de l'industrie et les avantages de la centralisation, il est certain que cet épuisement de tout un littoral au profit d'une seule ville est un fait très-regrettable. Les plus merveilleuses machines, l'outillage le plus perfectionné, les docks et les gares maritimes les mieux installées ne remplaceront jamais l'homme. Si donc nous voulons conserver dans la Méditerranée le rôle et l'importance que notre situation dans le monde nous commande de garder et que notre position géographique nous permet de maintenir, nous devons veiller avec soin au développement et au recrutement de notre population maritime. Or, cette population s'en va; et l'accroissement prodigieux qu'ont pris, depuis un demi-siècle, les ports de Marseille et de Cette, n'a pas compensé le mal fait à notre puissance nationale par la dégénération de nos côtes.

L'équilibre est une des conditions indispensables du bon fonctionnement de tout organisme; depuis la création des chemins de fer, et par suite de la tendance de quelques centres à monopoliser toute l'activité commerciale aux dépens d'une province et même d'une région, on peut affirmer que cet équilibre est rompu. Les chemins de fer ont opéré, depuis quelques années, une révolution économique dont les meilleurs esprits n'avaient pu prévoir les effets; nous sommes loin de méconnaître les immenses services qu'ils ont rendus, qu'ils rendent tous les jours, et ceux même qu'ils nous réservent dans l'avenir; mais toute médaille a son revers, et on ne peut aller contre l'évidence des faits. L'accroissement excessif de quelques villes privilégiées ne s'est produit qu'au détriment d'un nombre considérable de villes de second ordre, qui sont entrées subitement dans une période de déclin manifeste. Ces villes étaient des lieux de séjour; ce ne sont plus que des points de passage. L'activité, qui était autrefois partout, n'est plus aujourd'hui que sur quelques lieux déterminés; les petits ports de la côte ont tous dépéri, et le port de Cette, en particulier, a produit le vide et l'épuisement dans un rayon de cent cinquante kilomètres. Ayons la franchise de reconnaître que ce n'est pas un bien. L'élément indispensable d'une marine sérieuse, c'est l'homme de mer, et on n'improvise pas les marins. Le commerce privé peut seul les donner à l'État et ne peut les recruter que dans les petits ports de la côte, dont la vie et la prospérité sont par conséquent la base de notre puissance maritime.

« Le désavantage essentiel, incurable peut-être, a-t-on pu dire avec quelque raison (1), de notre marine marchande, parce qu'il tient à la nature des productions et des besoins de notre

---

(1) BAUDE, *les Côtes de Provence*. Paris, 1847.

pays; c'est la supériorité de notre tonnage importé sur le tonnage exporté. Sur cinq bâtiments d'égale capacité qui abordent en France avec des chargements complets, deux au moins en repartent à vide. Cette balance du tonnage est tout autre que celle du commerce : l'une se déduit du poids, l'autre de la valeur des objets échangés; et la navigation d'un pays peut languir dans des conditions où ses manufactures prospèrent. Ainsi les cent millions de soieries que nous exportons par mer, tout en employant un nombre immense d'ouvriers, ne fournissent à la marine qu'un aliment insignifiant; le transport d'une bien moindre valeur en fer, en bois, en houille, pourrait occuper cent fois plus de matelots. Nous recevons, par mer surtout, des marchandises encombrantes et des matières premières; nous renvoyons, par la même voie, des produits manufacturés d'une valeur très-supérieure sous un moindre volume; et l'insuffisance des chargements est habituelle dans nos ports de commerce. »

En d'autres termes, nos navires sortent en général *sur lest,* c'est-à-dire dans les plus mauvaises conditions commerciales; or tout le monde sait que c'est la houille, employée comme fret de sortie, qui est la véritable source de la prospérité de la marine britannique.

L'Angleterre a sur la France l'avantage de posséder de magnifiques bassins houillers à côté de ses ports maritimes. « Tout navire anglais, en quête de chargement, est certain d'en trouver à Newcastle, à Sunderland, à Cardiff, etc... Il peut, par exemple, y prendre, pour l'Inde, du fret à 40 ou 50 francs la tonne, et se contenter, au retour, d'un fret de 60 à 70 francs, tandis que le navire français, parti sur lest pour la même destination, n'y peut charger en retour, pour couvrir ses dépenses, à moins de 100 ou 110 francs (1). » Notre infériorité est donc manifeste.

VIII

Il est cependant un point de notre littoral où nous pourrions lutter avec les Anglais, et même lutter avec avantage ; c'est le golfe de Lyon.

Bien que notre pays ne produise environ que les deux tiers de la houille qu'il consomme, et que, sur dix-neuf à vingt millions de tonnes environ de houille qui représentent ses besoins intérieurs, il y ait près de sept millions de tonnes d'exportation étrangère, le département du Gard est placé dans une situation telle qu'une partie assez notable des charbons extraits de son sol pourrait être expédiée sur les ports de Marseille et de Cette, pour approvisionner les côtes d'Italie, d'Espagne, les îles de la Méditerranée, l'Afrique,

---

(1) DE RUOLZ, *Question des houilles. — Rapport de mission.* Paris, 1872-1873.

traverser l'isthme de Suez et faire concurrence aux houilles anglaises jusque dans l'extrême Orient. « La production actuelle de ce bassin houiller est d'un million deux cent mille tonnes; elle pourrait arriver rapidement à deux millions de tonnes, auxquelles viendrait s'ajouter le rendement des nouvelles concessions, qui donnent les plus grandes espérances. Cette production, telle qu'elle est, dépasse déjà la consommation du rayon qu'elle ne peut franchir sans pénétrer dans la sphère d'action d'un autre bassin houiller (1). »

On conçoit très-bien, en effet, que les mines du Maine, de la Loire et de l'Aveyron, par suite de leur position géographique, ne puissent qu'alimenter les départements du centre de la France et que leurs charbons soient absorbés par la consommation intérieure. Il en est de même des houilles du Nord, si insuffisantes pour approvisionner nos départements septentrionaux; ces départements sont obligés d'emprunter pour les besoins de leurs nombreuses industries toutes les houilles de provenance étrangère; ainsi, les produits du bassin de Sarrebruck alimentent la Moselle, la Meurthe, les Vosges, c'est-à-dire presque tout l'Est, hélas! si réduit, de notre pays; les houilles belges pénètrent dans quinze ou seize de nos départements du Nord, qui doivent en-

---

(1) DE RUOLZ, *Question des houilles.*

core avoir recours aux charbons anglais; ces derniers, enfin, envahissent la Normandie, et tout l'Ouest de la France est pour eux un immense débouché.

La concurrence avec les produits de l'Allemagne, de la Belgique et de l'Angleterre n'est donc pas possible dans la majeure partie de la France. Mais il n'en est pas de même dans nos pays méridionaux. Le littoral, qui était autrefois un marché exclusivement anglais, a pris depuis peu d'années une physionomie toute différente. A cette première période, pendant laquelle nos produits étaient restreints à une consommation purement locale, et où des entrepôts de charbons étrangers venaient s'établir presque sur les lieux de production de nos houilles, comme pour mieux faire ressortir l'inutilité de nos efforts et l'impossibilité de notre concurrence, vient d'en succéder une seconde où nos houilles luttent victorieusement, sur la place de Marseille, avec les mêmes produits importés de la Grande-Bretagne. Nous avons marché très-rapidement dans cette voie d'indépendance industrielle; nous fournissons déjà annuellement plus de deux cent mille tonnes à l'embarquement, dont près de quarante mille pour l'exportation proprement dite; et le moment est proche où nos exportations ne s'arrêteront pas à quelques villes de l'Italie et de l'Espagne, mais où la lutte continuera, victorieuse, nous l'espérons, sur tous les points du littoral de la Méditerranée, de la mer Noire et au delà du canal de Suez.

La houille est, en effet, une de ces matières dont le prix est tellement minime, et que l'on consomme en si grande quantité que la question des transports domine pour elle toutes les autres. On l'a dit souvent, et on ne saurait trop le répéter; le transport fait le prix de la houille. Dès que ce combustible a parcouru cent cinquante à deux cents kilomètres sur un réseau de chemin de fer, il a doublé de valeur; et à une diminution de quelques kilomètres dans le parcours, correspond immédiatement une économie considérable.

Ainsi donc, tandis que presque toutes les houillères de la France destinent leurs charbons à la consommation intérieure, la houille du Gard, après avoir satisfait aux demandes locales et dans un rayon assez restreint, doit être considérée comme un produit d'exportation.

IX

Reste le choix du port. Pour tout homme non prévenu, il ne saurait être douteux; et il suffit de jeter les yeux sur une carte du littoral pour reconnaître, à première vue, que, si l'on veut jamais entreprendre l'exportation de nos charbons indigènes sur une vaste échelle, c'est Aigues-mortes seul qui peut devenir notre Cardiff ou notre Newcastle. Ni Marseille, ni Cette, dont les quais sont encombrés de marchandises de toutes sortes, n'offrent ces vastes emplacements indispensables à l'installation des voies maritimes qui doivent conduire le wagon sur les écoutilles du bateau charbonnier. Il faut pouvoir tailler en plein drap pour réaliser ce que nous voyons tous les jours à Cardiff, à Swansea, à Newcastle, à Sunderland, etc...., où les plus grands steamers à hélice reçoivent un chargement de douze cents tonnes dans moins de quatre heures.

Mais des préventions sans nombre s'opposent encore à la réalisation d'un port charbonnier à Aiguesmortes; nous espérons qu'elles se dissiperont, et déjà nous avons lieu de penser que le préjugé séculaire de l'ensablement tend à disparaître, et que les conditions nautiques du golfe et du mouillage d'Aiguesmortes sont plus sainement appréciées (1).

Il est certain que la situation d'Aiguesmortes, par rapport au bassin houiller du Gard, qui peut dans un avenir prochain extraire plus de deux millions de tonnes et en écouler au moins six cent mille dans la Méditerranée, est comparable à celle des ports charbonniers de l'Angleterre; et on a peine à comprendre comment nous n'avons

---

(1) Ch. LENTHÉRIC, *Mémoire sur les conditions nautiques du golfe et du mouillage d'Aiguesmortes.* 1872.

pas su réaliser chez nous ce qui, depuis près d'un siècle, fait la fortune de la marine britannique et lui assure, dans la Méditerranée et l'extrême Orient, une suprématie qu'il nous serait peut-être facile de lui disputer.

Le choix d'Aiguesmortes répond à un autre ordre d'idées plus élevé et d'un intérêt plus général. Tout ce qui touche à la marine a un caractère international qui impose aux nations civilisées d'inévitables devoirs envers les navires du monde entier. De ce nombre, sont l'éclairage des côtes et l'installation des ports de refuge.

Le temps n'est plus où la préoccupation dominante de tous les pays maritimes était moins de protéger les intérêts de la navigation et du commerce que de se défendre contre les surprises et les attaques du dehors. Semblable à la sèche qui, pour échapper au danger, fait la nuit autour d'elle en répandant dans ses eaux une liqueur noirâtre, le littoral, après le coucher du soleil, était autrefois enveloppé d'épaisses ténèbres; et, si parfois quelque feu brillait à la côte, c'était pour signaler aux villages voisins l'approche d'un ennemi; quelquefois même, cette lueur trompeuse était allumée dans une intention criminelle, pour faire échouer les navires, capturer les naufragés et se partager les épaves. Aujourd'hui le littoral de toutes les contrées civilisées est entouré d'une ceinture lumineuse, et l'atterrissage de nuit est souvent aussi facile que pendant le jour. Toutes les nations maritimes ont tenu à honneur de mettre l'éclairage de leurs côtes au niveau des progrès de la science; et ce sera l'éternel honneur de la France d'avoir marché au premier rang dans la réalisation de cette œuvre à la fois humanitaire et commerciale, — œuvre toute française, puisque c'est un savant français qui a inventé les merveilleux appareils qui couronnent les phares de toute l'Europe, et que ce sont des ingénieurs français qui en ont fait la plus large et la plus intelligente application.

X

Nous n'avons pas le droit d'être aussi fiers de nos ports de refuge; et le golfe de Lyon, en particulier, est un des parages les plus inhospitaliers de la Méditerranée. Les navires à destination de nos ports de la Méditerranée, Cette, Marseille, Toulon, et qui viennent des côtes d'Afrique ou d'Espagne, ont en général une marche toute tracée; ils doivent se tenir au vent du point à atteindre et naviguer pour le cap de Creux, le point le plus saillant à l'Est de la côte orientale de l'Espagne; arrivés à cette hauteur, ils entrent franchement dans le golfe de Lyon. Viennent alors les vents du Nord et du Nord-Ouest, et la route est assurée pour les ports de Cette et de Marseille.

En naviguant donc pour le cap de Creux, le

marin aura mis le plus de chances de son côté, puisque les vents du Nord et du Nord-Ouest soufflent pendant plus des deux tiers de l'année; mais il doit aussi compter avec les vents du large qui, venus de loin, soulèvent toute la masse liquide comprise entre la Sicile, la Sardaigne et les côtes d'Espagne et de France, et précipitent une mer énorme dans le golfe de Lyon.

Rien à craindre tant que l'on n'a pas dépassé le parallèle de Port-Vendres; il est alors facile de chercher un abri dans l'excellent port des Pyrénées-Orientales et d'y attendre, dussent les vents du large souffler pendant quelques jours, la renverse du Nord-Ouest; il y aura sans doute une légère perte de temps; mais on épargnera au navire et à l'équipage de rudes fatigues, peut-être même des dangers sérieux. Cette prudente conduite est malheureusement assez peu suivie. Les navigateurs, toujours désireux d'arriver le plus tôt possible à leur port de destination, préfèrent lutter contre la bourrasque du Sud-Est, comptant sur son peu de durée; mais si le mauvais temps persiste avec violence pendant trois ou quatre jours seulement, le navire, affalé par le vent et la grosse mer, dérive fatalement vers le golfe de La Nouvelle, vers Agde ou vers Cette. Or, par le vent du large, les côtes sont très-embrumées et, le plus souvent, visibles seulement à une si courte distance que le navire peut à peine choisir le point de la côte où l'échouage lui présentera le moins de dangers. Telle est la seule explication des trop nombreux sinistres dont le golfe de Lyon est le théâtre tous les hivers.

La relâche à Port-Vendres doit donc être considérée, pendant les gros temps comme une manœuvre prudente, tant que le navire n'a pas dépassé la hauteur du cap de Creux et se trouve encore à l'Est du méridien de Cette. Mais si l'on a dépassé le cap Béar, il faut alors se résigner à tenir la mer ou chercher un autre asile. C'est dans ces circonstances que la rade de la Franqui et le golfe d'Aiguesmortes se présentent comme des asiles providentiels (1). Abrités des vents, et de la houle du large par les saillies que forment la pointe de l'Espiguette et le promontoire de Leucate, ils permettent aux navires de tenir sur leurs ancres et d'attendre sans dangers ni avaries le premier moment d'embellie.

Nous n'insisterons pas davantage sur la convenance et la facilité qu'il y aurait à établir sur ces deux points du golfe de Lyon des avant-ports de relâche qui seraient pour la marine un véritable bienfait; ces questions ont été déjà étudiées par des hommes spéciaux; nous ferons seulement remarquer qu'un des résultats les plus heureux de cette création serait de reconstituer et pour

---

(1) Voir la carte générale (pl. I) et les cartes des pages 243 et 351.

ainsi dire de rendre à une nouvelle vie notre population maritime, qui tend tous les jours à disparaître sur une grande partie de ce littoral désert; et nous dirons, en terminant, qu'il y aurait en réalité très-peu à faire pour achever l'œuvre préparée par la nature, et offrir à la navigation de précieux abris, dont le chiffre, malheureusement assez élevé, des sinistres maritimes fait ressortir mieux que beaucoup de paroles l'impérieuse nécessité.

XI

Verrons-nous jamais se réaliser ce programme? Installera-t-on sur cette plage des ports de refuge et un port charbonnier? Contentons-nous de l'espérer. « Il faut parler souvent marine à notre pays, a dit un écrivain illustre et profondément versé dans les choses de la mer (1), pour l'intéresser à cette partie si importante et trop peu connue de notre puissance nationale. » Ne désespérons pas cependant de l'avenir, et gardons-nous de céder à un funeste découragement.

L'étude de notre passé nous a montré à quel état de prospérité s'était élevé notre littoral pendant une longue période de siècles. Nous ne

---

(1) Prince DE JOINVILLE, *Études sur la marine et récits de guerre.* — *La marine en France et aux États-Unis en 1865.* Paris, 1865.

saurions avoir dégénéré; nous possédons des richesses inconnues aux âges précédents et des moyens d'action supérieurs à tous ceux que nos pères pouvaient mettre en œuvre. Que notre volonté et notre énergie soient donc à la hauteur des progrès de la science moderne! Si nous éprouvons un sentiment de malaise et d'hésitation que notre situation actuelle permet d'excuser, ayons la force de réagir. Malgré les tristesses de l'heure présente, envisageons l'avenir avec confiance; et mettons-nous résolûment à l'œuvre de la régénération de ce littoral dont les ruines nous rappellent les plus glorieux souvenirs, que nous avons laissé dépérir par incurie, que nous avons même plusieurs fois odieusement dévasté, et dont la fortune cependant est intimement liée à celle de la France entière.

NOTES
ET
PIÈCES JUSTIFICATIVES

NOTES
ET
PIÈCES JUSTIFICATIVES

I

EMPLACEMENT DES PORTS PAR RAPPORT AUX EMBOUCHURES.

En jetant les yeux sur une carte du bassin de la Méditerranée, on est frappé de ne point voir de ports aux embouchures des grands fleuves, mais de les trouver toujours à quelque distance des estuaires naturels. On peut faire l'observation précisément contraire pour les principaux fleuves des océans. Exemple :

1° *Méditerranée. Ports distants des embouchures.*

Vallée de l'Èbre. Port : Barcelone.
   du Rhône. . . . Marseille.
   de l'Arno. . . . . Livourne.
   du Tibre. . . . . Cività-Vecchia.
   du Pô. . . . . . . Venise, Trieste.
   du Danube. . . . ⎫
   du Dniester. . . ⎬ Odessa.
   du Dnieper. . . . ⎭
   du Nil. . . . . Alexandrie.
   de la Medjerdah. La Goulette de Tunis.

2° *Océans. Ports situés aux embouchures.*

FLEUVES.	PORTS.
Elbe.	Hambourg.
Weser.	Brême.

FLEUVES.	PORTS.
Rhin	Amsterdam, Rotterdam.
Forth	Leith, port d'Edimbourg.
Humber	Hull.
Tamise	Londres.
Escaut	Anvers.
Seine	Le Havre, Rouen.
Clyde	Glascow.
Mersey	Liverpool, Birkenhead.
Severn	Bristol, Cardiff.
Shannon	Limerik.
Loire	Nantes, Saint-Nazaire.
Gironde	Bordeaux.
Adour	Bayonne.
Douro	Oporto.
Tage	Lisbonne.
Sénégal	Saint-Louis.
Gambie	Bathurst.
Saint-Laurent	Québec.
Hudson	New-York.
Delaware	Philadelphie.
Potomac	Washington.
Alabama	Mobile.
Mississipi	New-Orléans.
La Plata	Buenos-Ayres.
Rio-Sacramento	San-Francisco.
Amour	Nicolaiewsk.
Iang-tseu-kiang	Chang-haï.
Ta-kiang	Canton, Hong-kong.
Me-kiang	Saïgon.
Menam	Bang-kok.
Iraouaddy	Rangoun.
Gange	Calcutta.
Schatt-el-Arab	Bassorah.

(Ernest DESJARDINS, *Aperçu historique sur les embouchures du Rhône.* Paris, 1866.)

II

VARIATIONS DE LA PLAGE DE L'ADRIATIQUE AUX EMBOUCHURES DU PÔ.

La partie du rivage de l'Adriatique comprise entre les extrémités méridionales du lac ou des lagunes de Comachio et des lagunes de Venise a subi, depuis les temps antiques, des changements considérables, attestés par les témoignages des auteurs les plus dignes de foi, et que l'état actuel du sol dans les pays situés près de ce rivage, ne permet pas de révoquer en doute; mais il est impossible de donner, sur les progrès successifs de ces changements, des détails exacts, et surtout des mesures pour des époques antérieures au douzième siècle de notre ère.

On est cependant assuré que la ville d'*Hatria*, actuellement *Adria*, était autrefois sur les bords de la mer; et voilà un point fixe et connu du rivage primitif, dont la plus courte distance au rivage actuel, pris à l'embouchure de l'Adige, est de vingt-cinq mille mètres. Les habitants de cette ville ont, sur son antiquité, des prétentions exagérées en bien des points; mais on ne peut nier qu'elle ne soit une des plus anciennes de l'Italie; elle a donné son nom à la mer qui baigne ses murs, mer *Adriatique*. On a reconnu, par quelques fouilles faites dans son intérieur et dans ses environs, l'existence d'une couche de terre parsemée de débris de poteries étrusques, sans mélange d'aucun ouvrage de fabrique romaine; l'étrusque et le romain se trouvent mêlés dans une couche supérieure sur laquelle on a découvert les vestiges d'un théâtre; l'une et l'autre couche sont fort abaissées au-dessous du sol actuel; et j'ai vu à

Adria des collections curieuses, où les monuments qu'elles renferment sont classés et séparés. Le prince vice-roi, à qui je fis observer, il y a quelques années, combien il serait intéressant pour l'histoire et la géologie de s'occuper en grand du travail des fouilles d'Adria, et de déterminer les hauteurs par rapport à la mer, tant du sol primitif que des couches successives d'alluvions, goûta fort mes idées à cet égard; j'ignore si mes propositions ont eu quelque suite.

En suivant le rivage, à partir d'*Hatria*, qui était située dans le fond d'un petit golfe, on trouvait au Sud un rameau de l'*Athesis* (l'Adige) et les *Fosses Philistines*, dont la trace répond à celle que pourraient avoir le Mincio et le Tartaro réunis, si le Pô coulait encore au Sud de Ferrare; puis venait le *Delta Venetum*, qui paraît avoir occupé la place où se trouve le lac ou la lagune de Comachio. Ce Delta était traversé par sept bouches de l'*Eridanus*, autrefois *Vatis, Padus* ou *Podincus*, qui avait sur sa rive gauche, au point de diramation de ces bouches, la ville de *Trigopolis*, dont la position doit être peu éloignée de celle de Ferrare. Sept lacs, renfermés dans le Delta, prenaient le nom de *Septem maria*, et Hatria est quelquefois appelée *Urbs septem marium*.

En remontant le rivage du côté du Nord, à partir d'Hatria on trouvait l'embouchure principale de l'*Athesis*, appelée *Fossa Philistina*, puis l'*Æstuarium Altini*, mer intérieure, séparée de la grande par une ligne d'îlots, au milieu de laquelle se trouvait un petit archipel d'autres îlots, appelé *Rialtum*; c'est sur ce petit archipel qu'est maintenant situé Venise. L'*Æstuarium Altini* est la lagune de Venise, qui ne communique plus avec la mer que par cinq passes, les îlots ayant été réunis pour former une digue continue.

A l'Est des lagunes, et au Nord de la ville d'*Este*

se trouvent les monts *Euganéens*, formant, au milieu d'une vaste plaine d'alluvions, un groupe remarquable de pitons, dans les environs duquel on place le lieu de la fameuse chute de Phaéton. Quelques auteurs prétendent que des masses énormes de matières enflammées, lancées par des explosions volcaniques dans les bouches de l'Eridan, ont donné lieu à cette fable. Il est bien vrai qu'on trouve aux environs de Padoue et de Vérone beaucoup de produits que plusieurs croient volcaniques.

Les renseignements que j'ai recueillis sur le gisement de la côte de l'Adriatique aux bouches du Pô commencent au douzième siècle à avoir quelque précision; à cette époque, toutes les eaux du Pô coulaient au Sud de Ferrare dans le *Pô di Valano* et le *Pô di Primaro*, diramations qui embrassaient l'espace occupé par la lagune de Comachio. Les deux bouches dans lesquelles le Pô a ensuite fait irruption au Nord de Ferrare, se nommaient l'une, *fiume di Corbolo* ou *di Langolo*, ou *del Maʒormo*; l'autre *fiume Toi*. La première, qui était la plus septentrionale, recevait près de la mer le *Tartaro* ou canal *Bianca*; la seconde était grossie à *Ariano* par une dérivation du Pô, appelée *fiume Goro*.

Le rivage de la mer était dirigé sensiblement du Sud au Nord à une distance de dix ou onze mille mètres du méridien d'Adria; il passait au point où se trouve maintenant l'angle occidental de l'enceinte de la *Mesolo*; et *Loreo*, au Nord de la *Mesolo*, n'en était distant que d'environ deux cents mètres.

Vers le milieu du douzième siècle, les grandes eaux du Pô passèrent au travers des digues qui les soutenaient du côté de leur rive gauche, près de la petite ville de *Ficarolo*, située à dix-neuf mille mètres au Nord-Ouest de Ferrare, se répandirent dans la partie septentrionale du territoire de Ferrare et dans la Polesine de Rovigo, et coulèrent dans les deux canaux ci-dessus mentionnés de Mazormo et de Toi. Il paraît bien constaté que le travail des hommes a beaucoup contribué à cette diversion du Pô : les historiens qui ont parlé de ce fait remarquable, ne diffèrent entre eux que par quelques détails. La tendance du fleuve à suivre les nouvelles routes qu'on lui avait tracées devenant de jour en jour plus énergique, ses deux branches *di Volano* et *di Primaro* s'appauvrirent rapidement, et furent, en moins d'un siècle, réduites à peu près à l'état où elles sont aujourd'hui. Le régime du fleuve s'établissait entre l'embouchure de l'Adige et le point appelé aujourd'hui *Porto di Goro*; les deux canaux dont il s'était d'abord emparé étant devenus insuffisants, il s'en creusa de nouveaux; et, au commencement du dix-septième siècle, sa bouche principale, appelée *Bocca di Tramontana*, se trouvant très-rapprochée de l'embouchure de l'Adige, ce voisinage alarma les Vénitiens, qui creusèrent, en 1604, le nouveau lit, appelé *Taglio di Porto Viro* ou *Pô delle Fornaci*, au moyen duquel la *Bocca Maestra* se trouva écartée de l'Adige du côté du Midi.

Pendant les quatre siècles écoulés, depuis la fin du douzième siècle jusqu'à la fin du seizième siècle, les alluvions du Pô ont gagné sur la mer une étendue considérable. La branche du Nord, celle qui s'était emparée du canal de Mazormo et formait le *Ramo di Tramontana*, était, en 1600, éloignée de vingt mille mètres du méridien d'Adria; et la bouche du Sud, celle qui avait envahi le canal Toi, était à la même époque à dix-sept mille mètres de ce méridien; ainsi le rivage se trouvait reculé de neuf à dix mille mètres au Nord, et de six ou sept mille mètres au Midi. Entre les deux bouches dont je viens de parler, se trouvait une anse ou partie du rivage moins avancée, qu'on appelait *Sacca di Goro*.

Les grands travaux d'endiguement du fleuve, et

une partie considérable des défrichements des revers méridionaux des Alpes, ont eu lieu dans cet intervalle du treizième au dix-septième siècle.

Le Taglio di Porto Viro détermina la marche des alluvions dans l'axe du vaste promontoire que forment actuellement les bouches du Pô. A mesure que les issues à la mer s'éloignaient, la quantité annuelle de dépôts s'accroissait dans une proportion effrayante, tant par la diminution de la pente des eaux (suite nécessaire de l'allongement du lit), que par l'emprisonnement de ces eaux entre des digues, et par la facilité que les défrichements donnaient aux torrents affluents pour entraîner dans la plaine le sol des montagnes. Bientôt l'anse de Sacca di Goro fut comblée, et les deux promontoires formés par les deux premières bouches se réunirent en un seul, dont la pointe actuelle se trouve à trente-deux ou trente-trois mille mètres du méridien d'Adria, en sorte que, pendant deux siècles, les bouches du Pô ont gagné environ quatorze mille mètres sur la mer.

Il résulte des faits dont je viens de donner un exposé rapide :

1° Qu'à des époques antiques, dont la date précise ne peut pas être assignée, la mer Adriatique baignait les murs d'Adria ;

2° Qu'au douzième siècle, avant qu'on eût ouvert à Ficarolo une route aux eaux du Pô sur leur rive gauche, le rivage de la mer s'était éloigné d'Adria de neuf à dix mille mètres ;

3° Que les pointes des promontoires formés par les deux principales bouches du Pô se trouvaient, en l'an 1600, avant le Taglio di Porto Viro, à une distance moyenne de dix-huit mille cinq cents mètres d'Adria ; ce qui, depuis l'an 1200, donne une marche d'alluvions de vingt-cinq mètres par an ;

4° Que la pointe du promontoire unique, formé

par les bouches actuelles, est éloignée d'environ trente-deux ou trente-trois mille mètres du méridien d'Adria; d'où l'on conclut une marche moyenne des alluvions d'environ soixante-dix mètres par an pendant ces deux derniers siècles; marche qui, rapportée à des époques plus éloignées, se trouverait être beaucoup plus rapide.

(CUVIER, *Discours sur les révolutions de la surface du globe.* Paris, 1830.)

III

SUR UNE ÉTYMOLOGIE DU GOLFE DE LYON.

L'antique nation des Ligures, race de pirates et de montagnards, n'a pas toujours été confinée dans les Alpes Maritimes et sur les premières crêtes des Apennins. Scylax nous la montre encore répandue de son temps depuis l'Èbre jusqu'à l'Arno. Strabon croyait même à une extension plus grande de la race ligurienne, puisqu'il appelle Λιγυστικὴ γῆ toute la presqu'île occidentale de l'Europe. Par analogie, on peut conclure que la mer *Ligystique*, du même géographe, ne se réduisait pas au golfe de Gênes, mais qu'elle comprenait tout le bassin occidental de la Méditerranée, le golfe de *Lyon*, ou du *Lion* par conséquent. Or, c'est dans la forme grecque de Λιγυστικόν, Λιγύων πέλαγος, que M. Tardieu propose de voir la véritable origine de l'appellation *golfe de Lyon*. « Des deux formes modernes, dit-il, c'est la
» première, *Lyon*, qu'il faut préférer, comme étant,
» à peu de chose près, la transcription exacte du
» nom ancien, Λιγύων, Ligyôn (golfe des Ligyens ou
» Liguriens). Rien de plus naturel que la persis-
» tance, presque sans altération, d'un nom grec dans
» un pays peuplé des colonies de Marseille, la cité
» phocéenne, où le grec est demeuré à l'état de lan-
» gue vulgaire jusqu'en plein moyen âge. Rien de
» plus naturel également que la persistance du sou-
» venir de cette longue domination des pirates ligyens,
» les plus anciens maîtres connus du littoral méri-
» dional de la Gaule. Seulement, avec le temps, le
» sens et l'origine de ce nom s'étaient perdus, la
» forme *ligusticum mare* ou *ligusticus sinus* ne lais-

» sant plus aisément reconnaître l'étymologie. On
» en avait, d'ailleurs, restreint l'emploi à ce qui est
» aujourd'hui le golfe de Gênes, pour appeler plus
» habituellement le grand golfe ou enfoncement des
» côtes méridionales de la Gaule d'un autre nom,
» celui de *sinus Gallicus* ou *Gallicum mare*. Toutes
» ces causes réunies étaient bien propres à égarer la
» critique; mais rien n'y contribua plus que la res-
» semblance fortuite du nom en question (golfe de
» Lyon) avec le nom d'une ville illustre, dérivé, lui,
» d'une source toute différente, d'un radical celtique
» et non plus grec, *Lugdunum*. Quelle qu'eût été la
» prédominance politique et commerciale de Lyon
» sur le Midi de la Gaule, on ne s'expliquait guère
» comment, à un tel éloignement de la côte, son
» nom avait pu jamais être employé dans la nomen-
» clature maritime de ce pays. Aussi imagina-t-on de
» bonne heure de substituer à la forme consacrée,
» qu'on ne comprenait pas, une forme nouvelle,
» celle de *golfe du Lion*, *sinus Leonis*, bien malheu-
» sement choisie en ce sens qu'elle risquait de faire
» perdre à tout jamais la trace, et qu'on expliquait à
» l'aide d'une méchante métaphore poétique (la
» fureur des flots comparée à celle du lion), soit du
» nom de je ne sais quel rocher (le Lion) situé à
» l'entrée d'un des ports de ce golfe. C'est là un
» exemple de plus de ces erreurs traditionnelles,
» dues à la pauvre critique des érudits du moyen
» âge. Il serait intéressant de faire l'histoire com-
» plète de celle-ci et de rechercher à quel moment
» précis elle s'est produite dans les livres et sur les
» cartes ou portulans. » — Note de M. Germer-Durand, au sujet de la *Numismatique ibérienne* de M. P. A. Boudard. (Procès-verbaux de l'Académie du Gard, année 1859.)

IV

ITINÉRAIRES ET VASES APOLLINAIRES.

Le tableau suivant, extrait de l'étude de M. Aurès, « sur la concordance des Vases Apollinaires et leur comparaison avec l'Itinéraire d'Antonin et avec la Table Théodosienne », permet de suivre, étape par étape, la voie Domitienne dans la traversée de la Gaule Narbonnaise. (Voir, pour l'intelligence de ce tableau, la carte du littoral ancien du golfe de Lyon placée au commencement du volume.)

Iᵉʳ VASE APOLLINAIRE.	IIᵉ VASE APOLLINAIRE.	IIIᵉ VASE APOLLINAIRE.
Itinerarium a Gades Romam.	Ab Cades usque Roma itinerare.	Itinerare a Gades usque Roma.
Juncariam XV. In Pyræneum XVI.	Juncaria XV. In Pyreneo XVI.	Juncaria XV. In Pyrenæo XVI.
In Pyræneum. »	In Pyreneo »	In Pyrenæo »
Ruscinonem XXV. Combusta VI.	Ruscinne XXV. Combusta VI.	Ruscinone XXV. Combusta VI.
Narbone (XXXII).	Narbone (XXXII).	Narbone XXXIIII.
Bæterra (XVI. Cesseronem (XIII).	Bæterras XVI. Cesserone XII.	Bæterra XVI. Cesserone (XIII).
Forum Domiti XVIII. Sextantionem XV. Ambrussum XV. Nemausum XV.	Foro Domiti XVIII. Sextantio XV. Ambrussum XV. Nemauso XV.	Foro Domiti XVIII. Sextantione XV. Ambrussum XV. Nemauso XV.

Juncaria, — aujourd'hui *Junquera*, ville près du défilé oriental des Pyrénées en Catalogne; mais, selon Cellarius, i. q. *Ficaria*, *Figueras*.

In Pyrenæo ou *Summo Pyrenæo*. — château du *Réart* ou col de *Pertuis*, près *Bellegarde* (Pyr.-Or.). (Walckenaër, d'Anville.)

Ad Centuriones ou *ad Centenarium*, — le *Boulou*, sur le Tech (Pyr.-Or.). D'Anville, Walckenaër, Lapie. — *Céret* (Pyr.-Or.). P. de Marca, Br. La Martinière.

Ruscinone, — *Ruscino*, — *Ruscione*, — Tour de *Perpignan*, près Perpignan.

IVe VASE APOLLINAIRE.	ITINÉRAIRE D'ANTONIN.	TABLE THÉODOSIENNE.
D'après le texte publié par le P. Garucci.	Itinerarium provinciarium Antonini Augusti.	(Peutinger.)
» »	Juncaria XV. Summo Pyreneo XVI.	» »
Summo Pyrenæ » Ruscione XX Ad Commusta VI. Narbone XXXIIII.	Summo Pyreneo » Ad centuriones V. Ruscione XX. Combusta VI. Ad Vicensimum XIIII. Narbone XX.	In Summo Pyreneo » Ad Centenarium V. Illibere XII. Ruscione (VII)? (Deest.) Narbone (deest).
Bæterras. XVI. Cessirone XII. Frontiana X. Foro Domiti VIII. Sextantione XV. Ambrusio XV. Nemauso XV.	Beterris (XII). Cesserone XII. Foro Domiti XVIII. Sextantione XV. Ambrussum XV. Nemausum XV.	Beteris (XXI). Cesserone XII. Foro Domiti XVIII. Sertacione XV. Ambrusium (XX). Nenniso XV.

Combusta, — Rivesaltes (Pyr.-Or.). P. de Marca.

Ad Vicensimum, pont de *Treille*, près l'étang de la Palme (Aude). Walckenaër, d'Anville.

Illiberris, Illibere, — *Elne* (Pyr.-Or.). D'Anville, Walckenaër.

Cessero, — Saint-Thibéry (Hérault).

Frontiana...?

Forum Domitii, — Frontignan. Catel, de Valois et les Bénédictins.

Sextantis, Substantion (Castelnau).

Ambrussum, — Pont-Ambroix, sur le Vidourle, près Lunel.

V

SUR LE PASSAGE D'ANNIBAL.

Inde (Annibal), *ne mora atque otium animos sollicitarent, cum reliquis copiis Pyrenæum transgreditur, et ad oppidum Illiberim castra locat. Ut vero reguli Gallorum, castris ad Illiberim extemplo motis, haud gravate ad Pænum venerunt, cum bona pace exercitum per fines suos præter Ruscinonem oppidum transmiserunt.* (Tit. Liv., lib. 21, c. 34.)

218 ans av. J.-C. — Annibal, ayant ensuite continué sa marche (après avoir passé les Pyrénées), arriva enfin à *Illibéris*, dans les Gaules, sans aucune opposition de la part des Volkes qu'il avait tout sujet de craindre, parce qu'en effet il leur était aisé de lui disputer le passage des Pyrénées, à cause de l'avantage des lieux; mais, soit que ces peuples eussent été avertis trop tard de sa marche ou qu'ils fussent résolus de défendre seulement leur pays et d'empêcher que ce général ne le mît sous contribution, comme il avait fait des peuples d'Espagne qu'il avait rencontrés sur sa route, ils se contentèrent de se rendre à la hâte à *Ruscino*, qu'on nomme à présent la *Tour de Roussillon*, près de Perpignan. C'est là que, s'étant assemblés en armes, ils résolurent de se défendre et de vendre chèrement leur vie, si les Carthaginois voulaient forcer le passage sur leurs terres. Annibal, ayant intérêt de ménager ces peuples qui, par leur opposition, pouvaient du moins retarder sa marche et son entrée en Italie, prit le parti d'envoyer des députés à leurs principaux chefs, *reguli*, pour les adoucir et leur demander une con-

férence dans l'une des villes ou d'Illiberis, ou de Ruscino, à leur choix, ajoutant qu'il se rendrait volontiers lui-même dans leur camp, ou qu'il les recevrait avec plaisir dans le sien; qu'au reste il les priait de ne pas le regarder comme un ennemi qui en voulait à leurs biens ou à leur liberté, mais comme un étranger qui ne leur demandait que le passage libre pour l'Italie, où il avait dessein de porter la guerre; qu'en un mot il ne tiendrait qu'à eux d'empêcher qu'il ne fît aucun acte d'hostilité avant son arrivée au delà des Alpes. Sur cette proposition, les Gaulois, s'étant extrêmement radoucis, envoyèrent les principaux d'entre eux conférer avec Annibal à Illiberris, où ce général les ayant gagnés par ses caresses autant que par ses libéralités, obtint d'eux le passage libre sur leurs terres. (*Hist. gén. de Languedoc*, liv. I, ch. xxi.)

L'armée d'Annibal se composait de quatre-vingt-dix mille hommes d'infanterie et de douze mille hommes de cavalerie, sans compter les transports et les équipages, etc... C'était un mélange d'Africains, de Celtibériens et de plusieurs autres nations. Mais, après le passage des Pyrénées, une partie de ces troupes mercenaires, en grande partie les Celtibériens, perdirent courage, rebutés par les difficultés de l'entreprise. Ils quittèrent l'armée, qui fut alors réduite à cinquante mille hommes de pied, neuf mille chevaux et trente-sept éléphants. C'est avec cet effectif qu'Annibal traversa la Narbonnaise, le Rhône et les Alpes.

VI

SUR L'AUTONOMIE DE LA NATIONALITÉ VOLKE
APRÈS LA CONQUÊTE.

Dans les villes romaines ou latines organisées (après la conquête) sur tous les points de la nouvelle province, qui reçut ainsi sa forme définitive et sa physionomie romaine, administrativement parlant, l'*ordo* ou le conseil municipal de la nouvelle ville n'était, à de rares exceptions près, que l'assemblée des *notables, primores, nobiles* (Cæs., *de Bell. civ.*) de la tribu, transformée par les Romains en aristocratie bourgeoise, et chargée à ce titre de l'administration municipale de la *cité*. Dans les campagnes, habilement reliées et subordonnées à ces nouvelles villes qui devenaient pour Rome un puissant moyen d'assimilation, les populations de race volke avaient conservé plus fidèlement encore les traits distinctifs de leur physionomie nationale. Cicéron, qui écrivait plus de soixante ans après la conquête, nous les montre vêtus toujours du *sagum* et de la braye (*bracca, Gallia braccata*), et parlant chez eux cet idiome guttural auquel les Romains appliquaient par excellence le nom de *barbare*. Leurs monnaies elles-mêmes, dont nous possédons un assez grand nombre, n'ont adopté que tard l'idiome et le système des nouveaux maîtres du pays. Elles offrent souvent, même après la conquête, des noms propres, tronqués ou complets, dans lesquels on a cru reconnaître des noms de chefs ou de rois que les tribus barbares auraient conservés jusqu'à cette époque avec l'organisation dont ils formaient le couronnement.

On s'explique, après ce que nous venons de dire, comment les géographes du premier siècle, en décrivant la Gaule Narbonnaise, comme on l'appelait alors, paraissent aussi vivement frappés de ces anciennes nationalités transformées plutôt que supprimées par la conquête; tandis qu'ils n'accordent qu'une faible attention aux nouvelles circonscriptions politiques des Romains, « changeantes et passagères comme les pouvoirs qui les établissent (STRABON, *Géogr.*). » Quoique bien déchus à cette époque de ce qu'ils avaient été deux ou trois siècles auparavant, les Volkes formaient encore, avec les Allobroges, dont Cicéron les rapproche volontiers, ce que nous appellerions aujourd'hui la population dominante de la nouvelle province, celle qui y avait laissé les souvenirs les plus brillants et les plus durables. (*Hist. gén. de Languedoc,* liv. II, note Edw. Barry).

VII

SUR L'ÉTABLISSEMENT DE LA COLONIE ROMAINE A NARBONNE.

La tâche des triumvirs qui présidaient à l'établissement de la colonie se serait bornée à surveiller l'installation matérielle des colons et le partage des terres, dont les *agrimensores* avaient pris possession au nom de la République et qu'ils soumettaient à un arpentage minutieux. Ce serait eux aussi qui auraient, suivant l'usage, rédigé ou tout au moins publié la charte municipale de la nouvelle ville (*lex coloniæ, lex civitatis*), qui ne faisait le plus souvent que reproduire, dans ses dispositions essentielles, la loi récemment promulguée à Rome, sur laquelle reposaient les titres et les droits des colons, à commencer par leur droit de propriété......

Quelques-uns des plus maltraités en furent réduits à aller chercher un asile sur les terres incultes ou sans maîtres, qui étaient restées en dehors du terrain *assigné* ou du terrain *mesuré*. Mais la plupart ne purent se résigner à quitter pour toujours la ville où leurs enfants étaient nés et où reposaient les ossements de leurs pères, sous les *tumuli* qui bordaient les grèves de l'Atax.

A défaut de terres cultivables, dont les riches avaient seuls sauvé quelque chose, il restait aux plus pauvres eux-mêmes une masure et une échoppe, où ils conservaient le droit de travailler et de vendre cher (aux nouveaux venus surtout), sans parler du fleuve, qui leur ouvrait la mer et de cette mer elle-même, dont le sillon est plus fertile que celui de la terre ferme pour les gens des ports.....

Rien n'indique, d'ailleurs, que l'établissement de la nouvelle colonie ait provoqué à Narbonne le mécontentement et les rancunes qui suivaient souvent ces actes de souveraineté. Chassés de leurs terres et quelquefois de leurs maisons, pour faire place aux nouveaux venus, les anciens habitants, comme les appellent les jurisconsultes romains (*veteres*), s'étaient vus dépossédés en même temps de l'administration et du gouvernement de leur ville, devenue comme un prolongement et un faubourg de Rome. Mais il ne faut point oublier que cette population, assez peu homogène, suivant toute apparence, était beaucoup plus préoccupée ici de commerce d'outre-mer et de spéculations mercantiles que de ses libertés politiques ou municipales, ébréchées probablement par des usurpations ou des conquêtes antérieures. (Edw. BARRY, *Histoire générale de Languedoc*, liv. II; notes *passim*.)

VIII

DE L'ARMEMENT DES ANCIENS VAISSEAUX DE COMBAT.

1º L'arme offensive qui, selon Pline, fut imaginée par Pisée et attachée par lui à l'étrave du vaisseau de guerre (*Rostra navibus Piseus addidit*. Pline, liv. VII, ch. 57), l'éperon, nommé *rostrum* par les Romains et ἔμβολον par les Grecs, fut d'abord, comme ce dernier nom l'indique, une sorte de pieu greffé sur la pièce de bois courbé dont était formée l'étrave de la galère, que les Italiens appelaient, au moyen-âge, la *rota di proa*, et les Provençaux, la *rode* (roue) de proue. Cette pointe eut, à une certaine époque, la forme d'une pyramide ou d'un cône; faite d'airain, elle devait être assez solidement tenue dans l'espèce d'encadrement où elle entrait, pour ne pas être ébranlée ou démontée par le choc, dans un conflit où elle jouait un grand rôle. L'éperon fut façonné quelquefois en forme de corne, d'ergot ou de bec d'oiseau de proie (*rostrum*), ou de tête d'animal, très-souvent de porc; certaines médailles et la colonne Trajane montrent des proues de galères munies d'un éperon, dont la pointe relevée devait être d'un médiocre effet, et devait d'ailleurs empêcher le navire abordeur de se détacher aisément du navire abordé, quand il lui avait porté un coup de sa corne. L'éperon était souvent à trois dents et portait alors le nom de *tridens*. (A. JAL, *Études sur la marine antique*, Paris, 1861.)

2º Les *épotides* étaient deux pièces de bois, fortes, pointues par leurs extrémités et solidement attachées aux joues du navire au moyen de longues et solides chevilles d'airain. Leur nom venait de leur position. Elles étaient comme deux oreilles (ἐπὶ, οὖς) dressées au-dessus et en arrière des deux yeux ouverts au front du navire.

3° Une lance, qui s'appelait *xyste* (ξυστὸν ναυμάχον), était hissée au mât à l'aide d'un cordage et d'une poulie. Ce cordage, qui fonctionnait comme une drisse, était attaché vers le milieu de la longueur du xyste, dont l'équilibre, les inclinaisons et le balancement étaient ainsi à la disposition de l'équipage. Cette lance de combat, composée de plusieurs pièces unies par des clous d'airain, et terminée à l'une de ses extrémités par une pointe de même métal, pouvait atteindre une longueur d'une douzaine de mètres. (A. Jal; *passim*.)

IX

SUR LE VENT CIRCIUS.

1° *Circius (Cercius)*, *Cers*, serait, d'après Freund, dérivé de *circus* à cause de son mouvement tournant; mais il est plus probable que c'est le vieux mot celtique *cers*, qui est encore un usage dans le pays, pour désigner le vent violent du Nord et Nord-Ouest, analogue au *mistral* de la Provence. Ce vent de Cers souffle quelquefois avec une telle violence sur les étangs de Sigean, de Bages et de Gruissan qu'il est arrivé, à plusieurs reprises, que les voitures des trains du railway de Narbonne à Perpignan ont été brusquement renversées et jetées hors de la voie dans les étangs.

2° « O, me disait un petit enflé, qui pourrait avoir
» une vessie de ce bon vent de Languegoth que l'on
» nomme *Cierce!* Le noble Scurron, médicin, pas-
» sant ung jour par ce pays, nous comptait qu'il est
» si fort qu'il renverse les charettes chargées. » (RA-
BELAIS. *Pantagruel*, liv. IV, ch. XLIII.)

3° Sénèque, sans parler de la direction du *Circius*, se contente de remarquer « qu'il souffle dans la
» Gaule Narbonnaise avec tant de violence, qu'il y
» ébranle les maisons; mais cependant que les gens
» du pays, loin de s'en plaindre, croient lui devoir la
» salubrité de leur climat. » Après quoi il assure que « l'empereur Auguste, lorsqu'il était dans les
» Gaules, voua et bâtit un temple à ce vent. *Infestat*
» *Galliam Circius, cui ædificia quassanti tamen*
» *incolæ gratiam agunt, tanquam salubritatem cœli*
» *sui debeant ei. Divus certe Augustus templum*
» *illi, cum in Gallia moraretur, et vovit et fecit.* »
(ASTRUC, *Mém. pour l'hist. nat. de Languedoc. Des vents particuliers.*)

X

SUR LE VOLCAN ET L'ILE D'AGDE.

11°. Tout ce rocher, sur lequel ce fort (Brescou ou Blascon) est bâti, est de pierre noire, dense, fine par rapport au grain et ferrugineuse à la superficie. La suite de nos observations vous conduira bien à convenir que cette pierre est de lave refroidie, tout comme celle sur laquelle mon moulin est construit, et pareille à celle dont nous avons remarqué des amas considérables dans des terrains qui jadis étaient creux! Cette remarque, et la conséquence nécessaire qui l'attribue au volcan, d'autant qu'on remarque encore aujourd'hui une pente qui conduirait tout fluide de la bouche du volcan à ce dépôt, m'a engagé à chercher dans l'hébreu, dialecte du phénicien, si je n'y trouverais pas quelque trace du nom de *Blascon*, qui est l'ancien nom de ce rocher, soit dans Ptolémée, Strabon, etc.... J'y trouve le mot *balag* qui signifie *absorbere, vorare, deglutire;* je trouve ensuite que la racine *balag* fournit le substantif dérivé *balagon*, qui signifie *glutitor, vorator, absorptor*. Vous conviendrez que le changement du kametz ou patach en schewa est fort ordinaire dans cette langue, surtout au participe des verbes. J'aurais donc aisément *belangon;* mais, si vous voulez entrevoir ensuite le changement qu'un mot essuie nécessairement en passant d'un dialecte dans un autre, il me semble aussi que j'aurais fort aisément *belasgon*, et par corruption du phénicien par les Grecs *blascon*, c'est-à-dire *engloutisseur, avaleur de la lave*, ou pour parler dans notre style, dépôt de la lave, absorbant de la lave.... (Extrait de la *Correspondance inédite de Charles-François-Siméon* VERMANDOIS DE

Saint-Simon Rouvroy Sandricourt, dernier évêque d'Agde. Lettre du 23 mars 1769 à M. J.-Fr. Séguier, de l'académie des Inscriptions et Belles-Lettres. Manuscrit de la bibliothèque de Nimes, n° 13816.)

2° Dans l'ouvrage de Ptolémée, il y a : Νῆσοι δὲ ὑπόκεινται τῇ Ναρβωνησίᾳ Ἀγάθη μὲν κατὰ τὴν ὁμόνυμον πόλιν. *Des îles sont subjacentes à la Narbonnaise Agde le long de la ville de ce nom;* sur lequel passage Dom Boucquet, dans le premier volume de son *Recueil des historiens de la France*, a noté :

Cum nulla insula urbi Agathæ adjaceat, præter Blasconem, Valesius suspicatur Ptolemæum duas de una insula fecisse, nominibus duobus deceptum, Celtico altero quod Blasco sit, et altero Agathæ imposito a Massiliensibus. Tum Blasco vulgo Brescon, ut idem Valesius tradit, continenti adjuncta est, injecta mari mole, et Agathensibus est pro portu.

L'auteur a ignoré, ainsi que MM. de Valois, Astruc et autres, qu'autrefois un bras de la rivière d'*Eraut* passait au-dessus de la ville d'Agde et par le *Bagnas*, d'où il allait se jeter dans la mer. On voit, dans les archives de l'évêché d'Agde, que l'évêque *Thédesius*, au commencement du treizième siècle, le fit couper, lorsqu'il construisit son fameux moulin sur l'Eraut. On voit encore les vestiges de l'ancien lit et de l'ancien rivage sur les lieux. Ils sont tels qu'on ne peut s'y méprendre. Si donc on veut concevoir que les deux bras de la rivière aboutissaient chacun à la mer jusqu'au treizième siècle, on reconnaîtra sans peine qu'il y avait une île appelée l'île d'Agde, dans laquelle la ville d'Agde était bâtie. Mal à propos veut-on croire que Ptolémée se soit trompé, ou bien que l'île dont il parle est Brescon. Astruc croit que c'est Montpellier. (Note manuscrite extraite des papiers de J.-Fr. Séguier. Biblioth. de Nimes, non catalogués.)

XI

ÉDIT DE LOUIS XIII ORDONNANT LA DÉMOLITION DU FORT BRESCOU.

Louis, par la grâce de Dieu, roy de France et de Navarre, à nos chers et bien-aimés les sieurs abbé de Beauveau et Dubruil, capitaine d'une compagnie au régiment de Navarre, salut :

Le fort de Brescon, qui estoit n'a guères occupé par aulcungs de nos subjects rebelles, ayant esté remis soultz nostre obéissance, nous avons résolu de le faire raser et desmolir, afin que y après les factieux ne se puissent prévaloir de cette place au préjudice de nostre service, du repos et tranquillité de nos subjects, et estant nécessaire de commettre le soing de la dicte desmolition à quelques personnes dont la fidélité et affection nous soict cognue, nous avons estimé ne pouvoir faire meilheur choix que de vous. A cestes causes, vous avons commis et ordonné, commettons et ordonnons par ces présentes signées de nostre main, pour faire procéder incessamment et sans intermission au rasement et desmolition entière dudict fort de Brescon, sans y rien réserver; voulant à ceste fin que la dicte desmolition soict bailhée à prix faict et aux moingdisans, et que la somme qu'il y conviendra employer soict fournie par les habitans de la ville d'Agde, à quoi faire ils seroient constraints par toutes voyes deubves et raisonnables, comme pour nos propres affaires; laquelle somme néanmoings nous voulons être rejectée et regallée sur tous nos subjects contribuables du dict diocèse, et employée au remboursement des dicts habitans qui en auront fait l'avance. Et pour le regard des pierres provenant de la dicte desmolition, vous les ferez jeter dans la mer, affin qu'on ne s'en puisse servir cy-après pour le rétablissement du dict fort. De ce faire vous donnons pouvoir, commission et mandement espécial par ces présentes. Mandons à tous nos officiers et subjects qu'à tous ce faisant soict obéy, car tel est notre bon plaisir.

Donné à Montpellier, ce premier jour d'octobre, l'an de grâce mil six cent trente-deux, et de nostre règne le ving-troisième.

Signé : LOUIS.

Et plus bas :

Par le Roy, Phelippéaux.

Et scellé du grand sceau en cire jaune.

XII

DE L'HOSPITALITÉ A MAGUELONE.

Le lecteur, désireux de connaître tous les détails de la vie du monastère, consultera avec intérêt les documents originaux, jusqu'alors inédits, que M. A Germain a recueillis dans sa savante étude historique et archéologique : *Maguelone sous ses évêques et ses chanoines*. Nous ne pouvons cependant résister au plaisir de citer quelques-unes de ces dispositions vraiment patriarcales. Il est impossible, en les lisant, de méconnaître l'esprit de charité qui animait les chanoines de Maguelone, et de ne pas déclarer que, malgré leurs erreurs et leurs fautes, ils ont pendant plusieurs siècles, bien mérité de l'humanité :

« Le prévôt donnera le pain et le vin aux lépreux
» qui viendront dans l'île. Ils recevront, de deux en
» deux, un des grands pains de la communauté et
» une mesure de vin. Le lépreux qui se présentera
» sans compagnon aura droit à la moitié de cet ordi-
» naire. Les lépreux ainsi traités ne doivent pas,
» toutefois, revenir pour une nouvelle aumône
» avant l'expiration d'un intervalle de huit jours. Le
» prévôt aura soin d'avoir à Maguelone un bon ser-
» viteur frère, donat, clerc ou autre, pour le service
» de quiconque y jouira de l'hospitalité. Il sera dis-
» cret, doux, accueillant et modeste. Sachant discer-
» ner les personnes, et s'accommoder à leur condi-
» tion ou à leurs exigences, s'attachant à paraître
» affectueux et dévoué, affable de visage et de paro-
» les, de manière à séduire doublement les hôtes par
» sa politesse et sa charité, pour que nos visiteurs

» n'aient qu'à se louer de la réception que leur
» auront faite les serviteurs de Dieu, et puissent
» rendre de nous un témoignage dont notre répu-
» tation n'ait qu'à s'applaudir. Car nous devons nous
» efforcer de mériter, selon le mot de l'Apôtre, les
» suffrage de ceux du dehors. Ayons plus de dou-
» ceur et de prévoyance à l'égard des pèlerins, que
» pour nos propres parents mêmes et nos amis. Ce
» sont eux, en effet, particulièrement qui représen-
» tent pour nous Jésus-Christ. C'est en vue d'eux
» qu'il a été dit : « J'ai été étranger et vous m'avez
» donné l'hospitalité. » Le serviteur mis à leur dis-
» position sera de bonne renommée et d'irrépro-
» chable compagnie. Il tiendra les clefs de la salle
» des hôtes et les introduira convenablement, d'où
» qu'ils viennent, en vertu de sa charge, ainsi que
» tous ceux que lui recommanderont, soit le cellerier,
» soit les chanoines.

» Il aura toujours suffisante quantité de pain et de
» vin, la nuit surtout, afin que les chanoines ou
» leurs parents et amis et autres bonnes gens arri-
» vant la nuit, puissent trouver à l'hôtellerie le
» nécessaire. L'hôtelier tiendra constamment à leur
» service du beau sel blanc et des chandeliers conve-
» nables; et il aura aussi une réserve de pain et de
» vin, à l'usage des domestiques de la maison; il
» couchera à l'hôtellerie même, avec un employé de
» la cuisine, pour que les arrivants soient toujours
» sûrs de pouvoir être introduits. Il aura provision
» de nappes, d'essuie-mains, d'assiettes, de verres,
» de bouteilles, etc. Il fera la lessive du linge de
» table et des draps ou couvertures de lit, excepté
» toutefois de ce qui appartient à l'aumônerie. Il
» entretiendra aussi le lavoir aux frais du prévôt. A
» l'heure du dîner et du souper, il sortira jusqu'à la
» porte et s'il rencontre quelqu'un, l'invitera à venir

» se mettre à table. Le prévôt pourvoira à toutes ses
» dépenses.

» Le prévôt se fera également représenter par un
» clerc camérier, honnête et discret, pour garnir
» les lits, et les tenir à la disposition des arrivants.
» Ce camérier veillera aussi à l'arrangement et à la
» propreté des chambres, afin qu'on s'y trouve bien
» hébergé. Il donnera aux pauvres clercs le pain et
» le vin, et les assistera pendant leurs repas. Il leur
» distribuera assez de pain et de vin, pour qu'il leur
» en reste à leur sortie de table. » (Extrait des statuts de 1331. — *De preposito*.)

XIII

SUR LA DISTANCE QUI SÉPARE AIGUESMORTES DE LA MER.

I. *Documents inexacts.*

1° « Il n'y a pas longtemps qu'il y avoit des per-
» sonnes dans Aiguesmortes, qui disoient avoir vu
» dix-sept galères attachées aux susdits anneaux;
» mais aujourd'hui la mer s'est retirée, et est à une
» demi-lieue d'Aiguesmortes. » (Guillaume Catel,
conseiller du roi en son parlement de Toulouse, *Mémoires pour servir à l'histoire de Languedoc,* 1663.)

2° « La mer s'est depuis éloignée de là. » (Pierre
Andoque, conseiller au présidial de Béziers, *Histoire de Languedoc avec l'état des provinces voisines,* 1623-1648.)

3° « A présent il n'y a plus le port, et la mer ne
» vient qu'à une demi-lieue d'Aiguesmortes. » (Ducange, *Observations sur les Mémoires de Joinville,* 1668.)

4° « Civitas Aquarum-Mortuarum, quæ fuit ædi-
» ficata tempore Regis S. Ludovici, quia tunc erat ibi
» maris portus; distat nunc pelagus ab eadem civi-
» tate milliari et amplius. » (*Gallia Christiana,* édition de 1656.)

5° « ... Dans la suite, les sables s'accumulant tou-
» jours ont enfin mis un grand espace entre la ville
» et la mer. » (Filleau de la Chaise, *Histoire de saint Louis,* 1688.)

6° « ... La ville d'Aiguesmortes, éloignée aujour-
» d'hui de plus d'une demi-lieue de la mer, qui s'est
» retirée peu à peu. » (Les Bénédictins, *Histoire générale de Languedoc,* 1737.)

7° « ... Il y a longtemps que la mer s'est retirée

» d'Aiguesmortes de plus d'une grande lieue. » (As-
truc, *Mémoires pour l'histoire naturelle de la province de Languedoc*, 1737.)

8º «... Aiguesmortes est aujourd'hui à deux lieues
» de la mer; mais, autrefois, elle en était fort pro-
» che. C'était alors un port fort célèbre, que saint
» Louis fit faire. » (L'abbé de Longuerue, *Description historique et géographique de la France ancienne et moderne*, 1772.)

9º «... Il est sensible que la mer abandonne en peu
» de temps ses anciens rivages. Voyez Aiguesmortes,
» Fréjus, Ravenne, qui ont été des ports et qui ne le
» sont plus. » (Voltaire, *Essai sur les mœurs et l'esprit des nations*, Introduction.)

10º «... Aiguesmortes, qui est actuellement à plus
» d'une demi-lieue de la mer, était un port du temps
» de saint Louis. » (Buffon, *Théorie de la terre*.)

11º «... Ce n'était qu'un village, avec un port de
» mer, du temps de saint Louis, qui acquit ce vil-
» lage par échange, en 1248, de l'abbaye de Psalmodi
» à qui il appartenait. Il y fit bâtir une ville, la tour
» de Constance pour servir de phare aux vaisseaux,
» et fit nettoyer le port, qui avait été comblé par les
» sables. » (Bruzen la Martinière, *Dictionnaire géographique et critique*, Venise, 1737.)

12º «... Cette ville était, autrefois, un bon port de
» mer et l'on voit, par l'histoire, que saint Louis en
» fit nettoyer le port, et s'y embarqua pour ses deux
» voyages de la Terre sainte et d'Afrique, dans les
» années 1248 et 1269; mais, la mer s'étant éloignée
» d'une bonne lieue depuis longtemps, et l'air y étant
» mauvais à cause des marais, elle est devenue pres-
» que déserte. » (Moreri, *Dictionnaire historique*,
Amsterdam, 1740.)

13º «... On y voit aussi une grosse tour, appelée
» la tour Carbonnière, où on logeait volontiers les
» protestants, dans les temps que l'intolérance et le

» fanatisme étaient plus à la mode en France. Cette
» ville avait jadis un port, où s'embarqua saint
» Louis, en 1248, pour l'Afrique; elle n'en a plus
» aujourd'hui, car la mer s'en est éloignée d'en-
» viron 2,000 toises. » (*Encyclopédie, ou Dictionnaire
raisonné des arts et métiers*, Genève, 1777.)

14° «... Aiguesmortes, *Aquæmortuæ*... La mer s'en
» est retirée à deux lieues; elle a inondé le sol en
» 1799. » (Boiste, *Dictionnaire de géographie universelle*, Paris 1805.)

15° «... Aiguesmortes était jadis sur la mer; elle
» en est éloignée aujourd'hui de près de 5 kilomè-
» tres. » (Bouillet, *Dictionnaire universelle d'histoire
et de géographie*, Paris, 1847.)

16° «... Aiguesmortes, *Aquæmortuæ*. C'est précisé-
» ment parce que les eaux y étaient mortes et tran-
» quilles, que les alluvions ont été plus considé-
» rables et que la mer s'est éloignée de ce port où
» saint Louis s'embarqua en 1248 et 1269. On fait
» encore aujourd'hui des efforts pour conserver une
» communication entre Aiguesmortes et la mer, en
» entretenant un chenal de plus de deux lieues de
» longueur. » (*Cours de ports de mer*, 1848-1849,
de l'École des ponts et chaussées.)

17° «... On sait que la mer fait subir quelquefois
» de notables changements aux côtes qui la bordent.
» Tandis qu'elle se retirait du voisinage d'Aigues-
» mortes et laissait presque à sec cette ville, elle
» empiétait sur la côte d'Afrique située en face. »
(*Moniteur universel du 17 février 1867.*)

II. *Documents exacts.*

1° Lettres patentes de Philippe III le Hardi, contenant les anciens privilèges d'Aiguesmortes, du mois
d'août 1279; *Archives d'Aiguesmortes*, manuscrit
Esparron, 1777, page 64.

Lettres de confirmation du roi Jean, du mois de février 1350, *idem*, p. 97.

Lettres de Charles V, d'octobre 1364, *idem*, p. 97.

Lettres de Charles VI, d'août 1386, *idem*, p. 98.

Lettres de Charles VII, de mars 1433, *idem*, p. 99.

Lettres de commission du même Roy, *idem*, p. 100.

Lettres de Louis XI, de novembre 1463, *idem*, p. 102.

Lettres de Charles VIII, d'avril 1484, *idem*, p. 103.

Lettres de Louis XII, de septembre 1499, *idem*, p. 106.

Lettres de François Ier, de janvier 1518, *idem*, p. 108.

Lettres de Henri II, de décembre 1547, *idem*, p. 109.

Lettres de François II, de janvier 1559, *idem*, p. 112.

Lettres de Henri III, de décembre 1574, *idem*, p. 114.

Lettres de Henri IV, d'octobre 1592, *idem*, p. 121.

Lettres de Louis XIII, de novembre et de mars 1610, *idem*, p. 125.

Lettres de Louis XIV, d'août 1643, *idem*, p. 128.

Lettres de Louis XV, d'octobre 1740, *idem*, p. 130.

2° Concessions des eaux, pêcheries et herbages. — Item apert que le Roi Loïs auroit donné la faculté des eaux, pêcheries de la *Marête*, *Roze-Mort*, herbages, pâturages, chasse et prise d'oiseau et volatilles auxd. consuls pour les habitants d'Aiguesmortes.....

Mais pour ce que, de là un temps, fust emeud, procès contres lesd. consuls, instant et demandeur le procureur du Roy au siége de M. le sénéchal de Beaucaire et Nimes, et ce sur la paisible possession et tenure desd. droits et priviléges, tant fut par fin procédé, que, par sentence, lesd. consuls furent définitivement ressaisis et maintenus auxd. droits d'icieux pâturages, herbages, eaux, pêcheries de la *Marête*, *Roze-Mort* et chasse d'oiseaux, comme lad. concession royale portoit. (*Sommaire des priviléges de la ville d'Aiguesmortes rédigé par Mr Buade, lieutenant de juge, en 1568, et servant de traduction aux lettres patentes de 1279.*)

Il a été délibéré par les conseillers ci-dessus que c'est pour le mieux et le plus de profit et le moins de dommage, que la *Marête* et les herbages s'adjugent au plus offrant. (Délibération du Conseil d'Aiguesmortes du 31 mars 1370.)

3° Fouch deliberat por lo conscelh dessos, que lo as per lo melhor et per may de profich et en men de dommage que la Mareta els herbages se rendon al plus hofren.

Charles, par la grâce de Dieu Roy de France, au sénéchal de Beaucaire et de Nimes et à nos Châtelain et Viguier et Juge d'Aiguesmortes ou leurs lieutenants, salut.....

4° Carolus, Dei gratia Francorum Rex, Senescallo Bellicadri et Nemausi, nec non Castellano et Vicario ac Judici nostris Aquarum-Mortuarum aut eorum loca tenentibus, salutem.....

C'est cependant en vertu du contenu aux priviléges, qui ont été ainsi perdus, que les exposants ont, tiennent et possèdent, comme leurs prédécesseurs, de toute ancienneté, ont eu, tenu et possédé un certain étang appelé de la *Marète* et une certaine robine située dans le terrain de Pecais appelée vulgairement *Roze-Mort*, la jouissance des poissons et oiseaux provenant dud. étang, ensemble la possession de plusieurs herbages, pacages, pâturages, chasses, robines et pêcheries situés auprès de lad. ville, etc.

Cumque exponentes memorati ad previlegiorum (sicut predicitur) modo prefato perditorum causam habeant, teneant ac possideant eorumq. predecessores ab antiquo habuerunt, tenuerunt et possederunt quoddam stagnum nuncupatum de la Marete et quamdam aliam robinam situatam in territorio de Pecaissio, vulgariter appellatam Roze-Mort, pisces ac aves provenientes ex stagno predicto ac quascumq. alias venationes provenientes ex eodem, una cum nonnullis herbagiis, pascuis, pasturalibus, venationibus, robinis ac piscariis juxta dictam villam nostram sitis.

5° 6 avril 1434. *Lettre de Charles VII, qui mande au sénéchal de Beaucaire et Nimes de maintenir les habitants d'Aiguesmortes en la possession des pêcheries, étangs, herbages, chasse, etc., du terrain d'Aiguesmortes.*

6° 19 septembre 1554. *Sentence de Pierre de Borda, Chler (chevalier) et chambellan ord^re du Roi, et pour lui gouverneur à Montpellier, qui maintient les consuls d'Aiguesmortes dans le droit de prohiber la pêche dans l'étang du Repausset.*

7° Guillermus de Intromontibus, de Aquis-Mort., testis juratus super sancta quatuor Dei Evangelia, puram et meram quam sciverit dicere et deponere veritatem de et super contentis in dictis litteris et aliis super quibus interrogabitur, diligenter examinatus dixit et suo deposuit juramento, quod ipse alias vidit robinam antiquam, de qua in prescriptis litteris fit mentio, ita vacuam et in tali statu quod naves et mercaturæ vel saltem magna navigia, magnas barchas per eamdem robinam apud locum Aquarum-Mort. applicabant impune.....

Dicens etiam interrogatus quod, tempore quo dicta robina erat vacuata et in bono statu, vidit supra deposita per eumdem, et audivit; et quod in dicta robina et per eam, applicabant navigia magna, grossos livos et alias barchas.

Interrogatus qua de causa citius in Arelate quam in gradu de BOUCANETO qui est juxta dictam robinam,

Guillaume d'Entremonts, d'Aiguesmortes, témoin assermenté sur les quatre Evangiles de Dieu, ayant promis de dire la vérité telle qu'il la savait sur le contenu auxd. lettres et sur ce qu'il sera de plus interrogé, ayant été dûment examiné, a dit et déposé, en vertu de son serment, qu'il a autrefois vu la robine ancienne dont s'agit dans lesd. lettres en une telle profondeur et en si bon état, que les navires et marchandises, les gros bateaux et grandes barques pouvaient facilement arriver par cette robine jusqu'à la ville d'Aiguesmortes.....

Dit aussi, sur l'interpellation qui lui a été faite, que, au temps que lad. robine était en bon état, il a été lui-même témoin de ce qu'il a déposé ci-dessus, et qu'il a vu arriver par lad. robine de grosses tartanes de commerce et autres barques.

Interrogé pourquoi les barques préfèrent d'aller à Arles au lieu d'aborder au grau de *Boucanet* situé auprès de lad.

robine, a dit que c'est à cause que les navigateurs n'osent pas s'arrêter aud. grau de Boucanet depuis que lad. robine est comblée et dégradée; que plusieurs navigateurs qui s'y étaient arrêtés y ont été pillés, etc.....

aplicant barchas et navigia, et mercatores et mercaturæ eorumdem in dicto gradu de BOUCANETO *residere non sunt ausi neque fecerunt expost, quod dicta robina fuit dessicata et totaliter devastata, quoniam expost plures mercatores et navigia in dicto gradu fuerunt et depredati et aprisionati, etc.*

Extrait des *procédures faites sous le règne du Roy Jean*, pour constater l'état de la robine d'Aiguesmortes et vérifier les réparations qui y étaient nécessaires. Commencées le 13 juillet 1360. (*Archives d'Aiguesmortes et manuscrit Esparron.*)

8° 1284. Convention passée entre l'abbé de Psalmodi et le seigneur d'Uzès, au sujet de leurs salines respectives, et dans laquelle sont nommés l'étang des *Caïtives* et la localité de Roquemaure, situés tous deux au sud d'Aiguesmortes. (*Archives de la ville d'Aiguesmortes.*)

9° 1301. Acte d'arrentement souscrit par l'abbé de Psalmodi relativement à certaines pêcheries appartenant au monastère, et dans lequel il est fait mention des étangs et marais situés entre Aiguesmortes et la mer, et la grande roubine du *Canal-Viel*, que remontaient les tartanes. (*Archives de la préfecture du Gard.*)

XIV
SUR L'ÎLE DE PSALMODI.

An de J.-C. 720. Alors fut détruit ou ravagé le monastère de Psalmodi, situé à quatre lieues au midi de Nismes, et environ à une lieue d'Aiguesmortes, dans une isle dont le côté méridional était baigné de la mer Méditerranée. (MÉNARD, *Histoire de Nismes*, 1750, tome I, page 99.)

La charte qui nous a conservé le souvenir de ce don (*), dit que le monastère de Saint-Pierre, à qui ce prêtre donna quelques propriétés, était situé dans dans l'isle de Psalmodi, *in insula Psalmodia*, ce qui prouve que ce monastère était encore placé dans une isle de la mer Méditerranée, qui la bornait du côté du Midi, et que cette isle portait le nom de Psalmodi, qu'elle avait sans doute emprunté du monastère même. On voit par là que les marais qui sont aujourd'hui le long de la Robine et du Vistre, et les étangs placés autour d'Aiguesmortes, faisaient alors partie de la mer même. Mais, comme elle s'en est retirée depuis, Psalmodi en est maintenant à deux lieues et tient à la terre ferme. (MÉNARD, *Histoire de Nismes*, 1750, tome I, page 112.)

La désignation ancienne d'isle de Psalmodi, *insula Psalmodia*, peut d'ailleurs s'appliquer très-exactement à la condition géologique du petit monticule au sommet duquel était le monastère. La plaine est formée d'une couche d'alluvions modernes fluviales, paludéennes ou marines, du milieu de laquelle émerge, pour ainsi dire comme un îlot, le domaine de Psalmodi, entièrement composé des alluvions anciennes du diluvium.

* Donation faite par un prêtre nommé Ilderede à l'abbé de Psalmodi, en 788. (*Gall. christ.*, nouv. édit., t. VI, p. 471. Note de Ménard.)

XV

ACTE DE L'ACQUISITION FAITE PAR SAINT LOUIS DE LA VILLE ET DU TERRITOIRE D'AIGUESMORTES, DES RELIGIEUX DU COUVENT DE PSALMODI, DU MOIS D'AOUT 1248.

De la cession faite au Roy de la terre d'Aiguesmortes, par l'abbé et le couvent de Psalmodi, et de son échange :

Remond, par la permission de Dieu, abbé de Psalmodi, et le couvent dud. lieu, à tous ceux qui ces présentes verront, salut :

Savoir faisons que, par délibération et consentement unanime, nous avons quitté et cédé à notre Sgr Louis, par la grâce de Dieu Roy de France, le territoire dans lequel est situé la ville d'Aiguesmortes, et ses fortifications ; lequel territoire commence au Conse de Johannin, qui sépare la terre de donc Guiraude du territoire dud. Sgr Roy, et de ce Conse s'étend droit jusques à la tête du Pont-Neuf de Psalmodi avec tout le pont et la chaussée, et de là s'étend encore vers Aiguesmortes selon que le tennement de Saint-Clément le divise, et dure dans cette partie jusques à la forêt du Sgr. des Ports, et de ces ports jusques à la mer, et de la mer jusques aud. Conse de Johan-

De quitatione terræ de Aquis-Mortuis Domino Regi facta ab Abbate et conventu Salmodii et permutatione ipsius :

Omnibus presentes litteras inspecturis, REMUNDUS, permissione divina Abbas Salmodii, et ejus loci conventus, salutem in Domino.

Notum facimus quod nos, unanimi ac deliberato consensu, territorium in quo sita est villa de Aquis-Mortuis, et fortalicia ejusdem loci, quod territorium incipit a Consa Johannini quæ dividit terram donæ Gairodæ a territorio Domini Regis, et de illa Consa directe protenditur usque ad caput Pontis-Novi Psalmodii ; cum toto ponte et calcia, et inde iterum protenditur ad Aquas-Mortuas, secundum quod tenementum Sancti-Clementis illud dividit et durat in illa parte usque ad silvam domini de Portubus, et de illis Portubus usque ad mare, et a mari usque ad predictam Consam Johannini, cum omni jure quod habebamus ibidem, Domino Nostro Ludovico, Dei gratia illustri Regi Francorum, quittavimus et concessimus, ab ipso et heredibus ejus perperpetuo possidendum.

Ipse vero Dominus Ludovicus nobis, in recumpensatione dicti territorii, dedit et concessit quandam terram sive condaminam quam habebat in territorio Somedrii juxta muros ejusdem Castri, in porta ipsius Castri, contigua viæ quæ ducit Alestum, a sinistra parte usque ad viam quæ dicit ad molendinum de Gavenel, et ab eodem molendino super ripam Bédollæ usque ad fossata predicti Castri, et iterum a capite fossatorum super eadem fossata usque ad portam predictam, a nobis Abbate et Conventu perpetuo possidendam. Hoc salvo quod idem Dominus Rex sibi et heredibus suis retinuit omnimodam justiciam in terra superius nominata. Nos vero predictam recumpensationem gratanter recipimus et acceptam habemus, et in testimonium et munimen omnium premissorum sigilla nostra presentibus litteris duximus apponenda. Actum apud Aquas-Mortuas, anno Domini, M° CC° XLVIII°, mense Augusto.

nin, avec tout le droit que nous y avions, pour être le tout perpétuellement joui par led. Sgr. Roy et ses héritiers.....

Et led. Sgr Louis, en échange dud. territoire, nous a cédé une terre ou condamine qu'il avait au terroir de Sommière, auprès des murailles de cette ville, à la porte qui donne sur le chemin d'Alais, du côté gauche jusques au chemin qui conduit au moulin de Gavenel, et de ce moulin sur le bord du Vidourle jusques aux fossés de lad. ville, et de rechef du commencement des fossés, sur lesd. fossés jusques à la porte ci-dessus mentionnée, pour être lad. terre par nous Abbé et Couvent susd. perpétuellement jouie, sauf l'entière justice dans lad. terre que led. Sgr. Roy s'est réservée et à ses héritiers.

Lequel échange nous avons agréé et accepté, et, en témoin et soutien de tout ce dessus, nous avons fait apposer nos scels aux prescrites lettres.

Fait à Aigues-Mortes, l'an de grâce 1248, au mois d'août.

XVI

EXTRAIT DU MÉMOIRE SUR CE QUI A ÉTÉ TROUVÉ
SUR LES PLAGES D'AIGUESMORTES
POUR Y FORMER UN PORT DE MER
DRESSÉ EN L'ANNÉE 1670.
LORSQU'ON EUT FAIT CHOIX DU PORT DE CETTE.

Or, touchant la position topographique d'Aiguesmortes, voici ce qu'il a remarqué : il a reconnu dans la rade un rocher d'une traite fort longue, et qui court le long d'icelle vis-à-vis de la plage en distance d'environ 800 toises, poussant, par après, sa pointe bien avant sur les rades voisines; et, comme sa traite se découvre du terrain dont nous parlons vis-à-vis d'une ancienne embouchure qu'on appelle vulgairement le grau *Saint-Louis,* à la pointe de la *Croisette,* on en doit faire état en cet endroit, plutôt qu'en tout autre, pour marquer le point d'enracinement d'où il commence sa traite, et y former le dessin d'un havre de bonne adresse. Sur cette longueur, du levant au ponant, il y a plus de 100 toises de largeur entre la face intérieure et extérieure, qui fait une largeur considérable et assez forte pour rabattre l'impétuosité des vagues roulantes, durant les plus furieuses tempêtes; de quoi l'expérience a fait foy en mille rencontres, qui ont souvent obligé et obligent encore de présent toute sorte de bâtiments à se réfugier dans l'enceinte qu'il fournit entre sa face intérieure et la plage. La hauteur d'eau, depuis sa crête jusques à la surface de l'eau, est d'environ quatre brasses, qui font une espèce de cascade en forme de nappe aux vagues rompues, qui viennent se promener sans fureur sur cette largeur reconnue; la profondeur en dehors, le long de sa face extérieure depuis sa crête jusqu'au fond d'assiette, est d'environ quinze brasses, qui donne un poids suffisant pour faire le rabattement des ondes les plus orageuses, et réprimer leur course sur l'épaisseur marquée. La profondeur en dedans, le long de la face intérieure, depuis sa crête jusqu'à la fondation, est d'environ six brasses, qui durent dans son fond, depuis ladite face intérieure vers le terrain, plus de trois cents toises d'étendue, qui, assurément, est plus que suffisant pour mouiller et amarrer un grand nombre de vaisseaux, selon la largeur que l'on empiétera sur toute sa traite et que l'on peut fixer à quatre cents toises. La qualité de ce fond est si bonne, qu'il est partout affermi de bonne argile propre à souffrir l'ancrage et la bonne mouille, et, par conséquent, qu'il y a toute sûreté d'y venir mouiller; puisqu'en effet on a toujours observé que cet espace, entre ladite face intérieure du rocher et le terrain, est sans aucune agitation, durant même les plus fortes tempêtes, étant fort aisé à juger qu'il s'y forme un beau, large et profond bassin, qui jouit d'un calme parfait, et qui fournit toutes les commodités dont on peut s'avantager dans un port. Aussi est-il de si bon augure qu'il y a une infinité d'exemples que non-seulement quelques barques et vaisseaux, mais même des escadres et flottes entières s'y sont venues réfugier, et que les observateurs des côtes n'ont pas manqué de le marquer sur leurs cartes maritimes ou marines, pour servir d'adresse à ceux qui avaient besoin de le venir reconnaître. C'est pourquoy, pour le rendre encore de meilleur usage, et, d'un simple abri et bonne rade qu'il est, en faire un port de bonne forme et bien circonstancié, on pourrait y attacher des travaux d'utilité, de défense et d'ornement, comme tours, fanaux, jetées, estacades, chaînes et autres pièces semblables, selon la nécessité.

Sur la plage, à peu près vis-à-vis de la tête du rocher, il y a encore quelques vestiges d'embouchure qu'on appelle le *Grau Saint-Louis*, parce que ce fut en cet endroit que ce grand Roy s'embarqua deux fois pour son expédition de la Terre sainte. En sorte que c'est un beau champ de bassin, étant tout présent et ouvert pour communiquer à la mer. Il serait aisé de rouvrir ce passage, qui est comblé par un sablon de peu d'étendue, et dans lequel on pourrait trancher un canal de communication à commencer de l'extrémité du canal Viel à la pointe de la Croisette, le long de ladite Sablière, jusques à la plage, pour emboucher le bassin marqué audit pas; le tout en bonne forme et dans les proportions requises, et en réparant les endroits ruinés et de mauvaise rive qui se rencontreraient le long dudit canal Viel, depuis la pointe de la Marette, où il commence, jusqu'à ladite tranchée. Ainsi on rétablirait cet ancien port si favorable aux embarquements et qui communiquerait à propos au havre qui lui est proposé. (*Manuscrit Esparron*, archives d'Aiguesmortes.)

XVII

ENTREVUE DE FRANÇOIS Ier ET DE CHARLES-QUINT

L'an 1538 et le quatorzième de juillet, vint le Roy de France François Ier en la ville d'Aiguesmortes, accompagné de la Reine, sa femme, appelée Madame Éléonore, sœur de l'Empereur Charles d'Autriche, Roy d'Espagne, aussi en compagnie du Roy de Navarre, et Reine de Navarre, M. le Dauphin et la Dauphine de France, M. d'Angoulême, fils du Roy et Mme Marguerite, fille du Roy; ensemble tous les princes de France et toutes les princesses et le plus grand triomphe que jamais soit vu en France ni en Espagne; aussi y étaient M. le Connétable de France, M. de Montmorency, le Cardinal de Lorraine, M. de Guise, M. de Nabaud, le Duc de Wurtemberg, le Prince de Salmes, tous les Princes de France, comme dit est, et tous les Cardinaux et Évêques de France, M. le Chancelier avec tous les Présidents des Parlements et Grands Conseils, et le lundi 15 juillet (après que le Roy François, le dimanche du jour devant, fut arrivé audit lieu d'Aiguesmortes) après avoir repu, s'en alla aux galères de l'Empereur, qui étaient arrivées à la plage dudit Aiguesmortes, et après qu'il fut arrivé à la galère de l'Empereur, lui bailla la main pour monter dessus et s'entrecollèrent ensemble, là où y eut beaucoup d'entretiens entr'eux; et après, sur le soir, le Roy s'en retourna en la ville, et le seize dudit vint l'Empereur en ladite ville d'Aiguesmortes, le matin environ neuf heures, et entra par le *portail de la Marine*, que les frégates que le Roy avait apprêtées avec les mariniers habillés cap et pieds de damas rouge, l'avaient apporté, et en entrant les petits enfants crièrent à haute voix : *Vive l'Empereur et le Roy!* Car M. le Connétable l'avait ainsi commandé à Guillaume Villars, consul par ce temps; ainsi le faisait par commandement du Roy audit Connétable et audit Villars, ce qui fut fait; et après que l'Empereur fut descendu *sur le pont de la Marine* et qu'il fut entré six pas dans ladite ville, ce fut M. le Dauphin, lequel ne fesait que d'arriver à ladite ville, et se présenta devant l'Empereur, lequel fut accueilli par ledit Empereur, aussi grand accueil que jamais Empereur à Prince. Car ledit Empereur se mit le genouil jusqu'à terre en l'embrassant, et à aussi MM. d'Angoulême et d'Orléans, frères dudit Dauphin, et si ne fust le Roy qui tira par le bras l'Empereur, qui se fâchait de la grosse humilité dudit Empereur envers ses enfants, ils eussent demeuré grand espace de temps davantage; et se mirent les enfants à crier : *Vive l'Empereur et le Roy!* et après entrèrent l'Empereur et le Roy, bras à bras, à la maison de M. le Consul noble Franç. Conseil, et demeurèrent ensemble le mardi, et coucha le dit Empereur à la maison de M. Lecques, cette nuit; et le lendemain, après-dîner, l'Empereur se retira à ses galères, et le Roy l'accompagna jusque-là; et le 18 de juillet, le Roy, après avoir ouï la messe, s'en alla avec son train. De voir retentir, à l'entrée de l'Empereur, l'artillerie qui tirait, vous répond que, de la tour de la Souvignerie jusques à la tour des Palûs, il n'y avait que artillerie faisant grand bruit (qui fut à la venue de l'Empereur) qui semblait des tonnerres; et des festins que firent l'Empereur et le Roy avec ces dames, je vous laisse à penser; et surtout fut faite paix, entre ledit Empereur et le Roy, perpétuelle, s'il plait à ce Benoit Fils, *cui laus sit in secula seculorum. Amen.* (LA FAILLE, *Annales de Toulouse*, t. II., p. 16.)

XVIII

SUR LA TOUR CARBONNIÈRE.

La tour Carbonnière a été construite à la fin du treizième siècle, en même temps que les remparts d'Aiguesmortes, dont elle était un poste avancé. Elle a été conservée comme un ouvrage défensif jusqu'en 1810. A cette époque, en vertu du décret du 23 avril, elle fut remise à la ville d'Aiguesmortes en toute propriété. Le 24 mars 1819, la ville d'Aiguesmortes, dûment autorisée par une ordonnance royale, fit au département de la guerre l'abandon gratuit de cette tour, conformément au vœu exprimé dans une délibération du conseil municipal du 24 janvier précédent. Le service du génie en prit possession par autorisation du ministre de la guerre en date du 4 mars 1819, et, depuis lors, n'a pas cessé d'administrer cet immeuble national.

Dans le courant de l'année 1825, l'ingénieur en chef du Gard demanda la démolition de la tour Carbonnière par le motif que ce monument menaçait ruine et, par sa chute, pouvait occasionner des accidents et intercepter la communication de Nimes à Aiguesmortes. Cette demande donna lieu à une conférence entre les ingénieurs des ponts et chaussées et les officiers du génie. Le procès-verbal de cette conférence, soumis au comité des fortifications ainsi qu'à la commission mixte des travaux publics, et concluant à la démolition, n'eut pas heureusement les suites que ses auteurs pouvaient en attendre. Le comité des fortications et la commission mixte furent d'avis de conserver la tour Carbonnière ; et, par lettre du 21 septembre 1825, le ministre de la guerre approuva les avis conformes de ces deux comités.

En 1858, le commandant du génie, à Nimes, proposa la restauration complète de la tour Carbonnière en raison, non de l'utilité du monument comme ouvrage défensif, mais des souvenirs historiques qui s'y rattachent. Le colonel, directeur des fortifications, au contraire, moins sensible à de tels souvenirs, demanda la remise de la tour au service des ponts et chaussées. Le comité des fortifications partagea la manière de voir du commandant du génie, et accorda les fonds demandés pour la restauration. Aujourd'hui ce magnifique poste avancé des fortifications d'Aigues-mortes est entièrement restauré et sa conservation est assurée. (Ch. LENTHÉRIC, *Extrait des procès-verbaux de l'Académie du Gard,* ann. 1869-1870.)

XIX

INSCRIPTIONS RELATIVES AUX ANCIENNES CORPORATIONS
DE MARINS ET D'UTRICULAIRES.

1°
```
        M . FRONTONI . EVPORI
       IIIIIVIR . AVG . COL . IVLIA
     AVG . AQVIS . SEXTIS . NAVICVLAR
    MAR . AREL . CVRAT . EIVSD . CORP
      . PATRONO . NAVTAR . DRVEN
       TICORVM . ET . VTRICLARIOR
          CORP . ERNAGINENSIVM
            IVLIA NICE VXOR
           CONIVGI . CARISSIMO
```

Qui doit se lire :

« *Marco Frontoni Eupori, seviro Augustali coloniæ Juliæ Augustæ Aquis Sextis, naviculario marino Arelate, curatori ejusdem corporis patrono nautarum Druenticorum et utriculariorum corporatorum Ernaginensium, Julia Nice uxor conjugi carissimo.* »

Et doit se traduire :

« A Marcus Fronton Eupor, sévir Augustal de la colonie Julia Augusta d'Aix, marin d'Arles, curateur de ladite corporation, patron des corporations des mariniers des Durances et des *utriculaires* d'Ernaginum, Julia Nice à son époux bien-aimé. »

(Inscription trouvée dans l'église de Saint-Gabriel, *Ernaginum.*)

2º
```
         ///////// COMINIO
         /////// LAUD . BO/NIO
         AGRICOLAE // ELIO
         APRO . PRAEF . COHOR
         TERT . BRACARAVGSTANOR
         TRIBVNO . LEG . II . ADIVT . PROCVR
         AVGSTORVM . AD . ANNONAM
         PROVINCIAE . NARBONENSIS
       ET LIGVRIAE . PRAEF'. A /// MILIARIAE
         IN . MAVRETANIA . CAESARIENSI
         NAVIC . MARIN . AREL
         CORP . QVINQ . PATRON
         OPTIMO . ET . INNOCENTIS
                  SIMO
```

Qui doit se lire :

« ... *Cominio*... [*C*]*laudia tribu, Bo*[*i*]*onio Agricolæ* [*A*]*elio Apro, præfecto cohortis tertiæ Bracar-Augustanorum, tribuno legionis secundæ adjutricis, procuratori Augustorum ad annonam provinciæ Narbonensis et Liguriæ, præfecto alæ miliariæ in Mauretania Cæsariensi, navicularii marini Arelatenses corporum quinque patrono optimo et innocentissimo.* »

Et se traduire :

« A... Cominius Boionius Agricola Elius Aper, de la tribu Claudia, préfet de la troisième cohorte de Bracara Augusta, tribun de la seconde légion *adjutrix*, procurateur des empereurs pour l'expédition des blés de la province Narbonnaise et de la Ligurie, préfet d'une *aile milliaire* dans la Maurétanie Césarienne, les marins formant une des cinq corporations d'Arles ont élevé ce monument à leur patron très-bon et très-intègre. »

(Inscription de la fin du deuxième siècle. — Musée d'Arles.)

3°
```
        CN . CORNEL
        CN . FIL . TER
          OPTATO
       IIVIR . PONTIFIC
          FLAMINI
         NAVICVLARI
           MARIN
       AREL . PATRONO
```

Qui doit se lire :

« *Cnæo Cornelio, Cnæi filio, Terentina tribu, Optato, duumviro, pontifici, flamini navicularii marini Arelatenses patrono.* »

Et se traduire :

« A Cnéus Cornelius Optatus, fils de Cnéus, de la tribu Terentina, duumvir, pontife, flamine, les marins d'Arles à leur patron. »

(Inscription de la fin du premier siècle. — Musée d'Arles.)

4°   D . D . D . N . RHOD . ET . ARAR . XL.

Qui doit se lire :

« *Decreto decurionum datum nautis Rhodanicis et Araricis quadraginta.* »

Et se traduire :

« Par décret des décurions, il est donné quarante places aux bateliers du Rhône et de la Saône. »

(Inscription gravée sur l'accoudoir du *podium* des Arènes de Nimes.)

5°
```
        L . VALERIVS . L
          L . SECVNDVS
        M . BIS . COLLEG
          VTRICLARIOR
          NEMAVSENSI
              VM
        VIVVS . SIBI . POS
```

Qui doit se lire :

« L[ucius] Valerius, L[ucii] L[ibertus], Secundus

m[agister] bis colleg[ii] utricularior[um] Nemausensium, vivus sibi pos[uit].

Et se traduire :

« Lucius Valerius Secundus, affranchi de Lucius Valerius, deux fois président du collége des *utriculaires* de Nimes, s'est élevé ce tombeau de son vivant. »

(Inscription trouvée, en 1810, dans les déblais des Arènes de Nimes.)

FIN.

ERRATA

Page 17, ligne 24 : *lisez* : un éclat particulier.
Page 188, ligne 30 : *au lieu de* : quatre-vingts kilomètres, *lisez* : quatre-vingts mètres.
Page 255, note, *au lieu de* : carte de la page 243, *lisez* : carte de la page 167.
Page 270, ligne 19, *après* curieuses', *mettez le renvoi* : (1).
Page 290, ligne 13, *au lieu de* : sa position, *lisez* : la position.
— ligne 15, *au lieu de* : séparé, *lisez* : séparée.
Page 331, lignes 29 et 30, *au lieu de* : Magueloupe, *lisez* : Maguelone.
Page 338, ligne 7, *au lieu de* : immense jetée, *lisez* : immense levée.
Page 367, note, *au lieu de* : cartes des pages 203, 351 et 367, *lisez* : cartes des pages 203, 221 et 351.

TABLE DES MATIÈRES

Avant-propos. 1

PREMIÈRE PARTIE

FORMATION DES PLAGES ET DES DELTAS

CHAPITRE PREMIER. 7

CONSIDÉRATIONS GÉNÉRALES SUR LES VARIATIONS DES RIVAGES.

Différences d'aspect que présentent les contours des rivages suivant la latitude. — État primitif de la terre. — Période glaciaire. — Hypothèse du réchauffement. — Relation entre la forme des côtes et l'éloignement de la période glaciaire.

CHAPITRE DEUXIÈME. 19

DE L'ÉCOULEMENT DES EAUX A LA SURFACE DU GLOBE.

De l'eau précipitée à la surface du globe. — Évaporation et circulation atmosphérique. — Le texte de l'Ecclésiaste. — L'Océan, la mer Méditerranée, la mer Rouge, la mer Baltique, la mer Noire. — Les mers fermées : la mer Caspienne, la mer Morte. — Loi de l'égalité mathématique entre la précipitation et l'évaporation.

Régime des fleuves. — Zones d'érosion, de compensation, de dépôt. — Le Rhône, l'Hérault. — Formation des embouchures. — Les estuaires et les deltas.

CHAPITRE TROISIÈME. 39

ÉTUDE COMPARATIVE DES TROIS GRANDS DELTAS DE LA MÉDITERRANÉE.

Relation entre la nature géologique du rivage et la profondeur de la mer au large. — La grande plage du golfe de Lyon. — Formation des étangs littoraux. — Développement de l'appareil littoral. — Cordon littoral, *lido*. — Formation des dunes. — Mécanisme de la formation des deltas. — La barre et l'étang central. — Delta du Nil. — L'ancien lac Maréotis. — Le lac Bourlos. — Le lac Menzaleh. — La lagune de Venise. — La lagune de Comachio. — Comblement de l'estuaire du Rhône. — Le diluvium du Rhône et de la Durance. — La

Crau et la Camargue. — Le déluge Scandinave et le déluge Asiatique. — Différentes hypothèses sur les causes des courants diluviens. — Variations des embouchures du Rhône. — Comblement graduel des étangs littoraux. — Lagunes mortes. — Lagunes vives. — Les fleuves travailleurs.

SECONDE PARTIE

LE LITTORAL DU GOLFE DE LYON

CHAPITRE PREMIER......... 79

LE GOLFE DE LYON.

Désignation générale des golfes. — Le golfe du lion ou des lions. — L'étang de Tau, *Taurus palus*. — Ibères, Ligures, Celtes. — Races mélangées : *Ibéro-Ligures, Celto-Ligures*, etc... — Les colonies Massaliotes. — Image du lion sur les monnaies de Marseille et dans les armes d'Arles. — La côte Ligustique ou des Ligyens, *Ligyôn*. — Le golfe Gaulois de Strabon. — Le golfe de Marseille et le golfe de Narbonne.

CHAPITRE DEUXIÈME...... 103

DU CAP DE CREUX A COLLIOURE.

Comparaison des limites actuelles du littoral français de la Méditerranée avec celles de la Gaule Narbonnaise. — La côte rocheuse des monts Albères. — Banyuls-sur-Mer. — Port-Vendres, *Portus Veneris*. — Collioure, *Caucoliberis*. — Invariabilité de la côte des Albères depuis les époques historiques. — Reconstitution géologique des anciens rivages.

CHAPITRE TROISIÈME...... 123

DE COLLIOURE AU TECH.

Aspect général de la plage. — Argelès-sur-Mer et la Massanne. — Le Tech, *Illiberris* ou *Sordus*. — Pyrène et les *Bébrykes*. — Anciennes villes lacustres. — *Illiberris* et *Caucoliberis*. — Passage d'Annibal. — *Helena* de Constantin. — Elne moderne. — L'étang de Saint-Cyprien.

CHAPITRE QUATRIÈME...... 141

DU TECH A LA TÊT ET A L'AGLY.

La plaine de Perpignan. — Les Volkes au quatrième siècle. — Le pays, le rivage et la mer des Sordons. — Le Réart et l'étang de Saint-

Nazaire. — La côte *Cynétique*. — L'embouchure de la Têt. — *Ruscino* et le fleuve *Roschinus*. — La tour de Roussillon. — L'embouchure de l'Agly ou *Vernodubrum*. — Saint-Laurent de la Salanque ou le Barcarès.

CHAPITRE CINQUIÈME...... 167

SALSES ET LEUCATE.

La fontaine, l'étang et le fort de Salses. — Le plateau et le fort de Leucate. — Les îles et les prairies flottantes.

CHAPITRE SIXIÈME........ 179

LE DELTA DE L'AUDE ET L'ANCIEN PORT DE NARBONNE.

Les graus, *graos, gradus*, de la plage. — Les anciennes cartes et les vieux Portulans. — Insuffisance des données historiques. — Constitution géologique de la région de la basse Aude. — Narbôn (Νάρβων) celtique. — Le delta de l'Atax. — L'étang de Capestang, *Caput stagni*.— L'étang de Vendres, *stagnum Veneris*. — Le lac *Rubresus* ou *Rubrensis*. — Les îles de Narbonne. — Les deux colonies romaines. — *Colonia Julia Paterna Claudia Narbo Martius Decumanorum*. — La marine à l'origine de notre ère. — Travaux maritimes exécutés par les Romains dans la mer de Narbonne. — Le port. — Prospérité de Narbonne sous les premiers Césars. — Autel votif d'Auguste. — Décadence. — Anciens monuments de Narbonne. — Aperçu de la population d'après les amphithéâtres. — Changement du lit de l'Aude. — Période du moyen âge. — Dépérissement de la ville et du port. — L'avenir de Narbonne.

CHAPITRE SEPTIÈME....... 243

LE GRAU DE LA NOUVELLE ET L'ANSE DE LA FRANQUI.

Création du port de La Nouvelle. — Son ensablement. — Aspect désolé de la plage. — Le grau et la rade de La Franqui. — Utilité d'y établir un port de refuge. — Moyens d'exécution.

CHAPITRE HUITIÈME........ 257

L'ÉTANG DE TAU, ADGE ET CETTE.

Les bouches multiples des fleuves du golfe de Lyon d'après Ptolémée. — L'Orb. — Sérignan et *Bétarra*, Béziers. — Le golfe et les îles d'Agde. — Delta de l'Hérault. — Correspondance de l'évêque d'Agde et de J. Fr. Séguier au sujet du volcan d'Agde. — La montagne de Saint-Loup et l'îlot basaltique de Brescou, *Blascon*. — Le bon mouillage. — La ville problématique d'*Ambôn*. — Richelieu à Agde et à Brescou : digue Richelieu. — Le port actuel d'Agde. — La ville noire. — Les églises forteresses du littoral. — Le temple de Diane et Saint-Étienne. — Le phare d'Agde. — Limite séparative des territoires des Volkes Tectosages et des Volkes Arékomiques. — Le double rivage du littoral. — Le groupe des étangs des Volkes, *Stagna Volcarum*. — Le mont *Sigius*, Sète ou Cette. — Mèze, *Mesua*; Bouzigues, *Posygium*, et Balaruc. — Importance actuelle de ces trois ports. — Le chevalier de Clerville, Riquet, Vauban, etc. — Progrès continu des ensablements. — Développement toujours croissant du mouvement maritime.

CHAPITRE NEUVIÈME 303

LA CRAU ET LE LITTORAL DU BAS RHÔNE.

L'ancien estuaire du Rhône. — Les villes celtiques et les villes latines. — Le diluvium alpin. — La Crau de Provence, la Crau de Languedoc et la Crau d'Arles. — La pluie de cailloux d'Eschyle et la grêle de pierres de Josué. — Adam de Craponne et la transformation agricole de la Crau. — Analogie de la Crau et du Sahara. — Les troupeaux errants; le mirage; le mistral. — Régime ancien du bas Rhône. — Les *Tines* ou *Teys*. — Déplacement successif des embouchures vers l'Est. — Les tours du Rhône. — Ondulations de la côte. — Le phare de Faraman. — Creusement des golfes d'Aiguesmortes, des Saintes-Maries, et affouillement de la plage de Faraman. — Avancement des pointes de l'Espiguette et de Beauduc et de l'embouchure actuelle. — Le cordon littoral originaire.

CHAPITRE DIXIÈME 333

MAGUELONE.

La grande île *Magalo*. — Le monastère et le port Sarrasin. — Première destruction de Maguelone par Charles Martel. — Sa restauration. — L'église fortifiée de Saint-Pierre. — Apogée et déclin de la vie monacale. — Seconde destruction de Maguelone par Louis XIII. — État actuel. — Le grau de Palavas. — Lates, *Castellum Latera*.

CHAPITRE ONZIÈME 351

AIGUESMORTES.

Distance d'Aiguesmortes à la mer. — Réfutation de la théorie du reculement de la plage. — Les quatre cordons littoraux de la lagune d'Aiguesmortes. — La flore des dunes et la flore des marais. — Choix d'Aiguesmortes pour l'embarquement des croisés. — Le Canal-Viel : itinéraire de saint Louis. — Le *Grau-Louis*, son abandon. — Le Grau de *Croisette* : itinéraire de Charles-Quint. — La digue de la *Peyrade*. — Le chenal maritime actuel et le *Grau-du-Roi*. —

TABLE DES MATIÈRES.

Les remparts d'Aiguesmortes et la tour de Constance. — Analogie avec les citadelles chrétiennes de l'Orient. — La campagne d'Aiguesmortes.

CHAPITRE DOUZIÈME...   ... 385

ARLES ET LES SAINTES-MARIES.

Saint-Gilles, *Rhodanusia* et *Héraclée*. — Origine ancienne d'Arles. — *Arélaté* ou *Théliné*. — Aspect du delta et de la plaine avant l'établissement des digues du Rhône. — Les étangs navigables, les marais et leurs îles. — Navigation autour d'Arles. — Les nautonniers du Rhône et les *utriculaires* des Durances. — Les deux ports d'Arles; analogie avec Alexandrie d'Égypte. — Les *Fosses Mariennes*. — Communication d'Arles avec la mer. — Décadence de la ville impériale.

Le petit Rhône et les Saintes-Maries. — La tradition chrétienne. — La légende des Baux : les *Gaïé* et les *Trémaïé*. — Marius, Marthe et Julie. — Confusion entre la prophétesse Marthe et la Marthe de l'Évangile. — Existence de la plage des Saintes-Maries à l'origine de notre ère. — L'église-forteresse des Saintes. — De la valeur scientifique des objections faites à la tradition chrétienne.

CHAPITRE TREIZIÈME...... 433

LA DÉCADENCE ET LA RÉGÉNÉRATION DU LITTORAL.

Les anciennes villes littorales. — La voie Domitienne et la voie Aurélienne. — L'archipel littoral et les forêts disparues. — État sanitaire ancien et moderne. — Possibilité de la reconstitution forestière des dunes. — Nécessité de l'ouverture et de l'entretien des graus d'alimentation des étangs. — Dépérissement de la pêche côtière et de la population maritime; ses causes; moyens d'y remédier. — La houille considérée comme fret de sortie. — Prospérité de la marine britannique. — La houille du Gard et le port d'Aiguesmortes. — Nécessité de ports de refuge dans le golfe de Lyon. — Conclusions.

NOTES ET PIÈCES JUSTIFICATIVES

I. Emplacement des ports par rapport aux embouchures. . 469
II. Variations de la plage de l'Adriatique aux embouchures du Pô................................. 471
III. Sur une étymologie du golfe de Lyon............ 477
IV. Itinéraires et vases Apollinaires................ 479
V. Sur le passage d'Annibal..................... 482
VI. Sur l'autonomie de la nationalité volke après la conquête. 484
VII. Sur l'établissement de la colonie romaine à Narbonne... 486

VIII. De l'armement des anciens vaisseaux de combat.. . . . 488
IX. Sur le vent Circius. 490
X. Sur le volcan et l'île d'Agde.. 491
XI. Edit de Louis XIII ordonnant la démolition du fort Brescou. 493
XII. De l'hospitalité à Maguelone.. 495
XIII. Sur la distance qui sépare Aiguesmortes de la mer. . . . 498
XIV. Sur l'île de Psalmodi. 505
XV. Acte de l'acquisition faite par saint Louis de la ville et du territoire d'Aiguesmortes, des religieux du couvent de Psalmodi, du mois d'août 1248. 506
XVI. Extrait du mémoire sur ce qui a été trouvé sur les plages d'Aiguesmortes, pour y former un port de mer, dressé en l'année 1670, lorsqu'on eut fait choix du port de Cette. 508
XVII. Entrevue de François Ier et de Charles-Quint. 511
XVIII. Sur la tour Carbonnière. 513
XIX. Inscriptions relatives aux anciennes corporations de marins et d'utriculaires. 515

TABLE DES PLANCHES.

Planche 1. Carte du littoral ancien du golfe de Lyon. 1
Pl. 2. Extrait de la carte des rivières de France, par Nicolas Sanson, ingénieur et géographe ordinaire du Roy.—1641. 39
Pl. 3. Extrait de la carte du Languedoc, par Nolin. — 1692. . . 79
Pl. 4. Extrait d'une carte manuscrite de Jean Jolivet. — 1570. . 123
Pl. 5. Extrait d'une carte manuscrite de Guilhaume Possel, cosmographe. 141
Pl. 6. Leucate et la Franqui. 167
Pl. 7. Narbonne moderne et ses anciennes fortifications. . . . 179
Pl. 8. Extrait d'un portulan du quinzième siècle. 186
Pl. 9. Les îles et la lagune de l'ancienne Narbonne. 203
Pl. 10. La lagune de Venise.. 221
Pl. 11. Narbonne sous l'empire romain. 226
Pl. 12. Le littoral et la lagune atterrie d'Aiguesmortes. 351
Pl. 13. Enceinte actuelle d'Aiguesmortes. 378
Pl 14. Antioche au treizième siècle. 380
Pl. 15. Extrait de la carte du golfe de Lyon, par Guillaume Delile, premier géographe du Roy. — 1725. 410

www.ingramcontent.com/pod-product-compliance
Lightning Source LLC
Chambersburg PA
CBHW071418230426
43669CB00010B/1585